NOVA

CLT

CONSOLIDAÇÃO DAS LEIS DO TRABALHO

DECRETO-LEI Nº 5.452, DE 1º DE MAIO DE 1943

Atualizada até as alterações publicadas no *DOU* de 13 de JANEIRO de 2020

O livro é a porta que se abre para a realização do homem.

Jair Lot Vieira

Supervisão editorial
JAIR LOT VIEIRA

NOVA

CLT

CONSOLIDAÇÃO DAS LEIS DO TRABALHO

DECRETO-LEI Nº 5.452, DE 1º DE MAIO DE 1943

Atualizada até as alterações publicadas no *DOU* de 13 de JANEIRO de 2020

5ª EDIÇÃO
2020

- **MEDIDA PROVISÓRIA Nº 905, de 11 de novembro de 2019**
- **NORMAS COMPLEMENTARES E INSTRUÇÕES NORMATIVAS DO TST**
- **NOTAS REMISSIVAS**
- **ÍNDICE REMISSIVO**

edipro de bolso

Grafia conforme o novo Acordo Ortográfico da Língua Portuguesa.

5ª edição, 2020.

Atualizada até a Medida Provisória nº 905, de 11.11.2019, e o *DOU* de 13.1.2020.

Editores: Jair Lot Vieira e Maíra Lot Vieira Micales
Coordenação editorial: Fernanda Godoy Tarcinalli
Produção: Alexandre Rudyard Benevides
Revisão técnica e notas: Valéria Maria Sant'Anna
Revisão: Equipe Edipro
Diagramação e Arte: Ana Laura Padovan e Karine Moreto de Almeida

Dados Internacionais de Catalogação na Publicação (CIP)
(Câmara Brasileira do Livro, SP, Brasil)

Brasil
[Leis etc.]
Consolidação das Leis do Trabalho – Decreto-Lei nº 5.452, de 1º de maio de 1943 / supervisão editorial Jair Lot Vieira – 5. ed. – São Paulo : Edipro, 2020. (Série legislação)

ISBN 978-85-521-0100-0

1. Terceirização – Legislação – Brasil 2. Trabalho – Leis e legislação – Brasil I. Vieira, Jair Lot.

17-06452 CDU-34 : 331 (81) (094)

Índices para catálogo sistemático:
1. Brasil : Leis trabalhistas : 34 : 331 (81) (094)
2. Consolidação das Leis do Trabalho : Brasil : 34 : 331 (81) (094)

ABDR
EDITORA AFILIADA

edipro

São Paulo: (11) 3107-4788 • Bauru: (14) 3234-4121
www.edipro.com.br • edipro@edipro.com.br
@editoraedipro @editoraedipro

SUMÁRIO

CONSOLIDAÇÃO DAS LEIS DO TRABALHO

DECRETO-LEI Nº 5.452, DE 1º DE MAIO DE 1943

Atualizado até a Medida Provisória nº 905, de 11.11.2019.

CONSOLIDAÇÃO DAS LEIS DO TRABALHO
(arts. 1º a 922)

NOTA DO EDITOR:

O texto da CLT (Decreto-Lei nº 5.452, de 1º de maio de 1943) que serviu, preferencialmente, de base para esta edição foi disponibilizado pelo Portal da Legislação do Governo Federal (site: http://www4.planalto.gov.br/legislacao), o qual consideramos oficial. Existem algumas divergências de redação com relação àqueles disponibilizados pelo Senado Federal e pela Câmara dos Deputados.

A Editora manteve a redação original do texto legal, mesmo em casos evidentes de redação duvidosa.

CONSOLIDAÇÃO DAS LEIS DO TRABALHO*

DECRETO-LEI Nº 5.452, DE 1º DE MAIO DE 1943

[Atualizado até a Medida Provisória nº 905, de 11.11.2019.]

Aprova a Consolidação das Leis do Trabalho.

O Presidente da República, usando da atribuição que lhe confere o art. 180 da Constituição,

Decreta:

Art. 1º. Fica aprovada a Consolidação das Leis do Trabalho, que a este Decreto-Lei acompanha, com as alterações por ela introduzidas na legislação vigente.

Parágrafo único. Continuam em vigor as disposições legais transitórias ou de emergência, bem como as que não tenham aplicação em todo o território nacional.

Art. 2º. O presente Decreto-Lei entrará em vigor em 10 de novembro de 1943.

Rio de Janeiro, 1º de maio de 1943, 122º da Independência e 55º da República.

Getúlio Vargas
DOU de 9.8.1943 – Retificado pelo Decreto-Lei nº 6.353/1944 e pelo Decreto-Lei nº 9.797/1946.

(*) Os valores pecuniários expressos ao longo do texto desta Consolidação das Leis do Trabalho sofreram diversas atualizações desde a sua publicação. Nesta edição, respeitamos o texto original. Para valores atualizados, consultar o site do Ministério da Economia. (N.E.)

CONSOLIDAÇÃO DAS LEIS DO TRABALHO

TÍTULO I
INTRODUÇÃO

Art. 1º. Esta Consolidação estatui as normas que regulam as relações individuais e coletivas de trabalho, nela previstas.

Art. 2º. Considera-se empregador a empresa, individual ou coletiva, que, assumindo os riscos da atividade econômica, admite, assalaria e dirige a prestação pessoal de serviço.

§ 1º. Equiparam-se ao empregador, para os efeitos exclusivos da relação de emprego, os profissionais liberais, as instituições de beneficência, as associações recreativas ou outras instituições sem fins lucrativos, que admitirem trabalhadores como empregados.

§ 2º. Sempre que uma ou mais empresas, tendo, embora, cada uma delas, personalidade jurídica própria, estiverem sob a direção, controle ou administração de outra, ou ainda quando, mesmo guardando cada uma sua autonomia, integrem grupo econômico, serão responsáveis solidariamente pelas obrigações decorrentes da relação de emprego.

(*) § 2º com redação dada pela Lei nº 13.467/2017.

§ 3º. Não caracteriza grupo econômico a mera identidade de sócios, sendo necessárias, para a configuração do grupo, a demonstração do interesse integrado, a efetiva comunhão de interesses e a atuação conjunta das empresas dele integrantes.

(*) § 3º acrescido pela Lei nº 13.467/2017.

Art. 3º. Considera-se empregado toda pessoa física que prestar serviços de natureza não eventual a empregador, sob a dependência deste e mediante salário.

Parágrafo único. Não haverá distinções relativas à espécie de emprego e à condição de trabalhador, nem entre o trabalho intelectual, técnico e manual.

(*) V. art. 442-B da CLT.

Art. 4º. Considera-se como de serviço efetivo o período em que o empregado esteja à disposição do empregador, aguardando ou executando ordens, salvo disposição especial expressamente consignada.

§ 1º. Computar-se-ão, na contagem de tempo de serviço, para efeito de indenização e estabilidade, os períodos em que o empregado estiver afastado do trabalho prestando serviço militar e por motivo de acidente do trabalho.

(*) § 1º, primitivo parágrafo único, acrescido pela Lei nº 4.072/1962, renumerado e com redação dada pela Lei nº 13.467/2017.

§ 2º. Por não se considerar tempo à disposição do empregador, não será computado como período extraordinário o que exceder a jornada normal, ainda que ultrapasse o limite de cinco minutos previsto no § 1º do art. 58 desta Consolidação, quando o empregado, por escolha própria, buscar proteção pessoal, em caso de insegurança nas vias públicas ou más condições climáticas, bem como adentrar ou permanecer nas dependências da empresa para exercer atividades particulares, entre outras:

I – práticas religiosas;

II – descanso;

III – lazer;

IV – estudo;

V – alimentação;

VI – atividades de relacionamento social;

VII – higiene pessoal;

VIII – troca de roupa ou uniforme, quando não houver obrigatoriedade de realizar a troca na empresa.

(*) § 2º acrescido pela Lei nº 13.467/2017.

Art. 5º. A todo trabalho de igual valor corresponderá salário igual, sem distinção de sexo.

(*) V. art. 461 da CLT.

Art. 6º. Não se distingue entre o trabalho realizado no estabelecimento do empregador, o executado no domicílio do empregado e o realizado a distância, desde que estejam caracterizados os pressupostos da relação de emprego.

(*) Art. 6º, *caput*, com redação dada pela Lei nº 12.551/2011.

Parágrafo único. Os meios telemáticos e informatizados de comando, controle e supervisão se equiparam, para fins de subordinação jurídica, aos meios pessoais e diretos de comando, controle e supervisão do trabalho alheio.

(*) Parágrafo único acrescido pela Lei nº 12.551/2011.

Art. 7º. Os preceitos constantes da presente Consolidação salvo quando for em cada caso, expressamente determinado em contrário, não se aplicam:

(*) Art. 7º, *caput*, com redação dada pelo Decreto-Lei nº 8.079/1945.

a) aos empregados domésticos, assim considerados, de um modo geral, os que prestam serviços de natureza não econômica à pessoa ou à família, no âmbito residencial destas;

(*) Vide LC nº 150/2015, que regulamenta o contrato de trabalho doméstico.

b) aos trabalhadores rurais, assim considerados aqueles que, exercendo funções diretamente ligadas à agricultura e à pecuária, não sejam empregados em atividades que, pelos métodos de execução dos respectivos trabalhos ou pela finalidade de suas operações, se classifiquem como industriais ou comerciais;

(*) Vide Lei nº 5.889/1973, que estatui normas reguladoras do trabalhador rural.

c) aos funcionários públicos da União, dos Estados e dos Municípios e aos respectivos extranumerários em serviço nas próprias repartições;

(*) Alínea "c" com redação dada pelo Decreto-Lei nº 8.079/1945.

d) aos servidores de autarquias paraestatais, desde que sujeitos a regime próprio de proteção ao trabalho que lhes assegure situação análoga à dos funcionários públicos;

(*) Alínea "d" com redação dada pelo Decreto-Lei nº 8.079/1945.

e) aos empregados das empresas de propriedade da União Federal, quando por esta ou pelos Estados administradas, salvo em se tratando daquelas cuja propriedade ou administração resultem de circunstâncias transitórias.

f) às atividades de direção e assessoramento nos órgãos, institutos e fundações dos partidos, assim definidas em normas internas de organização partidária.

(*) Alínea "f" acrescida pela Lei nº 13.877/2019.

Parágrafo único. (Revogado).

(*) Parágrafo único revogado pelo Decreto-Lei nº 8.249/1945.

Art. 8º. As autoridades administrativas e a Justiça do Trabalho, na falta de disposições legais ou contratuais, decidirão, conforme o caso, pela jurisprudência, por analogia, por equidade e outros princípios e normas gerais de direito, principalmente do direito do trabalho, e, ainda, de acordo com os usos e costumes, o direito comparado, mas sempre de maneira que nenhum interesse de classe ou particular prevaleça sobre o interesse público.

§ 1º. O direito comum será fonte subsidiária do direito do trabalho.

(*) § 1º, primitivo parágrafo único, renumerado e com redação dada pela Lei nº 13.467/2017.

§ 2º. Súmulas e outros enunciados de jurisprudência editados pelo Tribunal Superior do Trabalho e pelos Tribunais Regionais do Trabalho não poderão restringir direitos legalmente previstos nem criar obrigações que não estejam previstas em lei.

(*) § 2º acrescido pela Lei nº 13.467/2017.

§ 3º. No exame de convenção coletiva ou acordo coletivo de trabalho, a Justiça do Trabalho analisará exclusivamente a conformidade dos elementos essenciais do negócio jurídico, respeitado o disposto no art. 104 da Lei nº 10.406, de 10 de janeiro de 2002 (Código Civil), e balizará sua atuação pelo princípio da intervenção mínima na autonomia da vontade coletiva.

(*) § 3º acrescido pela Lei nº 13.467/2017.

(*) Lei nº 10.406, de 10 de janeiro de 2002 (Código Civil): ***Art. 104.*** *A validade do negócio jurídico requer: I – agente capaz; II – objeto lícito, possível, determinado ou determinável; III – forma prescrita ou não defesa em lei.*

(*) V. § 1º do art. 611 da CLT.

Art. 9º. Serão nulos de pleno direito os atos praticados com o objetivo de desvirtuar, impedir ou fraudar a aplicação dos preceitos contidos na presente Consolidação.

Art. 10. Qualquer alteração na estrutura jurídica da empresa não afetará os direitos adquiridos por seus empregados.

(*) V. arts. 10-A, 448 e 448-A da CLT.

Art. 10-A. O sócio retirante responde subsidiariamente pelas obrigações trabalhistas da sociedade relativas ao período em que figurou como sócio, somente em ações ajuizadas até dois anos depois de averbada a modificação do contrato, observada a seguinte ordem de preferência:

I – a empresa devedora;

II – os sócios atuais; e

III – os sócios retirantes.

Parágrafo único. O sócio retirante responderá solidariamente com os demais quando ficar comprovada fraude na alteração societária decorrente da modificação do contrato.

(*) Art. 10-A acrescido pela Lei nº 13.467/2017.

(*) V. arts. 10, 448 e 448-A da CLT.

Art. 11. A pretensão quanto a créditos resultantes das relações de trabalho prescreve em cinco anos para os trabalhadores urbanos e rurais, até o limite de dois anos após a extinção do contrato de trabalho.

(*) Art. 11, *caput*, com redação dada pela Lei nº 13.467/2017.

(*) V. arts. 119, 149, 196 e 440 da CLT.

I – (revogado);

(*) Inciso I revogado pela Lei nº 13.467/2017.

II – (revogado).

(*) Inciso II revogado pela Lei nº 13.467/2017.

§ 1º. O disposto neste artigo não se aplica às ações que tenham por objeto anotações para fins de prova junto à Previdência Social.

(*) § 1º acrescido pela Lei nº 9.658/1998.

§ 2º. Tratando-se de pretensão que envolva pedido de prestações sucessivas decorrente de alteração ou descumprimento do pactuado, a prescrição é total, exceto quando o direito à parcela esteja também assegurado por preceito de lei.

(*) § 2º acrescido pela Lei nº 13.467/2017.

§ 3º. A interrupção da prescrição somente ocorrerá pelo ajuizamento de reclamação trabalhista, mesmo que em juízo incompetente, ainda que venha a ser extinta sem resolução do mérito, produzindo efeitos apenas em relação aos pedidos idênticos.

(*) § 3º acrescido pela Lei nº 13.467/2017.

Art. 11-A. Ocorre a prescrição intercorrente no processo do trabalho no prazo de dois anos.

§ 1º. A fluência do prazo prescricional intercorrente inicia-se quando o exequente deixa de cumprir determinação judicial no curso da execução.

§ 2º. A declaração da prescrição intercorrente pode ser requerida ou declarada de ofício em qualquer grau de jurisdição.

(*) Art. 11-A acrescido pela Lei nº 13.467/2017.

Art. 12. Os preceitos concernentes ao regime de seguro social são objeto de lei especial.

(*) V. art. 55 da CLT.

Art. 12-A. Fica autorizado o armazenamento, em meio eletrônico, óptico ou equivalente, de quaisquer documentos relativos a deveres e obrigações trabalhistas, incluídos aqueles relativos a normas regulamentadoras de saúde e segurança no trabalho, compostos por dados ou por imagens, nos termos do disposto na Lei nº 12.682, de 9 de julho de 2012.

(*) Art. 12-A acrescido pela MP nº 905/2019.

TÍTULO II
DAS NORMAS GERAIS DE TUTELA DO TRABALHO

Capítulo I
DA IDENTIFICAÇÃO PROFISSIONAL

Seção I
Da Carteira de Trabalho e Previdência Social

(*) Seção I com redação do título dada pelo Decreto-Lei nº 926/1969, que instituiu a Carteira de Trabalho e Previdência Social, em substituição à Carteira Profissional, à Carteira de Trabalho do Menor e à Carteira Profissional do Trabalhador Rural.

Art. 13. A Carteira de Trabalho e Previdência Social é obrigatória para o exercício de qualquer emprego, inclusive de natureza rural, ainda que em caráter temporário, e para o exercício por conta própria de atividade profissional remunerada.

(*) Art. 13, *caput*, com redação dada pelo Decreto-Lei nº 926/1969.

(*) V. art. 55 da CLT.

§ 1º. O disposto neste artigo aplica-se, igualmente, a quem:

(*) § 1º com redação dada pelo Decreto-Lei nº 926/1969.

I – proprietário rural ou não, trabalhe individualmente ou em regime de economia familiar, assim entendido o trabalho dos membros da mesma família, indispensável à própria subsistência, e exercido em condições de mútua dependência e colaboração;

(*) Inciso I acrescido pelo Decreto-Lei nº 926/1969.

II – em regime de economia familiar e sem empregado, explore área não excedente do módulo rural ou de outro limite que venha a ser fixado, para cada região, pelo Ministério do Trabalho e Previdência Social♦.

(*) Inciso II acrescido pelo Decreto-Lei nº 926/1969.

♦ Atual denominação: "Ministério da Economia", nos termos da Lei nº 13.844/2019.

§ 2º. A Carteira de Trabalho e Previdência Social (CTPS) obedecerá aos modelos que o Ministério da Economia adotar.

(*) § 2º alterado pelo Decreto-Lei nº 926/1969 e com redação dada pela Lei nº 13.874/2019.

§ 3º. (Revogado).

(*) § 3º alterado pela Lei nº 5.686/1971 e revogado pela Lei nº 13.874/2019.

§ 4º. (Revogado).

(*) § 4º acrescido pelo Decreto-Lei nº 926/1969 e revogado pela Lei nº 13.874/2019.

Seção II
Da Emissão da Carteira

(*) Seção II com redação do título dada pelo Decreto-Lei nº 926/1969.

Art. 14. A CTPS será emitida pelo Ministério da Economia preferencialmente em meio eletrônico.

(*) Art. 14, *caput*, alterado pelo Decreto-Lei nº 926/1969 e com redação dada pela Lei nº 13.874/2019.

Parágrafo único. Excepcionalmente, a CTPS poderá ser emitida em meio físico, desde que:

I – nas unidades descentralizadas do Ministério da Economia que forem habilitadas para a emissão;

II – mediante convênio, por órgãos federais, estaduais e municipais da administração direta ou indireta;

III – mediante convênio com serviços notariais e de registro, sem custos para a administração, garantidas as condições de segurança das informações.

(*) Parágrafo único alterado pela Lei nº 5.686/1971 e com redação dada pela Lei nº 13.874/2019.

Art. 15. Os procedimentos para emissão da CTPS ao interessado serão estabelecidos pelo Ministério da Economia em regulamento próprio, privilegiada a emissão em formato eletrônico.

(*) Art. 15 alterado pelo Decreto-Lei nº 926/1969 e com redação dada pela Lei nº 13.874/2019.

Art. 16. A CTPS terá como identificação única do empregado o número de inscrição no Cadastro de Pessoas Físicas (CPF).

(*) Art. 16, *caput*, alterado pela Lei nº 8.260/1991 e com redação dada pela Lei nº 13.874/2019.

Parágrafo único. (Revogado).

(*) Parágrafo único acrescido pela Lei nº 8.260/1991. e revogado pela Lei nº 13.874/2019.

Art. 17. (Revogado).

(*) Art. 17 alterado pelo Decreto-Lei nº 926/1969 e revogado pela Lei nº 13.874/2019.

Art. 18. (Revogado).

(*) Art. 18 revogado pela Lei nº 7.855/1989.

Art. 19. (Revogado).

(*) Art. 19 revogado pela Lei nº 7.855/1989.

Art. 20. (Revogado).

(*) Art. 20 alterado pelo Decreto-Lei nº 926/1969 e revogado pela Lei nº 13.874/2019.

Art. 21. (Revogado).

(*) Art. 21 alterado pela Lei nº 5.686/1971 e revogado pela Lei nº 13.874/2019.

Art. 22. (Revogado).

(*) Art. 22 revogado pelo Decreto-Lei nº 926/1969.

Art. 23. (Revogado).

(*) Art. 23 revogado pelo Decreto-Lei nº 926/1969.

Art. 24. (Revogado).

(*) Art. 24 revogado pelo Decreto-Lei nº 926/1969.

Seção III
Da Entrega das Carteiras de Trabalho e Previdência Social

Art. 25. (Revogado).

(*) Art. 25 revogado pela Lei nº 13.874/2019.

Art. 26. (Revogado).

(*) Art. 26 alterado pelo Decreto-Lei nº 229/1967 e revogado pela Lei nº 13.874/2019.

Art. 27. (Revogado).

(*) Art. 27 revogado pela Lei nº 7.855/1989.

Art. 28. (Revogado).

(*) Art. 28 revogado pela Lei nº 7.855/1989.

Seção IV
Das Anotações

Art. 29. O empregador terá o prazo de 5 (cinco) dias úteis para anotar na CTPS, em relação aos trabalhadores que admitir, a data de admissão, a remuneração e as condições especiais, se houver, facultada a adoção de sistema manual, mecânico ou eletrônico, conforme instruções a serem expedidas pelo Ministério da Economia.

(*) Art. 29, *caput*, alterado pela Lei nº 7.855/1989 e com redação dada pela Lei nº 13.874/2019.

§ 1º. As anotações concernentes à remuneração devem especificar o salário, qualquer que seja sua forma de pagamento, seja ele em dinheiro ou em utilidades, bem como a estimativa da gorjeta.

(*) § 1º com redação dada pelo Decreto-Lei nº 229/1967.

(*) V. art. 457 da CLT.

§ 2º. As anotações na Carteira de Trabalho e Previdência Social serão feitas:

a) na data-base;

b) a qualquer tempo, por solicitação do trabalhador;

c) no caso de rescisão contratual; ou

d) necessidade de comprovação perante a Previdência Social.

(*) § 2º com redação dada pela Lei nº 7.855/1989.

§ 3º. A falta de cumprimento pelo empregador do disposto neste artigo acarretará a lavratura do auto de infração pelo Auditor Fiscal do Trabalho, que deverá, de ofício, lançar as anotações no sistema eletrônico competente, na forma a ser regulamentada pela Secretaria Especial de Previdência e Trabalho do Ministério da Economia.

(*) § 3º alterado pela Lei nº 7.855/1989 e com redação dada pela MP nº 905/2019.

(*) V. art. 420, parágrafo único, da CLT.

§ 4º. É vedado ao empregador efetuar anotações desabonadoras à conduta do empregado em sua Carteira de Trabalho e Previdência Social.

(*) § 4º acrescido pela Lei nº 10.270/2001.

§ 5º. O descumprimento do disposto no § 4º submeterá o empregador ao pagamento da multa a que se refere o inciso II do *caput* do art. 634-A.

(*) § 5º acrescido pela Lei nº 10.270/2001 e com redação dada pela MP nº 905/2019.

§ 6º. A comunicação pelo trabalhador do número de inscrição no CPF ao empregador equivale à apresentação da CTPS em meio digital, dispensado o empregador da emissão de recibo.

(*) § 6º acrescido pela Lei nº 13.874/2019.

§ 7º. Os registros eletrônicos gerados pelo empregador nos sistemas informatizados da CTPS em meio digital equivalem às anotações a que se refere esta Lei.

(*) § 7º acrescido pela Lei nº 13.874/2019.

§ 8º. O trabalhador deverá ter acesso às informações da sua CTPS no prazo de até 48 (quarenta e oito) horas a partir de sua anotação.

(*) § 8º acrescido pela Lei nº 13.874/2019.

Art. 30. (Revogado).

(*) Art. 30 alterado pelo Decreto-Lei nº 926/1969 e revogado pela Lei nº 13.874/2019.

Art. 31. (Revogado).

(*) Art. 31 alterado pelo Decreto-Lei nº 229/1967 e revogado pela Lei nº 13.874/2019.

Art. 32. (Revogado).

(*) Art. 32 alterado pelo Decreto-Lei nº 229/1967 e revogado pela Lei nº 13.874/2019.

Art. 33. (Revogado).

(*) Art. 33 alterado pelo Decreto-Lei nº 229/1967 e revogado pela Lei nº 13.874/2019.

Art. 34. (Revogado).

(*) Art. 34 revogado pela Lei nº 13.874/2019.

Art. 35. (Revogado).

(*) Art. 35 revogado pela Lei nº 6.533/1978.

Seção V
Das Reclamações por Falta ou Recusa de Anotação

Art. 36. Recusando-se a empresa fazer as anotações a que se refere o art. 29 ou a devolver a Carteira de Trabalho e Previdência Social recebida, poderá o empregado comparecer, pessoalmente ou intermédio de seu sindicato perante a Delegacia Regional ou órgão autorizado, para apresentar reclamação.

(*) Art. 36 com redação dada pelo Decreto-Lei nº 229/1967.

Art. 37. No caso do art. 36, lavrado o termo de reclamação, determinar-se-á a realização de diligência para instrução do feito, observado, se for o caso o disposto no § 2º do art. 29, notificando-se posteriormente o reclamado por carta registrada, caso persista a recusa, para que, em dia e hora previamente designados, venha prestar esclarecimentos ou efetuar as devidas anotações na Carteira de Trabalho e Previdência Social ou sua entrega.

Parágrafo único. Não comparecendo o reclamado, lavrar-se-á termo de ausência, sendo considerado revel e confesso sobre os termos da reclamação feita, devendo as anotações serem efetuadas por despacho da autoridade que tenha processado a reclamação.

(*) Art. 37 com redação dada pelo Decreto-Lei nº 229/1967.

Art. 38. Comparecendo o empregador e recusando-se a fazer as anotações reclamadas, será lavrado um termo de comparecimento, que deverá conter, entre outras indicações, o lugar, o dia e hora de sua lavratura, o nome e a residência do empregador, assegurando-se-lhe o prazo de 48 (quarenta e oito) horas, a contar do termo, para apresentar defesa.

Parágrafo único. Findo o prazo para a defesa, subirá o processo à autoridade administrativa de primeira instância, para se ordenarem diligências, que completem a instrução do feito, ou para julgamento, se o caso estiver suficientemente esclarecido.

Art. 39. Verificando-se que as alegações feitas pelo reclamado versam sobre a não existência de relação de emprego ou sendo impossível verificar essa condição pelos meios administrativos, será o processo encaminhado à Justiça do Trabalho ficando, nesse caso, sobrestado o julgamento do auto de infração que houver sido lavrado.

(*) Art. 39, *caput*, com redação dada pelo Decreto-Lei nº 229/1967.

§ 1º. Na hipótese de ser reconhecida a existência da relação de emprego, o Juiz do Trabalho comunicará a autoridade competente para que proceda ao lançamento das anotações e adote as providências necessárias para a aplicação da multa cabível, conforme previsto no § 3º do art. 29.

(*) § 1º acrescido pelo Decreto-Lei nº 229/1967 e com redação dada pela MP nº 905/2019.

§ 2º. Igual procedimento observar-se-á no caso de processo trabalhista de qualquer natureza, quando for verificada a falta de anotações na Carteira de Trabalho e Previdência Social, devendo o Juiz, nesta hipótese, mandar proceder, desde logo, àquelas sobre as quais não houver controvérsia.

(*) § 2º acrescido pelo Decreto-Lei nº 229/1967.

§ 3º. O Ministério da Economia poderá desenvolver sistema eletrônico por meio do qual a Justiça do Trabalho fará o lançamento das anotações de que trata o § 1º.

(*) § 3º acrescido pela MP nº 905/2019.

Seção VI
Do Valor das Anotações

Art. 40. A CTPS regularmente emitida e anotada servirá de prova:

(*) Art. 40, *caput*, alterado pelo Decreto-Lei nº 229/1967 e com redação dada pela Lei nº 13.874/2019.

I – Nos casos de dissídio na Justiça do Trabalho entre a empresa e o empregado por motivo de salário, férias ou tempo de serviço;

(*) Inciso I com redação dada pelo Decreto-Lei nº 229/1967.

II – (Revogado);

(*) Inciso II alterado pelo Decreto-Lei nº 229/1967 e revogado pela Lei nº 13.874/2019.

III – Para cálculo de indenização por acidente do trabalho ou moléstia profissional.

(*) Inciso III com redação dada pelo Decreto-Lei nº 229/1967.

Seção VII
Dos Livros de Registro de Empregados

Art. 41. Em todas as atividades será obrigatório para o empregador o registro dos respectivos trabalhadores, podendo ser adotados livros, fichas ou sistema eletrônico, conforme instruções a serem expedidas pelo Ministério do Trabalho♦.

♦ Atual denominação: "Ministério da Economia", nos termos da Lei nº 13.844/2019.

Parágrafo único. Além da qualificação civil ou profissional de cada trabalhador, deverão ser anotados todos os dados relativos à sua admissão no emprego, duração e efetividade do trabalho, a férias, acidentes e demais circunstâncias que interessem à proteção do trabalhador.

(*) Art. 41 com redação dada pela Lei nº 7.855/1989.

(*) V. art. 47-A da CLT.

Art. 42. (Revogado).

(*) Art. 42 revogado pela Lei nº 10.243/2001.

Art. 43. (Revogado).

(*) Art. 43 revogado pela Lei nº 7.855/1989.

Art. 44. (Revogado).

(*) Art. 44 revogado pela Lei nº 7.855/1989.

Art. 45. (Revogado).

(*) Art. 45 revogado pelo Decreto-Lei nº 229/1967.

Art. 46. (Revogado).

(*) Art. 46 revogado pelo Decreto-Lei nº 229/1967.

Art. 47. Fica sujeito à aplicação da multa prevista no inciso II do *caput* do art. 634-A, acrescida de igual valor em cada reincidência, o empregador que mantiver empregado não registrado nos termos do disposto no art. 41.

(*) Art. 47, *caput*, alterado pela Lei nº 13.467/2017 e com redação dada pela MP nº 905/2019.

§ 1º. (Revogado).

(*) § 1º acrescido pela Lei nº 13.467/2017 e revogado pela MP nº 905/2019.

§ 2º. A infração de que trata o *caput* constitui exceção ao critério da dupla visita orientadora.

(*) § 2º acrescido pela Lei nº 13.467/2017 e com redação dada pela MP nº 905/2019.

Art. 47-A. Fica sujeito à aplicação da multa prevista no inciso II do *caput* do art. 634-A o empregador que não informar os dados a que se refere o parágrafo único do art. 41.

(*) Art. 47-A acrescido pela Lei nº 13.467/2017 e com redação dada pela MP nº 905/2019.

Art. 47-B. Sendo identificada pelo Auditor Fiscal do Trabalho a existência de empregado não registrado, presumir-se-á configurada a relação de emprego pelo prazo mínimo de 3 (três) meses em relação à data de constatação da irregularidade, exceto quando houver elementos suficientes para determinar a data de início das atividades.

(*) Art. 47-B acrescido pela MP nº 905/2019.

Art. 48. As multas previstas nesta Seção serão aplicadas pela autoridade de primeira instância no Distrito Federal, e pelas autoridades regionais do Ministério do Trabalho, Indústria e Comércio♦, nos Estados e no Território do Acre.

♦ Atual denominação: "Ministério da Economia", nos termos da Lei nº 13.844/2019.

(*) Vide Decreto nº 9.745/2019, que dispõe sobre a Estrutura Regimental do Ministério da Economia.

Seção VIII
Das Penalidades

Art. 49. Para os efeitos da emissão, substituição ou anotação de Carteiras de Trabalho e Previdência Social, considerar-se-á, crime de falsidade, com as penalidades previstas no art. 299 do Código Penal:

(*) Art. 49, *caput*, com redação dada pelo Decreto-Lei nº 229/1967.

(*) Código Penal – Decreto-Lei nº 2.848/1940: ***Falsidade ideológica. Art. 299.*** *Omitir, em documento público ou particular, declaração que dele devia constar, ou nele inserir ou fazer inserir declaração falsa ou diversa da que devia ser escrita, com o fim de prejudicar direito, criar obrigação ou alterar a verdade sobre fato juridicamente relevante: Pena – reclusão, de um a cinco anos, e multa, se o documento é público, e reclusão de um a três anos, e multa, se o documento é particular. Parágrafo único. Se o agente é funcionário público, e comete o crime prevalecendo-se do cargo, ou se a falsificação ou alteração é de assentamento de registro civil, aumenta-se a pena de sexta parte.*

I – Fazer, no todo ou em parte, qualquer documento falso ou alterar o verdadeiro;

(*) Inciso I acrescido pelo Decreto-Lei nº 229/1967.

II – Afirmar falsamente a sua própria identidade, filiação, lugar de nascimento, residência, profissão ou estado civil e beneficiários, ou atestar os de outra pessoa;

(*) Inciso II acrescido pelo Decreto-Lei nº 229/1967.

III – Servir-se de documentos, por qualquer forma falsificados;

(*) Inciso III acrescido pelo Decreto-Lei nº 229/1967.

IV – falsificar, fabricando ou alterando, ou vender, usar ou possuir Carteiras de Trabalho e Previdência Social assim alteradas;

(*) Inciso IV acrescido pelo Decreto-Lei nº 229/1967.

V – Anotar dolosamente em Carteira de Trabalho e Previdência Social ou registro de empregado, ou confessar ou declarar em juízo ou fora dele, data de admissão em emprego diversa da verdadeira.

(*) Inciso V acrescido pelo Decreto-Lei nº 229/1967.

Art. 50. Comprovando-se falsidade, quer nas declarações para emissão de Carteira de Trabalho e Previdência Social, quer nas respectivas anotações, o fato será levado ao conhecimento da autoridade que houver emitido a carteira, para fins de direito.

Art. 51. Será aplicada a multa prevista no inciso I do *caput* do art. 634-A àquele que, comerciante ou não, vender ou expuser à venda qualquer tipo de carteira de trabalho igual ou semelhante ao tipo oficialmente adotado.

(*) Art. 51 alterado pelo Decreto-Lei nº 229/1967 e com redação dada pela MP nº 905/2019.

Art. 52. O extravio ou a inutilização da Carteira de Trabalho e Previdência Social por culpa da empresa a sujeitará à aplicação da multa prevista no inciso II do *caput* do art. 634-A.

(*) Art. 52 alterado pelo Decreto-Lei nº 926/1969 e com redação dada pela MP nº 905/2019.

(*) V. arts. 29, §§ 4º e 5º; e 86, § 1º, da CLT.

Art. 53. (Revogado).

(*) Art. 53 alterado pelo Decreto-Lei nº 229/1967 e revogado pela Lei nº 13.874/2019.

Art. 54. (Revogado).

(*) Art. 54 alterado pelo Decreto-Lei nº 229/1967 e revogado pela Lei nº 13.874/2019.

Art. 55. Será aplicada a multa prevista no inciso II do *caput* do art. 634-A à empresa que infringir o disposto no art. 13.

(*) Art. 55 alterado pelo Decreto-Lei nº 229/1967 e com redação dada pela MP nº 905/2019.

Art. 56. (Revogado).

(*) Art. 56 alterado pelo Decreto-Lei nº 229/1967 e revogado pela Lei nº 13.874/2019.

Capítulo II
DA DURAÇÃO DO TRABALHO

Seção I
Disposição Preliminar

Art. 57. Os preceitos deste Capítulo aplicam-se a todas as atividades, salvo as expressamente excluídas, constituindo exceções as disposições especiais, concernentes estritamente a peculiaridades profissionais constantes do Capítulo I do Título III.

Seção II
Da Jornada de Trabalho

Art. 58. A duração normal do trabalho, para os empregados em qualquer atividade privada, não excederá de 8 (oito) horas diárias, desde que não seja fixado expressamente outro limite.

(*) V. arts. 64 e 65 da CLT.

§ 1º. Não serão descontadas nem computadas como jornada extraordinária as variações de horário no registro de ponto não excedentes de cinco minutos, observado o limite máximo de dez minutos diários.

(*) § 1º acrescido pela Lei nº 10.243/2001.

(*) V. art. 4º, § 2º, da CLT.

§ 2º. O tempo despendido pelo empregado desde a sua residência até a efetiva ocupação do posto de trabalho e para o seu retorno, caminhando ou por qualquer meio de transporte, inclusive o fornecido pelo empregador, não será computado na jornada de trabalho, por não ser tempo à disposição do empregador.

(*) § 2º com redação dada pela Lei nº 13.467/2017.

(*) V. art. 4º, § 2º, da CLT.

§ 3º. (Revogado).

(*) § 3º revogado pela Lei nº 13.467/2017.

Art. 58-A. Considera-se trabalho em regime de tempo parcial aquele cuja duração não exceda a trinta horas semanais, sem a possibilidade de horas suplementares semanais, ou, ainda, aquele cuja duração não exceda a vinte e seis horas semanais, com a possibilidade de acréscimo de até seis horas suplementares semanais.

(*) Art. 58-A, *caput*, acrescido pela MP nº 2.164-41/2001 e com redação dada pela Lei nº 13.467/2017.

(*) O § 2º do art. 18 do Decreto nº 5.598/2005, que regulamenta a contratação de aprendizes, prescreve: *§ 2º. A jornada semanal do aprendiz, inferior a vinte e cinco horas, não caracteriza trabalho em tempo parcial de que trata o art. 58-A da CLT.*

§ 1º. O salário a ser pago aos empregados sob o regime de tempo parcial será proporcional à sua jornada, em relação aos empregados que cumprem, nas mesmas funções, tempo integral.

(*) § 1º acrescido pela MP nº 2.164-41/2001•.

• MP nº 2.164-41/2001 em vigor ante a redação do art. 2º da EC nº 32/2001: ***Art. 2º.*** *As medidas provisórias editadas em data anterior à da publicação desta emenda continuam em vigor até que medida provisória ulterior as revogue explicitamente ou até deliberação definitiva do Congresso Nacional.*

§ 2º. Para os atuais empregados, a adoção do regime de tempo parcial será feita mediante opção manifestada perante a empresa, na forma prevista em instrumento decorrente de negociação coletiva.

(*) § 2º acrescido pela MP nº 2.164-41/2001•.

• MP nº 2.164-41/2001 em vigor ante a redação do art. 2º da EC nº 32/2001: ***Art. 2º.*** *As medidas provisórias editadas em data anterior à da publicação desta emenda continuam em vigor até que medida provisória ulterior as revogue explicitamente ou até deliberação definitiva do Congresso Nacional.*

§ 3º. As horas suplementares à duração do trabalho semanal normal serão pagas com o acréscimo de 50% (cinquenta por cento) sobre o salário-hora normal.

(*) § 3º acrescido pela Lei nº 13.467/2017.

§ 4º. Na hipótese de o contrato de trabalho em regime de tempo parcial ser estabelecido em número inferior a vinte e seis horas semanais, as horas suplementares a este quantitativo serão consideradas horas extras para fins do pagamento estipulado no § 3º, estando também limitadas a seis horas suplementares semanais.

(*) § 4º acrescido pela Lei nº 13.467/2017.

§ 5º. As horas suplementares da jornada de trabalho normal poderão ser compensadas diretamente até a semana imediatamente posterior à da sua execução, devendo ser feita a sua quitação na folha de pagamento do mês subsequente, caso não sejam compensadas.

(*) § 5º acrescido pela Lei nº 13.467/2017.

§ 6º. É facultado ao empregado contratado sob regime de tempo parcial converter um terço do período de férias a que tiver direito em abono pecuniário.

(*) § 6º acrescido pela Lei nº 13.467/2017.

(*) V. arts. 143 ss da CLT.

§ 7º. As férias do regime de tempo parcial são regidas pelo disposto no art. 130 desta Consolidação.

(*) § 7º acrescido pela Lei nº 13.467/2017.

Art. 59. A duração diária do trabalho poderá ser acrescida de horas extras, em número não excedente de duas, por acordo individual, convenção coletiva ou acordo coletivo de trabalho.

(*) Art. 59, *caput*, com redação dada pela Lei nº 13.467/2017.

§ 1º. A remuneração da hora extra será, pelo menos, 50% (cinquenta por cento) superior à da hora normal.

(*) § 1º com redação dada pela Lei nº 13.467/2017.

§ 2º. Poderá ser dispensado o acréscimo de salário se, por força de acordo ou convenção coletiva de trabalho, o excesso de horas em um dia for compensado pela correspondente diminuição em outro dia, de maneira que não exceda, no período máximo de um ano, à soma das jornadas semanais de trabalho previstas, nem seja ultrapassado o limite máximo de dez horas diárias.

(*) § 2º com redação dada pela MP nº 2.164-41/2001•.

• MP nº 2.164-41/2001 em vigor ante a redação do art. 2º da EC nº 32/2001: ***Art. 2º.*** *As medidas provisórias editadas em data anterior à da publicação desta emenda continuam em vigor até que medida provisória ulterior as revogue explicitamente ou até deliberação definitiva do Congresso Nacional.*

(*) V. art. 235-C, § 5º, da CLT.

§ 3º. Na hipótese de rescisão do contrato de trabalho sem que tenha havido a compensação integral da jornada extraordinária, na forma dos §§ 2º e 5º deste artigo, o trabalhador terá direito ao pagamento das horas extras não compensadas, calculadas sobre o valor da remuneração na data da rescisão.

(*) § 3º acrescido pela Lei nº 9.601/1998 e com redação dada pela Lei nº 13.467/2017.

§ 4º. (Revogado).

(*) § 4º revogado pela Lei nº 13.467/2017.

§ 5º. O banco de horas de que trata o § 2º deste artigo poderá ser pactuado por acordo individual escrito, desde que a compensação ocorra no período máximo de seis meses.

(*) § 5º acrescido pela Lei nº 13.467/2017.

§ 6º. É lícito o regime de compensação de jornada estabelecido por acordo individual, tácito ou escrito, para a compensação no mesmo mês.

(*) § 6º acrescido pela Lei nº 13.467/2017.

Art. 59-A. Em exceção ao disposto no art. 59 desta Consolidação, é facultado às partes, mediante acordo individual escrito, convenção coletiva ou acordo coletivo de trabalho, estabelecer horário de trabalho de doze horas seguidas por trinta e seis horas ininterruptas de descanso, observados ou indenizados os intervalos para repouso e alimentação.

Parágrafo único. A remuneração mensal pactuada pelo horário previsto no *caput* deste artigo abrange os pagamentos devidos pelo descanso semanal remunerado e pelo descanso em feriados, e serão considerados compensados os feriados e as prorrogações de trabalho noturno, quando houver, de que tratam o art. 70 e o § 5º do art. 73 desta Consolidação.

(*) Art. 59-A acrescido pela Lei nº 13.467/2017.

(*) *Art. 59-A, vide MP nº 808/2017 (art. 1º), com vigência no período de 14.11.2017 a 23.4.2018. Os atos praticados durante o período de sua vigência foram por ela legitimados.*

Art. 59-B. O não atendimento das exigências legais para compensação de jornada, inclusive quando estabelecida mediante acordo tácito, não implica a repetição do pagamento das horas excedentes à jornada normal diária se não ultrapassada a duração máxima semanal, sendo devido apenas o respectivo adicional.

Parágrafo único. A prestação de horas extras habituais não descaracteriza o acordo de compensação de jornada e o banco de horas.

(*) Art. 59-B acrescido pela Lei nº 13.467/2017.

Art. 60. Nas atividades insalubres, assim consideradas as constantes dos quadros mencionados no capítulo "Da Segurança e da Medicina do Trabalho", ou que neles venham a ser incluídas por ato do Ministro do Trabalho, Indústria e Comércio♦, quaisquer prorrogações só poderão ser acordadas mediante licença prévia das autoridades competentes em matéria de higiene do trabalho, as quais, para esse efeito, procederão aos necessários exames locais e à verificação dos métodos e processos de trabalho, quer diretamente, quer por intermédio de autoridades sanitárias federais, estaduais e municipais, com quem entrarão em entendimento para tal fim.

♦ Atual denominação: "Ministro da Economia", nos termos do Decreto nº 9.745/2019.

Parágrafo único. Excetuam-se da exigência de licença prévia as jornadas de doze horas de trabalho por trinta e seis horas ininterruptas de descanso.

(*) Parágrafo único acrescido pela Lei nº 13.467/2017.

Art. 61. Ocorrendo necessidade imperiosa, poderá a duração do trabalho exceder do limite legal ou convencionado, seja para fazer face a motivo de força maior, seja para atender à realização ou conclusão de serviços inadiáveis ou cuja inexecução possa acarretar prejuízo manifesto.

(*) V. arts. 501 ss da CLT.

§ 1º. O excesso, nos casos deste artigo, pode ser exigido independentemente de convenção coletiva ou acordo coletivo de trabalho.

(*) § 1º com redação dada pela Lei nº 13.467/2017.

§ 2º. Nos casos de excesso de horário por motivo de força maior, a remuneração da hora excedente não será inferior à da hora normal. Nos demais casos de excesso previstos neste artigo, a remuneração será, pelo menos, 25% (vinte e cinco por cento) superior à da hora normal, e o trabalho não poderá exceder de 12 (doze) horas, desde que a lei não fixe expressamente outro limite.

§ 3º. Sempre que ocorrer interrupção do trabalho, resultante de causas acidentais, ou de força maior, que determinem a impossibilidade de sua realização, a duração do trabalho poderá ser prorrogada pelo tempo necessário até o máximo de 2 (duas) horas, durante o número de dias indispensáveis à recuperação do tempo perdido, desde que não exceda de 10 (dez) horas diárias, em período não superior a 45 (quarenta e cinco) dias por ano, sujeita essa recuperação à prévia autorização da autoridade competente.

Art. 62. Não são abrangidos pelo regime previsto neste capítulo:

(*) Art. 62, *caput*, com redação dada pela Lei nº 8.966/1994.

I – os empregados que exercem atividade externa incompatível com a fixação de horário de trabalho, devendo tal condição ser anotada na Carteira de Trabalho e Previdência Social e no registro de empregados;

(*) Inciso I acrescido pela Lei nº 8.966/1994.

II – os gerentes, assim considerados os exercentes de cargos de gestão, aos quais se equiparam, para efeito do disposto neste artigo, os diretores e chefes de departamento ou filial;

(*) Inciso II acrescido pela Lei nº 8.966/1994.

III – os empregados em regime de teletrabalho.

(*) Inciso III acrescido pela Lei nº 13.467/2017.

(*) V. arts. 75-A ss da CLT.

Parágrafo único. O regime previsto neste capítulo será aplicável aos empregados mencionados no inciso II deste artigo, quando o salário do cargo de confiança, compreendendo a gratificação de função, se houver, for inferior ao valor do respectivo salário efetivo acrescido de 40% (quarenta por cento).

(*) Parágrafo único acrescido pela Lei nº 8.966/1994.

Art. 63. Não haverá distinção entre empregados e interessados, e a participação em lucros e comissões, salvo em lucros de caráter social, não exclui o participante do regime deste Capítulo.

Art. 64. O salário-hora normal, no caso de empregado mensalista, será obtido dividindo-se o salário mensal correspondente à duração do trabalho, a que se refere o art. 58, por 30 (trinta) vezes o número de horas dessa duração.

Parágrafo único. Sendo o número de dias inferior a 30 (trinta), adotar-se-á para o cálculo, em lugar desse número, o de dias de trabalho por mês.

Art. 65. No caso do empregado diarista, o salário-hora normal será obtido dividindo-se o salário diário correspondente à duração do trabalho, estabelecido no art. 58, pelo número de horas de efetivo trabalho.

Seção III
Dos Períodos de Descanso

Art. 66. Entre 2 (duas) jornadas de trabalho haverá um período mínimo de 11 (onze) horas consecutivas para descanso.

Art. 67. É assegurado a todo empregado um repouso semanal remunerado de 24 (vinte e quatro) horas consecutivas, preferencialmente aos domingos.

(*) Art. 67 com redação dada pela MP nº 905/2019.

(*) Vide Lei nº 605/1949, regulamentada pelo Decreto nº 27.048/1949, que dispõe sobre o repouso semanal remunerado e o pagamento de salário nos dias feriados civis e religiosos.

(*) V. art. 68 da CLT.

Parágrafo único. Nos serviços que exijam trabalho aos domingos, com exceção quanto aos elencos teatrais, será estabelecida escala de revezamento, mensalmente organizada e constando de quadro sujeito à fiscalização.

Art. 68. Fica autorizado o trabalho aos domingos e aos feriados.

§ 1º. O repouso semanal remunerado deverá coincidir com o domingo, no mínimo, uma vez no período máximo de quatro semanas para os setores de comércio e serviços e, no mínimo, uma vez no período máximo de sete semanas para o setor industrial.

§ 2º. Para os estabelecimentos de comércio, será observada a legislação local.

(*) Art. 68 com redação dada pela MP nº 905/2019.

Art. 69. Na regulamentação do funcionamento de atividades sujeitas ao regime deste Capítulo, os municípios atenderão aos preceitos nele estabelecidos, e as regras que venham a fixar não poderão contrariar tais preceitos nem as instruções que, para seu cumprimento, forem expedidas pelas autoridades competentes em matéria de trabalho.

Art. 70. O trabalho aos domingos e aos feriados será remunerado em dobro, exceto se o empregador determinar outro dia de folga compensatória.

Parágrafo único. A folga compensatória para o trabalho aos domingos corresponderá ao repouso semanal remunerado.

(*) Art. 70 alterado pelo Decreto-Lei nº 229/1967 e com redação dada pela MP nº 905/2019.

Art. 71. Em qualquer trabalho contínuo, cuja duração exceda de 6 (seis) horas, é obrigatória a concessão de um intervalo para repouso ou alimentação, o qual será, no mínimo, de 1 (uma) hora e, salvo acordo escrito ou contrato coletivo em contrário, não poderá exceder de 2 (duas) horas.

§ 1º. Não excedendo de 6 (seis) horas o trabalho, será, entretanto, obrigatório um intervalo de 15 (quinze) minutos quando a duração ultrapassar 4 (quatro) horas.

(*) V. § 5º deste artigo.

§ 2º. Os intervalos de descanso não serão computados na duração do trabalho.

§ 3º. O limite mínimo de uma hora para repouso ou refeição poderá ser reduzido por ato do Ministro do Trabalho, Indústria e Comércio♦, quando ouvido o Serviço de Alimentação de Previdência Social♦♦, se verificar que o estabelecimento atende integralmente às exigências concernentes à organização dos refeitórios, e quando os respectivos empregados não estiverem sob regime de trabalho prorrogado a horas suplementares.

♦ Atual denominação: "Ministro da Economia", nos termos do Decreto nº 9.745/2019.

♦♦ Vide Decreto nº 9.745/2019, que dispõe sobre a Estrutura Regimental do Ministério da Economia.

(*) V. art. 383 da CLT.

§ 4º. A não concessão ou a concessão parcial do intervalo intrajornada mínimo, para repouso e alimentação, a empregados urbanos e rurais, implica o pagamento, de natureza indenizatória, apenas do período suprimido, com acréscimo de 50% (cinquenta por cento) sobre o valor da remuneração da hora normal de trabalho.

(*) § 4º acrescido pela Lei nº 8.923/1994, e com redação dada pela Lei nº 13.467/2017.

§ 5º. O intervalo expresso no *caput* poderá ser reduzido e/ou fracionado, e aquele estabelecido no § 1º poderá ser fracionado, quando compreendidos entre o término da primeira hora trabalhada e o início da última hora trabalhada, desde que previsto em convenção ou acordo coletivo de trabalho, ante a natureza do serviço e em virtude das condições especiais de trabalho a que são submetidos estritamente os motoristas, cobradores, fiscalização de campo e afins nos serviços de operação de veículos rodoviários, empregados no setor de transporte coletivo de passageiros, mantida a remuneração e concedidos intervalos para descanso menores ao final de cada viagem.

(*) § 5º acrescido pela Lei nº 12.619/2012 e com redação dada pela Lei nº 13.103/2015.

(*) V. art. 235-C, § 2º, da CLT.

Art. 72. Nos serviços permanentes de mecanografia (datilografia, escrituração ou cálculo), a cada período de 90 (noventa) minutos de trabalho consecutivo corresponderá um repouso de 10 (dez) minutos não deduzidos da duração normal de trabalho.

Seção IV
Do Trabalho Noturno

Art. 73. Salvo nos casos de revezamento semanal ou quinzenal, o trabalho noturno terá remuneração superior a do diurno e, para esse efeito, sua remuneração terá um acréscimo de 20% (vinte por cento), pelo menos, sobre a hora diurna.

(*) Art. 73, *caput*, com redação dada pelo Decreto-Lei nº 9.666/1946.

(*) V. art. 235-C, § 6º, da CLT.

§ 1º. A hora do trabalho noturno será computada como de 52 minutos e 30 segundos.

(*) § 1º com redação dada pelo Decreto-Lei nº 9.666/1946.

§ 2º. Considera-se noturno, para os efeitos deste artigo, o trabalho executado entre as 22 horas de um dia e as 5 horas do dia seguinte.

(*) § 2º com redação dada pelo Decreto-Lei nº 9.666/1946.

§ 3º. O acréscimo, a que se refere o presente artigo, em se tratando de empresas que não mantêm, pela natureza de suas atividades, trabalho noturno habitual, será feito, tendo em vista os quantitativos pagos por trabalhos diurnos de natureza semelhante. Em relação às empresas cujo trabalho noturno decorra da natureza de suas atividades, o aumento será calculado sobre o salário-mínimo geral vigente na região, não sendo devido quando exceder desse limite, já acrescido da percentagem.

(*) § 3º com redação dada pelo Decreto-Lei nº 9.666/1946.

(*) Vide Lei nº 12.382/2011, que dispõe sobre o valor do salário-mínimo em 2011 e a sua política de valorização de longo prazo.

(*) V. art. 76 da CLT.

§ 4º. Nos horários mistos, assim entendidos os que abrangem períodos diurnos e noturnos, aplica-se às horas de trabalho noturno o disposto neste artigo e seus parágrafos.

(*) § 4º com redação dada pelo Decreto-Lei nº 9.666/1946.

§ 5º. Às prorrogações do trabalho noturno aplica-se o disposto neste capítulo.

(*) § 5º acrescido pelo Decreto-Lei nº 9.666/1946.

(*) V. art. 59-A da CLT.

Seção V
Do Quadro de Horário

Art. 74. O horário de trabalho será anotado em registro de empregados.

(*) Art. 74, *caput*, com redação dada pela Lei nº 13.874/2019.

§ 1º. (Revogado).

(*) § 1º revogado pela Lei nº 13.874/2019.

§ 2º. Para os estabelecimentos com mais de 20 (vinte) trabalhadores será obrigatória a anotação da hora de entrada e de saída, em registro manual, mecânico ou eletrônico, conforme instruções expedidas pela Secretaria Especial de Previdência e Trabalho do Ministério da Economia, permitida a pré-assinalação do período de repouso.

(*) § 2º alterado pela Lei nº 7.855/1989 e com redação dada pela Lei nº 13.874/2019.

§ 3º. Se o trabalho for executado fora do estabelecimento, o horário dos empregados constará do registro manual, mecânico ou eletrônico em seu poder, sem prejuízo do que dispõe o *caput* deste artigo.

(*) § 3º com redação dada pela Lei nº 13.874/2019.

§ 4º. Fica permitida a utilização de registro de ponto por exceção à jornada regular de trabalho, mediante acordo individual escrito, convenção coletiva ou acordo coletivo de trabalho.

(*) § 4º acrescido pela Lei nº 13.874/2019.

Seção VI
Das Penalidades

Art. 75. Os infratores dos dispositivos deste Capítulo incorrerão na multa prevista no inciso II *caput* do art. 634-A.

(*) Art. 75 com redação dada pela MP nº 905/2019.

Capítulo II-A
DO TELETRABALHO

(*) Capítulo II-A acrescido pela Lei nº 13.467/2017.

Art. 75-A. A prestação de serviços pelo empregado em regime de teletrabalho observará o disposto neste Capítulo.

(*) Art. 75-A acrescido pela Lei nº 13.467/2017.

Art. 75-B. Considera-se teletrabalho a prestação de serviços preponderantemente fora das dependências do empregador, com a utilização de tecnologias de informação e de comunicação que, por sua natureza, não se constituam como trabalho externo.

Parágrafo único. O comparecimento às dependências do empregador para a realização de atividades específicas que exijam a presença do empregado no estabelecimento não descaracteriza o regime de teletrabalho.

(*) Art. 75-B acrescido pela Lei nº 13.467/2017.

Art. 75-C. A prestação de serviços na modalidade de teletrabalho deverá constar expressamente do contrato individual de trabalho, que especificará as atividades que serão realizadas pelo empregado.

§ 1º. Poderá ser realizada a alteração entre regime presencial e de teletrabalho desde que haja mútuo acordo entre as partes, registrado em aditivo contratual.

§ 2º. Poderá ser realizada a alteração do regime de teletrabalho para o presencial por determinação do empregador, garantido prazo de transição mínimo de quinze dias, com correspondente registro em aditivo contratual.

(*) Art. 75-C acrescido pela Lei nº 13.467/2017.

Art. 75-D. As disposições relativas à responsabilidade pela aquisição, manutenção ou fornecimento dos equipamentos tecnológicos e da infraestrutura necessária e adequada à prestação do trabalho remoto, bem como ao reembolso de despesas arcadas pelo empregado, serão previstas em contrato escrito.

Parágrafo único. As utilidades mencionadas no *caput* deste artigo não integram a remuneração do empregado.

(*) Art. 75-D acrescido pela Lei nº 13.467/2017.

Art. 75-E. O empregador deverá instruir os empregados, de maneira expressa e ostensiva, quanto às precauções a tomar a fim de evitar doenças e acidentes de trabalho.

Parágrafo único. O empregado deverá assinar termo de responsabilidade comprometendo-se a seguir as instruções fornecidas pelo empregador.

(*) Art. 75-E acrescido pela Lei nº 13.467/2017.

Capítulo III
DO SALÁRIO-MÍNIMO

(*) Vide Lei nº 13.152/2015, que dispõe sobre a política de valorização do salário-mínimo e dos benefícios pagos pelo Regime Geral de Previdência Social (RGPS) para o período de 2016 a 2019.

Seção I
Do Conceito

Art. 76. Salário-mínimo é a contraprestação mínima devida e paga diretamente pelo empregador a todo trabalhador, inclusive ao trabalhador rural, sem distinção de sexo, por dia normal de serviço, e capaz de satisfazer, em determinada época e região do País, as suas necessidades normais de alimentação, habitação, vestuário, higiene e transporte.

(*) Vide Lei nº 5.889/1973, que estatui normas reguladoras do trabalhador rural.

Art. 77. (Revogado).

(*) Art. 77 revogado pela Lei nº 4.589/1964.

Art. 78. Quando o salário for ajustado por empreitada, ou convencionado por tarefa ou peça, será garantida ao trabalhador uma remuneração diária nunca inferior à do salário-mínimo por dia normal da região, zona ou subzona.

(*) O inciso IV do art. 7º da CF/1988 determina que o salário-mínimo, fixado em lei, é nacionalmente unificado.

Parágrafo único. Quando o salário-mínimo mensal do empregado a comissão ou que tenha direito a percentagem for integrado por parte fixa e parte variável, ser-lhe-á sempre garantido o salário-mínimo, vedado qualquer desconto em mês subsequente a título de compensação.

(*) Parágrafo único acrescido pelo Decreto-Lei nº 229/1967.

Art. 79. (Revogado).

(*) Art. 79 revogado pelo Lei nº 4.589/1964.

Art. 80. (Revogado).

(*) Art. 80 revogado pela Lei nº 10.097/2000.

Art. 81. O salário-mínimo será determinado pela fórmula Sm = a + b + c + d + e, em que “a”, “b”, “c”, “d” e “e” representam, respectivamente, o valor das despesas diárias com alimentação, habitação, vestuário, higiene e transporte necessários à vida de um trabalhador adulto.

§ 1º. A parcela correspondente à alimentação terá um valor mínimo igual aos valores da lista de provisões, constantes dos quadros devidamente aprovados e necessários à alimentação diária do trabalhador adulto.

§ 2º. Poderão ser substituídos pelos equivalentes de cada grupo, também mencionados nos quadros a que alude o parágrafo anterior, os alimentos, quando as condições da região, zona ou subzona o aconselharem, respeitados os valores nutritivos determinados nos mesmos quadros.

§ 3º. O Ministério do Trabalho, Indústria e Comércio♦ fará, periodicamente, a revisão dos quadros a que se refere o § 1º deste artigo.

♦ Atual denominação: "Ministério da Economia", nos termos da Lei nº 13.844/2019.

Art. 82. Quando o empregador fornecer, *in natura*, uma ou mais das parcelas do salário-mínimo, o salário em dinheiro será determinado pela fórmula Sd = Sm – P, em que Sd representa o salário em dinheiro, Sm o salário-mínimo e P a soma dos valores daquelas parcelas na região, zona ou subzona.

Parágrafo único. O salário-mínimo pago em dinheiro não será inferior a 30% (trinta por cento) do salário-mínimo fixado para a região, zona ou subzona.

(*) O inciso IV do art. 7º da CF/1988 determina que o salário-mínimo, fixado em lei, é nacionalmente unificado.

(*) V. art. 458 da CLT.

Art. 83. É devido o salário-mínimo ao trabalhador em domicílio, considerado este como o executado na habitação do empregado ou em oficina de família, por conta de empregador que o remunere.

Seção II
Das Regiões, Zonas e Subzonas

Art. 84. (Revogado).

(*) Art. 84 revogado pela Lei nº 13.467/2017.

Art. 85. (Revogado).

(*) Art. 85 revogado pela Lei nº 4.589/1964.

Art. 86. (Revogado).

(*) Art. 86 revogado pela Lei nº 13.467/2017.

Seção III
Da Constituição das Comissões

Arts. 87 a 100. (Revogados).

(*) Arts. 87 a 100 revogados pela Lei nº 4.589/1964.

Seção IV
Das Atribuições das Comissões de Salário-Mínimo

Arts. 101 a 111. (Revogados).

(*) Arts. 101 a 111 revogados pela Lei nº 4.589/1964.

Seção V
Da Fixação do Salário-Mínimo

Arts. 112 a 115. (Revogados).

(*) Arts. 112 a 115 revogados pela Lei nº 4.589/1964.

Art. 116. O decreto fixando o salário-mínimo, decorridos 60 (sessenta) dias de sua publicação no Diário Oficial, obrigará a todos que utilizem o trabalho de outrem mediante remuneração.

§ 1º. O salário-mínimo, uma vez fixado, vigorará pelo prazo de 3 (três) anos, podendo ser modificado ou confirmado por novo período de 3 (três) anos, e assim seguidamente, por decisão da respectiva Comissão de Salário-Mínimo, aprovada pelo Ministro do Trabalho.

§ 2º. Excepcionalmente, poderá o salário-mínimo ser modificado, antes de decorridos 3 (três) anos de sua vigência, sempre que a respectiva Comissão de Salário-Mínimo, pelo voto de 3/4 (três quartos) de seus componentes, reconhecer que fatores de ordem econômica tenham alterado de maneira profunda a situação econômica e financeira da região interessada.

(*) Vide art. 7º, IV, da CF/1988.

(*) Vide art. 23 da Lei nº 4.589/1964.

(*) Vide Lei nº 13.152/2015.

Seção VI
Disposições Gerais

Art. 117. Será nulo de pleno direito, sujeitando o empregador às sanções do art. 120, qualquer contrato ou convenção que estipule remuneração inferior ao salário-mínimo estabelecido na região, zona ou subzona, em que tiver de ser cumprido.

Art. 118. O trabalhador a quem for pago salário inferior ao mínimo terá direito, não obstante qualquer contrato ou convenção em contrário, a reclamar do empregador o complemento de seu salário-mínimo estabelecido na região, zona ou subzona, em que tiver de ser cumprido.

Art. 119. Prescreve em 2 (dois) anos a ação para reaver a diferença, contados, para cada pagamento, da data em que o mesmo tenha sido efetuado.

(*) V. arts. 11 e 440 da CLT.

Art. 120. Aquele que infringir qualquer dispositivo concernente ao salário-mínimo será passível ao pagamento da multa prevista no inciso II *caput* do art. 634-A.

(*) Art. 120 com redação dada pela MP nº 905/2019.

Art. 121. (Revogado).

(*) Art. 121 revogado pelo Decreto-Lei nº 229/1967.

Art. 122. (Revogado).

(*) Art. 122 revogado pela Lei nº 4.589/1964.

Art. 123. (Revogado).

(*) Art. 123 revogado pela Lei nº 4.589/1964.

Art. 124. A aplicação dos preceitos deste Capítulo não poderá, em caso algum, ser causa determinante da redução do salário.

Art. 125. (Revogado).

(*) Art. 125 revogado pela Lei nº 4.589/1964.

Art. 126. O Ministro do Trabalho, Indústria e Comércio♦, expedirá as instruções necessárias à fiscalização do salário-mínimo, podendo cometer essa fiscalização a qualquer dos órgãos componentes do respectivo Ministério, e, bem assim, aos fiscais dos Institutos de Aposentadoria e Pensões na forma da legislação em vigor.

♦ Atual denominação: "Ministro da Economia", nos termos do Decreto nº 9.745/2019.

(*) Vide Decreto nº 9.745/2019, que dispõe sobre a Estrutura Regimental do Ministério da Economia.

Arts. 127 e 128. (Revogados).

(*) Arts. 127 e 128 revogados pelo Decreto-Lei nº 229/1967.

Capítulo IV
DAS FÉRIAS ANUAIS

(*) Capítulo IV com redação do título dada pelo Decreto-Lei nº 1.535/1977.

Seção I
Do Direito a Férias e da sua Duração

(*) Seção I com redação do título dada pelo Decreto-Lei nº 1.535/1977.

Art. 129. Todo empregado terá direito anualmente ao gozo de um período de férias, sem prejuízo da remuneração.

(*) Art. 129 com redação dada pelo Decreto-Lei nº 1.535/1977.

Art. 130. Após cada período de 12 (doze) meses de vigência do contrato de trabalho, o empregado terá direito a férias, na seguinte proporção:

(*) Art. 130, *caput*, com redação dada pelo Decreto-Lei nº 1.535/1977.

(*) V. arts. 58-A, § 7º; e 146, parágrafo único, da CLT.

I – 30 (trinta) dias corridos, quando não houver faltado ao serviço mais de 5 (cinco) vezes;

(*) Inciso I acrescido pelo Decreto-Lei nº 1.535/1977.

II – 24 (vinte e quatro) dias corridos, quando houver tido de 6 (seis) a 14 (quatorze) faltas;

(*) Inciso II acrescido pelo Decreto-Lei nº 1.535/1977.

III – 18 (dezoito) dias corridos, quando houver tido de 15 (quinze) a 23 (vinte e três) faltas;

(*) Inciso III acrescido pelo Decreto-Lei nº 1.535/1977.

IV – 12 (doze) dias corridos, quando houver tido de 24 (vinte e quatro) a 32 (trinta e duas) faltas.

(*) Inciso IV acrescido pelo Decreto-Lei nº 1.535/1977.

§ 1º. É vedado descontar, do período de férias, as faltas do empregado ao serviço.

(*) § 1º acrescido pelo Decreto-Lei nº 1.535/1977.

§ 2º. O período das férias será computado, para todos os efeitos, como tempo de serviço.

(*) § 2º acrescido pelo Decreto-Lei nº 1.535/1977.

Art. 130-A. (Revogado).

(*) Art. 130-A acrescido pela MP nº 2.164-41/2001 e revogado pela Lei nº 13.467/2017.

Art. 131. Não será considerada falta ao serviço, para os efeitos do artigo anterior, a ausência do empregado:

(*) Art. 131, *caput*, com redação dada pelo Decreto-Lei nº 1.535/1977.

I – nos casos referidos no art. 473;

(*) Inciso I acrescido pelo Decreto-Lei nº 1.535/1977.

II – durante o licenciamento compulsório da empregada por motivo de maternidade ou aborto, observados os requisitos para percepção do salário-maternidade custeado pela Previdência Social;

(*) Inciso II acrescido pelo Decreto-Lei nº 1.535/1977, e com redação dada pela Lei nº 8.921/1994.

III – por motivo de acidente do trabalho ou enfermidade atestada pelo Instituto Nacional do Seguro Social – INSS, excetuada a hipótese do inciso IV do art. 133;

(*) Inciso III acrescido pelo Decreto-Lei nº 1.535/1977, e com redação dada pela Lei nº 8.726/1993.

IV – justificada pela empresa, entendendo-se como tal a que não tiver determinado o desconto do correspondente salário;

(*) Inciso IV acrescido pelo Decreto-Lei nº 1.535/1977.

V – durante a suspensão preventiva para responder a inquérito administrativo ou de prisão preventiva, quando for impronunciado ou absolvido; e

(*) Inciso V acrescido pelo Decreto-Lei nº 1.535/1977.

VI – nos dias em que não tenha havido serviço, salvo na hipótese do inciso III do art. 133.

(*) Inciso VI acrescido pelo Decreto-Lei nº 1.535/1977.

Art. 132. O tempo de trabalho anterior à apresentação do empregado para serviço militar obrigatório será computado no período aquisitivo, desde que ele compareça ao estabelecimento dentro de 90 (noventa) dias da data em que se verificar a respectiva baixa.

(*) Art. 132 com redação dada pelo Decreto-Lei nº 1.535/1977.

(*) V. art. 472, § 1º, da CLT.

Art. 133. Não terá direito a férias o empregado que, no curso do período aquisitivo:

(*) Art. 133, *caput*, com redação dada pelo Decreto-Lei nº 1.535/1977.

I – deixar o emprego e não for readmitido dentro de 60 (sessenta) dias subsequentes à sua saída;

(*) Inciso I acrescido pelo Decreto-Lei nº 1.535/1977.

II – permanecer em gozo de licença, com percepção de salários, por mais de 30 (trinta) dias;

(*) Inciso II acrescido pelo Decreto-Lei nº 1.535/1977.

III – deixar de trabalhar, com percepção do salário, por mais de 30 (trinta) dias, em virtude de paralisação parcial ou total dos serviços da empresa; e

(*) Inciso III acrescido pelo Decreto-Lei nº 1.535/1977.

(*) V. art. 131, VI, da CLT.

IV – tiver percebido da Previdência Social prestações de acidente de trabalho ou de auxílio-doença por mais de 6 (seis) meses, embora descontínuos.

(*) Inciso IV acrescido pelo Decreto-Lei nº 1.535/1977.

(*) V. art. 131, III, da CLT.

§ 1º. A interrupção da prestação de serviços deverá ser anotada na Carteira de Trabalho e Previdência Social.

(*) § 1º acrescido pelo Decreto-Lei nº 1.535/1977.

§ 2º. Iniciar-se-á o decurso de novo período aquisitivo quando o empregado, após o implemento de qualquer das condições previstas neste artigo, retornar ao serviço.

(*) § 2º acrescido pelo Decreto-Lei nº 1.535/1977.

§ 3º. Para os fins previstos no inciso III deste artigo a empresa comunicará ao órgão local do Ministério do Trabalho♦, com antecedência mínima de 15 (quinze) dias, as datas de início e fim da paralisação total ou parcial dos serviços da empresa, e, em igual prazo, comunicará, nos mesmos termos, ao sindicato representativo da categoria profissional, bem como afixará aviso nos respectivos locais de trabalho.

(*) § 3º acrescido pela Lei nº 9.016/1995.

♦ Atual denominação: "Ministério da Economia", nos termos da Lei nº 13.844/2019.

Atual denominação: Ministério da Economia, pela Secretaria Especial de Previdência e Trabalho, nos termos da Lei nº 13.844, de 18.6.2019.

§ 4º. (Vetado).

(*) § 4º acrescido pela Lei nº 9.016/1995.

Seção II
Da Concessão e da Época das Férias

(*) Seção II com redação do título dada pelo Decreto-Lei nº 1.535/1977.

Art. 134. As férias serão concedidas por ato do empregador, em um só período, nos 12 (doze) meses subsequentes à data em que o empregado tiver adquirido o direito.

(*) Art. 134, *caput*, com redação dada pelo Decreto-Lei nº 1.535/1977.

(*) V. arts. 137, 145 e 149 da CLT.

§ 1º. Desde que haja concordância do empregado, as férias poderão ser usufruídas em até três períodos, sendo que um deles não poderá ser inferior a quatorze dias corridos e os demais não poderão ser inferiores a cinco dias corridos, cada um.

(*) § 1º com redação dada pela Lei nº 13.467/2017.

§ 2º. (Revogado).

(*) § 2º revogado pela Lei nº 13.467/2017.

§ 3º. É vedado o início das férias no período de dois dias que antecede feriado ou dia de repouso semanal remunerado.

(*) § 3º acrescido pela Lei nº 13.467/2017.

Art. 135. A concessão das férias será participada, por escrito, ao empregado, com antecedência de, no mínimo, 30 (trinta) dias. Dessa participação o interessado dará recibo.

(*) Art. 135, *caput*, com redação dada pela Lei nº 7.414/1985.

§ 1º. O empregado não poderá entrar no gozo das férias sem que apresente ao empregador sua Carteira de Trabalho e Previdência Social, para que nela seja anotada a respectiva concessão.

(*) § 1º acrescido pelo Decreto-Lei nº 1.535/1977.

(*) V. art. 141, *caput*, da CLT.

§ 2º. A concessão das férias será, igualmente, anotada no livro ou nas fichas de registro dos empregados.

(*) § 2º acrescido pelo Decreto-Lei nº 1.535/1977.

§ 3º. Nos casos em que o empregado possua a CTPS em meio digital, a anotação será feita nos sistemas a que se refere o § 7º do art. 29 desta Consolidação, na forma do regulamento, dispensadas as anotações de que tratam os §§ 1º e 2º deste artigo.

(*) § 3º acrescido pela Lei nº 13.874/2019.

Art. 136. A época da concessão das férias será a que melhor consulte os interesses do empregador.

§ 1º. Os membros de uma família, que trabalharem no mesmo estabelecimento ou empresa, terão direito a gozar férias no mesmo período, se assim o desejarem e se disto não resultar prejuízo para o serviço.

§ 2º. O empregado estudante, menor de 18 (dezoito) anos, terá direito a fazer coincidir suas férias com as férias escolares.

(*) Art. 136 com redação dada pelo Decreto-Lei nº 1.535/1977.

Art. 137. Sempre que as férias forem concedidas após o prazo de que trata o art. 134, o empregador pagará em dobro a respectiva remuneração.

(*) Art. 137, *caput*, com redação dada pelo Decreto-Lei nº 1.535/1977.

(*) V. art. 145 da CLT.

§ 1º. Vencido o mencionado prazo sem que o empregador tenha concedido as férias, o empregado poderá ajuizar reclamação pedindo a fixação, por sentença, da época de gozo das mesmas.

(*) § 1º acrescido pelo Decreto-Lei nº 1.535/1977.

(*) V. art. 149 da CLT.

§ 2º. A sentença cominará pena diária de 5% (cinco por cento) do salário-mínimo da região, devida ao empregado até que seja cumprida.

(*) § 2º acrescido pelo Decreto-Lei nº 1.535/1977.

(*) V. art. 76 da CLT.

§ 3º. Cópia da decisão judicial transitada em julgado será remetida ao órgão local do Ministério do Trabalho•, para fins de aplicação da multa de caráter administrativo.

(*) § 3º acrescido pelo Decreto-Lei nº 1.535/1977.

♦ Atual denominação: "Ministério da Economia", nos termos da Lei nº 13.844/2019.

Art. 138. Durante as férias, o empregado não poderá prestar serviços a outro empregador, salvo se estiver obrigado a fazê-lo em virtude de contrato de trabalho regularmente mantido com aquele.

(*) Art. 138 com redação dada pelo Decreto-Lei nº 1.535/1977.

Seção III
Das Férias Coletivas

(*) Seção III com redação do título dada pelo Decreto-Lei nº 1.535/1977.

Art. 139. Poderão ser concedidas férias coletivas a todos os empregados de uma empresa ou de determinados estabelecimentos ou setores da empresa.

(*) Art. 139, *caput*, com redação dada pelo Decreto-Lei nº 1.535/1977.

§ 1º. As férias poderão ser gozadas em 2 (dois) períodos anuais desde que nenhum deles seja inferior a 10 (dez) dias corridos.

(*) § 1º com redação dada pelo Decreto-Lei nº 1.535/1977.

§ 2º. Para os fins previstos neste artigo, o empregador comunicará ao órgão local do Ministério do Trabalho♦, com a antecedência mínima de 15 (quinze) dias, as datas de início e fim das férias, precisando quais os estabelecimentos ou setores abrangidos pela medida.

(*) § 2º acrescido pela Lei nº 6.211/1975 e com redação dada pelo Decreto-Lei nº 1.535/1977.

♦ Atual denominação: "Ministério da Economia", nos termos da Lei nº 13.844/2019.

§ 3º. Em igual prazo, o empregador enviará cópia da aludida comunicação aos sindicatos representativos da respectiva categoria profissional, e providenciará a afixação de aviso nos locais de trabalho.

(*) § 3º acrescido pelo Decreto-Lei nº 1.535/1977.

Art. 140. Os empregados contratados há menos de 12 (doze) meses gozarão, na oportunidade, férias proporcionais, iniciando-se, então, novo período aquisitivo.

(*) Art. 140 com redação dada pelo Decreto-Lei nº 1.535/1977.

Art. 141. (Revogado).

(*) Art. 141 alterado pelo Decreto-Lei nº 1.535/1977 e revogado pela Lei nº 13.874/2019.

Seção IV
Da Remuneração e do Abono de Férias

(*) Seção IV com redação do título dada pelo Decreto-Lei nº 1.535/1977.

Art. 142. O empregado perceberá, durante as férias, a remuneração que lhe for devida na data da sua concessão.

(*) Art. 142, *caput*, com redação dada pelo Decreto-Lei nº 1.535/1977.

(*) O inciso XVII do art. 7º da CF/1988 estabelece que a remuneração das férias será pelo menos 1/3 (um terço) maior do que a remuneração normal.

§ 1º. Quando o salário for pago por hora com jornadas variáveis, apurar-se-á a média do período aquisitivo, aplicando-se o valor do salário na data da concessão das férias.

(*) § 1º acrescido pelo Decreto-Lei nº 1.535/1977.

§ 2º. Quando o salário for pago por tarefa tomar-se-á por base a média da produção no período aquisitivo do direito a férias, aplicando-se o valor da remuneração da tarefa na data da concessão das férias.

(*) § 2º acrescido pelo Decreto-Lei nº 1.535/1977.

§ 3º. Quando o salário for pago por percentagem, comissão ou viagem, apurar-se-á a média percebida pelo empregado nos 12 (doze) meses que precederem à concessão das férias.

(*) § 3º acrescido pelo Decreto-Lei nº 1.535/1977.

§ 4º. A parte do salário paga em utilidades será computada de acordo com a anotação na Carteira de Trabalho e Previdência Social.

(*) § 4º acrescido pelo Decreto-Lei nº 1.535/1977.

§ 5º. Os adicionais por trabalho extraordinário, noturno, insalubre ou perigoso serão computados no salário que servirá de base ao cálculo da remuneração das férias.

(*) § 5º acrescido pelo Decreto-Lei nº 1.535/1977.

§ 6º. Se, no momento das férias, o empregado não estiver percebendo o mesmo adicional do período aquisitivo, ou quando o valor deste não tiver sido uniforme será computada a média duodecimal recebida naquele período, após a atualização das importâncias pagas, mediante incidência dos percentuais dos reajustamentos salariais supervenientes.

(*) § 6º acrescido pelo Decreto-Lei nº 1.535/1977.

Art. 143. É facultado ao empregado converter 1/3 (um terço) do período de férias a que tiver direito em abono pecuniário, no valor da remuneração que lhe seria devida nos dias correspondentes.

(*) Art. 143, *caput*, com redação dada pelo Decreto-Lei nº 1.535/1977.

(*) V. art. 145 da CLT.

§ 1º. O abono de férias deverá ser requerido até 15 (quinze) dias antes do término do período aquisitivo.

(*) § 1º acrescido pelo Decreto-Lei nº 1.535/1977.

§ 2º. Tratando-se de férias coletivas, a conversão a que se refere este artigo deverá ser objeto de acordo coletivo entre o empregador e o sindicato representativo da respectiva categoria profissional, independendo de requerimento individual a concessão do abono.

(*) § 2º acrescido pelo Decreto-Lei nº 1.535/1977.

(*) Vide Lei nº 11.648/2008, que dispõe sobre o reconhecimento formal das Centrais Sindicais.

§ 3º. (Revogado).

(*) § 3º revogado pela Lei nº 13.467/2017.

Art. 144. O abono de férias de que trata o artigo anterior, bem como o concedido em virtude de cláusula do contrato de trabalho, do regulamento da empresa, de convenção ou acordo coletivo, desde que não excedente de vinte dias do salário, não integrarão a remuneração do empregado para os efeitos da legislação do trabalho.

(*) Art. 144 com redação dada pela Lei nº 9.528/1998.

Art. 145. O pagamento da remuneração das férias e, se for o caso, o do abono referido no art. 143 serão efetuados até 2 (dois) dias antes do início do respectivo período.

(*) Art. 145, *caput*, com redação dada pelo Decreto-Lei nº 1.535/1977.

Parágrafo único. O empregado dará quitação do pagamento, com indicação do início e do termo das férias.

(*) Parágrafo único acrescido pelo Decreto-Lei nº 1.535/1977.

Seção V
Dos Efeitos da Cessação do Contrato de Trabalho

(*) Seção V com redação do título dada pelo Decreto-Lei nº 1.535/1977.

Art. 146. Na cessação do contrato de trabalho, qualquer que seja a sua causa, será devida ao empregado a remuneração simples ou em dobro, conforme o caso, correspondente ao período de férias cujo direito tenha adquirido.

Parágrafo único. Na cessação do contrato de trabalho, após 12 (doze) meses de serviço, o empregado, desde que não haja sido demitido por justa causa, terá direito à remuneração relativa ao período incompleto de férias, de acordo com o art. 130, na proporção de 1/12 (um doze avos) por mês de serviço ou fração superior a 14 (quatorze) dias.

(*) Art. 146 com redação dada pelo Decreto-Lei nº 1.535/1977.

Art. 147. O empregado que for despedido sem justa causa, ou cujo contrato de trabalho se extinguir em prazo predeterminado, antes de completar 12 (doze) meses de serviço, terá direito à remuneração relativa ao período incompleto de férias, de conformidade com o disposto no artigo anterior.

(*) Art. 147 com redação dada pelo Decreto-Lei nº 1.535/1977.

Art. 148. A remuneração das férias, ainda quando devida após a cessação do contrato de trabalho, terá natureza salarial, para os efeitos do art. 449.

(*) Art. 148 com redação dada pelo Decreto-Lei nº 1.535/1977.

Seção VI
Do Início da Prescrição

(*) Seção VI com redação do título dada pelo Decreto-Lei nº 1.535/1977.

Art. 149. A prescrição do direito de reclamar a concessão das férias ou o pagamento da respectiva remuneração é contada do término do prazo mencionado no art. 134 ou, se for o caso, da cessação do contrato de trabalho.

(*) Art. 149 com redação dada pelo Decreto-Lei nº 1.535/1977.

(*) V. arts. 11 e 440 da CLT.

Seção VII
Disposições Especiais

(*) Seção VII acrescida pelo Decreto-Lei nº 1.535/1977.

Art. 150. O tripulante que, por determinação do armador, for transferido para o serviço de outro, terá computado, para o efeito de gozo de férias, o tempo de serviço prestado ao primeiro, ficando obrigado a concedê-las o armador em cujo serviço ele se encontra na época de gozá-las.

(*) Art. 150, *caput*, com redação dada pelo Decreto-Lei nº 1.535/1977.

§ 1º. As férias poderão ser concedidas, a pedido dos interessados e com aquiescência do armador, parceladamente, nos portos de escala de grande estadia do navio, aos tripulantes ali residentes.

(*) § 1º acrescido pelo Decreto-Lei nº 1.535/1977.

§ 2º. Será considerada grande estadia a permanência no porto por prazo excedente de 6 (seis) dias.

(*) § 2º acrescido pelo Decreto-Lei nº 1.535/1977.

§ 3º. Os embarcadiços, para gozarem férias nas condições deste artigo, deverão pedi-las, por escrito, ao armador, antes do início da viagem, no porto de registro ou armação.

(*) § 3º acrescido pelo Decreto-Lei nº 1.535/1977.

§ 4º. O tripulante, ao terminar as férias, apresentar-se-á ao armador, que deverá designá-lo para qualquer de suas embarcações ou o adir a algum dos seus serviços terrestres, respeitadas a condição pessoal e a remuneração.

(*) § 4º acrescido pelo Decreto-Lei nº 1.535/1977.

§ 5º. Em caso de necessidade, determinada pelo interesse público, e comprovada pela autoridade competente, poderá o armador ordenar a suspensão das férias já iniciadas ou a iniciar-se, ressalvado ao tripulante o direito ao respectivo gozo posteriormente.

(*) § 5º acrescido pelo Decreto-Lei nº 1.535/1977.

§ 6º. O Delegado do Trabalho Marítimo poderá autorizar a acumulação de 2 (dois) períodos de férias do marítimo, mediante requerimento justificado:

I – do sindicato, quando se tratar de sindicalizado; e

II – da empresa, quando o empregado não for sindicalizado.

(*) § 6º acrescido pelo Decreto-Lei nº 1.535/1977.

Art. 151. Enquanto não se criar um tipo especial de caderneta profissional para os marítimos, as férias serão anotadas pela Capitania do Porto na caderneta-matrícula do tripulante, na página das observações.

(*) Art. 151 com redação dada pelo Decreto-Lei nº 1.535/1977.

Art. 152. A remuneração do tripulante, no gozo de férias, será acrescida da importância correspondente à etapa que estiver vencendo.

(*) Art. 152 com redação dada pelo Decreto-Lei nº 1.535/1977.

Seção VIII
Das Penalidades

(*) Seção VIII acrescida pelo Decreto-Lei nº 1.535/1977.

Art. 153. As infrações ao disposto neste Capítulo serão punidas com a aplicação da multa prevista no inciso II do *caput* do art. 634-A.

(*) Art. 153 alterado pela Lei nº 7.855/1989 e com redação dada pela MP nº 905/2019.

Capítulo V
DA SEGURANÇA E DA MEDICINA DO TRABALHO

(*) Capítulo V com redação do título alterada pelo Decreto-Lei nº 229/1967 e com redação dada pela Lei nº 6.514/1977.

(*) Vide art. 50 da LC nº 123/2006, que estabeleceu normas gerais para tratamento diferenciado às microempresas: ***Art. 50.*** *As microempresas e as empresas de pequeno porte serão estimuladas pelo poder público e pelos Serviços Sociais Autônomos a formar consórcios para acesso a serviços especializados em segurança e medicina do trabalho.*

(*) Vide Portaria nº 589/2014 do MTE, que disciplina as medidas a serem adotadas pelas empresas em relação à notificação de doenças e acidentes do trabalho.

Seção I
Disposições Gerais

(*) Vide Norma Regulamentadora 1 – NR 1: Disposições gerais sobre as NR relativas à segurança e medicina do trabalho, de observância obrigatória, aplicando-se aos trabalhadores avulsos, entidades ou empresas que tomem serviço e aos sindicatos representativos das respectivas categorias profissionais.

Art. 154. A observância, em todos os locais de trabalho, do disposto neste Capitulo, não desobriga as empresas do cumprimento de outras disposições que, com relação à matéria, sejam incluídas em códigos de obras ou regulamentos sanitários dos Estados ou Municípios em que se situem os respectivos estabelecimentos, bem como daquelas oriundas de convenções coletivas de trabalho.

(*) Art. 154 com redação dada pela Lei nº 6.514/1977.

Art. 155. Incumbe ao órgão de âmbito nacional competente em matéria de segurança e medicina do trabalho:

(*) Art. 155, *caput*, com redação dada pela Lei nº 6.514/1977.

I – estabelecer, nos limites de sua competência, normas sobre a aplicação dos preceitos deste Capítulo, especialmente os referidos no art. 200;

(*) Inciso I acrescido pela Lei nº 6.514/1977.

II – coordenar, orientar, controlar e supervisionar a fiscalização e as demais atividades relacionadas com a segurança e a medicina do trabalho em todo o território nacional, inclusive a Campanha Nacional de Prevenção de Acidentes do Trabalho;

(*) Inciso II acrescido pela Lei nº 6.514/1977.

III – (revogado).

(*) Inciso III acrescido pela Lei nº 6.514/1977 e revogado pela MP nº 905/2019.

Art. 156. Compete especialmente à autoridade regional em matéria de inspeção do trabalho, nos limites de sua jurisdição:

(*) Art. 156, *caput*, alterado pela Lei nº 6.514/1977 e com redação dada pela MP nº 905/2019.

I – promover a fiscalização do cumprimento das normas de segurança e medicina do trabalho;

(*) Inciso I acrescido pela Lei nº 6.514/1977.

II – adotar as medidas que se tornem exigíveis, em virtude das disposições deste Capítulo, determinando as obras e reparos que, em qualquer local de trabalho, se façam necessárias;

(*) Inciso II acrescido pela Lei nº 6.514/1977.

III – impor as penalidades cabíveis por descumprimento das normas constantes deste Capítulo, nos termos do art. 201.

(*) Inciso III acrescido pela Lei nº 6.514/1977.

Art. 157. Cabe às empresas:

(*) Art. 157, *caput*, com redação dada pela Lei nº 6.514/1977.

I – cumprir e fazer cumprir as normas de segurança e medicina do trabalho;

(*) Inciso I acrescido pela Lei nº 6.514/1977.

II – instruir os empregados, através de ordens de serviço, quanto às precauções a tomar no sentido de evitar acidentes do trabalho ou doenças ocupacionais;

(*) Inciso II acrescido pela Lei nº 6.514/1977.

III – adotar as medidas que lhes sejam determinadas pelo órgão regional competente;

(*) Inciso III acrescido pela Lei nº 6.514/1977.

IV – facilitar o exercício da fiscalização pela autoridade competente.

(*) Inciso IV acrescido pela Lei nº 6.514/1977.

Art. 158. Cabe aos empregados:

(*) Art. 158, *caput*, alterado pelo Decreto-Lei nº 229/1967 e com redação dada pela Lei nº 6.514/1977.

I – observar as normas de segurança e medicina do trabalho, inclusive as instruções de que trata o item II do artigo anterior;

(*) Inciso I acrescido pelo Decreto-Lei n° 229/1967 e com redação dada pela Lei nº 6.514/1977.

II – colaborar com a empresa na aplicação dos dispositivos deste Capítulo.

(*) Inciso II acrescido pelo Decreto-Lei n° 229/1967 e com redação dada pela Lei nº 6.514/1977.

(*) V. art. 482, alíneas "a" e "e", da CLT.

Parágrafo único. Constitui ato faltoso do empregado a recusa injustificada:

a) à observância das instruções expedidas pelo empregador na forma do item II do artigo anterior;

b) ao uso dos equipamentos de proteção individual fornecidos pela empresa.

(*) Parágrafo único acrescido pela Lei nº 6.514/1977.

Art. 159. (Revogado).

(*) Art. 159 alterado pela Lei nº 6.514/1977 e revogado pela MP nº 905/2019.

Seção II
Da Inspeção Prévia e do Embargo ou Interdição

(*) Seção II com redação do título dada pela Lei nº 6.514/1977.

(*) Vide Norma Regulamentadora 2 – NR 2: Inspeção Prévia.

(*) Vide Norma Regulamentadora 3 – NR 3: Embargo ou interdição.

Art. 160. (Revogado).

(*) Art. 160 alterado pela Lei nº 6.514/1977 e revogado pela MP nº 905/2019.

Art. 161. Conforme regulamento da Secretaria Especial de Previdência e Trabalho do Ministério da Economia, a autoridade máxima regional em matéria de inspeção do trabalho, à vista do relatório técnico de Auditor Fiscal do Trabalho que demonstre grave e iminente risco para o trabalhador, poderá interditar atividade, estabelecimento, setor de serviço, máquina ou equipamento, ou embargar obra, indicando na decisão, tomada com a brevidade que a ocorrência exigir, as providências que deverão ser adotadas para prevenção de acidentes e doenças graves do trabalho.

(*) Art. 161, *caput*, alterado pela Lei nº 6.514/1977 e com redação dada pela MP nº 905/2019. Com vigência a partir de 90 dias da publicação (*DOU* de 12.11.2019).

(*) Texto anterior à alteração promovida pela MP nº 905/2019: ***Art. 161.*** *O Delegado Regional do Trabalho, à vista do laudo técnico do serviço competente que demonstre grave e iminente risco para o trabalhador, poderá interditar estabelecimento, setor de serviço, máquina ou equipamento, ou embargar obra, indicando na decisão, tomada com a brevidade que a ocorrência exigir, as providências que deverão ser adotadas para prevenção de infortúnios de trabalho. [...].*

(*) Vide Portaria MTE nº 40/2011 (suspensa temporariamente pela Portaria MTE nº 1.719/2014), que disciplina procedimentos relativos aos embargos e interdições.

§ 1º. As autoridades federais, estaduais, distritais e municipais prestarão apoio imediato às medidas determinadas pela autoridade máxima regional em matéria de inspeção do trabalho.

(*) § 1º acrescido pela Lei nº 6.514/1977 e com redação dada pela MP nº 905/2019. Com vigência a partir de 90 dias da publicação (*DOU* de 12.11.2019).

(*) Texto anterior à alteração promovida pela MP nº 905/2019: ***Art. 161.*** *[...] § 1º. As autoridades federais, estaduais e municipais darão imediato apoio às medidas determinadas pelo Delegado Regional do Trabalho. [...].*

§ 2º. Da decisão da autoridade máxima regional em matéria de inspeção do trabalho caberá recurso no prazo de 10 (dez) dias, contado da data de ciência da decisão.

(*) § 2º acrescido pela Lei nº 6.514/1977 e com redação dada pela MP nº 905/2019. Com vigência a partir de 90 dias da publicação (*DOU* de 12.11.2019).

(*) Texto anterior à alteração promovida pela MP nº 905/2019: ***Art. 161.*** *[...] § 2º. A interdição ou embargo poderão ser requeridos pelo serviço competente da Delegacia Regional do Trabalho e, ainda, por agente da inspeção do trabalho ou por entidade sindical. [...].*

§ 3º. O recurso de que trata o § 2º será dirigido à Secretaria de Trabalho da Secretaria Especial de Previdência e Trabalho do Ministério da Economia, que terá prazo para análise de 5 (cinco) dias úteis, contado da data do protocolo, podendo ser concedido efeito suspensivo.

(*) § 3º acrescido pela Lei nº 6.514/1977 e com redação dada pela MP nº 905/2019. Com vigência a partir de 90 dias da publicação (*DOU* de 12.11.2019).

(*) Texto anterior à alteração promovida pela MP nº 905/2019: ***Art. 161.*** *[...] § 3º. Da decisão do Delegado Regional do Trabalho poderão os interessados recorrer, no prazo de 10 (dez) dias, para o órgão de âmbito nacional competente em matéria de segurança e medicina do trabalho, ao qual será facultado dar efeito suspensivo ao recurso. [...].*

§ 4º. Responderá por desobediência, além das medidas penais cabíveis, quem, após determinada a interdição ou embargo, ordenar ou permitir o funcionamento do estabelecimento ou de um dos seus setores, a utilização de máquina ou equipamento, ou o prosseguimento de obra, se, em consequência, resultarem danos a terceiros.

(*) § 4º acrescido pela Lei nº 6.514/1977.

§ 5º. A autoridade máxima regional em matéria de inspeção do trabalho, independentemente de interposição de recurso, após relatório técnico do serviço competente, poderá levantar a interdição ou o embargo.

(*) § 5º acrescido pela Lei nº 6.514/1977 e com redação dada pela MP nº 905/2019. Com vigência a partir de 90 dias da publicação (*DOU* de 12.11.2019).

(*) Texto anterior à alteração promovida pela MP nº 905/2019: ***Art. 161.*** *[...] § 5º. O Delegado Regional do Trabalho, independente de recurso, e após o laudo técnico do serviço competente, poderá levantar a interdição. [...].*

§ 6º. Durante a paralisação dos serviços, em decorrência da interdição ou embargo, os empregados receberão os salários como se estivessem em efetivo exercício.

(*) § 6º acrescido pela Lei nº 6.514/1977.

Seção III
Dos Órgãos de Segurança e de Medicina do Trabalho nas Empresas

(*) Vide Norma Regulamentadora 4 – NR 4: Serviços especializados em engenharia e segurança e em medicina no trabalho.

(*) Vide Norma Regulamentadora 5 – NR 5: Comissão Interna de Prevenção de Acidentes – CIPA.

Art. 162. As empresas, de acordo com normas a serem expedidas pelo Ministério do Trabalho♦, estarão obrigadas a manter serviços especializados em segurança e em medicina do trabalho.

(*) Art. 162, *caput*, com redação dada pela Lei nº 6.514/1977.

♦ Atual denominação: "Ministério da Economia", nos termos da Lei nº 13.844/2019.

Parágrafo único. As normas a que se refere este artigo estabelecerão:

(*) Parágrafo único com redação dada pela Lei nº 6.514/1977.

a) classificação das empresas segundo o número de empregados e a natureza do risco de suas atividades;

(*) Alínea "a" acrescida pela Lei nº 6.514/1977.

b) o número mínimo de profissionais especializados exigido de cada empresa, segundo o grupo em que se classifique, na forma da alínea anterior;

(*) Alínea "b" acrescida pela Lei nº 6.514/1977.

c) a qualificação exigida para os profissionais em questão e o seu regime de trabalho;

(*) Alínea "c" acrescida pela Lei nº 6.514/1977.

d) as demais características e atribuições dos serviços especializados em segurança e em medicina do trabalho, nas empresas.

(*) Alínea "d" acrescida pela Lei nº 6.514/1977.

Art. 163. Será obrigatória a constituição de Comissão Interna de Prevenção de Acidentes (CIPA), de conformidade com instruções expedidas pelo Ministério do Trabalho♦, nos estabelecimentos ou locais de obra nelas especificadas.

♦ Atual denominação: "Ministério da Economia", nos termos da Lei nº 13.844/2019.

Parágrafo único. O Ministério do Trabalho♦ regulamentará as atribuições, a composição e o funcionamento das CIPA (s).

(*) Art. 163 com redação dada pela Lei nº 6.514/1977.

♦ Atual denominação: "Ministério da Economia", nos termos da Lei nº 13.844/2019.

Art. 164. Cada CIPA será composta de representantes da empresa e dos empregados, de acordo com os critérios que vierem a ser adotados na regulamentação de que trata o parágrafo único do artigo anterior.

(*) Art. 164, *caput*, com redação dada pela Lei nº 6.514/1977.

§ 1º. Os representantes dos empregadores, titulares e suplentes, serão por eles designados.

(*) § 1º com redação dada pela Lei nº 6.514/1977.

§ 2º. Os representantes dos empregados, titulares e suplentes, serão eleitos em escrutínio secreto, do qual participem, independentemente de filiação sindical, exclusivamente os empregados interessados.

(*) § 2º com redação dada pela Lei nº 6.514/1977.

§ 3º. O mandato dos membros eleitos da CIPA terá a duração de 1 (um) ano, permitida uma reeleição.

(*) § 3º acrescido pela Lei nº 6.514/1977.

§ 4º. O disposto no parágrafo anterior não se aplicará ao membro suplente que, durante o seu mandato, tenha participado de menos da metade do número de reuniões da CIPA.

(*) § 4º acrescido pela Lei nº 6.514/1977.

§ 5º. O empregador designará, anualmente, dentre os seus representantes, o Presidente da CIPA e os empregados elegerão, dentre eles, o Vice-Presidente.

(*) § 5º acrescido pela Lei nº 6.514/1977.

Art. 165. Os titulares da representação dos empregados nas CIPA (s) não poderão sofrer despedida arbitrária, entendendo-se como tal a que não se fundar em motivo disciplinar, técnico, econômico ou financeiro.

(*) O Ato das Disposições Constitucionais Transitórias (ADCT/1988), em seu art. 10, II, prescreve: ***Art. 10.*** *Até que seja promulgada a lei complementar a que se refere o art. 7º, I, da Constituição: [...] II – fica vedada a dispensa arbitrária ou sem justa causa: a) do empregado eleito para cargo de direção de comissões internas de prevenção de acidentes, desde o registro de sua candidatura até um ano após o final de seu mandato; [...].*

(*) V. art. 543 da CLT.

Parágrafo único. Ocorrendo a despedida, caberá ao empregador, em caso de reclamação à Justiça do Trabalho, comprovar a existência de qualquer dos motivos mencionados neste artigo, sob pena de ser condenado a reintegrar o empregado.

(*) Art. 165 com redação dada pela Lei nº 6.514/1977.

Seção IV
Do Equipamento de Proteção Individual

(*) Vide Norma Regulamentadora 6 – NR 6: Equipamento de Proteção Individual – EPI.

Art. 166. A empresa é obrigada a fornecer aos empregados, gratuitamente, equipamento de proteção individual adequado ao risco e em perfeito estado de conservação e funcionamento, sempre que as medidas de ordem geral não ofereçam completa proteção contra os riscos de acidentes e danos à saúde dos empregados.

(*) Art. 166 com redação dada pela Lei nº 6.514/1977.

Art. 167. O equipamento de proteção individual só poderá ser posto à venda ou utilizado com a indicação de certificado de conformidade emitido no âmbito do Sistema Nacional de Metrologia, Normalização e Qualidade Industrial – Sinmetro ou de laudos de ensaio emitidos por laboratórios acreditados pelo Instituto Nacional de Metrologia, Qualidade e Tecnologia – Inmetro, conforme o disposto em ato da Secretaria Especial de Previdência e Trabalho do Ministério da Economia.

(*) Art. 167 alterado pela Lei nº 6.514/1977 e com redação dada pela MP nº 905/2019.

(*) Vide Portaria SIT/DSST nº 125/2009, que define o processo administrativo para suspensão e cancelamento de Certificado de Aprovação de Equipamento de Proteção Individual.

(*) Vide Portaria SIT/DSST nº 451/2014, que estabelece procedimentos para o acesso ao sistema CAEPI – Certificado de Aprovação de Equipamento de Proteção Individual, para o cadastro de empresas fabricantes e/ou importadoras de Equipamentos de Proteção Individual e para a emissão e renovação do Certificado de Aprovação – CA de Equipamentos de Proteção Individual – EPI.

Seção V
Das Medidas Preventivas de Medicina do Trabalho

(*) Vide Norma Regulamentadora 7 – NR 7: Programa de controle médico de saúde ocupacional.

Art. 168. Será obrigatório exame médico, por conta do empregador, nas condições estabelecidas neste artigo e nas instruções complementares a serem expedidas pelo Ministério do Trabalho♦:

(*) Art. 168, *caput*, com redação dada pela Lei nº 7.855/1989.

♦ Atual denominação: "Ministério da Economia", nos termos da Lei nº 13.844/2019.

I – na admissão;

(*) Inciso I acrescido pela Lei nº 7.855/1989.

II – na demissão;

(*) Inciso II acrescido pela Lei nº 7.855/1989.

III – periodicamente.

(*) Inciso III acrescido pela Lei nº 7.855/1989.

§ 1º. O Ministério do Trabalho♦ baixará instruções relativas aos casos em que serão exigíveis exames:

(*) § 1º com redação dada pela Lei nº 7.855/1989.

♦ Atual denominação: "Ministério da Economia", nos termos da Lei nº 13.844/2019.

a) por ocasião da demissão;

(*) Alínea "a" acrescida pela Lei nº 7.855/1989.

b) complementares.

(*) Alínea "b" acrescida pela Lei nº 7.855/1989.

§ 2º. Outros exames complementares poderão ser exigidos, a critério médico, para apuração da capacidade ou aptidão física e mental do empregado para a função que deva exercer.

(*) § 2º com redação dada pela Lei nº 7.855/1989.

§ 3º. O Ministério do Trabalho♦ estabelecerá, de acordo com o risco da atividade e o tempo de exposição, a periodicidade dos exames médicos.

(*) § 3º com redação dada pela Lei nº 7.855/1989.

♦ Atual denominação: "Ministério da Economia", nos termos da Lei nº 13.844/2019.

§ 4º. O empregador manterá, no estabelecimento, o material necessário à prestação de primeiros socorros médicos, de acordo com o risco da atividade.

(*) § 4º com redação dada pela Lei nº 7.855/1989.

§ 5º. O resultado dos exames médicos, inclusive o exame complementar, será comunicado ao trabalhador, observados os preceitos da ética médica.

(*) § 5º com redação dada pela Lei nº 7.855/1989.

§ 6º. Serão exigidos exames toxicológicos, previamente à admissão e por ocasião do desligamento, quando se tratar de motorista profissional, assegurados o direito à contraprova em caso de resultado positivo e a confidencialidade dos resultados dos respectivos exames.

(*) § 6º acrescido pela Lei nº 13.103/2015.

(*) Vide Lei nº 13.203/2015, que regulamenta o exercício da profissão de motorista.

(*) Vide Portaria MTPS nº 116/2015, que regulamenta a realização dos exames toxicológicos previstos nos §§ 6º e 7º do art. 168 da CLT.

§ 7º. Para os fins do disposto no § 6º, será obrigatório exame toxicológico com janela de detecção mínima de 90 (noventa) dias, específico para substâncias psicoativas que causem dependência ou, comprovadamente, comprometam a capacidade de direção, podendo ser utilizado para essa finalidade o exame toxicológico previsto na Lei nº 9.503, de 23 de setembro de 1997, Código de Trânsito Brasileiro, desde que realizado nos últimos 60 (sessenta) dias.

(*) § 7º acrescido pela Lei nº 13.103/2015.

(*) Lei nº 9.503, de 23 de setembro de 1997 (Código de Trânsito Brasileiro): ***Art. 148-A.*** *Os condutores das categorias C, D e E deverão submeter-se a exames toxicológicos para a habilitação e renovação da Carteira Nacional de Habilitação. § 1º. O exame de que trata este artigo buscará aferir o consumo de substâncias psicoativas que, comprovadamente, comprometam a capacidade de direção e deverá ter janela de detecção mínima de 90 (noventa) dias, nos termos das normas do CONTRAN. § 2º. Os condutores das categorias C, D e E com Carteira Nacional de Habilitação com validade de 5 (cinco) anos deverão fazer o exame previsto no § 1º no prazo de 2 (dois) anos e 6 (seis) meses a contar da realização do disposto no caput. § 3º. Os condutores das categorias C, D e E com Carteira Nacional de Habilitação com validade de 3 (três) anos deverão fazer o exame previsto no § 1º no prazo de 1 (um) ano e 6 (seis) meses a contar da realização do disposto no caput. § 4º. É garantido o direito de contraprova e de recurso administrativo no caso de resultado positivo para o exame de que trata o caput, nos termos das normas do CONTRAN. § 5º. A reprovação no exame previsto neste artigo terá como consequência a suspensão do direito de dirigir pelo período de 3 (três) meses, condicionado o levantamento da suspensão ao resultado negativo em novo exame, e vedada a aplicação de outras penalidades, ainda que acessórias. § 6º. O resultado do exame somente será divulgado para o interessado e não poderá ser utilizado para fins estranhos ao disposto neste artigo ou no § 6º do art. 168 da Consolidação das Leis do Trabalho – CLT, aprovada pelo Decreto-Lei nº 5.452, de 1º de maio de 1943. § 7º. O exame será realizado, em regime de livre concorrência, pelos laboratórios credenciados pelo Departamento Nacional de Trânsito – DENATRAN, nos termos das normas do CONTRAN, vedado aos entes públicos: I – fixar preços para os exames; II – limitar o* *número de empresas ou o número de locais em que a atividade pode ser exercida; e III – estabelecer regras de exclusividade territorial.*

(*) Vide Portaria MTPS nº 116/2015, que regulamenta a realização dos exames toxicológicos previstos nos §§ 6º e 7º do art. 168 da CLT.

Art. 169. Será obrigatória a notificação das doenças profissionais e das produzidas em virtude de condições especiais de trabalho, comprovadas ou objeto de suspeita, de conformidade com as instruções expedidas pelo Ministério do Trabalho♦.

(*) Art. 169 com redação dada pela Lei nº 6.514/1977.

♦ Atual denominação: "Ministério da Economia", nos termos da Lei nº 13.844/2019.

Seção VI

Das Edificações

(*) Vide Norma Regulamentadora 8 – NR 8: Edificações.

Art. 170. As edificações deverão obedecer aos requisitos técnicos que garantam perfeita segurança aos que nelas trabalhem.

(*) Art. 170 com redação dada pela Lei nº 6.514/1977.

Art. 171. Os locais de trabalho deverão ter, no mínimo, 3 (três) metros de pé-direito, assim considerada a altura livre do piso ao teto.

Parágrafo único. Poderá ser reduzido esse mínimo desde que atendidas as condições de iluminação e conforto térmico compatíveis com a natureza do trabalho, sujeitando-se tal redução ao controle do órgão competente em matéria de segurança e medicina do trabalho.

(*) Art. 171 com redação dada pela Lei nº 6.514/1977.

Art. 172. Os pisos dos locais de trabalho não deverão apresentar saliências nem depressões que prejudiquem a circulação de pessoas ou a movimentação de materiais.

(*) Art. 172 com redação dada pela Lei nº 6.514/1977.

Art. 173. As aberturas nos pisos e paredes serão protegidas de forma que impeçam a queda de pessoas ou de objetos.

(*) Art. 173 com redação dada pela Lei nº 6.514/1977.

Art. 174. As paredes, escadas, rampas de acesso, passarelas, pisos, corredores, coberturas e passagens dos locais de trabalho deverão obedecer às condições de segurança e de higiene do trabalho estabelecidas pelo Ministério do Trabalho♦ e manter-se em perfeito estado de conservação e limpeza.

(*) Art. 174 com redação dada pela Lei nº 6.514/1977.

♦ Atual denominação: "Ministério da Economia", nos termos da Lei nº 13.844/2019.

Seção VII

Da Iluminação

Art. 175. Em todos os locais de trabalho deverá haver iluminação adequada, natural ou artificial, apropriada à natureza da atividade.

(*) Art. 175, *caput*, com redação dada pela Lei nº 6.514/1977.

§ 1º. A iluminação deverá ser uniformemente distribuída, geral e difusa, a fim de evitar ofuscamento, reflexos incômodos, sombras e contrastes excessivos.

(*) § 1º acrescido pela Lei nº 6.514/1977.

§ 2º. O Ministério do Trabalho♦ estabelecerá os níveis mínimos de iluminamento a serem observados.

(*) § 2º acrescido pela Lei nº 6.514/1977.

♦ Atual denominação: "Ministério da Economia", nos termos da Lei nº 13.844/2019.

Seção VIII
Do Conforto Térmico

(*) Vide Norma Regulamentadora 9 – NR 9: Programa de prevenção de riscos ambientais.

Art. 176. Os locais de trabalho deverão ter ventilação natural, compatível com o serviço realizado.

(*) Art.176, *caput*, com redação dada pela Lei nº 6.514/1977.

Parágrafo único. A ventilação artificial será obrigatória sempre que a natural não preencha as condições de conforto térmico.

(*) Parágrafo único acrescido pela Lei nº 6.514/1977.

(*) Vide Portaria MS nº 3.523/1998, que aprova regulamento técnico para garantir a qualidade do ar de interiores e prevenção de riscos à saúde dos ocupantes de ambientes climatizados.

Art. 177. Se as condições de ambiente se tornarem desconfortáveis, em virtude de instalações geradoras de frio ou de calor, será obrigatório o uso de vestimenta adequada para o trabalho em tais condições ou de capelas, anteparos, paredes duplas, isolamento térmico e recursos similares, de forma que os empregados fiquem protegidos contra as radiações térmicas.

(*) Art. 177 com redação dada pela Lei nº 6.514/1977.

Art. 178. As condições de conforto térmico dos locais de trabalho devem ser mantidas dentro dos limites fixados pelo Ministério do Trabalho♦.

(*) Art. 178 com redação dada pela Lei nº 6.514/1977.

♦ Atual denominação: "Ministério da Economia", nos termos da Lei nº 13.844/2019.

Seção IX
Das Instalações Elétricas

(*) Vide Norma Regulamentadora 10 – NR 10: Segurança em instalações e serviços em eletricidade.

Art. 179. O Ministério do Trabalho♦ disporá sobre as condições de segurança e as medidas especiais a serem observadas relativamente a instalações elétricas, em qualquer das fases de produção, transmissão, distribuição ou consumo de energia.

(*) Art. 179 com redação dada pela Lei nº 6.514/1977.

♦ Atual denominação: "Ministério da Economia", nos termos da Lei nº 13.844/2019.

Art. 180. Somente profissional qualificado poderá instalar, operar, inspecionar ou reparar instalações elétricas.

(*) Art. 180 com redação dada pela Lei nº 6.514/1977.

Art. 181. Os que trabalharem em serviços de eletricidade ou instalações elétricas devem estar familiarizados com os métodos de socorro a acidentados por choque elétrico.

(*) Art. 181 com redação dada pela Lei nº 6.514/1977.

Seção X
Da Movimentação, Armazenagem e Manuseio de Materiais

(*) Vide Norma Regulamentadora 11 – NR 11: Transporte, movimentação, armazenagem e manuseio de materiais.

Art. 182. O Ministério do Trabalho♦ estabelecerá normas sobre:

(*) Art. 182, *caput*, com redação dada pela Lei nº 6.514/1977.

♦ Atual denominação: "Ministério da Economia", nos termos da Lei nº 13.844/2019.

I – as precauções de segurança na movimentação de materiais nos locais de trabalho, os equipamentos a serem obrigatoriamente utilizados e as condições especiais a que estão sujeitas a operação e a manutenção desses equipamentos, inclusive exigências de pessoal habilitado;

(*) Inciso I acrescido pela Lei nº 6.514/1977.

II – as exigências similares relativas ao manuseio e à armazenagem de materiais, inclusive quanto às condições de segurança e higiene relativas aos recipientes e locais de armazenagem e os equipamentos de proteção individual;

(*) Inciso II acrescido pela Lei nº 6.514/1977.

III – a obrigatoriedade de indicação de carga máxima permitida nos equipamentos de transporte, dos avisos de proibição de fumar e de advertência quanto à natureza perigosa ou nociva à saúde das substâncias em movimentação ou em depósito, bem como das recomendações de primeiros socorros e de atendimento médico e símbolo de perigo, segundo padronização internacional, nos rótulos dos materiais ou substâncias armazenados ou transportados.

(*) Inciso III acrescido pela Lei nº 6.514/1977.

Parágrafo único. As disposições relativas ao transporte de materiais aplicam-se, também, no que couber, ao transporte de pessoas nos locais de trabalho.

(*) Parágrafo único acrescido pela Lei nº 6.514/1977.

Art. 183. As pessoas que trabalharem na movimentação de materiais deverão estar familiarizadas com os métodos raciocinais de levantamento de cargas.

(*) Art. 183 com redação dada pela Lei nº 6.514/1977.

Seção XI
Das Máquinas e Equipamentos

(*) Vide Norma Regulamentadora 12 – NR 12: Segurança no trabalho em máquinas e equipamentos.

Art. 184. As máquinas e os equipamentos deverão ser dotados de dispositivos de partida e parada e outros que se fizerem necessários para a prevenção de acidentes do trabalho, especialmente quanto ao risco de acionamento acidental.

(*) Art. 184, *caput*, com redação dada pela Lei nº 6.514/1977.

Parágrafo único. É proibida a fabricação, a importação, a venda, a locação e o uso de máquinas e equipamentos que não atendam ao disposto neste artigo.

(*) Parágrafo único acrescido pela Lei nº 6.514/1977.

Art. 185. Os reparos, limpeza e ajustes somente poderão ser executados com as máquinas paradas, salvo se o movimento for indispensável à realização do ajuste.

(*) Art. 185 com redação dada pela Lei nº 6.514/1977.

Art. 186. O Ministério do Trabalho♦ estabelecerá normas adicionais sobre proteção e medidas de segurança na operação de máquinas e equipamentos, especialmente quanto à proteção das partes móveis, distância entre estas, vias de acesso às máquinas e equipamentos de grandes dimensões, emprego de ferramentas, sua adequação e medidas de proteção exigidas quando motorizadas ou elétricas.

(*) Art. 186 com redação dada pela Lei nº 6.514/1977.

♦ Atual denominação: "Ministério da Economia", nos termos da Lei nº 13.844/2019.

Seção XII
Das Caldeiras, Fornos e Recipientes sob Pressão

(*) Vide Norma Regulamentadora 13 – NR 13: Caldeiras e vasos de pressão.

(*) Vide Norma Regulamentadora 14 – NR 14: Fornos.

Art. 187. As caldeiras, equipamentos e recipientes em geral que operam sob pressão deverão dispor de válvula e outros dispositivos de segurança, que evitem seja ultrapassada a pressão interna de trabalho compatível com a sua resistência.

Parágrafo único. O Ministério do Trabalho♦ expedirá normas complementares quanto à segurança das caldeiras, fornos e recipientes sob pressão, especialmente quanto ao revestimento interno, à localização, à ventilação dos locais e outros meios de eliminação de gases ou vapores prejudiciais à saúde, e demais instalações ou equipamentos necessários à execução segura das tarefas de cada empregado.

(*) Art. 187 com redação dada pela Lei nº 6.514/1977.

♦ Atual denominação: "Ministério da Economia", nos termos da Lei nº 13.844/2019.

Art. 188. As caldeiras e os vasos de pressão serão periodicamente submetidos a inspeções de segurança, por engenheiro ou empresa especializada, em conformidade com as instruções normativas que, para esse fim, forem expedidas pelo Ministério da Economia.

(*) Art. 188, *caput*, alterado pela Lei nº 6.514/1977 e com redação dada pela MP nº 905/2019.

§ 1º. Toda caldeira será acompanhada de "Prontuário", com documentação original do fabricante, abrangendo, no mínimo: especificação técnica, desenhos, detalhes, provas e testes realizados durante a fabricação e a montagem, características funcionais e a pressão máxima de trabalho permitida (PMTP), esta última indicada, em local visível, na própria caldeira.

(*) § 1º acrescido pela Lei nº 6.514/1977.

§ 2º. O proprietário da caldeira deverá organizar, manter atualizado e apresentar, quando exigido pela autoridade competente, o Registro de Segurança, no qual serão anotadas, sistematicamente, as indicações das provas efetuadas, inspeções, reparos e quaisquer outras ocorrências.

(*) § 2º acrescido pela Lei nº 6.514/1977.

§ 3º. (Revogado).

(*) § 3º acrescido pela Lei nº 6.514/1977 e revogado pela MP nº 905/2019.

Seção XIII
Das Atividades Insalubres ou Perigosas

(*) Vide Norma Regulamentadora 15 – NR 15: Atividades e operações insalubres.

(*) Vide Norma Regulamentadora 16 – NR 16: Atividades e operações perigosas.

Art. 189. Serão consideradas atividades ou operações insalubres aquelas que, por sua natureza, condições ou métodos de trabalho, exponham os empregados a agentes nocivos à saúde, acima dos limites de tolerância fixados em razão da natureza e da intensidade do agente e do tempo de exposição aos seus efeitos.

(*) Art. 189 com redação dada pela Lei nº 6.514/1977.

(*) Vide inciso XXIII do art. 7º da CF/1988, que garante ao trabalhador adicional de remuneração para as atividades penosas, insalubres ou perigosas, na forma da lei.

Art. 190. O Ministério do Trabalho♦ aprovará o quadro das atividades e operações insalubres e adotará normas sobre os critérios de caracterização da insalubridade, os limites de tolerância aos agentes agressivos, meios de proteção e o tempo máximo de exposição do empregado a esses agentes.

♦ Atual denominação: "Ministério da Economia", nos termos da Lei nº 13.844/2019.

Parágrafo único. As normas referidas neste artigo incluirão medidas de proteção do organismo do trabalhador nas operações que produzem aerodispersóides tóxicos, irritantes, alérgicos ou incômodos.

(*) Art. 190 com redação dada pela Lei nº 6.514/1977.

Art. 191. A eliminação ou a neutralização da insalubridade ocorrerá:

(*) Art. 191, *caput*, com redação dada pela Lei nº 6.514/1977.

I – com a adoção de medidas que conservem o ambiente de trabalho dentro dos limites de tolerância;

(*) Inciso I acrescido pela Lei nº 6.514/1977.

II – com a utilização de equipamentos de proteção individual ao trabalhador, que diminuam a intensidade do agente agressivo a limites de tolerância.

(*) Inciso II acrescido pela Lei nº 6.514/1977.

Parágrafo único. Caberá às Delegacias Regionais do Trabalho, comprovada a insalubridade, notificar as empresas, estipulando prazos para sua eliminação ou neutralização, na forma deste artigo.

(*) Parágrafo único acrescido pela Lei nº 6.514/1977.

Art. 192. O exercício de trabalho em condições insalubres, acima dos limites de tolerância estabelecidos pelo Ministério do Trabalho♦, assegura a percepção de adicional respectivamente de 40% (quarenta por cento), 20% (vinte por cento) e 10% (dez por cento) do salário-mínimo da região, segundo se classifiquem nos graus máximo, médio e mínimo.

(*) Art. 192 com redação dada pela Lei nº 6.514/1977.

♦ Atual denominação: "Ministério da Economia", nos termos da Lei nº 13.844/2019.

Art. 193. São consideradas atividades ou operações perigosas, na forma da regulamentação aprovada pelo Ministério do Trabalho e Emprego♦, aquelas que, por sua natureza ou métodos de trabalho, impliquem risco acentuado em virtude de exposição permanente do trabalhador a:

(*) Art. 193, *caput*, com redação dada pela Lei nº 12.740/2012.

♦ Atual denominação: "Ministério da Economia", nos termos da Lei nº 13.844/2019.

I – inflamáveis, explosivos ou energia elétrica;

(*) Inciso I acrescido pela Lei nº 12.740/2012.

II – roubos ou outras espécies de violência física nas atividades profissionais de segurança pessoal ou patrimonial.

(*) Inciso II acrescido pela Lei nº 12.740/2012.

§ 1º. O trabalho em condições de periculosidade assegura ao empregado um adicional de 30% (trinta por cento) sobre o salário sem os acréscimos resultantes de gratificações, prêmios ou participações nos lucros da empresa.

(*) § 1º acrescido pela Lei nº 6.514/1977.

§ 2º. O empregado poderá optar pelo adicional de insalubridade que porventura lhe seja devido.

(*) § 2º acrescido pela Lei nº 6.514/1977.

§ 3º. Serão descontados ou compensados do adicional outros da mesma natureza eventualmente já concedidos ao vigilante por meio de acordo coletivo.

(*) § 3º acrescido pela Lei nº 12.740/2012.

§ 4º. São também consideradas perigosas as atividades de trabalhador em motocicleta.

(*) § 4º acrescido pela Lei nº 12.997/2014.

Art. 194. O direito do empregado ao adicional de insalubridade ou de periculosidade cessará com a eliminação do risco à sua saúde ou integridade física, nos termos desta Seção e das normas expedidas pelo Ministério do Trabalho♦.

(*) Art. 194 com redação dada pela Lei nº 6.514/1977.

♦ Atual denominação: "Ministério da Economia", nos termos da Lei nº 13.844/2019.

Art. 195. A caracterização e a classificação da insalubridade e da periculosidade, segundo as normas do Ministério do Trabalho, far-se-ão através de perícia a cargo de Médico do Trabalho ou Engenheiro do Trabalho, registrados no Ministério do Trabalho♦.

♦ Atual denominação: "Ministério da Economia", nos termos da Lei nº 13.844/2019.

§ 1º. É facultado às empresas e aos sindicatos das categorias profissionais interessadas requererem ao Ministério do Trabalho♦ a realização de perícia em estabelecimento ou setor deste, com o objetivo de caracterizar e classificar ou delimitar as atividades insalubres ou perigosas.

♦ Atual denominação: "Ministério da Economia", nos termos da Lei nº 13.844/2019.

§ 2º. Arguida em juízo insalubridade ou periculosidade, seja por empregado, seja por Sindicato em favor de grupo de associado, o juiz designará perito habilitado na forma deste artigo, e, onde não houver, requisitará perícia ao órgão competente do Ministério do Trabalho♦.

♦ Atual denominação: "Ministério da Economia", nos termos da Lei nº 13.844/2019.

§ 3º. O disposto nos parágrafos anteriores não prejudica a ação fiscalizadora do Ministério do Trabalho♦, nem a realização *ex officio* da perícia.

(*) Art. 195 com redação dada pela Lei nº 6.514/1977.

♦ Atual denominação: "Ministério da Economia", nos termos da Lei nº 13.844/2019.

Art. 196. Os efeitos pecuniários decorrentes do trabalho em condições de insalubridade ou periculosidade serão devidos a contar da data da inclusão da respectiva atividade nos quadros aprovados pelo Ministro do Trabalho, respeitadas as normas do art. 11.

(*) Art. 196 com redação dada pela Lei nº 6.514/1977.

(*) V. art. 440 da CLT.

Art. 197. Os materiais e substâncias empregados, manipulados ou transportados nos locais de trabalho, quando perigosos ou nocivos à saúde, devem conter, no rótulo, sua composição, recomendações de socorro imediato e o símbolo de perigo correspondente, segundo a padronização internacional.

(*) Art. 197, *caput*, com redação dada pela Lei nº 6.514/1977.

Parágrafo único. Os estabelecimentos que mantenham as atividades previstas neste artigo afixarão, nos setores de trabalho atingidos, avisos ou cartazes, com advertência quanto aos materiais e substâncias perigosos ou nocivos à saúde.

(*) Parágrafo único acrescido pela Lei nº 6.514/1977.

Seção XIV
Da Prevenção da Fadiga

(*) Vide Norma Regulamentadora 17 – NR 17: Ergonomia.

Art. 198. É de 60 kg (sessenta quilogramas) o peso máximo que um empregado pode remover individualmente, ressalvadas as disposições especiais relativas ao trabalho do menor e da mulher.

Parágrafo único. Não está compreendida na proibição deste artigo a remoção de material feita por impulsão ou tração de vagonetes sobre trilhos, carros de mão ou quaisquer outros aparelhos mecânicos, podendo o Ministério do Trabalho♦, em tais casos, fixar limites diversos, que evitem sejam exigidos do empregado serviços superiores às suas forças.

(*) Art. 198 com redação dada pela Lei nº 6.514/1977.

♦ Atual denominação: "Ministério da Economia", nos termos da Lei nº 13.844/2019.

Art. 199. Será obrigatória a colocação de assentos que assegurem postura correta ao trabalhador, capazes de evitar posições incômodas ou forçadas, sempre que a execução da tarefa exija que trabalhe sentado.

(*) Art. 199, *caput*, com redação dada pela Lei nº 6.514/1977.

Parágrafo único. Quando o trabalho deva ser executado de pé, os empregados terão à sua disposição assentos para serem utilizados nas pausas que o serviço permitir.

(*) Parágrafo único acrescido pela Lei nº 6.514/1977.

Seção XV
Das Outras Medidas Especiais de Proteção

Art. 200. Cabe ao Ministério do Trabalho♦ estabelecer disposições complementares às normas de que trata este Capítulo, tendo em vista as peculiaridades de cada atividade ou setor de trabalho, especialmente sobre:

(*) Art. 200, *caput*, com redação dada pela Lei nº 6.514/1977.

♦ Atual denominação: "Ministério da Economia", nos termos da Lei nº 13.844/2019.

(*) V. art. 155, I, da CLT.

I – medidas de prevenção de acidentes e os equipamentos de proteção individual em obras de construção, demolição ou reparos;

(*) Inciso I acrescido pela Lei nº 6.514/1977.

(*) Vide Norma Regulamentadora 18 – NR 18: Condições e meio ambiente de trabalho na indústria da construção.

II – depósitos, armazenagem e manuseio de combustíveis, inflamáveis e explosivos, bem como trânsito e permanência nas áreas respectivas;

(*) Inciso II acrescido pela Lei nº 6.514/1977.

(*) Vide Norma Regulamentadora 19 – NR 19: Explosivos.

(*) Vide Norma Regulamentadora 20 – NR 20: Segurança e saúde do trabalho com inflamáveis e combustíveis.

III – trabalho em escavações, túneis, galerias, minas e pedreiras, sobretudo quanto à prevenção de explosões, incêndios, desmoronamentos e soterramentos, eliminação de poeiras, gases etc. e facilidades de rápida saída dos empregados;

(*) Inciso III acrescido pela Lei nº 6.514/1977.

(*) Vide Norma Regulamentadora 22 – NR 22: Segurança e saúde ocupacional na mineração.

IV – proteção contra incêndio em geral e as medidas preventivas adequadas, com exigências ao especial revestimento de portas e paredes, construção de paredes contra-fogo, diques e outros anteparos, assim como garantia geral de fácil circulação, corredores de acesso e saídas amplas e protegidas, com suficiente sinalização;

(*) Inciso IV acrescido pela Lei nº 6.514/1977.

(*) Vide Norma Regulamentadora 23 – NR 23: Proteção contra incêndios.

V – proteção contra insolação, calor, frio, umidade e ventos, sobretudo no trabalho a céu aberto, com provisão, quanto a este, de água potável, alojamento e profilaxia de endemias;

(*) Inciso V acrescido pela Lei nº 6.514/1977.

(*) Vide Norma Regulamentadora 21 – NR 21: Trabalho a céu aberto.

VI – proteção do trabalhador exposto a substâncias químicas nocivas, radiações ionizantes e não ionizantes, ruídos, vibrações e trepidações ou pressões anormais ao ambiente de trabalho, com especificação das medidas cabíveis para eliminação ou atenuação desses efeitos limites máximos quanto ao tempo de exposição, à intensidade da ação ou de seus efeitos sobre o organismo do trabalhador, exames médicos obrigatórios, limites de idade controle permanente dos locais de trabalho e das demais exigências que se façam necessárias;

(*) Inciso VI acrescido pela Lei nº 6.514/1977.

VII – higiene nos locais de trabalho, com discriminação das exigências, instalações sanitárias, com separação de sexos, chuveiros, lavatórios, vestiários e armários individuais, refeitórios ou condições de conforto por ocasião das refeições, fornecimento de água potável, condições de limpeza dos locais de trabalho e modo de sua execução, tratamento de resíduos industriais;

(*) Inciso VII acrescido pela Lei nº 6.514/1977.

(*) Vide Norma Regulamentadora 24 – NR 24: Condições sanitárias e de conforto nos locais de trabalho.

(*) Vide Norma Regulamentadora 25 – NR 25: Resíduos industriais.

VIII – emprego das cores nos locais de trabalho, inclusive nas sinalizações de perigo.

(*) Inciso VIII acrescido pela Lei nº 6.514/1977.

(*) Vide Norma Regulamentadora 26 – NR 26: Sinalização de segurança.

Parágrafo único. Tratando-se de radiações ionizantes e explosivos, as normas a que se referem este artigo serão expedidas de acordo com as resoluções a respeito adotadas pelo órgão técnico.

(*) Parágrafo único acrescido pela Lei nº 6.514/1977.

Seção XVI
Das Penalidades

(*) Vide Norma Regulamentadora 28 – NR 28: Fiscalização e penalidades.

Art. 201. As infrações ao disposto neste Capítulo serão punidas com a aplicação da multa prevista no inciso I do *caput* do art. 634-A.

(*) Art. 201, *caput*, alterado pela Lei nº 6.514/1977 e com redação dada pela MP nº 905/2019.

Parágrafo único. Em caso de reincidência, embaraço ou resistência à fiscalização, emprego de artifício ou simulação com o objetivo de fraudar a lei, a multa será aplicada em seu valor máximo.

(*) Parágrafo único acrescido pela Lei nº 6.514/1977.

Arts. 202 a 223. (Revogados).

(*) Arts. 202 a 223 revogados pela Lei nº 6.514/1977.

TÍTULO II-A
DO DANO EXTRAPATRIMONIAL

(*) Título II-A acrescido pela Lei nº 13.467/2017.

Art. 223-A. Aplicam-se à reparação de danos de natureza extrapatrimonial decorrentes da relação de trabalho apenas os dispositivos deste Título.

(*) Art. 223-A acrescido pela Lei nº 13.467/2017.

Art. 223-B. Causa dano de natureza extrapatrimonial a ação ou omissão que ofenda a esfera moral ou existencial da pessoa física ou jurídica, as quais são as titulares exclusivas do direito à reparação.

(*) Art. 223-B acrescido pela Lei nº 13.467/2017.

Art. 223-C. A honra, a imagem, a intimidade, a liberdade de ação, a autoestima, a sexualidade, a saúde, o lazer e a integridade física são os bens juridicamente tutelados inerentes à pessoa física.

(*) Art. 223-C acrescido pela Lei nº 13.467/2017.

(*) *Art. 223-C, vide MP nº 808/2017 (art. 1º), com vigência no período de 14.11.2017 a 23.4.2018. Os atos praticados durante o período de sua vigência foram por ela legitimados.*

Art. 223-D. A imagem, a marca, o nome, o segredo empresarial e o sigilo da correspondência são bens juridicamente tutelados inerentes à pessoa jurídica.

(*) Art. 223-D acrescido pela Lei nº 13.467/2017.

Art. 223-E. São responsáveis pelo dano extrapatrimonial todos os que tenham colaborado para a ofensa ao bem jurídico tutelado, na proporção da ação ou da omissão.

(*) Art. 223-E acrescido pela Lei nº 13.467/2017.

Art. 223-F. A reparação por danos extrapatrimoniais pode ser pedida cumulativamente com a indenização por danos materiais decorrentes do mesmo ato lesivo.

§ 1º. Se houver cumulação de pedidos, o juízo, ao proferir a decisão, discriminará os valores das indenizações a título de danos patrimoniais e das reparações por danos de natureza extrapatrimonial.

§ 2º. A composição das perdas e danos, assim compreendidos os lucros cessantes e os danos emergentes, não interfere na avaliação dos danos extrapatrimoniais.

(*) Art. 223-F acrescido pela Lei nº 13.467/2017.

Art. 223-G. Ao apreciar o pedido, o juízo considerará:

I – a natureza do bem jurídico tutelado;

II – a intensidade do sofrimento ou da humilhação;

III – a possibilidade de superação física ou psicológica;

IV – os reflexos pessoais e sociais da ação ou da omissão;

V – a extensão e a duração dos efeitos da ofensa;

VI – as condições em que ocorreu a ofensa ou o prejuízo moral;

VII – o grau de dolo ou culpa;

VIII – a ocorrência de retratação espontânea;

IX – o esforço efetivo para minimizar a ofensa;

X – o perdão, tácito ou expresso;

XI – a situação social e econômica das partes envolvidas;

XII – o grau de publicidade da ofensa.

§ 1º. Se julgar procedente o pedido, o juízo fixará a indenização a ser paga, a cada um dos ofendidos, em um dos seguintes parâmetros, vedada a acumulação:

I – ofensa de natureza leve, até três vezes o último salário contratual do ofendido;

II – ofensa de natureza média, até cinco vezes o último salário contratual do ofendido;

III – ofensa de natureza grave, até vinte vezes o último salário contratual do ofendido;

IV – ofensa de natureza gravíssima, até cinquenta vezes o último salário contratual do ofendido.

§ 2º. Se o ofendido for pessoa jurídica, a indenização será fixada com observância dos mesmos parâmetros estabelecidos no § 1º deste artigo, mas em relação ao salário contratual do ofensor.

§ 3º. Na reincidência entre partes idênticas, o juízo poderá elevar ao dobro o valor da indenização.

(*) Art. 223-G acrescido pela Lei nº 13.467/2017.

(*) *Art. 223-G, vide MP nº 808/2017 (art. 1º), com vigência no período de 14.11.2017 a 23.4.2018. Os atos praticados durante o período de sua vigência foram por ela legitimados.*

TÍTULO III
DAS NORMAS ESPECIAIS DE TUTELA DO TRABALHO

Capítulo I
DAS DISPOSIÇÕES ESPECIAIS SOBRE DURAÇÃO E CONDIÇÕES DE TRABALHO

Seção I
Dos Bancários

Art. 224. A duração normal do trabalho dos empregados em bancos, em casas bancárias e na Caixa Econômica Federal, para aqueles que operam exclusivamente no caixa, será de até 6 (seis) horas diárias, perfazendo um total de 30 (trinta) horas de trabalho por semana, podendo ser pactuada jornada superior, a qualquer tempo, nos termos do disposto no art. 58 desta Consolidação, mediante acordo individual escrito, convenção coletiva ou acordo coletivo de trabalho, hipóteses em que não se aplicará o disposto no § 2º.

(*) Art. 224, *caput*, alterado pela Lei nº 1.540/1952, pelo Decreto-Lei nº 915/1969, pela Lei nº 7.430/1985 e com redação dada pela MP nº 905/2019.

§ 1º. A duração normal do trabalho estabelecida neste artigo ficará compreendida entre 7 (sete) e 22 (vinte e duas) horas, assegurando-se ao empregado, no horário diário, um intervalo de 15 (quinze) minutos para alimentação.

(*) § 1º com redação dada pelo Decreto-Lei nº 229/1967.

§ 2º. As disposições deste artigo não se aplicam aos que exercem funções de direção, gerência, fiscalização, chefia e equivalentes, ou que desempenhem outros cargos de confiança, desde que o valor da gratificação não seja inferior a 1/3 (um terço) do salário do cargo efetivo.

(*) § 2º com redação dada pelo Decreto-Lei nº 754/1969.

§ 3º. Para os demais empregados em bancos, em casas bancárias e na Caixa Econômica Federal, a jornada somente será considerada extraordinária após a oitava hora trabalhada.

(*) § 3º acrescido pela MP nº 905/2019.

§ 4º. Na hipótese de decisão judicial que afaste o enquadramento de empregado na exceção prevista no § 2º, o valor devido relativo a horas extras e reflexos será integralmente deduzido ou compensado no valor da gratificação de função e reflexos pagos ao empregado.

(*) § 4º acrescido pela MP nº 905/2019.

Art. 225. A duração normal de trabalho dos bancários poderá ser excepcionalmente prorrogada até 8 (oito) horas diárias, não excedendo de 40 (quarenta) horas semanais, observados os preceitos gerais sobre a duração do trabalho.

(*) Art. 225 com redação dada pela Lei nº 6.637/1979.

Art. 226. O regime especial de 6 (seis) horas de trabalho também se aplica aos empregados de portaria e de limpeza, tais como porteiros, telefonistas de mesa, contínuos e serventes, empregados em bancos e casas bancárias.

(*) Art. 226, *caput*, com redação dada pela Lei nº 3.488/1958.

Parágrafo único. A direção de cada banco organizará a escala de serviço do estabelecimento de maneira a haver empregados do quadro da portaria em função, meia hora antes e até meia hora após o encerramento dos trabalhos, respeitado o limite de 6 (seis) horas diárias.

(*) Parágrafo único acrescido pela Lei nº 3.488/1958.

Seção II
Dos Empregados nos Serviços de Telefonia, de Telegrafia Submarina e Subfluvial, de Radiotelegrafia e Radiotelefonia

Art. 227. Nas empresas que explorem o serviço de telefonia, telegrafia submarina ou subfluvial, de radiotelegrafia ou de radiotelefonia, fica estabelecida para os respectivos operadores a duração máxima de 6 (seis) horas contínuas de trabalho por dia ou 36 (trinta e seis) horas semanais.

(*) Art. 227, *caput*, corrigido pelo Decreto-Lei nº 6.353/1944.

§ 1º. Quando, em caso de indeclinável necessidade, forem os operadores obrigados a permanecer em serviço além do período normal fixado neste artigo, a empresa pagar-lhes-á extraordinariamente o tempo excedente com acréscimo de 50% (cinquenta por cento) sobre o seu salário-hora normal.

(*) V. art. 129, § 2º, da CLT.

§ 2º. (Revogado).

(*) § 2º corrigido pelo Decreto-Lei nº 6.353/1944 e revogado pela MP nº 905/2019.

Art. 228. Os operadores não poderão trabalhar, de modo ininterrupto, na transmissão manual, bem como na recepção visual, auditiva, com escrita manual ou datilográfica, quando a velocidade for superior a 25 (vinte e cinco) palavras por minuto.

Art. 229. Para os empregados sujeitos a horários variáveis, fica estabelecida a duração máxima de 7 (sete) horas diárias de trabalho e 17 (dezessete) horas de folga, deduzindo-se deste tempo 20 (vinte) minutos para descanso, de cada um dos empregados, sempre que se verificar um esforço contínuo de mais de 3 (três) horas.

§ 1º. São considerados empregados sujeitos a horários variáveis, além dos operadores, cujas funções exijam classificação distinta, os que pertençam a seções de técnica, telefones, revisão, expedição, entrega e balcão.

(*) § 1º corrigido pelo Decreto-Lei nº 6.353/1944.

§ 2º. Quanto à execução e remuneração aos domingos, feriados e dias santos de guarda e às prorrogações de expediente, o trabalho dos empregados a que se refere o parágrafo anterior será regido pelo que se contém no § 1º do art. 227 desta Seção.

(*) § 2º corrigido pelo Decreto-Lei nº 6.353/1944.

Art. 230. A direção das empresas deverá organizar as turmas de empregados, para a execução dos seus serviços, de maneira que prevaleça sempre o revezamento entre os que exercem a mesma função, quer em escalas diurnas, quer em noturnas.

§ 1º. Aos empregados que exerçam a mesma função será permitida, entre si, a troca de turmas, desde que isso não importe em prejuízo dos serviços, cujo chefe ou encarregado resolverá sobre a oportunidade ou possibilidade dessa medida, dentro das prescrições desta Seção.

§ 2º. As empresas não poderão organizar horários que obriguem os empregados a fazer a refeição do almoço antes das 10 (dez) e depois das 13 (treze) horas e a de jantar antes das 16 (dezesseis) e depois das 19:30 (dezenove e trinta) horas.

Art. 231. As disposições desta Seção não abrangem o trabalho dos operadores de radiotelegrafia embarcados em navios ou aeronaves.

Seção III
Dos Músicos Profissionais

(*) Vide Lei nº 3.857/1960, que criou a Ordem dos Músicos do Brasil e dispôs sobre a regulamentação do exercício da profissão de músico.

Art. 232. Será de seis horas a duração de trabalho dos músicos em teatro e congêneres.

Parágrafo único. Toda vez que o trabalho contínuo em espetáculo ultrapassar de seis horas, o tempo de duração excedente será pago com um acréscimo de 25% (vinte e cinco por cento) sobre o salário da hora normal.

(*) Vide Capítulo III e art. 72 da Lei nº 3.857/1960.

Art. 233. A duração normal de trabalho dos músicos profissionais poderá ser elevada até oito horas diárias, observados os preceitos gerais sobre duração do trabalho.

(*) Vide Capítulo III e art. 72 da Lei nº 3.857/1960.

Seção IV
Dos Operadores Cinematográficos

Art. 234. A duração normal do trabalho dos operadores cinematográficos e seus ajudantes não excederá de seis horas diárias, assim distribuídas:

(*) Art. 234, *caput*, corrigido pelo Decreto-Lei nº 6.353/1944.

a) 5 (cinco) horas consecutivas de trabalho em cabina, durante o funcionamento cinematográfico;

b) 1 (um) período suplementar, até o máximo de 1 (uma) hora para limpeza, lubrificação dos aparelhos de projeção, ou revisão de filmes.

Parágrafo único. Mediante remuneração adicional de 25% (vinte e cinco por cento) sobre o salário da hora normal e observado um intervalo de 2 (duas) horas para folga, entre o período a que se refere a alínea "b" deste artigo e o trabalho em cabina de que trata a alínea "a", poderá o trabalho dos operadores cinematográficos e seus ajudantes ter a duração prorrogada por 2 (duas) horas diárias, para exibições extraordinárias.

(*) V. art. 59, § 1º, da CLT.

Art. 235. Nos estabelecimentos cujo funcionamento normal seja noturno, será facultado aos operadores cinematográficos e seus ajudantes, mediante acordo ou contrato coletivo de trabalho e com um acréscimo de 25% (vinte e cinco por cento) sobre o salário da hora normal, executar o trabalho em sessões diurnas extraordinárias e, cumulativamente, nas noturnas, desde que isso se verifique até 3 (três) vezes por semana e entre as sessões diurnas e as noturnas haja o intervalo de 1 (uma) hora, no mínimo, de descanso.

(*) V. art. 59, § 1º, da CLT.

§ 1º. A duração de trabalho cumulativo a que alude o presente artigo não poderá exceder de 10 (dez) horas.

§ 2º. Em seguida a cada período de trabalho haverá um intervalo de repouso no mínimo de 12 (doze) horas.

Seção IV-A
Do Serviço do Motorista Profissional Empregado

(*) Seção IV-A acrescida pela Lei nº 12.619/2012, e com redação do título dada pela Lei nº 13.103/2015, que regulamentou o exercício da profissão de motorista.

Art. 235-A. Os preceitos especiais desta Seção aplicam-se ao motorista profissional empregado:

(*) Art. 235-A, *caput*, com redação dada pela Lei nº 13.103/2015.

I – de transporte rodoviário coletivo de passageiros;

(*) Inciso I acrescido pela Lei nº 13.103/2015.

II – de transporte rodoviário de cargas.

(*) Inciso II acrescido pela Lei nº 13.103/2015.

Art. 235-B. São deveres do motorista profissional empregado:

(*) Art. 235-B, *caput*, com redação dada pela Lei nº 13.103/2015.

I – estar atento às condições de segurança do veículo;

(*) Inciso I acrescido pela Lei nº 12.619/2012.

II – conduzir o veículo com perícia, prudência, zelo e com observância aos princípios de direção defensiva;

(*) Inciso II acrescido pela Lei nº 12.619/2012.

III – respeitar a legislação de trânsito e, em especial, as normas relativas ao tempo de direção e de descanso controlado e registrado na forma do previsto no art. 67-E da Lei nº 9.503, de 23 de setembro de 1997, Código de Trânsito Brasileiro;

(*) Inciso III acrescido pela Lei nº 12.619/2012, e com redação dada pela Lei nº 13.103/2015.

(*) Lei nº 9.503, de 23 de setembro de 1997 (Código de Trânsito Brasileiro): ***Art. 67-E.*** *O motorista profissional é responsável por controlar e registrar o tempo de condução estipulado no art. 67-C, com vistas à sua estrita observância. § 1º. A não observância dos períodos de descanso estabelecidos no art. 67-C sujeitará o motorista profissional às penalidades daí decorrentes, previstas neste Código. § 2º. O tempo de direção será controlado mediante registrador instantâneo inalterável de velocidade e tempo e, ou por meio de anotação em diário de bordo, ou papeleta ou ficha de trabalho externo, ou por meios eletrônicos instalados no veículo, conforme norma do Contran. § 3º O equipamento eletrônico ou registrador deverá funcionar de forma independente de qualquer interferência do condutor, quanto aos dados registrados. § 4º. A guarda, a preservação e a exatidão das informações contidas no equipamento registrador instantâneo inalterável de velocidade e de tempo são de responsabilidade do condutor.*

IV – zelar pela carga transportada e pelo veículo;

(*) Inciso IV acrescido pela Lei nº 12.619/2012.

V – colocar-se à disposição dos órgãos públicos de fiscalização na via pública;

(*) Inciso V acrescido pela Lei nº 12.619/2012.

VI – (vetado);

(*) Inciso VI acrescido pela Lei nº 12.619/2012.

VII – submeter-se a exames toxicológicos com janela de detecção mínima de 90 (noventa) dias e a programa de controle de uso de droga e de bebida alcoólica, instituído pelo empregador, com sua ampla ciência, pelo menos uma vez a cada 2 (dois) anos e 6 (seis) meses, podendo ser utilizado para esse fim o exame obrigatório previsto na Lei nº 9.503, de 23 de setembro de 1997, Código de Trânsito Brasileiro, desde que realizado nos últimos 60 (sessenta) dias.

(*) Inciso VII acrescido pela Lei nº 12.619/2012, e com redação dada pela Lei nº 13.103/2015.

(*) Vide nota ao art. 168, § 7º, da CLT. (Art. 148-A da Lei nº 9.503, de 23 de setembro de 1997, Código de Trânsito Brasileiro).

Parágrafo único. A recusa do empregado em submeter-se ao teste ou ao programa de controle de uso de droga e de bebida alcoólica previstos no inciso VII será considerada infração disciplinar, passível de penalização nos termos da lei.

(*) Parágrafo único acrescido pela Lei nº 12.619/2012 e com redação dada pela Lei nº 13.103/2015.

Art. 235-C. A jornada diária de trabalho do motorista profissional será de 8 (oito) horas, admitindo-se a sua prorrogação por até 2 (duas) horas extraordinárias ou, mediante previsão em convenção ou acordo coletivo, por até 4 (quatro) horas extraordinárias.

(*) Art. 235-C, *caput*, acrescido pela Lei nº 12.619/2012, com redação dada pela Lei nº 13.103/2015.

(*) V. art. 235-D, § 6º, da CLT.

§ 1º. Será considerado como trabalho efetivo o tempo em que o motorista empregado estiver à disposição do empregador, excluídos os intervalos para refeição, repouso e descanso e o tempo de espera.

(*) § 1º, primitivo § 2º, acrescido pela Lei nº 12.619/2012, renumerado e com redação dada pela Lei nº 13.103/2015.

§ 2º. Será assegurado ao motorista profissional empregado intervalo mínimo de 1 (uma) hora para refeição, podendo esse período coincidir com o tempo de parada obrigatória na condução do veículo estabelecido pela Lei nº 9.503, de 23 de setembro de 1997, Código de Trânsito Brasileiro, exceto quando se tratar do motorista profissional enquadrado no § 5º do art. 71 desta Consolidação.

(*) § 2º acrescido pela Lei nº 12.619/2012, e com redação dada pela Lei nº 13.103/2015.

(*) Lei nº 9.503, de 23 de setembro de 1997 (Código de Trânsito Brasileiro): ***Art. 67-C.*** *É vedado ao motorista profissional dirigir por mais de 5 (cinco) horas e meia ininterruptas veículos de transporte rodoviário coletivo de passageiros ou de transporte rodoviário de cargas. § 1º. Serão observados 30 (trinta) minutos para descanso dentro de cada 6 (seis) horas na condução de veículo de transporte de carga, sendo facultado o seu fracionamento e o do tempo de direção desde que não ultrapassadas 5 (cinco) horas e meia contínuas no exercício da condução. § 1º-A. Serão observados 30 (trinta) minutos para descanso a cada 4 (quatro) horas na condução de veículo rodoviário de passageiros, sendo facultado o seu fracionamento e o do tempo de direção. § 2º. Em situações excepcionais de inobservância justificada do tempo de direção, devidamente registradas, o tempo de direção poderá ser elevado pelo período necessário para que o condutor, o veículo e a carga cheguem a um lugar que ofereça a segurança e o atendimento demandados, desde que não haja comprometimento da segurança rodoviária. § 3º. O condutor é obrigado, dentro do período de 24 (vinte e quatro) horas, a observar o mínimo de 11 (onze) horas de descanso, que podem ser fracionadas, usufruídas no veículo e coincidir com os intervalos mencionados no § 1º, observadas no primeiro período 8 (oito) horas ininterruptas de descanso. § 4º. Entende-se como tempo de direção ou de condução apenas o período em que o condutor estiver efetivamente ao volante, em curso entre a origem e o destino. § 5º. Entende-se como início de viagem a partida do veículo na ida ou no retorno, com ou sem carga, considerando-se* *como sua continuação as partidas nos dias subsequentes até o destino. § 6º. O condutor somente iniciará uma viagem após o cumprimento integral do intervalo de descanso previsto no § 3º deste artigo. § 7º. Nenhum transportador de cargas ou coletivo de passageiros, embarcador, consignatário de cargas, operador de terminais de carga, operador de transporte multimodal de cargas ou agente de cargas ordenará a qualquer motorista a seu serviço, ainda que subcontratado, que conduza veículo referido no* caput *sem a observância do disposto no § 6º.*

(*) V. § 11 deste artigo.

§ 3º. Dentro do período de 24 (vinte e quatro) horas, são asseguradas 11 (onze) horas de descanso, sendo facultados o seu fracionamento e a coincidência com os períodos de parada obrigatória na condução do veículo estabelecida pela Lei nº 9.503, de 23 de setembro de 1997, Código de Trânsito Brasileiro, garantidos o mínimo de 8 (oito) horas ininterruptas no primeiro período e o gozo do remanescente dentro das 16 (dezesseis) horas seguintes ao fim do primeiro período.

(*) § 3º acrescido pela Lei nº 12.619/2012, e com redação dada pela Lei nº 13.103/2015.

(*) Vide nota ao § 2º deste artigo.

(*) V. §§ 11 e 12 deste artigo; e art. 235-D, § 7º, da CLT.

§ 4º. Nas viagens de longa distância, assim consideradas aquelas em que o motorista profissional empregado permanece fora da base da empresa, matriz ou filial e de sua residência por mais de 24 (vinte e quatro) horas, o repouso diário pode ser feito no veículo ou em alojamento do empregador, do contratante do transporte, do embarcador ou do destinatário ou em outro local que ofereça condições adequadas.

(*) § 4º acrescido pela Lei nº 12.619/2012, e com redação dada pela Lei nº 13.103/2015.

§ 5º. As horas consideradas extraordinárias serão pagas com o acréscimo estabelecido na Constituição Federal ou compensadas na forma do § 2º do art. 59 desta Consolidação.

(*) § 5º acrescido pela Lei nº 12.619/2012, e com redação dada pela Lei nº 13.103/2015.

(*) V. art. 59, § 1º, da CLT.

§ 6º. À hora de trabalho noturno aplica-se o disposto no art. 73 desta Consolidação.

(*) § 6º acrescido pela Lei nº 12.619/2012, e com redação dada pela Lei nº 13.103/2015.

§ 7º. (Vetado).

(*) § 7º acrescido pela Lei nº 12.619/2012.

§ 8º. São considerados tempo de espera as horas em que o motorista profissional empregado ficar aguardando carga ou descarga do veículo nas dependências do embarcador ou do destinatário e o período gasto com a fiscalização da mercadoria transportada em barreiras fiscais ou alfandegárias, não sendo computados como jornada de trabalho e nem como horas extraordinárias.

(*) § 8º acrescido pela Lei nº 12.619/2012, e com redação dada pela Lei nº 13.103/2015.

(*) V. § 11 deste artigo.

§ 9º. As horas relativas ao tempo de espera serão indenizadas na proporção de 30% (trinta por cento) do salário-hora normal.

(*) § 9º acrescido pela Lei nº 12.619/2012, e com redação dada pela Lei nº 13.103/2015.

(*) V. § 11 deste artigo.

§ 10. Em nenhuma hipótese, o tempo de espera do motorista empregado prejudicará o direito ao recebimento da remuneração correspondente ao salário-base diário.

(*) § 10 acrescido pela Lei nº 13.103/2015.

§ 11. Quando a espera de que trata o § 8º for superior a 2 (duas) horas ininterruptas e for exigida a permanência do motorista empregado junto ao veículo, caso o local ofereça condições adequadas, o tempo será considerado como de repouso para os fins do intervalo de que tratam os §§ 2º e 3º, sem prejuízo do disposto no § 9º.

(*) § 11 acrescido pela Lei nº 13.103/2015.

§ 12. Durante o tempo de espera, o motorista poderá realizar movimentações necessárias do veículo, as quais não serão consideradas como parte da jornada de trabalho, ficando garantido, porém, o gozo do descanso de 8 (oito) horas ininterruptas aludido no § 3º.

(*) § 12 acrescido pela Lei nº 13.103/2015.

§ 13. Salvo previsão contratual, a jornada de trabalho do motorista empregado não tem horário fixo de início, de final ou de intervalos.

(*) § 13 acrescido pela Lei nº 13.103/2015.

§ 14. O empregado é responsável pela guarda, preservação e exatidão das informações contidas nas anotações em diário de bordo, papeleta ou ficha de trabalho externo, ou no registrador instantâneo inalterável de velocidade e tempo, ou nos rastreadores ou sistemas e meios eletrônicos, instalados nos veículos, normatizados pelo Contran, até que o veículo seja entregue à empresa.

(*) § 14 acrescido pela Lei nº 13.103/2015.

§ 15. Os dados referidos no § 14 poderão ser enviados a distância, a critério do empregador, facultando-se a anexação do documento original posteriormente.

(*) § 15 acrescido pela Lei nº 13.103/2015.

§ 16. Aplicam-se as disposições deste artigo ao ajudante empregado nas operações em que acompanhe o motorista.

(*) § 16 acrescido pela Lei nº 13.103/2015.

§ 17. O disposto no *caput* deste artigo aplica-se também aos operadores de automotores destinados a puxar ou a arrastar maquinaria de qualquer natureza ou a executar trabalhos de construção ou pavimentação e aos operadores de tratores, colheitadeiras, autopropelidos e demais aparelhos automotores destinados a puxar ou a arrastar maquinaria agrícola ou a executar trabalhos agrícolas.

(*) § 17 acrescido pela Lei nº 13.154/2015.

Art. 235-D. Nas viagens de longa distância com duração superior a 7 (sete) dias, o repouso semanal será de 24 (vinte e quatro) horas por semana ou fração trabalhada, sem prejuízo do intervalo de repouso diário de 11 (onze) horas, totalizando 35 (trinta e cinco) horas, usufruído no retorno do motorista à base (matriz ou filial) ou ao seu domicílio, salvo se a empresa oferecer condições adequadas para o efetivo gozo do referido repouso.

(*) Art. 235-D, *caput*, acrescido pela Lei nº 12.619/2012 e com redação dada pela Lei nº 13.103/2015.

(*) V. § 2º deste artigo.

I – revogado;

(*) Inciso I acrescido pela Lei nº 12.619/2012 e revogado pela Lei nº 13.103/2015.

II – revogado;

(*) Inciso II acrescido pela Lei nº 12.619/2012 e revogado pela Lei nº 13.103/2015.

III – revogado;

(*) Inciso III acrescido pela Lei nº 12.619/2012 e revogado pela Lei nº 13.103/2015.

§ 1º. É permitido o fracionamento do repouso semanal em 2 (dois) períodos, sendo um destes de, no mínimo, 30 (trinta) horas ininterruptas, a serem cumpridos na mesma semana e em continuidade a um período de repouso diário, que deverão ser usufruídos no retorno da viagem.

(*) § 1º acrescido pela Lei nº 13.103/2015.

§ 2º. A cumulatividade de descansos semanais em viagens de longa distância de que trata o *caput* fica limitada ao número de 3 (três) descansos consecutivos.

(*) § 2º acrescido pela Lei nº 13.103/2015.

§ 3º. O motorista empregado, em viagem de longa distância, que ficar com o veículo parado após o cumprimento da jornada normal ou das horas extraordinárias fica dispensado do serviço, exceto se for expressamente autorizada a sua permanência junto ao veículo pelo empregador, hipótese em que o tempo será considerado de espera.

(*) § 3º acrescido pela Lei nº 13.103/2015.

§ 4º. Não será considerado como jornada de trabalho, nem ensejará o pagamento de qualquer remuneração, o período em que o motorista empregado ou o ajudante ficarem espontaneamente no veículo usufruindo dos intervalos de repouso.

(*) § 4º acrescido pela Lei nº 13.103/2015.

§ 5º. Nos casos em que o empregador adotar 2 (dois) motoristas trabalhando no mesmo veículo, o tempo de repouso poderá ser feito com o veículo em movimento, assegurado o repouso mínimo de 6 (seis) horas consecutivas fora do veículo em alojamento externo ou, se na cabine leito, com o veículo estacionado, a cada 72 (setenta e duas) horas.

(*) § 5º acrescido pela Lei nº 13.103/2015.

§ 6º. Em situações excepcionais de inobservância justificada do limite de jornada de que trata o art. 235-C, devidamente registradas, e desde que não se comprometa a segurança rodoviária, a duração da jornada de trabalho do motorista profissional empregado poderá ser elevada pelo tempo necessário até o veículo chegar a um local seguro ou ao seu destino.

(*) § 6º acrescido pela Lei nº 13.103/2015.

§ 7º. Nos casos em que o motorista tenha que acompanhar o veículo transportado por qualquer meio onde ele siga embarcado e em que o veículo disponha de cabine leito ou a embarcação disponha de alojamento para gozo do intervalo de repouso diário previsto no § 3º do art. 235-C, esse tempo será considerado como tempo de descanso.

(*) § 7º acrescido pela Lei nº 13.103/2015.

§ 8º. Para o transporte de cargas vivas, perecíveis e especiais em longa distância ou em território estrangeiro poderão ser aplicadas regras conforme a especificidade da operação de transporte realizada, cujas condições de trabalho serão fixadas em convenção ou acordo coletivo de modo a assegurar as adequadas condições de viagem e entrega ao destino final.

(*) § 8º acrescido pela Lei nº 13.103/2015.

Art. 235-E. Para o transporte de passageiros, serão observados os seguintes dispositivos:

(*) Art. 235-E, *caput*, acrescido pela Lei nº 12.619/2012 e com redação dada pela Lei nº 13.103/2015.

I – é facultado o fracionamento do intervalo de condução do veículo previsto na Lei nº 9.503, de 23 de setembro de 1997, Código de Trânsito Brasileiro, em períodos de no mínimo 5 (cinco) minutos;

(*) Inciso I acrescido pela Lei nº 13.103/2015.

(*) Vide nota ao art. 235-C, § 2º, da CLT. (Art. 67-C da Lei nº 9.503, de 23 de setembro de 1997, Código de Trânsito Brasileiro).

II – será assegurado ao motorista intervalo mínimo de 1 (uma) hora para refeição, podendo ser fracionado em 2 (dois) períodos e coincidir com o tempo de parada obrigatória na condução do veículo estabelecido pela

Lei nº 9.503, de 23 de setembro de 1997, Código de Trânsito Brasileiro, exceto quando se tratar do motorista profissional enquadrado no § 5º do art. 71 desta Consolidação;

(*) Inciso II acrescido pela Lei nº 13.103/2015.

(*) Vide nota ao art. 235-C, § 2º, da CLT. (Art. 67-C da Lei nº 9.503 de 23 de setembro de 1997, Código de Trânsito Brasileiro).

III – nos casos em que o empregador adotar 2 (dois) motoristas no curso da mesma viagem, o descanso poderá ser feito com o veículo em movimento, respeitando-se os horários de jornada de trabalho, assegurado, após 72 (setenta e duas) horas, o repouso em alojamento externo ou, se em poltrona correspondente ao serviço de leito, com o veículo estacionado.

(*) Inciso III acrescido pela Lei nº 13.103/2015.

§ 1º. (Revogado).

(*) § 1º acrescido pela Lei nº 12.619/2012 e revogado pela Lei nº 13.103/2015.

§ 2º. (Vetado).

(*) § 2º acrescido pela Lei nº 12.619/2012.

§ 3º. (Revogado).

(*) § 3º acrescido pela Lei nº 12.619/2012 e revogado pela Lei nº 13.103/2015.

§ 4º. (Revogado).

(*) § 4º acrescido pela Lei nº 12.619/2012 e revogado pela Lei nº 13.103/2015.

§ 5º. (Revogado).

(*) § 5º acrescido pela Lei nº 12.619/2012 e revogado pela Lei nº 13.103/2015.

§ 6º. (Revogado).

(*) § 6º acrescido pela Lei nº 12.619/2012 e revogado pela Lei nº 13.103/2015.

§ 7º. (Revogado).

(*) § 7º acrescido pela Lei nº 12.619/2012 e revogado pela Lei nº 13.103/2015.

§ 8º. (Vetado).

(*) § 8º acrescido pela Lei nº 12.619/2012.

§ 9º. (Revogado).

(*) § 9º acrescido pela Lei nº 12.619/2012 e revogado pela Lei nº 13.103/2015.

§ 10. (Revogado).

(*) § 10 acrescido pela Lei nº 12.619/2012 e revogado pela Lei nº 13.103/2015.

§ 11. (Revogado).

(*) § 11 acrescido pela Lei nº 12.619/2012 e revogado pela Lei nº 13.103/2015.

§ 12. (Revogado).

(*) § 12 acrescido pela Lei nº 12.619/2012 e revogado pela Lei nº 13.103/2015.

Art. 235-F. Convenção e acordo coletivo poderão prever jornada especial de 12 (doze) horas de trabalho por 36 (trinta e seis) horas de descanso para o trabalho do motorista profissional empregado em regime de compensação.

(*) Art. 235-F acrescido pela Lei nº 12.619/2012 e com redação dada pela Lei nº 13.103/2015.

Art. 235-G. É permitida a remuneração do motorista em função da distância percorrida, do tempo de viagem ou da natureza e quantidade de produtos transportados, inclusive mediante oferta de comissão ou qualquer outro tipo de vantagem, desde que essa remuneração ou comissionamento não comprometa a segurança da rodovia e da coletividade ou possibilite a violação das normas previstas nesta Lei.

(*) Art. 235-G acrescido pela Lei nº 12.619/2012, e com redação dada pela Lei nº 13.103/2015.

Art. 235-H. (Revogado).

(*) Art. 235-H acrescido pela Lei nº 12.619/2012 e revogado pela Lei nº 13.103/2015.

Seção V
Do Serviço Ferroviário

Art. 236. No serviço ferroviário – considerado este o de transporte em estradas de ferro abertas ao tráfego público, compreendendo a administração, construção, conservação e remoção das vias férreas e seus edifícios, obras-de-arte, material rodante, instalações complementares e acessórias, bem como o serviço de tráfego, de telegrafia, telefonia e funcionamento de todas as instalações ferroviárias – aplicam-se os preceitos especiais constantes desta Seção.

Art. 237. O pessoal a que se refere o artigo antecedente fica dividido nas seguintes categorias:

a) funcionários de alta administração, chefes e ajudantes de departamentos e seções, engenheiros residentes, chefes de depósitos, inspetores e demais empregados que exercem funções administrativas ou fiscalizadoras;

b) pessoal que trabalhe em lugares ou trechos determinados e cujas tarefas requeiram atenção constante; pessoal de escritório, turmas de conservação e construção da via permanente, oficinas e estações principais, inclusive os respectivos telegrafistas; pessoal de tração, lastro e revistadores;

c) das equipagens de trens em geral;

d) pessoal cujo serviço é de natureza intermitente ou de pouca intensidade, embora com permanência prolongada nos locais de trabalho; vigias e pessoal das estações do interior, inclusive os respectivos telegrafistas.

Art. 238. Será computado como de trabalho efetivo todo o tempo, em que o empregado estiver à disposição da estrada.

(*) Art. 238, *caput*, alterado pela Lei nº 3.970/1961 e com redação original restabelecida pelo Decreto-Lei nº 5/1966.

§ 1º. Nos serviços efetuados pelo pessoal da categoria c, não será considerado como de trabalho efetivo o tempo gasto em viagens do local ou para o local de terminação e início dos mesmos serviços.

(*) § 1º alterado pela Lei nº 3.970/1961 e com redação original restabelecida pelo Decreto-Lei nº 5/1966.

§ 2º. Ao pessoal removido ou comissionado fora da sede será contado como de trabalho normal e efetivo o tempo gasto em viagens, sem direito à percepção de horas extraordinárias.

(*) § 2º alterado pela Lei nº 3.970/1961 e com redação original restabelecida pelo Decreto-Lei nº 5/1966.

§ 3º. No caso das turmas de conservação da via permanente, o tempo efetivo do trabalho será contado desde a hora da saída da casa da turma até a hora em que cessar o serviço em qualquer ponto compreendido centro dos limites da respectiva turma. Quando o empregado trabalhar fora dos limites da sua turma, ser-lhe-á também computado como de trabalho efetivo o tempo gasto no percurso da volta a esses limites.

(*) § 3º alterado pela Lei nº 3.970/1961 e com redação original restabelecida pelo Decreto-Lei nº 5/1966.

§ 4º. Para o pessoal da equipagem de trens, só será considerado esse trabalho efetivo, depois de chegado ao destino, o tempo em que o ferroviário estiver ocupado ou retido à disposição da Estrada. Quando, entre dois períodos de trabalho, não mediar intervalo superior a uma hora, será essa intervalo computado como de trabalho efetivo.

(*) § 4º restaurado pelo Decreto-Lei nº 5/1966.

§ 5º. O tempo concedido para refeição não se computa como de trabalho efetivo, senão para o pessoal da categoria c, quando as refeições forem tomadas em viagem ou nas estações durante as paradas. Esse tempo não será inferior a uma hora, exceto para o pessoal da referida categoria em serviço de trens.

(*) § 5º restaurado pelo Decreto-Lei nº 5/1966.

§ 6º. No trabalho das turmas encarregadas da conservação de obras de arte, linhas telegráficas ou telefônicas e edifícios, não será contado, como de trabalho efetivo, o tempo de viagem para o local do serviço, sempre que não exceder de uma hora, seja para ida ou para volta, e a Estrada fornecer os meios de locomoção, computando-se, sempre o tempo excedente a esse limite.

(*) § 6º restaurado pelo Decreto-Lei nº 5/1966.

Art. 239. Para o pessoal da categoria "c", a prorrogação do trabalho independe de acordo ou contrato coletivo, não podendo, entretanto, exceder de 12 (doze) horas, pelo que as empresas organizarão, sempre que possível, os serviços de equipagens de trens com destacamentos nos trechos das linhas de modo a ser observada a duração normal de oito horas de trabalho.

(*) O Decreto-Lei nº 6.361/1944 suspende, enquanto perdurar o estado de guerra, as disposições dos arts. 239 e 241 da CLT.

§ 1º. Para o pessoal sujeito ao regime do presente artigo, depois de cada jornada de trabalho haverá um repouso de 10 (dez) horas contínuas, no mínimo, observando-se, outrossim, o descanso semanal.

(*) Vide Lei nº 605/1949, regulamentada pelo Decreto nº 27.048/1949, que dispõe sobre o repouso semanal remunerado e o pagamento de salário nos dias feriados civis e religiosos.

§ 2º. Para o pessoal da equipagem de trens, a que se refere o presente artigo, quando a empresa não fornecer alimentação, em viagem, e hospedagem, no destino, concederá uma ajuda de custo para atender a tais despesas.

§ 3º. As escalas do pessoal abrangido pelo presente artigo serão organizadas de modo que não caiba a qualquer empregado, quinzenalmente, um total de horas de serviço noturno superior às de serviço diurno.

§ 4º. Os períodos de trabalho do pessoal a que alude o presente artigo serão registrados em cadernetas especiais, que ficarão sempre em poder do empregado, de acordo com o modelo aprovado pelo Ministro do Trabalho, Indústria e Comércio♦.

♦ Atual denominação: "Ministro da Economia", nos termos do Decreto nº 9.745/2019.

Art. 240. Nos casos de urgência ou de acidente, capazes de afetar a segurança ou regularidade do serviço, poderá a duração do trabalho ser excepcionalmente elevada a qualquer número de horas, incumbindo à Estrada zelar pela incolumidade dos seus empregados e pela possibilidade de revezamento de turmas, assegurando ao pessoal um repouso correspondente e comunicando a ocorrência ao Ministério do Trabalho, Indústria e Comércio♦, dentro de 10 (dez) dias da sua verificação.

♦ Atual denominação: "Ministério da Economia", nos termos da Lei nº 13.844/2019.

Parágrafo único. Nos casos previstos neste artigo, a recusa, sem causa justificada, por parte de qualquer empregado, à execução de serviço extraordinário será considerada falta grave.

Art. 241. As horas excedentes das do horário normal de oito horas serão pagas como serviço extraordinário na seguinte base: as duas primeiras com o acréscimo de 25% (vinte e cinco por cento) sobre o salário-hora normal;

as duas subsequentes com um adicional de 50% (cinquenta por cento) e as restantes com um adicional de 75% (setenta e cinco por cento).

(*) V. art. 59, § 1º, da CLT.

(*) O Decreto-Lei nº 6.361/1944 suspende, enquanto perdurar o estado de guerra, as disposições dos arts. 239 e 241 da CLT.

Parágrafo único. Para o pessoal da categoria "c", a primeira hora será majorada de 25% (vinte e cinco por cento), a segunda hora será paga com o acréscimo de 50% (cinquenta por cento) e as duas subsequentes com o de 60% (sessenta por cento), salvo caso de negligência comprovada.

(*) V. art. 59, § 1º, da CLT.

Art. 242. As frações de meia hora superiores a 10 (dez) minutos serão computadas como meia hora.

Art. 243. Para os empregados de estações do interior, cujo serviço for de natureza intermitente ou de pouca intensidade, não se aplicam os preceitos gerais sobre duração do trabalho, sendo-lhes, entretanto, assegurado o repouso contínuo de dez horas, no mínimo, entre dois períodos de trabalho e descanso semanal.

(*) Vide Lei nº 605/1949, regulamentada pelo Decreto nº 27.048/1949, que dispõe sobre o repouso semanal remunerado e o pagamento de salário nos dias feriados civis e religiosos.

Art. 244. As estradas de ferro poderão ter empregados extranumerários, de sobreaviso e de prontidão, para executarem serviços imprevistos ou para substituições de outros empregados que faltem à escala organizada.

(*) Art. 244, *caput*, revogado pela Lei nº 3.970/1961 e com redação original restabelecida pelo Decreto-Lei nº 5/1966.

§ 1º. Considera-se "extranumerário" o empregado não efetivo, candidato efetivação, que se apresentar normalmente ao serviço, embora só trabalhe quando for necessário. O extranumerário só receberá os dias de trabalho efetivo.

(*) § 1º revogado pela Lei nº 3.970/1961 e com redação original restabelecida pelo Decreto-Lei nº 5/1966.

§ 2º. Considera-se de "sobreaviso" o empregado efetivo, que permanecer em sua própria casa, aguardando a qualquer momento o chamado para o serviço. Cada escala de "sobreaviso" será, no máximo, de vinte e quatro horas. As horas de "sobreaviso", para todos os efeitos, serão contadas à razão de 1/3 (um terço) do salário normal.

(*) § 2º corrigido pelo Decreto-Lei nº 6.353/1944, revogado pela Lei nº 3.970/1961 e com redação restabelecida pelo Decreto-Lei nº 5/1966.

§ 3º. Considera-se de "prontidão" o empregado que ficar nas dependências da estrada, aguardando ordens. A escala de prontidão será, no máximo, de doze horas. As horas de prontidão serão, para todos os efeitos, contadas à razão de 2/3 (dois terços) do salário-hora normal.

(*) § 3º revogado pela Lei nº 3.970/1961 e com redação original restabelecida pelo Decreto-Lei nº 5/1966.

§ 4º. Quando, no estabelecimento ou dependência em que se achar o empregado, houver facilidade de alimentação, as doze horas do prontidão, a que se refere o parágrafo anterior, poderão ser contínuas. Quando não existir essa facilidade, depois de seis horas de prontidão, haverá sempre um intervalo de uma hora para cada refeição, que não será, nesse caso, computada como de serviço.

(*) § 4º revogado pela Lei nº 3.970/1961 e com redação original restabelecida pelo Decreto-Lei nº 5/1966.

Art. 245. O horário normal de trabalho dos cabineiros nas estações de tráfego intenso não excederá de 8 (oito) horas e deverá ser dividido em 2 (dois) turnos com intervalo não inferior a 1 (uma) hora de repouso, não podendo nenhum turno ter duração superior a 5 (cinco) horas, com um período de descanso entre 2 (duas) jornadas de trabalho de 14 (quatorze) horas consecutivas.

Art. 246. O horário de trabalho dos operadores telegrafistas nas estações de tráfego intenso não excederá de 6 (seis) horas diárias.

Art. 247. As estações principais, estações de tráfego intenso e estações do interior serão classificadas para cada empresa pelo Departamento Nacional da Estradas de Ferro.

Seção VI
Das Equipagens das Embarcações da Marinha Mercante Nacional, de Navegação Fluvial e Lacustre, do Tráfego nos Portos e da Pesca

Art. 248. Entre as horas 0 (zero) e 24 (vinte e quatro) de cada dia civil, o tripulante poderá ser conservado em seu posto durante 8 (oito) horas, quer de modo contínuo, quer de modo intermitente.

§ 1º. A exigência do serviço contínuo ou intermitente ficará a critério do comandante e, neste último caso, nunca por período menor que 1 (uma) hora.

§ 2º. Os serviços de quarto nas máquinas, passadiço, vigilância e outros que, consoante parecer médico, possam prejudicar a saúde do tripulante serão executados por períodos não maiores e com intervalos não menores de 4 (quatro) horas.

Art. 249. Todo o tempo de serviço efetivo, excedente de 8 (oito) horas, ocupado na forma do artigo anterior, será considerado de trabalho extraordinário, sujeito à compensação a que se refere o art. 250, exceto se se tratar de trabalho executado:

a) em virtude de responsabilidade pessoal do tripulante e no desempenho de funções de direção, sendo consideradas como tais todas aquelas que a bordo se achem constituídas em um único indivíduo com responsabilidade exclusiva e pessoal;

b) na iminência de perigo, para salvaguarda ou defesa da embarcação, dos passageiros, ou da carga, a juízo exclusivo do comandante ou do responsável pela segurança a bordo;

c) por motivo de manobras ou fainas gerais que reclamem a presença, em seus postos, de todo o pessoal de bordo;

d) na navegação lacustre e fluvial, quando se destina ao abastecimento do navio ou embarcação de combustível e rancho, ou por efeito das contingências da natureza da navegação, na transposição de passos ou pontos difíceis, inclusive operações de alívio ou transbordo de carga, para obtenção de calado menor para essa transposição.

§ 1º. O trabalho executado aos domingos e feriados será considerado extraordinário, salvo se se destinar:

a) ao serviço de quartos e vigilância, movimentação das máquinas e aparelhos de bordo, limpeza e higiene da embarcação, preparo de alimentação da equipagem e dos passageiros, serviço pessoal destes e, bem assim, aos socorros de urgência ao navio ou ao pessoal;

b) ao fim da navegação ou das manobras para a entrada ou saída de portos, atracação, desatracação, embarque ou desembarque de carga e passageiros.

§ 2º. Não excederá de 30 (trinta) horas semanais o serviço extraordinário prestado para o tráfego nos portos.

Art. 250. As horas de trabalho extraordinário serão compensadas, segundo a conveniência do serviço, por descanso em período equivalente no dia seguinte ou no subsequente dentro das do trabalho normal, ou no fim da viagem, ou pelo pagamento do salário correspondente.

Parágrafo único. As horas extraordinárias de trabalho são indivisíveis, computando-se a fração de hora como hora inteira.

Art. 251. Em cada embarcação haverá um livro em que serão anotadas as horas extraordinárias de trabalho de cada tripulante, e outro, do qual constarão, devidamente circunstanciadas, as transgressões dos mesmos tripulantes.

Parágrafo único. Os livros de que trata este artigo obedecerão a modelos organizados pelo Ministério do Trabalho, Indústria e Comércio♦, serão escriturados em dia pelo comandante da embarcação e ficam sujeitos às formalidades instituídas para os livros de registro de empregados em geral.

♦ Atual denominação: "Ministério da Economia", nos termos da Lei nº 13.844/2019.

Art. 252. Qualquer tripulante que se julgue prejudicado por ordem emanada de superior hierárquico poderá interpor recurso, em termos, perante a Delegacia do Trabalho Marítimo, por intermédio do respectivo comandante, o qual deverá encaminhá-lo com a respectiva informação dentro de 5 (cinco) dias, contados de sua chegada ao porto.

Seção VII
Dos Serviços Frigoríficos

Art. 253. Para os empregados que trabalham no interior das câmaras frigoríficas e para os que movimentam mercadorias do ambiente quente ou normal para o frio e vice-versa, depois de 1 (uma) hora e 40 (quarenta) minutos de trabalho contínuo, será assegurado um período de 20 (vinte) minutos de repouso, computado esse intervalo como de trabalho efetivo.

Parágrafo único. Considera-se artificialmente frio, para os fins do presente artigo, o que for inferior, nas primeira, segunda e terceira zonas climáticas do mapa oficial do Ministério do Trabalho, Indústria e Comércio♦, a 15º (quinze graus), na quarta zona a 12º (doze graus), e nas quinta, sexta e sétima zonas a 10º (dez graus).

♦ Atual denominação: "Ministério da Economia", nos termos da Lei nº 13.844/2019.

Seção VIII
Dos Serviços de Estiva

(*) Vide Lei nº 9.719/1998, que dispõe sobre normas e condições gerais de proteção ao trabalho portuário.

Arts. 254 a 284. (Revogados).

(*) Arts. 254 a 284 revogados pela Lei nº 8.630/1993.

(*) A Lei nº 8.630/1993, que dispunha sobre o regime jurídico da exploração dos portos organizados e das instalações portuárias (Lei dos Portos), foi revogada pela Lei nº 12.815/2013, que dispõe sobre a exploração direta e indireta pela União de portos e instalações portuárias e sobre as atividades desempenhadas pelos operadores portuários e está regulamentada pelo Decreto nº 8.033/2013.

Seção IX
Dos Serviços de Capatazia nos Portos

(*) Vide Lei nº 9.719/1998, que dispõe sobre normas e condições gerais de proteção ao trabalho portuário.

Arts. 285 a 292. (Revogados).

(*) Arts. 285 a 292 revogados pela Lei nº 8.630/1993.

(*) A Lei nº 8.630/1993, que dispunha sobre o regime jurídico da exploração dos portos organizados e das instalações portuárias (Lei dos Portos), foi revogada pela Lei nº 12.815/2013, que dispõe sobre a exploração direta e indireta pela União de portos e instalações portuárias e sobre as atividades desempenhadas pelos operadores portuários e está regulamentada pelo Decreto nº 8.033/2013.

Seção X
Do Trabalho em Minas de Subsolo

Art. 293. A duração normal do trabalho efetivo para os empregados em minas no subsolo não excederá de 6 (seis) horas diárias ou de 36 (trinta e seis) semanais.

Art. 294. O tempo despendido pelo empregado da boca da mina ao local do trabalho e vice-versa será computado para o efeito de pagamento do salário.

Art. 295. A duração normal do trabalho efetivo no subsolo poderá ser elevada até 8 (oito) horas diárias ou 48 (quarenta e oito) semanais, mediante acordo escrito entre empregado e empregador ou contrato coletivo de trabalho, sujeita essa prorrogação à prévia licença da autoridade competente em matéria de higiene do trabalho.

Parágrafo único. A duração normal do trabalho efetivo no subsolo poderá ser inferior a 6 (seis) horas diárias, por determinação da autoridade de que trata este artigo, tendo em vista condições locais de insalubridade e os métodos e processos do trabalho adotado.

Art. 296. A remuneração da hora prorrogada será no mínimo de 25% (vinte e cinco por cento) superior à da hora normal e deverá constar do acordo ou contrato coletivo de trabalho.

(*) V. art. 59, § 1º, da CLT.

Art. 297. Ao empregado no subsolo será fornecida, pelas empresas exploradoras de minas, alimentação adequada à natureza do trabalho, de acordo com as instruções estabelecidas pelo Serviço de Alimentação da Previdência Social e aprovadas pelo Ministério do Trabalho, Indústria e Comércio♦.

♦ Atual denominação: "Ministério da Economia", nos termos da Lei nº 13.844/2019.

(*) Vide Decreto nº 9.745/2019, que dispõe sobre a Estrutura Regimental do Ministério da Economia.

Art. 298. Em cada período de 3 (três) horas consecutivas de trabalho, será obrigatória uma pausa de 15 (quinze) minutos para repouso, a qual será computada na duração normal de trabalho efetivo.

Art. 299. Quando nos trabalhos de subsolo ocorrer acontecimentos que possam comprometer a vida ou saúde do empregado, deverá a empresa comunicar o fato imediatamente à autoridade regional do trabalho, do Ministério do Trabalho, Indústria e Comércio♦.

♦ Atual denominação: "Ministério da Economia", nos termos da Lei nº 13.844/2019.

Art. 300. Sempre que, por motivo de saúde, for necessária a transferência do empregado, a juízo da autoridade competente em matéria da segurança e da medicina do trabalho, dos serviços no subsolo para os de superfície, é a empresa obrigada a realizar essa transferência, assegurando ao transferido a remuneração atribuída ao trabalhador de superfície em serviço equivalente, respeitada a capacidade profissional do interessado.

Parágrafo único. No caso de recusa do empregado em atender a essa transferência, será ouvida a autoridade competente em matéria de higiene e segurança do trabalho, que decidirá a respeito.

(*) Art. 300 com redação dada pela Lei nº 2.924/1956.

Art. 301. O trabalho no subsolo somente será permitido a homens, com idade compreendida entre 21 (vinte e um) e 50 (cinquenta) anos, assegurada a transferência para a superfície nos termos previstos no artigo anterior.

(*) V. art. 922 da CLT.

Seção XI
Dos Jornalistas Profissionais

(*) Vide Decreto-Lei nº 972/1969, regulamentado pelo Decreto nº 83.284/1979, que dispõe sobre o exercício da profissão de jornalista.

Art. 302. Os dispositivos da presente Seção se aplicam aos que nas empresas jornalísticas prestem serviços como jornalistas, revisores, fotógrafos, ou na ilustração, com as exceções nela previstas.

§ 1º. Entende-se como jornalista o trabalhador intelectual cuja função se estende desde a busca de informações até a redação de notícias e artigos e a organização, orientação e direção desse trabalho.

§ 2º. Consideram-se empresas jornalísticas, para os fins desta Seção, aquelas que têm a seu cargo a edição de jornais, revistas, boletins e periódicos, ou a distribuição de noticiário, e, ainda, a radiodifusão em suas seções destinadas à transmissão de notícias e comentários.

Art. 303. A duração normal do trabalho dos empregados compreendidos nesta Seção não deverá exceder de 5 (cinco) horas, tanto de dia como à noite.

(*) V. art. 306 da CLT.

Art. 304. Poderá a duração normal do trabalho ser elevada a 7 (sete) horas, mediante acordo escrito, em que se estipule aumento de ordenado, correspondente ao excesso do tempo de trabalho, em que se fixe um intervalo destinado a repouso ou a refeição.

Parágrafo único. Para atender a motivos de força maior, poderá o empregado prestar serviços por mais tempo do que aquele permitido nesta Seção.

(*) Parágrafo único com redação dada pela MP nº 905/2019.

(*) V. art. 306 da CLT.

Art. 305. As horas de serviço extraordinário, quer as prestadas em virtude de acordo, quer as que derivam das causas previstas no parágrafo único do artigo anterior, não poderão ser remuneradas com quantia inferior à que resulta do quociente da divisão da importância do salário mensal por 150 (cento e cinquenta) para os mensalistas, e do salário diário por 5 (cinco) para os diaristas, acrescido de, pelo menos, 25% (vinte e cinco por cento).

(*) V. arts. 59, § 1º; e 306 da CLT.

Art. 306. Os dispositivos dos arts. 303, 304 e 305 não se aplicam àqueles que exercem as funções de redator-chefe, secretário, subsecretário, chefe e subchefe de revisão, chefe de oficina, de ilustração e chefe de portaria.

Parágrafo único. Não se aplicam, do mesmo modo, os artigos acima referidos aos que se ocuparem unicamente em serviços externos.

Art. 307. A cada 6 (seis) dias de trabalho efetivo corresponderá 1 (um) dia de descanso obrigatório, que coincidirá com o domingo, salvo acordo escrito em contrário, no qual será expressamente estipulado o dia em que se deve verificar o descanso.

Art. 308. Em seguida a cada período diário de trabalho haverá um intervalo mínimo de 10 (dez) horas, destinado ao repouso.

Art. 309. Será computado como de trabalho efetivo o tempo em que o empregado estiver à disposição do empregador.

(*) V. art. 4º da CLT.

Art. 310. (Revogado).

(*) Art. 310 revogado pelo Decreto-Lei nº 972/1969.

Art. 311. Para o registro de que trata o artigo anterior, deve o requerente exibir os seguintes documentos:

a) prova de nacionalidade brasileira;

b) folha corrida;

c) prova de que não responde a processo ou não sofreu condenação por crime contra a segurança nacional;

(*) A exigência desta alínea "c" foi suprimida pelo Decreto-Lei nº 8.305/1945.

d) carteira de trabalho e previdência social.

§ 1º. Aos profissionais devidamente registrados será feita a necessária declaração na carteira de trabalho e previdência social.

§ 2º. Aos novos empregados será concedido o prazo de 60 dias para a apresentação da carteira de trabalho e previdência social, fazendo-se o registro condicionado a essa apresentação e expedindo-se um certificado provisório para aquele período.

Art. 312. O registro dos diretores-proprietários de jornais será feito, no Distrito Federal e nos Estados, e independentemente da exigência constante do art. 311, letra "d", da presente seção.

§ 1º. A prova de profissão, apresentada pelo diretor-proprietário juntamente com os demais documentos exigidos, consistirá em uma certidão, fornecida nos Estados e Território do Acre, pelas Juntas Comerciais ou Cartórios, e, no Distrito Federal, pela seção competente do Departamento Nacional de Indústria e Comércio, do Ministério do Trabalho, Indústria e Comércio♦.

♦ Atual denominação: "Ministério da Economia", nos termos da Lei nº 13.844/2019.

§ 2º. Aos diretores-proprietários regularmente inscritos será fornecido um certificado do qual deverão constar o livro e a folha em que houver sido feito o registro.

Art. 313. (Revogado).

(*) Art. 313 revogado pela MP nº 905/2019.

Art. 314. (Revogado).

(*) Art. 314 revogado pelo Decreto-Lei nº 972/1969.

Art. 315. O Governo Federal, de acordo com os governos estaduais, promoverá a criação de escolas de preparação ao jornalismo, destinadas à formação dos profissionais da imprensa.

Art. 316. A empresa jornalística que deixar de pagar pontualmente, e na forma acordada, os salários devidos a seus empregados, terá suspenso o seu funcionamento, até que se efetue o pagamento devido.

Parágrafo único. Para os efeitos do cumprimento deste artigo deverão os prejudicados reclamar contra a falta de pagamento perante a autoridade competente e, proferida a condenação, desde que a empresa não a cumpra, ou, em caso de recurso, não deposite o valor da indenização, a autoridade que proferir a condenação oficiará à autoridade competente, para a suspensão da circulação do jornal. Em igual pena de suspensão incorrerá a empresa que deixar de recolher as contribuições devidas às instituições de previdência social.

(*) Vide Decreto-Lei nº 368/1968, que dispõe sobre efeitos de débitos salariais.

Seção XII
Dos Professores

Art. 317. O exercício remunerado do magistério, em estabelecimentos particulares de ensino, exigirá apenas habilitação legal e registro no Ministério da Educação.

(*) Art. 317 com redação dada pela Lei nº 7.855/1989.

Art. 318. O professor poderá lecionar em um mesmo estabelecimento por mais de um turno, desde que não ultrapasse a jornada de trabalho semanal estabelecida legalmente, assegurado e não computado o intervalo para refeição.

(*) Art. 318 com redação dada pela Lei nº 13.415/2017.

Art. 319. (Revogado).

(*) Art. 319 revogado pela MP nº 905/2019.

Art. 320. A remuneração dos professores será fixada pelo número de aulas semanais, na conformidade dos horários.

(*) V. art. 67 da CLT.

§ 1º. O pagamento far-se-á mensalmente, considerando-se para este efeito cada mês constituído de quatro semanas e meia.

§ 2º. Vencido cada mês, será descontada, na remuneração dos professores, a importância correspondente ao número de aulas a que tiverem faltado.

§ 3º. Não serão descontadas, no decurso de 9 (nove) dias, as faltas verificadas por motivo de gala ou de luto em consequência de falecimento do cônjuge, do pai ou mãe, ou de filho.

Art. 321. Sempre que o estabelecimento de ensino tiver necessidade de aumentar o número de aulas marcado nos horários, remunerará o professor, findo cada mês, com uma importância correspondente ao número de aulas excedentes.

Art. 322. No período de exames e no de férias escolares, é assegurado aos professores o pagamento, na mesma periodicidade contratual, da remuneração por eles percebida, na conformidade dos horários, durante o período de aulas.

(*) Art. 322, *caput*, com redação dada pela Lei nº 9.013/1995.

§ 1º. Não se exigirá dos professores, no período de exames, a prestação de mais de 8 (oito) horas de trabalho diário, salvo mediante o pagamento complementar de cada hora excedente pelo preço correspondente ao de uma aula.

§ 2º. No período de férias, não se poderá exigir dos professores outro serviço senão o relacionado com a realização de exames.

§ 3º. Na hipótese de dispensa sem justa causa, ao término do ano letivo ou no curso das férias escolares, é assegurado ao professor o pagamento a que se refere o *caput* deste artigo.

(*) § 3º acrescido pela Lei nº 9.013/1995.

Art. 323. Não será permitido o funcionamento do estabelecimento particular de ensino que não remunere condignamente os seus professores, ou não lhes pague pontualmente a remuneração de cada mês.

Parágrafo único. Compete ao Ministério da Educação e Saúde♦ fixar os critérios para a determinação da condigna remuneração devida aos professores bem como assegurar a execução do preceito estabelecido no presente artigo.

(*) Vide Decreto-Lei nº 368/1968, que dispõe sobre efeitos de débitos salariais.

♦ Atual denominação: "Ministério da Educação", nos termos do Decreto nº 91.144/1985.

Art. 324. (Revogado).

(*) Art. 324 revogado pela Lei nº 7.855/1989.

Seção XIII
Dos Químicos

(*) Vide Lei nº 2.800/1956, que criou os Conselhos Federal e Regionais de Química, e dispõe sobre o exercício da profissão de químico.

Art. 325. É livre o exercício da profissão de químico em todo o território da República, observadas as condições de capacidade técnica e outras exigências previstas na presente Seção:

(*) V. art. 347 da CLT.

a) aos possuidores de diploma de químico, químico industrial, químico industrial agrícola ou engenheiro químico, concedido, no Brasil, por escola oficial ou oficialmente reconhecida;

(*) V. § 2º, "a", deste artigo; arts. 326, *caput*; 334, §§ 1º e 2º; 337; 338; 340; e 341 da CLT.

b) aos diplomados em química por instituto estrangeiro de ensino superior, que tenham, de acordo com a lei e a partir de 14 de julho de 1934, revalidado os seus diplomas;

(*) V. § 2º, "a" e "b" deste artigo; arts. 326, *caput* e § 2º, "a"; 334, §§ 1º e 2º; 337; 338; 340; e 341 da CLT.

c) aos que, ao tempo da publicação do Decreto nº 24.693, de 12 de julho de 1934, se achavam no exercício efetivo de função pública ou particular, para a qual seja exigida a qualidade de químico, e que tenham requerido o respectivo registro até a extinção do prazo fixado pelo Decreto-Lei nº 2.298, de 10 de junho de 1940.

(*) Decreto nº 24.693, de 12 de julho de 1934, que regulava o exercício da profissão de químico, revogado pelo Decreto s/n de 10 de maio de 1991.

(*) Decreto-Lei nº 2.298, de 10 de junho de 1940, dispõe sobre o regime dos químicos licenciados.

(*) Vide Lei nº 2.800/1956, que criou os Conselhos Federal e Regionais de Química, e dispõe sobre o exercício da profissão de químico.

(*) V. § 1º e § 2º, "c", deste artigo.

§ 1º. Aos profissionais incluídos na alínea "c" deste artigo, se dará, para os efeitos da presente Seção, a denominação de "licenciados".

(*) V. arts. 329, parágrafo único; e 348 da CLT.

§ 2º. O livre exercício da profissão de que trata o presente artigo só é permitido a estrangeiros, quando compreendidos:

a) nas alíneas "a" e "b", independentemente de revalidação do diploma, se exerciam, legitimamente, na República, a profissão de químico em a data da promulgação da Constituição de 1934;

b) na alínea "b", se a seu favor militar a existência de reciprocidade internacional, admitida em lei, para o reconhecimento dos respectivos diplomas;

c) na alínea "c", satisfeitas as condições nela estabelecidas.

§ 3º. O livre exercício da profissão a brasileiros naturalizados está subordinado à prévia prestação do serviço militar, no Brasil.

§ 4º. Só aos brasileiros natos é permitida a revalidação dos diplomas de químicos, expedidos por institutos estrangeiros de ensino superior.

(*) Vide Lei nº 6.192/1974, que dispõe sobre restrições a brasileiros naturalizados: ***Art. 1º.*** *É vedada qualquer distinção entre brasileiros natos e naturalizados.* ***Art. 2º.*** *A condição de "brasileiro nato", exigida em leis ou decretos, para qualquer fim, fica modificada para a de "brasileiro".* ***Art. 3º.*** *Não serão admitidos a registro os atos de constituição de sociedade comercial ou civil que contiverem restrição a brasileiro naturalizado.* ***Art. 4º.*** *Nos documentos públicos, a indicação da nacionalidade brasileira alcançada mediante naturalização far-se-á sem referência a esta circunstância.* ***Art. 5º.*** *A violação do disposto no artigo 1º desta Lei constitui contravenção penal, punida com as penas de prisão simples de quinze dias a três meses e multa igual a três vezes o valor do maior salário-mínimo vigente no País.*

Art. 326. (Revogado).

(*) Art. 326 revogado pela MP nº 905/2019.

Art. 327. (Revogado).

(*) Art. 327 revogado pela MP nº 905/2019.

Art. 328. Só poderão ser admitidos a registro os diplomas, certificados de diplomas, cartas e outros títulos, bem como atestados e certificados que estiverem na devida forma e cujas firmas hajam sido regularmente reconhecidas por tabelião público e, sendo estrangeiros, pela Secretaria do Estado das Relações Exteriores, acompanhados estes últimos da respectiva tradução, feita por intérprete comercial brasileiro.

Parágrafo único. (Revogado).

(*) Parágrafo único revogado pela MP nº 905/2019.

(*) Vide Lei nº 2.800/1956, que criou os Conselhos Federal e Regionais de Química, e dispõe sobre o exercício da profissão de químico.

(*) Nos termos da alínea "e" do art. 8º e da alínea "d" do art. 13 da Lei nº 2.800/1956: ***Art. 8º.*** *São atribuições do Conselho Federal de Química: [...] e) publicar o relatório anual dos seus trabalhos e, periodicamente, a relação de todos os profissionais registrados; [...]* ***Art. 13.*** *As atribuições dos Conselhos Regionais de Química são as seguintes: [...] d) publicar relatórios anuais dos seus trabalhos, e, periodicamente, a relação dos profissionais registrados; [...].*

Art. 329. (Revogado).

(*) Art. 329 revogado pela MP nº 905/2019.

Art. 330. (Revogado).

(*) Art. 330 alterado pelo Decreto Lei nº 5.922/1943 e revogado pela MP nº 905/2019.

Art. 331. Nenhuma autoridade poderá receber impostos relativos ao exercício profissional de químico, senão à vista da prova de que o interessado se acha registrado de acordo com a presente Seção, e essa prova será também exigida para a realização de concursos periciais e todos os outros atos oficiais que exijam capacidade técnica de químico.

Art. 332. Quem, mediante anúncios, placas, cartões comerciais ou outros meios capazes de ser identificados, se propuser ao exercício da química, em qualquer dos seus ramos, sem que esteja devidamente registrado, fica sujeito às penalidades aplicáveis ao exercício ilegal da profissão.

Art. 333. (Revogado).

(*) Art. 333 revogado pela MP nº 905/2019.

Art. 334. O exercício da profissão de químico compreende:

a) a fabricação de produtos e subprodutos químicos em seus diversos graus de pureza;

b) a análise química, a elaboração de pareceres, atestados e projetos de especialidade e sua execução, perícia civil ou judiciária sobre essa matéria, a direção e a responsabilidade de laboratórios ou departamentos químicos, de indústria e empresas comerciais;

c) o magistério nas cadeiras de química dos cursos superiores especializados em química;

d) a engenharia química.

§ 1º. Aos químicos, químicos industriais e químicos industriais agrícolas que estejam nas condições estabelecidas no art. 325, alíneas "a" e "b", compete o exercício das atividades definidas nos itens "a", "b" e "c" deste artigo, sendo privativa dos engenheiros químicos a do item "d".

§ 2º. Aos que estiverem nas condições do art. 325, alíneas "a" e "b", compete, como aos diplomados em medicina ou farmácia, as atividades definidas no art. 2º, alíneas "d", "e" e "f" do Decreto nº 20.377, de 8 de setembro de 1931, cabendo aos agrônomos e engenheiros agrônomos as que se acham especificadas no art. 6º, alínea "h", do Decreto nº 23.196, de 12 de outubro de 1933.

(*) Decreto nº 20.377, de 8 de setembro de 1931, que aprova a regulamentação do exercício da profissão farmacêutica no Brasil.

(*) Decreto nº 23.196, de 12 de outubro de 1933: ***Art. 6º.*** *São atribuições dos agrônomos ou engenheiros agrônomos a organização, direção e execução dos serviços técnicos oficiais, federais, estaduais e municipais, concernentes às matérias e atividades seguintes: [...] h) química e tecnologia agrícolas; [...].*

(*) Vide Lei nº 2.800/1956, que criou os Conselhos Federal e Regionais de Química, e dispõe sobre o exercício da profissão de químico.

Art. 335. É obrigatória a admissão de químicos nos seguintes tipos de indústria:

a) de fabricação de produtos químicos;

b) que mantenham laboratório de controle químico;

c) de fabricação de produtos industriais que são obtidos por meio de reações químicas dirigidas, tais como: cimento, açúcar e álcool, vidro, curtume, massas plásticas artificiais, explosivos, derivados de carvão ou de petróleo, refinação de óleos vegetais ou minerais, sabão, celulose e derivados.

Art. 336. No preenchimento de cargos públicos, para os quais se faz mister a qualidade de químico, ressalvadas as especializações referidas no § 2º do art. 334, a partir da data da publicação do Decreto nº 24.693, de 12 de julho de 1934, requer-se, como condição essencial, que os candidatos previamente hajam satisfeito as exigências do art. 333 desta Seção.

(*) Decreto nº 24.693, de 12 de julho de 1934, que regulava o exercício da profissão de químico, revogado pelo Decreto s/n de 10 de maio de 1991.

(*) Vide Decreto nº 85.877/1981, que estabelece normas para execução da Lei nº 2.800/1956, sobre o exercício da profissão de químico.

Art. 337. Fazem fé pública os certificados de análises químicas, pareceres, atestados, laudos de perícias e projetos relativos a essa especialidade, assinados por profissionais que satisfaçam as condições estabelecidas nas alíneas "a" e "b" do art. 325.

Art. 338. É facultado aos químicos que satisfizerem as condições constantes do art. 325, alíneas "a" e "b", o ensino da especialidade a que se dedicarem, nas escolas superiores, oficiais ou oficializadas.

Parágrafo único. Na hipótese de concurso para o provimento de cargo ou emprego público, os químicos a que este artigo se refere terão preferência, em igualdade de condições.

Art. 339. O nome do químico responsável pela fabricação dos produtos de uma fábrica, usina ou laboratório deverá figurar nos respectivos rótulos, faturas e anúncios, compreendida entre estes últimos a legenda impressa em cartas e sobrecartas.

Art. 340. Somente os químicos habilitados, nos termos do art. 325, alíneas "a" e "b", poderão ser nomeados *ex officio* para os exames periciais de fábricas, laboratórios e usinas e de produtos aí fabricados.

Parágrafo único. Não se acham compreendidos no artigo anterior os produtos farmacêuticos e os laboratórios de produtos farmacêuticos.

Art. 341. Cabe aos químicos habilitados, conforme estabelece o art. 325, alíneas "a" e "b", a execução de todos os serviços que, não especificados no presente regulamento, exijam por sua natureza o conhecimento de química.

Art. 342. A fiscalização do exercício da profissão de químico incumbe ao Departamento Nacional do Trabalho no Distrito Federal e às autoridades regionais do Ministério do Trabalho, Indústria e Comércio♦, nos Estados e Território do Acre.

♦ Atual denominação: "Ministério da Economia", nos termos da Lei nº 13.844/2019.

(*) Vide Lei nº 2.800/1956, que criou os Conselhos Federal e Regionais de Química, e dispõe sobre o exercício da profissão de químico.

(*) Nos termos do art. 1º da Lei nº 2.800/1956: ***Art. 1º.*** *A fiscalização do exercício da profissão de químico, regulada no Decreto-Lei nº 5.452, de 1 de maio de 1943 – Consolidação das Leis do Trabalho, Título III, Capítulo I, Seção XIII – será exercida pelo Conselho Federal de Química e pelos Conselhos Regionais de Química, criados por esta lei.*

Art. 343. São atribuições dos órgãos de fiscalização:

a) examinar os documentos exigidos para o registro profissional de que trata o art. 326 e seus §§ 1º e 2º e o art. 327, proceder à respectiva inscrição e indeferir o pedido dos interessados que não satisfizerem as exigências desta Seção;

(*) Os arts. 326 e 327 foram revogados pela MP nº 905/2019.

b) registrar as comunicações e contratos, a que aludem o art. 350 e seus parágrafos, e dar as respectivas baixas;

c) verificar o exato cumprimento das disposições desta Seção, realizando as investigações que forem necessárias, bem como o exame dos arquivos, livros de escrituração, folhas de pagamento, contratos e outros documentos de uso de firmas ou empresas industriais ou comerciais, em cujos serviços tome parte 1 (um) ou mais profissionais que desempenhem função para a qual se deva exigir a qualidade de químico.

Art. 344. Aos sindicatos de químicos devidamente reconhecidos é facultado auxiliar a fiscalização, no tocante à observação da alínea "c" do artigo anterior.

Art. 345. (Revogado).

(*) Art. 345 revogado pela MP nº 905/2019.

Art. 346. Será suspenso do exercício de suas funções, independentemente de outras penas em que possa incorrer, o químico, inclusive o licenciado, que incidir em alguma das seguintes faltas:

(*) Vide Resolução Normativa nº 241/2011, do CFQ, que regulamenta o processo ético.

a) revelar improbidade profissional, dar falso testemunho, quebrar o sigilo profissional e promover falsificações, referentes à prática de atos de que trata esta Seção;

b) concorrer com seus conhecimentos científicos para a prática de crime ou atentado contra a pátria, a ordem social ou a saúde pública;

c) (revogada).

(*) Alínea "c" revogada pela MP nº 905/2019.

Parágrafo único. O tempo de suspensão a que alude este artigo variará entre 1 (um) mês e 1 (um) ano, a critério do Departamento Nacional do Trabalho, após processo regular, ressalvada a ação da justiça pública.

(*) Vide art. 15 da Lei nº 2.800/1956: ***Art. 15.*** *Todas as atribuições estabelecidas no Decreto-Lei nº 5.452, de 1 de maio de 1943 – Consolidação das Leis do Trabalho – referente ao registro, à fiscalização e à imposição de penalidades, quanto ao exercício da profissão de químico, passam a ser de competência dos Conselhos Regionais de Química.*

Art. 347. Aqueles que exercerem a profissão de químico sem ter preenchido as condições previstas no art. 325 incorrerão na multa prevista no inciso II do *caput* do art. 634-A.

(*) Art. 347 com redação dada pela MP nº 905/2019.

Art. 348. Aos licenciados a que alude o § 1º do art. 325 poderão, por ato do Departamento Nacional do Trabalho, sujeito à aprovação do Ministro, ser cassadas as garantias asseguradas por esta Seção, desde que interrompam, por motivo de falta prevista no art. 346, a função pública ou particular em que se encontravam por ocasião da publicação do Decreto nº 24.693, de 12 de julho de 1934.

(*) Decreto nº 24.693, de 12 de julho de 1934, que regulava o exercício da profissão de químico, revogado pelo Decreto s/n de 10 de maio de 1991.

(*) Vide art. 15 da Lei nº 2.800/1956: ***Art. 15.*** *Todas as atribuições estabelecidas no Decreto-Lei nº 5.452, de 1 de maio de 1943 – Consolidação das Leis do Trabalho – referente ao registro, à fiscalização e à imposição de penalidades, quanto ao exercício da profissão de químico, passam a ser de competência dos Conselhos Regionais de Química.*

Art. 349. O número de químicos estrangeiros a serviço de particulares, empresas ou companhias não poderá exceder de 1/3 (um terço) aos dos profissionais brasileiros compreendidos nos respectivos quadros.

(*) Vide nota ao art. 325, § 4º, da CLT.

Art. 350. O químico que assumir a direção técnica ou cargo de químico de qualquer usina, fábrica, ou laboratório industrial ou de análise deverá, dentro de 24 (vinte e quatro) horas e por escrito, comunicar essa ocorrência ao órgão fiscalizador, contraindo, desde essa data, a responsabilidade da parte técnica referente à sua profissão, assim como a responsabilidade técnica dos produtos manufaturados.

(*) V. art. 343, "b", da CLT.

§ 1º. Firmando-se contrato entre o químico e o proprietário da usina fábrica, ou laboratório, será esse documento apresentado, dentro do prazo de 30 (trinta) dias, para registro, ao órgão fiscalizador.

§ 2º. Comunicação idêntica à de que trata a primeira parte deste artigo fará o químico quando deixar a direção técnica ou o cargo de químico, em cujo exercício se encontrava, a fim de ressalvar a sua responsabilidade e fazer-se o cancelamento do contrato. Em caso de falência do estabelecimento, a comunicação será feita pela firma proprietária.

Seção XIV
Das Penalidades

Art. 351. Os infratores dos dispositivos deste Capítulo incorrerão na multa prevista no inciso II do *caput* do art. 634-A.

(*) Art. 351 com redação dada pela MP nº 905/2019.

Capítulo II
DA NACIONALIZAÇÃO DO TRABALHO

Seção I
Da Proporcionalidade de Empregados Brasileiros

Art. 352. As empresas, individuais ou coletivas, que explorem serviços públicos dados em concessão, ou que exerçam atividades industriais ou comerciais, são obrigadas a manter, no quadro do seu pessoal, quando composto de 3 (três) ou mais empregados, uma proporção de brasileiros não inferior à estabelecida no presente Capítulo.

§ 1º. Sob a denominação geral de atividades industriais e comerciais compreende-se, além de outras que venham a ser determinadas em portaria do Ministro do Trabalho, Indústria e Comércio♦, as exercidas:

♦ Atual denominação: "Ministro da Economia", nos termos do Decreto nº 9.745/2019.

a) nos estabelecimentos industriais em geral;

b) nos serviços de comunicações, de transportes terrestres, marítimos, fluviais, lacustres e aéreos;

c) nas garagens, oficinas de reparos e postos de abastecimento de automóveis e nas cocheiras;

d) na indústria da pesca;

e) nos estabelecimentos comerciais em geral;

f) nos escritórios comerciais em geral;

g) nos estabelecimentos bancários, ou de economia coletiva, nas empresas de seguros e nas de capitalização;

h) nos estabelecimentos jornalísticos, de publicidade e de radiodifusão;

i) nos estabelecimentos de ensino remunerado, excluídos os que neles trabalhem por força de voto religioso;

j) nas drogarias e farmácias;

k) nos salões de barbeiro ou cabeleireiro e de beleza;

l) nos estabelecimentos de diversões públicas, excluídos os elencos teatrais, e nos clubes esportivos;

m) nos hotéis, restaurantes, bares e estabelecimentos congêneres;

n) nos estabelecimentos hospitalares e fisioterápicos cujos serviços sejam remunerados, excluídos os que neles trabalhem por força de voto religioso;

o) nas empresas de mineração;

§ 2º. Não se acham sujeitas às obrigações da proporcionalidade as indústrias rurais, as que, em zona agrícola, se destinem ao beneficiamento ou transformação de produtos da região e as atividades industriais de natureza extrativa, salvo a mineração.

Art. 353. Equiparam-se aos brasileiros, para os fins deste Capítulo, ressalvado o exercício de profissões reservadas aos brasileiros natos ou aos brasileiros em geral, os estrangeiros que, residindo no País há mais de dez anos, tenham cônjuge ou filho brasileiro, e os portugueses.

(*) Art. 353 com redação dada pela Lei nº 6.651/1979.

(*) Vide nota ao art. 325, § 4º, da CLT.

Art. 354. A proporcionalidade será de 2/3 (dois terços) de empregados brasileiros, podendo, entretanto, ser fixada proporcionalidade inferior, em atenção às circunstâncias especiais de cada atividade, mediante ato do Poder Executivo, e depois de devidamente apurada pelo Departamento Nacional do Trabalho e pelo Serviço de Estatística de Previdência e Trabalho a insuficiência do número de brasileiros na atividade de que se tratar.

(*) Vide Decreto nº 69.014/1971, que extinguiu o Serviço de Estatística da Previdência e Trabalho; e Decreto nº 9.745/2019, que dispõe sobre a Estrutura Regimental do Ministério da Economia.

Parágrafo único. A proporcionalidade é obrigatória não só em relação à totalidade do quadro de empregados, com as exceções desta Lei, como ainda em relação à correspondente folha de salários.

(*) V. art. 367 da CLT.

Art. 355. Consideram-se como estabelecimentos autônomos, para os efeitos da proporcionalidade a ser observada, as sucursais, filiais e agências em que trabalhem 3 (três) ou mais empregados.

Art. 356. Sempre que uma empresa ou indivíduo explore atividades sujeitas a proporcionalidades diferentes, observar-se-á, em relação a cada uma delas, a que lhe corresponder.

Art. 357. Não se compreendem na proporcionalidade os empregados que exerçam funções técnicas especializadas, desde que, a juízo do Ministério do Trabalho, Indústria e Comércio♦, haja falta de trabalhadores nacionais.

♦ Atual denominação: "Ministério da Economia", nos termos da Lei nº 13.844/2019.

Art. 358. Nenhuma empresa, ainda que não sujeita à proporcionalidade, poderá pagar a brasileiro que exerça função análoga, a juízo do Ministério do Trabalho, Indústria e Comércio♦, à que é exercida por estrangeiro a seu serviço, salário inferior ao deste, excetuando-se os casos seguintes:

♦ Atual denominação: "Ministério da Economia", nos termos da Lei nº 13.844/2019.

a) quando, nos estabelecimentos que não tenham quadros de empregados organizados em carreira, o brasileiro contar menos de 2 (dois) anos de serviço, e o estrangeiro mais de 2 (dois) anos;

b) quando, mediante aprovação do Ministério do Trabalho, Indústria e Comércio♦, houver quadro organizado em carreira em que seja garantido o acesso por antiguidade;

♦ Atual denominação: "Ministério da Economia", nos termos da Lei nº 13.844/2019.

c) quando o brasileiro for aprendiz, ajudante ou servente, e não o for o estrangeiro;

d) quando a remuneração resultar de maior produção, para os que trabalham à comissão ou por tarefa.

Parágrafo único. Nos casos de falta ou cessação de serviço, a dispensa do empregado estrangeiro deve preceder à de brasileiro que exerça função análoga.

Seção II
Das Relações Anuais de Empregados

Art. 359. Nenhuma empresa poderá admitir a seu serviço empregado estrangeiro sem que este exiba a carteira de identidade de estrangeiro devidamente anotada.

(*) V. art. 366 da CLT.

Parágrafo único. A empresa é obrigada a assentar no registro de empregados os dados referentes à nacionalidade de qualquer empregado estrangeiro e o número da respectiva carteira de identidade.

Art. 360. (Revogado).

(*) Art. 360 revogado pela MP nº 905/2019.

Art. 361. (Revogado).

(*) Art. 361 revogado pela MP nº 905/2019.

Art. 362. As repartições às quais competir a fiscalização do disposto no presente Capítulo manterão fichário especial de empresas, do qual constem as anotações referentes ao respectivo cumprimento, e fornecerão aos interessados as certidões de quitação que se tornarem necessárias, no prazo de 30 (trinta) dias, contados da data do pedido.

(*) Art. 362, *caput*, com redação dada pelo Decreto-Lei nº 229/1967.

(*) Com a implantação do sistema eletrônico de transmissão da RAIS (Decreto nº 76.900/1975), o acervo mantido pelo Ministério da Economia é virtual.

§ 1º. As certidões de quitação farão prova até 30 de setembro do ano seguinte àquele a que se referiram e estarão sujeitas à taxa♦ correspondente a 1/10 (um décimo) do salário-mínimo regional. Sem elas nenhum fornecimento ou contrato poderá ser feito com o Governo da União, dos Estados ou Municípios, ou com as instituições paraestatais a eles subordinadas, nem será renovada autorização a empresa estrangeira para funcionar no País.

(*) § 1º com redação dada pelo Decreto-Lei nº 229/1967.

♦ A Taxa pelo Fornecimento de Certidões de Quitação foi extinta pela Lei nº 8.522/1992.

(*) Atualmente a certidão de regularidade RAIS é obtida diretamente no site do Ministério da Economia (www.rais.gov.br).

§ 2º. A primeira via da relação, depois de considerada pela repartição fiscalizadora, será remetida anualmente ao Departamento Nacional de Mão de Obra (DNMO), como subsídio ao estudo das condições de mercado de trabalho, de um modo geral, e, em particular, no que se refere à mão de obra qualificada.

(*) § 2º com redação dada pelo Decreto-Lei nº 229/1967.

(*) § 2º em desuso ante a informatização do sistema (entrega eletrônica da RAIS).

§ 3º. A segunda via da relação será remetida pela repartição competente ao Serviço de Estatística da Previdência e Trabalho e a terceira via devolvida à empresa, devidamente autenticada.

(*) § 3º acrescido pelo Decreto-Lei nº 229/1967.

(*) § 3º em desuso ante a informatização do sistema (entrega eletrônica da RAIS).

Seção III
Das Penalidades

Art. 363. O processo das infrações do presente Capítulo obedecerá ao disposto no Título "Do Processo de Multas Administrativas", no que lhe for aplicável, com observância dos modelos de auto a serem expedidos.

(*) V. arts. 626 a 642 da CLT.

(*) Vide arts. 2º ao 6º da Lei nº 7.855/1989, que trata de multas previstas na CLT e sua atualização.

Art. 364. As infrações do presente Capítulo serão punidas com a multa de cem a dez mil cruzeiros.

(*) V. art. 634-A da CLT.

Parágrafo único. Em se tratando de empresa concessionária de serviço público, ou de sociedade estrangeira autorizada a funcionar no País, se a infratora, depois de multada, não atender afinal ao cumprimento do texto infringido poderá ser-lhe cassada a concessão ou autorização.

Seção IV
Disposições Gerais

Art. 365. O presente Capítulo não derroga as restrições vigentes quanto às exigências de nacionalidade brasileira para o exercício de determinadas profissões nem as que vigoram para as faixas de fronteiras, na conformidade da respectiva legislação.

Art. 366. Enquanto não for expedida a carteira a que se refere o art. 359 deste Capítulo, valerá, a título precário, como documento hábil, uma certidão, passada pelo serviço competente do Registro de Estrangeiros, provando que o empregado requereu sua permanência no País.

Art. 367. A redução a que se refere o art. 354, enquanto o Serviço de Estatística da Previdência e Trabalho não dispuser dos dados estatísticos necessários à fixação da proporcionalidade conveniente para cada atividade, poderá ser feita por ato do Ministro do Trabalho, Indústria e Comércio♦, mediante representação fundamentada da associação sindical.

♦ Atual denominação: "Ministro da Economia", nos termos do Decreto nº 9.745/2019.

(*) Vide Decreto nº 69.014/1971, que extinguiu o Serviço de Estatística da Previdência e Trabalho; e Decreto nº 9.745/2019, que dispõe sobre a estrutura do Ministério da Economia.

Parágrafo único. O Serviço de Estatística da Previdência e Trabalho deverá promover, e manter em dia, estudos necessários aos fins do presente Capítulo.

Seção V
Das Disposições Especiais sobre a Nacionalização da Marinha Mercante

Art. 368. O comando de navio mercante nacional só poderá ser exercido por brasileiro nato.

(*) Vide nota ao art. 325, § 4º, da CLT.

Art. 369. A tripulação de navio ou embarcação nacional será constituída, pelo menos, de 2/3 (dois terços) de brasileiros natos.

(*) Art. 369, *caput*, com redação dada pela Lei nº 5.683/1971.

(*) Vide nota ao art. 325, § 4º, da CLT.

Parágrafo único. O disposto neste artigo não se aplica aos navios nacionais de pesca, sujeitos a legislação específica.

(*) Parágrafo único acrescido pela Lei nº 5.683/1971.

Art. 370. As empresas de navegação organizarão as relações dos tripulantes das respectivas embarcações, enviando-as no prazo a que se refere a Seção II deste Capítulo à Delegacia do Trabalho Marítimo onde as mesmas tiverem sede.

(*) Vide Decreto nº 76.900/1975, que instituiu a Relação Anual de Informações Sociais – RAIS, obrigatória para as empresas a partir do exercício de 1977 (transmissão eletrônica).

Parágrafo único. As relações a que alude o presente artigo obedecerão, na discriminação hierárquica e funcional do pessoal embarcadiço, ao quadro aprovado pelo regulamento das Capitanias dos Portos.

Art. 371. A presente Seção é também aplicável aos serviços de navegação fluvial e lacustre e à praticagem nas barras, portos, rios, lagos e canais.

Capítulo III
DA PROTEÇÃO DO TRABALHO DA MULHER

(*) Vide Lei nº 9.029/1995, que proíbe a exigência de atestados de gravidez e esterilização, e outras práticas discriminatórias, para efeitos admissionais ou de permanência da relação jurídica de trabalho.

Seção I
Da Duração, Condições do Trabalho e da Discriminação contra a Mulher

(*) Seção I com redação do título dada pela Lei nº 9.799/1999.

Art. 372. Os preceitos que regulam o trabalho masculino são aplicáveis ao trabalho feminino, naquilo em que não colidirem com a proteção especial instituída por este Capítulo.

Parágrafo único. (Revogado).

(*) Parágrafo único revogado pela Lei nº 13.467/2017.

Art. 373. A duração normal de trabalho da mulher será de 8 (oito) horas diárias, exceto nos casos para os quais for fixada duração inferior.

Art. 373-A. Ressalvadas as disposições legais destinadas a corrigir as distorções que afetam o acesso da mulher ao mercado de trabalho e certas especificidades estabelecidas nos acordos trabalhistas, é vedado:

(*) V. art. 611-B, XXX, da CLT.

I – publicar ou fazer publicar anúncio de emprego no qual haja referência ao sexo, à idade, à cor ou situação familiar, salvo quando a natureza da atividade a ser exercida, pública e notoriamente, assim o exigir;

II – recusar emprego, promoção ou motivar a dispensa do trabalho em razão de sexo, idade, cor, situação familiar ou estado de gravidez, salvo quando a natureza da atividade seja notória e publicamente incompatível;

III – considerar o sexo, a idade, a cor ou situação familiar como variável determinante para fins de remuneração, formação profissional e oportunidades de ascensão profissional;

IV – exigir atestado ou exame, de qualquer natureza, para comprovação de esterilidade ou gravidez, na admissão ou permanência no emprego;

V – impedir o acesso ou adotar critérios subjetivos para deferimento de inscrição ou aprovação em concursos, em empresas privadas, em razão de sexo, idade, cor, situação familiar ou estado de gravidez;

VI – proceder o empregador ou preposto a revistas íntimas nas empregadas ou funcionárias.

(*) Vide Lei nº 13.271/2016, que proíbe a revista íntima de funcionárias nos locais de trabalho e aplica multa: ***Art. 1º.*** *As empresas privadas, os órgãos e entidades da administração pública, direta e indireta, ficam proibidos de adotar qualquer prática de revista íntima de suas funcionárias e de clientes do sexo feminino.* ***Art. 2º.*** *Pelo não cumprimento do art. 1º, ficam os infratores sujeitos a: I – multa de R$ 20.000,00 (vinte mil reais) ao empregador, revertidos aos órgãos de proteção dos direitos da mulher; II – multa em dobro do valor estipulado no inciso I, em caso de reincidência, independentemente da indenização por danos morais e materiais e sanções de ordem penal.*

Parágrafo único. O disposto neste artigo não obsta a adoção de medidas temporárias que visem ao estabelecimento das políticas de igualdade entre homens e mulheres, em particular as que se destinam a corrigir as distorções que afetam a formação profissional, o acesso ao emprego e as condições gerais de trabalho da mulher.

(*) Art. 373-A acrescido pela Lei nº 9.799/1999.

Art. 374. (Revogado).

(*) Art. 374 revogado pela Lei nº 7.855/1989.

Art. 375. (Revogado).

(*) Art. 375 revogado pela Lei nº 7.855/1989.

Art. 376. (Revogado).

(*) Art. 376 revogado pela Lei nº 10.244/2001.

Art. 377. A adoção de medidas de proteção ao trabalho das mulheres é considerada de ordem pública, não justificando, em hipótese alguma, a redução de salário.

Art. 378. (Revogado).

(*) Art. 378 revogado pela Lei nº 7.855/1989.

Seção II
Do Trabalho Noturno

Art. 379. (Revogado).

(*) Art. 379 revogado pela Lei nº 7.855/1989.

Art. 380. (Revogado).

(*) Art. 380 revogado pela Lei nº 7.855/1989.

Art. 381. O trabalho noturno das mulheres terá salário superior ao diurno.

§ 1º. Para os fins desse artigo, os salários serão acrescidos duma percentagem adicional de 20% (vinte por cento) no mínimo.

§ 2º. Cada hora do período noturno de trabalho das mulheres terá 52 (cinquenta e dois) minutos e 30 (trinta) segundos.

Seção III
Dos Períodos de Descanso

(*) Vide Lei nº 605/1949, regulamentada pelo Decreto nº 27.048/1949, que dispõe sobre o repouso semanal remunerado e o pagamento de salário nos dias feriados civis e religiosos.

Art. 382. Entre 2 (duas) jornadas de trabalho, haverá um intervalo de 11 (onze) horas consecutivas, no mínimo, destinado ao repouso.

Art. 383. Durante a jornada de trabalho, será concedido à empregada um período para refeição e repouso não inferior a 1 (uma) hora nem superior a 2 (duas) horas salvo a hipótese prevista no art. 71, § 3º.

Art. 384. (Revogado).

(*) Art. 384 revogado pela Lei nº 13.467/2017.

Art. 385. (Revogado).

(*) Art. 385 revogado pela MP nº 905/2019.

Art. 386. (Revogado).

(*) Art. 386 revogado pela MP nº 905/2019.

Seção IV
Dos Métodos e Locais de Trabalho

Art. 387. (Revogado).

(*) Art. 387 revogado pela Lei nº 7.855/1989.

Art. 388. Em virtude de exame e parecer da autoridade competente, o Ministro do Trabalho, Indústria e Comércio♦ poderá estabelecer derrogações totais ou parciais às proibições a que alude o artigo anterior, quando tiver desaparecido, nos serviços considerados perigosos ou insalubres, todo e qualquer caráter perigoso ou prejudicial mediante a aplicação de novos métodos de trabalho ou pelo emprego de medidas de ordem preventiva.

♦ Atual denominação: "Ministro da Economia", nos termos do Decreto nº 9.745/2019.

(*) Entendemos prejudicado este art. 388 ante a revogação do art. 387 pela Lei nº 7.855/1989.

Art. 389. Toda empresa é obrigada:

(*) Art. 389, *caput*, com redação dada pelo Decreto-Lei nº 229/1967.

I – a prover os estabelecimentos de medidas concernentes à higienização dos métodos e locais de trabalho, tais como ventilação e iluminação e outros que se fizerem necessários à segurança e ao conforto das mulheres, a critério da autoridade competente;

(*) Inciso I acrescido pelo Decreto-Lei nº 229/1967.

II – a instalar bebedouros, lavatórios, aparelhos sanitários; dispor de cadeiras ou bancos, em número suficiente, que permitam às mulheres trabalhar sem grande esgotamento físico;

(*) Inciso II acrescido pelo Decreto-Lei nº 229/1967.

III – a instalar vestiários com armários individuais privativos das mulheres, exceto os estabelecimentos comerciais, escritórios, bancos e atividades afins, em que não seja exigida a troca de roupa e outros, a critério da autoridade competente em matéria de segurança e higiene do trabalho, admitindo-se como suficientes as gavetas ou escaninhos, onde possam as empregadas guardar seus pertences;

(*) Inciso III acrescido pelo Decreto-Lei nº 229/1967.

IV – a fornecer, gratuitamente, a juízo da autoridade competente, os recursos de proteção individual, tais como óculos, máscaras, luvas e roupas especiais, para a defesa dos olhos, do aparelho respiratório e da pele, de acordo com a natureza do trabalho.

(*) Inciso IV acrescido pelo Decreto-Lei nº 229/1967.

§ 1º. Os estabelecimentos em que trabalharem pelo menos 30 (trinta) mulheres com mais de 16 (dezesseis) anos de idade terão local apropriado onde seja permitido às empregadas guardar sob vigilância e assistência os seus filhos no período da amamentação.

(*) § 1º acrescido pelo Decreto-Lei nº 229/1967.

(*) V. § 2º deste artigo.

§ 2º. A exigência do § 1º poderá ser suprida por meio de creches distritais mantidas, diretamente ou mediante convênios, com outras entidades públicas ou privadas, pelas próprias empresas, em regime comunitário, ou a cargo do SESI, do SESC, da LBA ou de entidades sindicais.

(*) § 2º acrescido pelo Decreto-Lei nº 229/1967.

Art. 390. Ao empregador é vedado empregar a mulher em serviço que demande o emprego de força muscular superior a 20 (vinte) quilos para o trabalho continuo, ou 25 (vinte e cinco) quilos para o trabalho ocasional.

(*) V. arts. 405, § 5º; e 611-B, XXX, da CLT.

Parágrafo único. Não está compreendida na determinação deste artigo a remoção de material feita por impulsão ou tração de vagonetes sobre trilhos, de carros de mão ou quaisquer aparelhos mecânicos.

(*) V. art. 405, § 5º, da CLT.

Art. 390-A. (Vetado).

(*) Art. 390-A acrescido pela Lei nº 9.799/1999.

Art. 390-B. As vagas dos cursos de formação de mão de obra, ministrados por instituições governamentais, pelos próprios empregadores ou por qualquer órgão de ensino profissionalizante, serão oferecidas aos empregados de ambos os sexos.

(*) Art. 390-B acrescido pela Lei nº 9.799/1999.

Art. 390-C. As empresas com mais de cem empregados, de ambos os sexos, deverão manter programas especiais de incentivos e aperfeiçoamento profissional da mão de obra.

(*) Art. 390-C acrescido pela Lei nº 9.799/1999.

Art. 390-D. (Vetado).

(*) Art. 390-D acrescido pela Lei nº 9.799/1999.

Art. 390-E. A pessoa jurídica poderá associar-se a entidade de formação profissional, sociedades civis, sociedades cooperativas, órgãos e entidades públicas ou entidades sindicais, bem como firmar convênios para o desenvolvimento de ações conjuntas, visando à execução de projetos relativos ao incentivo ao trabalho da mulher.

(*) Art. 390-E acrescido pela Lei nº 9.799/1999.

Seção V
Da Proteção à Maternidade

Art. 391. Não constitui justo motivo para a rescisão do contrato de trabalho da mulher o fato de haver contraído matrimônio ou de encontrar-se em estado de gravidez.

Parágrafo único. Não serão permitidos em regulamentos de qualquer natureza contratos coletivos ou individuais de trabalho, restrições ao direito da mulher ao seu emprego, por motivo de casamento ou de gravidez.

(*) Vide Lei nº 9.029/1995, que proíbe a exigência de atestados de gravidez e esterilização, e outras práticas discriminatórias, para efeitos admissionais ou de permanência da relação jurídica de trabalho.

Art. 391-A. A confirmação do estado de gravidez advindo no curso do contrato de trabalho, ainda que durante o prazo do aviso-prévio trabalhado ou indenizado, garante à empregada gestante a estabilidade provisória prevista na alínea "b" do inciso II do art. 10 do Ato das Disposições Constitucionais Transitórias.

(*) Art. 391-A acrescido pela Lei nº 12.812/2013.

(*) ADCT: ***Art. 10.*** *Até que seja promulgada a lei complementar a que se refere o art. 7º, I, da Constituição: [...] II – fica vedada a dispensa arbitrária ou sem justa causa: [...] b) da emprega-*

da gestante, desde a confirmação da gravidez até cinco meses após o parto. [...]

(*) V. arts. 487 a 491 (aviso-prévio) e 500 da CLT.

Parágrafo único. O disposto no *caput* deste artigo aplica-se ao empregado adotante ao qual tenha sido concedida guarda provisória para fins de adoção.

(*) Parágrafo único acrescido pela Lei nº 13.509/2017.

Art. 392. A empregada gestante tem direito à licença-maternidade de 120 (cento e vinte) dias, sem prejuízo do emprego e do salário.

(*) Art. 392, *caput*, com redação dada pela Lei nº 10.421/2002.

(*) Vide Lei nº 11.770/2008, que cria o Programa Empresa Cidadã, destinado à prorrogação da licença-maternidade mediante concessão de incentivo fiscal.

(*) Vide § 3º do art. 18 da Lei nº 13.301/2016: *§ 3º. A licença-maternidade prevista no art. 392 da Consolidação das Leis do Trabalho – CLT, aprovada pelo Decreto-Lei nº 5.452, de 1º de maio de 1943, será de cento e oitenta dias no caso das mães de crianças acometidas por sequelas neurológicas decorrentes de doenças transmitidas pelo Aedes aegypti, assegurado, nesse período, o recebimento de salário-maternidade previsto no art. 71 da Lei nº 8.213, de 24 de julho de 1991.*

(*) V. arts. 392-A; 393; e 611-B, XXX, da CLT.

§ 1º. A empregada deve, mediante atestado médico, notificar o seu empregador da data do início do afastamento do emprego, que poderá ocorrer entre o 28º (vigésimo oitavo) dia antes do parto e ocorrência deste.

(*) § 1º com redação dada pela Lei nº 10.421/2002.

§ 2º. Os períodos de repouso, antes e depois do parto, poderão ser aumentados de 2 (duas) semanas cada um, mediante atestado médico.

(*) § 2º com redação dada pela Lei nº 10.421/2002.

§ 3º. Em caso de parto antecipado, a mulher terá direito aos 120 (cento e vinte) dias previstos neste artigo.

(*) § 3º com redação dada pela Lei nº 10.421/2002.

§ 4º. É garantido à empregada, durante a gravidez, sem prejuízo do salário e demais direitos:

(*) § 4º com redação dada pela Lei nº 9.799/1999.

I – transferência de função, quando as condições de saúde o exigirem, assegurada a retomada da função anteriormente exercida, logo após o retorno ao trabalho;

(*) Inciso I acrescido pela Lei nº 9.799/1999.

II – dispensa do horário de trabalho pelo tempo necessário para a realização de, no mínimo, seis consultas médicas e demais exames complementares.

(*) Inciso II acrescido pela Lei nº 9.799/1999.

§ 5º. (Vetado).

(*) § 5º acrescido pela Lei nº 10.421/2002.

Art. 392-A. À empregada que adotar ou obtiver guarda judicial para fins de adoção de criança ou adolescente será concedida licença-maternidade nos termos do art. 392 desta Lei.

(*) Art. 392-A, *caput*, acrescido pela Lei nº 10.421/2002, alterado pela Lei nº 12.873/2013 e com redação dada pela Lei nº 13.509/2017.

(*) V. arts. 392-C; e 611-B, XXX, da CLT.

§ 1º. (Revogado).

(*) § 1º acrescido pela Lei nº 10.421/2002 e revogado pela Lei nº 12.010/2009.

§ 2º. (Revogado).

(*) § 2º acrescido pela Lei nº 10.421/2002 e revogado pela Lei nº 12.010/2009.

§ 3º. (Revogado).

(*) § 3º acrescido pela Lei nº 10.421/2002 e revogado pela Lei nº 12.010/2009.

§ 4º. A licença-maternidade só será concedida mediante apresentação do termo judicial de guarda à adotante ou guardiã.

(*) § 4º acrescido pela Lei nº 10.421/2002.

§ 5º A adoção ou guarda judicial conjunta ensejará a concessão de licença-maternidade a apenas um dos adotantes ou guardiães empregado ou empregada.

(*) § 5º acrescido pela Lei nº 12.873/2013.

Art. 392-B. Em caso de morte da genitora, é assegurado ao cônjuge ou companheiro empregado o gozo de licença por todo o período da licença-maternidade ou pelo tempo restante a que teria direito a mãe, exceto no caso de falecimento do filho ou de seu abandono.

(*) Art. 392-B acrescido pela Lei nº 12.873/2013.

(*) V. art. 392-C da CLT.

Art. 392-C. Aplica-se, no que couber, o disposto nos arts. 392-A e 392-B ao empregado que adotar ou obtiver guarda judicial para fins de adoção.

(*) Art. 392-C acrescido pela Lei nº 12.873/2013.

Art. 393. Durante o período a que se refere o art. 392, a mulher terá direito ao salário integral e, quando variável, calculado de acordo com a média dos 6 (seis) últimos meses de trabalho, bem como os direitos e vantagens adquiridos, sendo-lhe ainda facultado reverter à função que anteriormente ocupava.

(*) Art. 393 com redação dada pelo Decreto-Lei nº 229/1967.

Art. 394. Mediante atestado médico, à mulher grávida é facultado romper o compromisso resultante de qualquer contrato de trabalho, desde que este seja prejudicial à gestação.

(*) V. art. 611-B, XXX, da CLT.

Art. 394-A. Sem prejuízo de sua remuneração, nesta incluído o valor do adicional de insalubridade, a empregada deverá ser afastada de:

(*) Art. 394-A, *caput*, acrescido pela Lei nº 13.287/2016 e com redação dada pela Lei nº 13.467/2017.

(*) *Art. 394-A,* caput*, vide MP nº 808/2017 (art. 1º), com vigência no período de 14.11.2017 a 23.4.2018. Os atos praticados durante o período de sua vigência foram por ela legitimados.*

(*) V. art. 611-B, XXX, da CLT.

I – atividades consideradas insalubres em grau máximo, enquanto durar a gestação;

(*) Inciso I acrescido pela Lei nº 13.467/2017.

(*) *Inciso I, vide MP nº 808/2017 (art. 3º), com vigência no período de 14.11.2017 a 23.4.2018. Os atos praticados durante o período de sua vigência foram por ela legitimados.*

II – atividades consideradas insalubres em grau médio ou mínimo, quando apresentar atestado de saúde, emitido por médico de confiança da mulher, que recomende o afastamento durante a gestação;

(*) Inciso II acrescido pela Lei nº 13.467/2017.

(*) *Inciso II, vide MP nº 808/2017 (art. 3º), com vigência no período de 14.11.2017 a 23.4.2018. Os atos praticados durante o período de sua vigência foram por ela legitimados.*

III – atividades consideradas insalubres em qualquer grau, quando apresentar atestado de saúde, emitido por médico de confiança da mulher, que recomende o afastamento durante a lactação.

(*) Inciso III acrescido pela Lei nº 13.467/2017.

(*) *Inciso III, vide MP nº 808/2017 (art. 3º), com vigência no período de 14.11.2017 a 23.4.2018. Os atos praticados durante o período de sua vigência foram por ela legitimados.*

§ 1º. (Vetado).

(*) § 1º, primitivo parágrafo único, acrescido pela Lei nº 13.287/2016 e renumerado pela Lei nº 13.467/2017.

§ 2º. Cabe à empresa pagar o adicional de insalubridade à gestante ou à lactante, efetivando-se a compensação, observado o disposto no art. 248 da Constituição Federal, por ocasião do recolhimento das contribuições incidentes sobre a folha de salários e demais rendimentos pagos ou creditados, a qualquer título, à pessoa física que lhe preste serviço.

(*) § 2º acrescido pela Lei nº 13.467/2017.

(*) *§ 2º, vide MP nº 808/2017 (art. 1º), com vigência no período de 14.11.2017 a 23.4.2018. Os atos praticados durante o período de sua vigência foram por ela legitimados.*

§ 3º. Quando não for possível que a gestante ou a lactante afastada nos termos do *caput* deste artigo exerça suas atividades em local salubre na empresa, a hipótese será considerada como gravidez de risco e ensejará a percepção de salário-maternidade, nos termos da Lei nº 8.213, de 24 de julho de 1991, durante todo o período de afastamento.

(*) § 3º acrescido pela Lei nº 13.467/2017.

(*) *§ 3º, vide MP nº 808/2017 (art. 1º), com vigência no período de 14.11.2017 a 23.4.2018. Os atos praticados durante o período de sua vigência foram por ela legitimados.*

Art. 395. Em caso de aborto não criminoso, comprovado por atestado médico oficial, a mulher terá um repouso remunerado de 2 (duas) semanas, ficando-lhe assegurado o direito de retornar à função que ocupava antes de seu afastamento.

(*) V. art. 611-B, XXX, da CLT.

Art. 396. Para amamentar seu filho, inclusive se advindo de adoção, até que este complete 6 (seis) meses de idade, a mulher terá direito, durante a jornada de trabalho, a 2 (dois) descansos especiais de meia hora cada um.

(*) Art. 396, *caput*, com redação dada pela Lei nº 13.509/2017.

§ 1º. Quando o exigir a saúde do filho, o período de 6 (seis) meses poderá ser dilatado, a critério da autoridade competente.

(*) § 1º, primitivo parágrafo único, renumerado pela Lei nº 13.467/2017.

§ 2º. Os horários dos descansos previstos no *caput* deste artigo deverão ser definidos em acordo individual entre a mulher e o empregador.

(*) § 2º acrescido pela Lei nº 13.467/2017.

(*) V. art. 611-B, XXX, da CLT.

Art. 397. O SESI, o SESC, a LBA e outras entidades públicas destinadas à assistência à infância manterão ou subvencionarão, de acordo com suas possibilidades financeiras, escolas maternais e jardins de infância, distribuídos nas zonas de maior densidade de trabalhadores, destinados especialmente aos filhos das mulheres empregadas.

(*) Art. 397 com redação dada pelo Decreto-Lei nº 229/1967.

Art. 398. (Revogado).

(*) Art. 398 revogado pelo Decreto-Lei nº 229/1967.

Art. 399. O Ministro do Trabalho, Indústria e Comércio♦ conferirá diploma de benemerência aos empregadores que se distinguirem pela organização e manutenção de creches e de instituições de proteção aos menores em idade pré-escolar, desde que tais serviços se recomendem por sua generosidade e pela eficiência das respectivas instalações.

♦ Atual denominação: "Ministro da Economia", nos termos do Decreto nº 9.745/2019.

Art. 400. Os locais destinados à guarda dos filhos das operárias durante o período da amamentação deverão possuir, no mínimo, um berçário, uma saleta de amamentação, uma cozinha dietética e uma instalação sanitária.

(*) V. art. 611-B, XXX, da CLT.

Seção VI
Das Penalidades

Art. 401. Pela infração de qualquer dispositivo deste Capítulo, será imposta ao empregador a multa prevista no inciso I do *caput* do art. 634-A.

(*) Art. 401 com redação dada pela MP nº 905/2019.

(*) Sobre fiscalização, autuação e imposição de multas, v. arts. 626 a 642 da CLT.

Art. 401-A. (Vetado).

(*) Art. 401-A acrescido pela Lei nº 9.799/1999.

Art. 401-B. (Vetado);

(*) Art. 401-B acrescido pela Lei nº 9.799/1999.

Capítulo IV
DA PROTEÇÃO DO TRABALHO DO MENOR

(*) Vide Decreto nº 5.598/2005, que regulamenta a contratação de aprendizes.

(*) Vide Instrução Normativa da Secretaria de Inspeção do Trabalho – SIT nº 102/2013, que dispõe sobre a fiscalização do trabalho infantil e proteção ao adolescente trabalhador.

Seção I
Disposições Gerais

Art. 402. Considera-se menor para os efeitos desta Consolidação o trabalhador de quatorze até dezoito anos.

(*) Art. 402, *caput*, com redação dada pela Lei nº 10.097/2000.

Parágrafo único. O trabalho do menor reger-se-á pelas disposições do presente Capítulo, exceto no serviço em oficinas em que trabalhem exclusivamente pessoas da família do menor e esteja este sob a direção do pai, mãe ou tutor, observado, entretanto, o disposto nos arts. 404, 405 e na Seção II.

(*) Parágrafo único com redação dada pelo Decreto-Lei nº 229/1967.

(*) Seção II – arts. 411 a 414 da CLT.

Art. 403. É proibido qualquer trabalho a menores de dezesseis anos de idade, salvo na condição de aprendiz, a partir dos quatorze anos.

(*) Art. 403, *caput*, com redação dada pela Lei nº 10.097/2000.

Parágrafo único. O trabalho do menor não poderá ser realizado em locais prejudiciais à sua formação, ao seu desenvolvimento físico, psíquico, moral e social e em horários e locais que não permitam a frequência à escola.

(*) Parágrafo único com redação dada pela Lei nº 10.097/2000.

a) (revogada);

(*) Alínea "a" revogada pela Lei nº 10.097/2000.

b) (revogada).

(*) Alínea "b" revogada pela Lei nº 10.097/2000.

Art. 404. Ao menor de 18 (dezoito) anos é vedado o trabalho noturno, considerado este o que for executado no período compreendido entre as 22 (vinte e duas) e as 5 (cinco) horas.

(*) V. art. 402, parágrafo único, da CLT.

Art. 405. Ao menor não será permitido o trabalho:

(*) Art. 405, *caput*, com redação dada pelo Decreto-Lei nº 229/1967.

(*) Vide Decreto nº 6.481/2008, que regulamenta artigos da Convenção 182 da OIT, que trata da proibição das piores formas de trabalho infantil e ação imediata para sua eliminação.

(*) V. art. 402, parágrafo único, da CLT.

I – nos locais e serviços perigosos ou insalubres, constantes de quadro para esse fim aprovado pelo Diretor Geral do Departamento de Segurança e Higiene do Trabalho;

(*) Inciso I acrescido pelo Decreto-Lei nº 229/1967.

(*) Vide Decreto nº 9.745/2019, que dispõe sobre a Estrutura Regimental do Ministério da Economia.

(*) V. arts. 410 e 441 da CLT.

II – em locais ou serviços prejudiciais à sua moralidade.

(*) Inciso II acrescido pelo Decreto-Lei nº 229/1967.

§ 1º. (Revogado).

(*) § 1º revogado pela Lei nº 10.097/2000.

§ 2º. O trabalho exercido nas ruas, praças e outros logradouros dependerá de prévia autorização do Juiz de Menores, ao qual cabe verificar se a ocupação é indispensável à sua própria subsistência ou à de seus pais, avós ou irmãos e se dessa ocupação não poderá advir prejuízo à sua formação moral.

(*) § 2º com redação dada pelo Decreto-Lei nº 229/1967.

(*) V. § 4º deste artigo; e art. 417, III, da CLT.

§ 3º. Considera-se prejudicial à moralidade do menor o trabalho:

(*) § 3º com redação dada pelo Decreto-Lei nº 229/1967.

a) prestado de qualquer modo, em teatros de revista, cinemas, boates, cassinos, cabarés, *dancings* e estabelecimentos análogos;

(*) Alínea "a" acrescida pelo Decreto-Lei nº 229/1967.

(*) V. art. 406 da CLT.

b) em empresas circenses, em funções de acróbata, saltimbanco, ginasta e outras semelhantes;

(*) Alínea "b" acrescida pelo Decreto-Lei nº 229/1967.

(*) V. art. 406 da CLT.

c) de produção, composição, entrega ou venda de escritos, impressos, cartazes, desenhos, gravuras, pinturas, emblemas, imagens e quaisquer outros objetos que possam, a juízo da autoridade competente, prejudicar sua formação moral;

(*) Alínea "c" acrescida pelo Decreto-Lei nº 229/1967.

d) consistente na venda, a varejo, de bebidas alcoólicas.

(*) Alínea "d" acrescida pelo Decreto-Lei nº 229/1967.

§ 4º. Nas localidades em que existirem, oficialmente reconhecidas, instituições destinadas ao amparo dos menores jornaleiros, só aos que se encontrem sob o patrocínio dessas entidades será outorgada a autorização do trabalho a que alude o § 2º.

(*) § 4º acrescido pelo Decreto-Lei nº 229/1967.

§ 5º. Aplica-se ao menor o disposto no art. 390 e seu parágrafo único.

(*) § 5º acrescido pelo Decreto-Lei nº 229/1967.

Art. 406. O Juiz de Menores poderá autorizar ao menor o trabalho a que se referem as letras "a" e "b" do § 3º do art. 405:

I – desde que a representação tenha fim educativo ou a peça de que participe não possa ser prejudicial à sua formação moral;

II – desde que se certifique ser a ocupação do menor indispensável à própria subsistência ou à de seus pais, avós ou irmãos e não advir nenhum prejuízo à sua formação moral.

(*) Art. 406 com redação dada pelo Decreto-Lei nº 229/1967.

(*) V. art. 417, III, da CLT.

Art. 407. Verificado pela autoridade competente que o trabalho executado pelo menor é prejudicial à sua saúde, ao seu desenvolvimento físico ou a sua moralidade, poderá ela obrigá-lo a abandonar o serviço, devendo a respectiva empresa, quando for o caso, proporcionar ao menor todas as facilidades para mudar de funções.

(*) Art. 407, *caput*, com redação dada pelo Decreto-Lei nº 229/1967.

(*) V. art. 426 da CLT.

Parágrafo único. Quando a empresa não tomar as medidas possíveis e recomendadas pela autoridade competente para que o menor mude de função, configurar-se-á a rescisão do contrato de trabalho, na forma do art. 483.

(*) Parágrafo único acrescido pelo Decreto-Lei nº 229/1967.

Art. 408. Ao responsável legal do menor é facultado pleitear a extinção do contrato de trabalho, desde que o serviço possa acarretar para ele prejuízos de ordem física ou moral.

(*) Art. 408 com redação dada pelo Decreto-Lei nº 229/1967.

Art. 409. Para maior segurança do trabalho e garantia da saúde dos menores, a autoridade fiscalizadora poderá proibir-lhes o gozo dos períodos de repouso nos locais de trabalho.

Art. 410. O Ministro do Trabalho, Indústria e Comércio♦ poderá derrogar qualquer proibição decorrente do quadro a que se refere a alínea "a" do art. 405 quando se certificar haver desaparecido, parcial ou totalmente, o caráter perigoso ou insalubre, que determinou a proibição.

♦ Atual denominação: "Ministro da Economia", nos termos do Decreto nº 9.745/2019.

Seção II
Da Duração do Trabalho

(*) V. art. 402, parágrafo único, da CLT.

Art. 411. A duração do trabalho do menor regular-se-á pelas disposições legais relativas à duração do trabalho em geral, com as restrições estabelecidas neste Capítulo.

Art. 412. Após cada período de trabalho efetivo, quer contínuo, quer dividido em 2 (dois) turnos, haverá um intervalo de repouso, não inferior a 11 (onze) horas.

Art. 413. É vedado prorrogar a duração normal diária do trabalho do menor, salvo:

(*) Art. 413, *caput*, com redação dada pelo Decreto-Lei nº 229/1967.

I – até mais 2 (duas) horas, independentemente de acréscimo salarial, mediante convenção ou acordo coletivo nos termos do Título VI desta Consolidação, desde que o excesso de horas em um dia seja compensado pela diminuição em outro, de modo a ser observado o limite máximo de 48 (quarenta e oito) horas semanais ou outro inferior legalmente fixada;

(*) Inciso I acrescido pelo Decreto-Lei nº 229/1967.

(*) Título VI da CLT: "Convenções Coletivas de Trabalho" (arts. 611 a 625).

II – excepcionalmente, por motivo de força maior, até o máximo de 12 (doze) horas, com acréscimo salarial de, pelo menos, 25% (vinte e cinco por cento) sobre a hora normal e desde que o trabalho do menor seja imprescindível ao funcionamento do estabelecimento.

(*) Inciso II acrescido pelo Decreto-Lei nº 229/1967.

(*) V. art. 59, § 1º, da CLT.

Parágrafo único. Aplica-se à prorrogação do trabalho do menor o disposto no art. 375, no parágrafo único do art. 376, no art. 378 e no art. 384 desta Consolidação.

(*) Parágrafo único acrescido pelo Decreto-Lei nº 229/1967.

(*) Parágrafo único tacitamente revogado, tendo em vista que os arts. 375, 376, 378 e 384 da CLT foram revogados.

Art. 414. Quando o menor de 18 (dezoito) anos for empregado em mais de um estabelecimento, as horas de trabalho em cada um serão totalizadas.

Seção III
Da Admissão em Emprego e da Carteira de Trabalho e Previdência Social

(*) Vide Decreto-Lei nº 926/1969, que instituiu a Carteira de Trabalho e Previdência Social em substituição à Carteira Profissional, à Carteira de Trabalho do Menor e à Carteira Profissional do Trabalho Rural; alterou os arts. 13 a 21 da CLT; e, em seu art. 7º, revogou as demais disposições em contrário.

(*) Vide Lei nº 5.686/1971, que deu nova redação aos arts. 13, 14, 16 e 21 da CLT e, em seu art. 4º, revogou disposições em contrário.

Art. 415. Haverá a Carteira de Trabalho e Previdência Social para todos os menores de 18 anos, sem distinção do sexo, empregados em empresas ou estabelecimentos de fins econômicos e daqueles que lhes forem equiparados.

Parágrafo único. (Revogado).

(*) Parágrafo único revogado pela Lei nº 13.874/2019.

Art. 416. Os menores de 18 anos só poderão ser admitidos, como empregados, nas empresas ou estabelecimentos de fins econômicos e naqueles que lhes forem equiparados, quando possuidores da carteira a que se refere o artigo anterior, salvo a hipótese do art. 422.

Art. 417. (Revogado).

(*) Art. 417 alterado pelo Decreto-Lei nº 229/1967 e revogado pela Lei nº 13.874/2019.

Art. 418. (Revogado).

(*) Art. 418 revogado pela Lei nº 7.855/1989.

Art. 419. (Revogado).

(*) Art. 419 revogado pela Lei nº 13.874/2019.

Art. 420. (Revogado).

(*) Art. 420 alterado pelo Decreto-Lei nº 229/1967 e revogado pela Lei nº 13.874/2019.

Art. 421. (Revogado).

(*) Art. 421 alterado pelo Decreto-Lei nº 229/1967 e revogado pela Lei nº 13.874/2019.

Art. 422. (Revogado).

(*) Art. 422 revogado pela Lei nº 13.874/2019.

Art. 423. O empregador não poderá fazer outras anotações na carteira de trabalho e previdência social além das referentes ao salário, data da admissão, férias e saída.

(*) Vide Lei nº 5.686/1971.

Seção IV
Dos Deveres dos Responsáveis Legais de Menores e dos Empregadores da Aprendizagem

Art. 424. É dever dos responsáveis legais de menores, pais, mães, ou tutores, afastá-los de empregos que diminuam consideravelmente o seu tempo de estudo, reduzam o tempo de repouso necessário à sua saúde e constituição física, ou prejudiquem a sua educação moral.

Art. 425. Os empregadores de menores de 18 (dezoito) anos são obrigados a velar pela observância, nos seus estabelecimentos ou empresas, dos bons costumes e da decência pública, bem como das regras da segurança e da medicina do trabalho.

(*) V. arts. 154 a 159 da CLT (Segurança e Medicina do Trabalho).

Art. 426. É dever do empregador, na hipótese do art. 407, proporcionar ao menor todas as facilidades para mudar de serviço.

Art. 427. O empregador, cuja empresa ou estabelecimento ocupar menores, será obrigado a conceder-lhes o tempo que for necessário para a frequência às aulas.

Parágrafo único. Os estabelecimentos situados em lugar onde a escola estiver a maior distância que 2 (dois) quilômetros, e que ocuparem, permanentemente, mais de 30 (trinta) menores analfabetos, de 14 (quatorze) a 18 (dezoito) anos, serão obrigados a manter local apropriado em que lhes seja ministrada a instrução primária.

(*) V. art. 419, § 3º, da CLT.

Art. 428. Contrato de aprendizagem é o contrato de trabalho especial, ajustado por escrito e por prazo determinado, em que o empregador se compromete a assegurar ao maior de 14 (quatorze) e menor de 24 (vinte e quatro) anos inscrito em programa de aprendizagem formação técnico-profissional metódica, compatível com o seu desenvolvimento físico, moral e psicológico, e o aprendiz, a executar com zelo e diligência as tarefas necessárias a essa formação.

(*) Art. 428, *caput*, com redação dada pela Lei nº 11.180/2005.

(*) Vide Decreto nº 5.598/2005, que regulamenta a contratação de aprendizes.

(*) Vide Instrução Normativa da Secretaria de Inspeção do Trabalho – SIT nº 97/2012, que dispõe sobre a fiscalização das condições de trabalho no âmbito dos programas de aprendizagem.

§ 1º. A validade do contrato de aprendizagem pressupõe anotação na Carteira de Trabalho e Previdência Social, matrícula e frequência do aprendiz na escola, caso não haja concluído o ensino médio, e inscrição em programa de aprendizagem desenvolvido sob orientação de entidade qualificada em formação técnico-profissional metódica.

(*) § 1º com redação dada pela Lei nº 11.788/2008.

§ 2º. Ao aprendiz, salvo condição mais favorável, será garantido o salário-mínimo-hora.

(*) § 2º com redação dada pela Lei nº 13.420/2017.

§ 3º. O contrato de aprendizagem não poderá ser estipulado por mais de 2 (dois) anos, exceto quando se tratar de aprendiz portador de deficiência.

(*) § 3º com redação dada pela Lei nº 11.788/2008.

§ 4º. A formação técnico-profissional a que se refere o *caput* deste artigo caracteriza-se por atividades teóricas e práticas, metodicamente organizadas em tarefas de complexidade progressiva desenvolvidas no ambiente de trabalho.

(*) § 4º acrescido pela Lei nº 10.097/2000.

§ 5º. A idade máxima prevista no *caput* deste artigo não se aplica a aprendizes portadores de deficiência.

(*) § 5º acrescido pela Lei nº 11.180/2005.

(*) V. art. 433 da CLT.

§ 6º. Para os fins do contrato de aprendizagem, a comprovação da escolaridade de aprendiz com deficiência deve considerar, sobretudo, as habilidades e competências relacionadas com a profissionalização.

(*) § 6º com redação dada pela Lei nº 13.146/2015.

§ 7º. Nas localidades onde não houver oferta de ensino médio para o cumprimento do disposto no § 1º deste artigo, a contratação do aprendiz poderá ocorrer sem a frequência à escola, desde que ele já tenha concluído o ensino fundamental.

(*) § 7º acrescido pela Lei nº 11.788/2008.

§ 8º. Para o aprendiz com deficiência com 18 (dezoito) anos ou mais, a validade do contrato de aprendizagem pressupõe anotação na CTPS e matrícula e frequência em programa de aprendizagem desenvolvido sob orientação de entidade qualificada em formação técnico-profissional metódica.

(*) § 8º acrescido pela Lei nº 13.146/2015.

Art. 429. Os estabelecimentos de qualquer natureza são obrigados a empregar e matricular nos cursos dos Serviços Nacionais de Aprendizagem número de aprendizes equivalente a cinco por cento, no mínimo, e quinze por cento, no máximo, dos trabalhadores existentes em cada estabelecimento, cujas funções demandem formação profissional.

(*) Art. 429, *caput*, com redação dada pela Lei nº 10.097/2000.

(*) Vide inciso III do art. 51 da LC nº 123/2006 (Estatuto Nacional da Microempresa e da Empresa de Pequeno Porte), que dispõe: ***Art. 51.*** *As microempresas e as empresas de pequeno porte são dispensadas: [...] III – de empregar e matricular seus aprendizes nos cursos dos Serviços Nacionais de Aprendizagem; [...].*

a) (revogada);

(*) Alínea "a" revogada pela Lei nº 10.097/2000.

b) (revogada).

(*) Alínea "b" revogada pela Lei nº 10.097/2000.

§ 1º-A. O limite fixado neste artigo não se aplica quando o empregador for entidade sem fins lucrativos, que tenha por objetivo a educação profissional.

(*) § 1º-A acrescido pela Lei nº 10.097/2000.

§ 1º-B. Os estabelecimentos a que se refere o *caput* poderão destinar o equivalente a até 10% (dez por cento) de sua cota de aprendizes à formação técnico-profissional metódica em áreas relacionadas a práticas de atividades desportivas, à prestação de serviços relacionados à infraestrutura, incluindo as atividades de construção, ampliação, recuperação e manutenção de instalações esportivas e à organização e promoção de eventos esportivos.

(*) § 1º-B acrescido pela Lei nº 13.420/2017.

§ 1º. As frações de unidade, no cálculo da percentagem de que trata o *caput*, darão lugar à admissão de um aprendiz.

(*) § 1º acrescido pela Lei nº 10.097/2000.

§ 2º. Os estabelecimentos de que trata o *caput* ofertarão vagas de aprendizes a adolescentes usuários do Sistema Nacional de Atendimento Socioeducativo (Sinase) nas condições a serem dispostas em instrumentos de cooperação celebrados entre os estabelecimentos e os gestores dos Sistemas de Atendimento Socioeducativo locais.

(*) § 2º acrescido pela Lei nº 12.594/2012.

(*) Vide Instrução Normativa da Secretaria de Inspeção do Trabalho – SIT nº 97/2012, que dispõe sobre a fiscalização das condições de trabalho no âmbito dos programas de aprendizagem.

§ 3º. Os estabelecimentos de que trata o *caput* poderão ofertar vagas de aprendizes a adolescentes usuários do Sistema Nacional de Políticas Públicas sobre Drogas – SISNAD nas condições a serem dispostas em instrumentos de cooperação celebrados entre os estabelecimentos e os gestores locais responsáveis pela prevenção do uso indevido, atenção e reinserção social de usuários e dependentes de drogas.

(*) § 3º acrescido pela Lei nº 13.840/2019.

Art. 430. Na hipótese de os Serviços Nacionais de Aprendizagem não oferecerem cursos ou vagas suficientes para atender à demanda dos estabelecimentos, esta poderá ser suprida por outras entidades qualificadas em formação técnico-profissional metódica, a saber:

(*) Art. 430, *caput*, com redação dada pela Lei nº 10.097/2000.

(*) Vide Portaria MTE nº 723/2012, que criou o Cadastro Nacional de Aprendizagem Profissional – CNAP, destinado ao cadastramento das entidades qualificadas em formação técnico-profissional metódica, definida no art. 8º do Decreto nº 5.598/2005.

I – Escolas Técnicas de Educação;

(*) Inciso I acrescido pela Lei nº 10.097/2000.

II – entidades sem fins lucrativos, que tenham por objetivo a assistência ao adolescente e à educação profissional, registradas no Conselho Municipal dos Direitos da Criança e do Adolescente;

(*) Inciso II acrescido pela Lei nº 10.097/2000.

(*) V. art. 431 da CLT.

III – entidades de prática desportiva das diversas modalidades filiadas ao Sistema Nacional do Desporto e aos Sistemas de Desporto dos Estados, do Distrito Federal e dos Municípios.

(*) Inciso III acrescido pela Lei nº 13.420/2017.

(*) V. art. 431 da CLT.

§ 1º. As entidades mencionadas neste artigo deverão contar com estrutura adequada ao desenvolvimento dos programas de aprendizagem, de forma a manter a qualidade do processo de ensino, bem como acompanhar e avaliar os resultados.

(*) § 1º acrescido pela Lei nº 10.097/2000.

§ 2º. Aos aprendizes que concluírem os cursos de aprendizagem, com aproveitamento, será concedido certificado de qualificação profissional.

(*) § 2º acrescido pela Lei nº 10.097/2000.

§ 3º. O Ministério do Trabalho♦ fixará normas para avaliação da competência das entidades mencionadas nos incisos II e III deste artigo.

(*) § 3º acrescido pela Lei nº 10.097/2000 e com redação dada pela Lei nº 13.420/2017.

♦ Atual denominação: "Ministério da Economia", nos termos da Lei nº 13.844/2019.

§ 4º. As entidades mencionadas nos incisos II e III deste artigo deverão cadastrar seus cursos, turmas e aprendizes matriculados no Ministério do Trabalho♦.

(*) § 4º acrescido pela Lei nº 13.420/2017.

♦ Atual denominação: Ministério da Economia", nos termos da Lei nº 13.844/2019.

§ 5º. As entidades mencionadas neste artigo poderão firmar parcerias entre si para o desenvolvimento dos programas de aprendizagem, conforme regulamento.

(*) § 5º acrescido pela Lei nº 13.420/2017.

Art. 431. A contratação do aprendiz poderá ser efetivada pela empresa onde se realizará a aprendizagem ou pelas entidades mencionadas nos incisos II e III do art. 430, caso em que não gera vínculo de emprego com a empresa tomadora dos serviços.

(*) Art. 431, *caput*, com redação dada pela Lei nº 13.420/2017.

a) (revogada);

(*) Alínea "a" revogada pela Lei nº 10.097/2000.

b) (revogada);

(*) Alínea "b" revogada pela Lei nº 10.097/2000.

c) (revogada).

(*) Alínea "c" revogada pela Lei nº 10.097/2000.

Parágrafo único. (Vetado).

(*) Parágrafo único vetado pela Lei nº 10.097/2000.

(*) A Lei nº 10.097/2000 propôs nova redação para este parágrafo, mas teve seu texto vetado pelo Executivo. Redação original: "Parágrafo único: Aos candidatos rejeitados pela seleção profissional deverá ser dada, tanto quanto possível, orientação profissional para ingresso em atividade mais adequada às qualidades e aptidões que tiverem demonstrado.".

Art. 432. A duração do trabalho do aprendiz não excederá de seis horas diárias, sendo vedadas a prorrogação e a compensação de jornada.

(*) Art. 432, *caput*, com redação dada pela Lei nº 10.097/2000.

§ 1º. O limite previsto neste artigo poderá ser de até oito horas diárias para os aprendizes que já tiverem completado o ensino fundamental, se nelas forem computadas as horas destinadas à aprendizagem teórica.

(*) § 1º com redação dada pela Lei nº 10.097/2000.

§ 2º. (Revogado).

(*) § 2º revogado pela Lei nº 10.097/2000.

Art. 433. O contrato de aprendizagem extinguir-se-á no seu termo ou quando o aprendiz completar 24 (vinte e quatro) anos, ressalvada a hipótese prevista no § 5º do art. 428 desta Consolidação, ou ainda antecipadamente nas seguintes hipóteses:

(*) Art. 433, *caput*, com redação dada pela Lei nº 11.180/2005.

a) (revogada);

(*) Alínea "a" revogada pela Lei nº 10.097/2000.

b) (revogada).

(*) Alínea "b" revogada pela Lei nº 10.097/2000.

I – desempenho insuficiente ou inadaptação do aprendiz, salvo para o aprendiz com deficiência quando desprovido de recursos de acessibilidade, de tecnologias assistivas e de apoio necessário ao desempenho de suas atividades;

(*) Inciso I acrescido pela Lei nº 10.097/2000 e com redação dada pela Lei nº 13.146/2015.

II – falta disciplinar grave;

(*) Inciso II acrescido pela Lei nº 10.097/2000.

III – ausência injustificada à escola que implique perda do ano letivo; ou

(*) Inciso III acrescido pela Lei nº 10.097/2000.

IV – a pedido do aprendiz.

(*) Inciso IV acrescido pela Lei nº 10.097/2000.

Parágrafo único. (Revogado).

(*) Parágrafo único revogado pela Lei nº 10.097/2000.

§ 2º. Não se aplica o disposto nos arts. 479 e 480 desta Consolidação às hipóteses de extinção do contrato mencionadas neste artigo.

(*) § 2º acrescido pela Lei nº 10.097/2000.

Seção V
Das Penalidades

Art. 434. Os infratores das disposições deste Capítulo ficam sujeitos à multa prevista no inciso II do *caput* do art. 634-A.

(*) Art. 434 alterado pelo Decreto-Lei nº 229/1967 e com redação dada pela MP nº 905/2019.

Art. 435. (Revogado).

(*) Art. 435 alterado pelo Decreto-Lei nº 229/1967, pelo Decreto-Lei nº 926/1969 e revogado pela MP nº 905/2019.

Art. 436. (Revogado).

(*) Art. 436 revogado pela Lei nº 10.097/2000.

Art. 437. (Revogado).

(*) Art. 437 revogado pela Lei nº 10.097/2000.

Art. 438. (Revogado).

(*) Art. 438 revogado pela MP nº 905/2019.

Seção VI
Disposições Finais

Art. 439. É lícito ao menor firmar recibo pelo pagamento dos salários. Tratando-se, porém, de rescisão do contrato de trabalho, é vedado ao menor de 18 (dezoito) anos dar, sem assistência dos seus responsáveis legais, quitação ao empregador pelo recebimento da indenização que lhe for devida.

Art. 440. Contra os menores de 18 (dezoito) anos não corre nenhum prazo de prescrição.

(*) V. arts. 11, 119, 149 e 196 da CLT.

Art. 441. O quadro a que se refere o item I do art. 405 será revisto bienalmente.

(*) Art. 441 com redação dada pelo Decreto-Lei nº 229/1967.

TÍTULO IV
DO CONTRATO INDIVIDUAL DO TRABALHO

(*) Vide Lei nº 5.889/1973, que estatuiu normas reguladoras do trabalhador rural.

(*) Vide LC nº 150/2015, que dispõe sobre o contrato de trabalho doméstico.

Capítulo I
DISPOSIÇÕES GERAIS

Art. 442. Contrato individual de trabalho é o acordo tácito ou expresso, correspondente à relação de emprego.

Parágrafo único. Qualquer que seja o ramo de atividade da sociedade cooperativa, não existe vínculo empregatício entre ela e seus associados, nem entre estes e os tomadores de serviços daquela.

(*) Parágrafo único acrescido pela Lei nº 8.949/1994.

(*) Vide Lei nº 5.764/1971, que define a Política Nacional de Cooperativismo e institui o regime jurídico das sociedades cooperativas.

Art. 442-A. Para fins de contratação, o empregador não exigirá do candidato a emprego comprovação de experiência prévia por tempo superior a 6 (seis) meses no mesmo tipo de atividade.

(*) Art. 442-A acrescido pela Lei nº 11.644/2008.

Art. 442-B. A contratação do autônomo, cumpridas por este todas as formalidades legais, com ou sem exclusividade, de forma contínua ou não, afasta a qualidade de empregado prevista no art. 3º desta Consolidação.

(*) Art. 442-B acrescido pela Lei nº 13.467/2017.

(*) *Art. 442-B, vide MP nº 808/2017 (art. 1º), com vigência no período de 14.11.2017 a 23.4.2018. Os atos praticados durante o período de sua vigência foram por ela legitimados.*

Art. 443. O contrato individual de trabalho poderá ser acordado tácita ou expressamente, verbalmente ou por escrito, por prazo determinado ou indeterminado, ou para prestação de trabalho intermitente.

(*) Art. 443, *caput*, com redação dada pela Lei nº 13.467/2017.

(*) Vide Lei nº 9.601/1998, regulamentada pelo Decreto nº 2.490/1998, que dispõe sobre o contrato de trabalho por prazo determinado.

§ 1º. Considera-se como de prazo determinado o contrato de trabalho cuja vigência dependa de termo prefixado ou da execução de serviços especificados ou ainda da realização de certo acontecimento suscetível de previsão aproximada.

(*) § 1º, primitivo parágrafo único, renumerado pelo Decreto-Lei nº 229/1967.

§ 2º. O contrato por prazo determinado só será válido em se tratando:

a) de serviço cuja natureza ou transitoriedade justifique a predeterminação do prazo;

b) de atividades empresariais de caráter transitório;

c) de contrato de experiência.

(*) § 2º acrescido pelo Decreto-Lei nº 229/1967.

§ 3º. Considera-se como intermitente o contrato de trabalho no qual a prestação de serviços, com subordinação, não é contínua, ocorrendo com alternância de períodos de prestação de serviços e de inatividade, determinados em horas, dias ou meses, independentemente do tipo de atividade do empregado e do empregador, exceto para os aeronautas, regidos por legislação própria.

(*) § 3º acrescido pela Lei nº 13.467/2017.

Art. 444. As relações contratuais de trabalho podem ser objeto de livre estipulação das partes interessadas em tudo quanto não contravenha às disposições de proteção ao trabalho, aos contratos coletivos que lhes sejam aplicáveis e às decisões das autoridades competentes.

Parágrafo único. A livre estipulação a que se refere o *caput* deste artigo aplica-se às hipóteses previstas no art. 611-A desta Consolidação, com a mesma eficácia legal e preponderância sobre os instrumentos coletivos, no caso de empregado portador de diploma de nível superior e que perceba salário mensal igual ou superior a duas vezes o limite máximo dos benefícios do Regime Geral de Previdência Social.

(*) Parágrafo único acrescido pela Lei nº 13.467/2017.

Art. 445. O contrato de trabalho por prazo determinado não poderá ser estipulado por mais de 2 (dois) anos, observada a regra do art. 451.

(*) Art. 445, *caput*, com redação dada pelo Decreto-Lei nº 229/1967.

Parágrafo único. O contrato de experiência não poderá exceder de 90 (noventa) dias.

(*) Parágrafo único acrescido pelo Decreto-Lei nº 229/1967.

Art. 446. (Revogado).

(*) Art. 446 revogado pela Lei nº 7.855/1989.

Art. 447. Na falta de acordo ou prova sobre condição essencial ao contrato verbal, esta se presume existente, como se a tivessem estatuído os interessados na conformidade dos preceitos jurídicos adequados à sua legitimidade.

Art. 448. A mudança na propriedade ou na estrutura jurídica da empresa não afetará os contratos de trabalho dos respectivos empregados.

(*) V. arts. 10, 10-A e 448-A da CLT.

Art. 448-A. Caracterizada a sucessão empresarial ou de empregadores prevista nos arts. 10 e 448 desta Consolidação, as obrigações trabalhistas, inclusive as contraídas à época em que os empregados trabalhavam para a empresa sucedida, são de responsabilidade do sucessor.

Parágrafo único. A empresa sucedida responderá solidariamente com a sucessora quando ficar comprovada fraude na transferência.

(*) Art. 448-A acrescido pela Lei nº 13.467/2017.

(*) V. arts. 10, 10-A e 448 da CLT.

Art. 449. Os direitos oriundos da existência do contrato de trabalho subsistirão em caso de falência, concordata ou dissolução da empresa.

(*) Vide Lei nº 11.101/2005, que regula a recuperação judicial, extrajudicial e a falência do empresário e da sociedade empresária: ***Art. 83.*** *A classificação dos créditos na falência obedece à seguinte ordem: I – os créditos derivados da legislação do trabalho, limitados a 150 (cento e cinquenta) salários-mínimos por credor, e os decorrentes de acidentes de trabalho; [...] VI – créditos quirografários, a saber: [...] c) os saldos dos créditos derivados da legislação do trabalho que excederem o limite estabelecido no inciso I do caput deste artigo; [...]* ***Art. 84.*** *Serão considerados créditos extraconcursais e serão pagos com precedência sobre os mencionados no art. 83 desta Lei, na ordem a seguir, os relativos a: I – remunerações devidas ao administrador judicial e seus auxiliares, e créditos derivados da legislação do trabalho ou decorrentes de acidentes de trabalho relativos a serviços prestados após a decretação da falência; [...].*

(*) V. art. 148 da CLT.

§ 1º. Na falência constituirão créditos privilegiados a totalidade dos salários devidos ao empregado e a totalidade das indenizações a que tiver direito.

(*) § 1º com redação dada pela Lei nº 6.449/1977.

(*) V. art. 768 da CLT.

§ 2º. Havendo concordata na falência, será facultado aos contratantes tornar sem efeito a rescisão do contrato de trabalho e consequente indenização, desde que o empregador pague, no mínimo, a metade dos salários que seriam devidos ao empregado durante o interregno.

Art. 450. Ao empregado chamado a ocupar, em comissão, interinamente, ou em substituição eventual ou temporária, cargo diverso do que exercer na empresa, serão garantidas a contagem do tempo naquele serviço, bem como volta ao cargo anterior.

Art. 451. O contrato de trabalho por prazo determinado que, tácita ou expressamente, for prorrogado mais de uma vez passará a vigorar sem determinação de prazo.

(*) Este artigo não se aplica ao contrato de trabalho por prazo determinado, previsto no *caput* do art. 1º da Lei nº 9.601/1998, conforme preceito de seu § 2º (contratos por tempo determinado instituídos por convenções e acordos coletivos de trabalho).

(*) Este artigo não se aplica aos trabalhadores contratados na modalidade Contrato de Trabalho Verde e Amarelo, conforme previsto no § 2º do art. 5º da MP nº 905/2019.

(*) V. art. 445, *caput*, da CLT.

Art. 452. Considera-se por prazo indeterminado todo contrato que suceder, dentro de 6 (seis) meses, a outro contrato por prazo determinado, salvo se a expiração deste dependeu da execução de serviços especializados ou da realização de certos acontecimentos.

Art. 452-A. O contrato de trabalho intermitente deve ser celebrado por escrito e deve conter especificamente o valor da hora de trabalho, que não pode ser inferior ao valor horário do salário-mínimo ou àquele devido aos demais empregados do estabelecimento que exerçam a mesma função em contrato intermitente ou não.

§ 1º. O empregador convocará, por qualquer meio de comunicação eficaz, para a prestação de serviços, informando qual será a jornada, com, pelo menos, três dias corridos de antecedência.

§ 2º. Recebida a convocação, o empregado terá o prazo de um dia útil para responder ao chamado, presumindo-se, no silêncio, a recusa.

§ 3º. A recusa da oferta não descaracteriza a subordinação para fins do contrato de trabalho intermitente.

§ 4º. Aceita a oferta para o comparecimento ao trabalho, a parte que descumprir, sem justo motivo, pagará à outra parte, no prazo de trinta dias, multa de 50% (cinquenta por cento) da remuneração que seria devida, permitida a compensação em igual prazo.

§ 5º. O período de inatividade não será considerado tempo à disposição do empregador, podendo o trabalhador prestar serviços a outros contratantes.

§ 6º. Ao final de cada período de prestação de serviço, o empregado receberá o pagamento imediato das seguintes parcelas:

I – remuneração;

II – férias proporcionais com acréscimo de um terço;

III – décimo terceiro salário proporcional;

IV – repouso semanal remunerado; e

V – adicionais legais.

§ 7º. O recibo de pagamento deverá conter a discriminação dos valores pagos relativos a cada uma das parcelas referidas no § 6º deste artigo.

§ 8º. O empregador efetuará o recolhimento da contribuição previdenciária e o depósito do Fundo de Garantia do Tempo de Serviço, na forma da lei, com base nos valores pagos no período mensal e fornecerá ao empregado comprovante do cumprimento dessas obrigações.

§ 9º. A cada doze meses, o empregado adquire direito a usufruir, nos doze meses subsequentes, um mês de férias, período no qual não poderá ser convocado para prestar serviços pelo mesmo empregador.

(*) Art. 452-A acrescido pela Lei nº 13.467/2017.

(*) *Art. 452-A a art. 452-H, vide MP nº 808/2017 (art. 1º e art. 3º), com vigência no período de 14.11.2017 a 23.4.2018. Os atos praticados durante o período de sua vigência foram por ela legitimados.*

Art. 453. No tempo de serviço do empregado, quando readmitido, serão computados os períodos, ainda que não contínuos, em que tiver trabalhado anteriormente na empresa, salvo se houver sido despedido por falta grave, recebido indenização legal ou se aposentado espontaneamente.

(*) Art. 453, *caput*, com redação dada pela Lei nº 6.204/1975.

§ 1º. Na aposentadoria espontânea de empregados das empresas públicas e sociedades de economia mista é permitida sua readmissão desde que atendidos os requisitos constantes do art. 37, XVI, da Constituição Federal, e condicionada à prestação de concurso público.

(*) § 1º acrescido pela Lei nº 9.528/1997.

(*) O STF declarou a inconstitucionalidade deste *§ 1º* por meio da ADIN 1770-4: Ação direta de inconstitucionalidade. (...) *É inconstitucional o § 1º do art. 453 da CLT, com a redação dada pela Lei nº 9.528/1997, quer porque permite, como regra, a acumulação de proventos e vencimentos – vedada pela jurisprudência do Supremo Tribunal Federal –, quer porque se funda na ideia de que aposentadoria espontânea rompe o vínculo empregatício. (...) Ação conhecida quanto ao § 1º do art. 453 da Consolidação das Leis do Trabalho, na redação dada pelo art. 3º da mesma Lei nº 9.528/1995. Decisão Monocrática Final. Acórdão, DJ de 1º.12.2006.*

§ 2º. O ato de concessão de benefício de aposentadoria a empregado que não tiver completado 35 (trinta e cinco) anos de serviço, se homem, ou trinta, se mulher, importa em extinção do vínculo empregatício.

(*) § 2º acrescido pela Lei nº 9.528/1997.

(*) O STF declarou a inconstitucionalidade deste § 2º por meio da ADIN 1721-3: *Ação direta de inconstitucionalidade. (...) 4. O direito à aposentadoria previdenciária, uma vez objetivamente constituído, se dá no âmago de uma relação jurídica entre o segurado do Sistema Geral de Previdência e o Instituto Nacional de Seguro Social. Às expensas, portanto, de um sistema atuarial-financeiro que é gerido por esse Instituto mesmo, e não às custas desse ou daquele empregador. 5. O Ordenamento Constitucional não autoriza o legislador ordinário a criar modalidade de rompimento automático do vínculo de emprego, em desfavor do trabalhador, na situação em que este apenas exercita o seu direito de aposentadoria espontânea, sem cometer deslize algum. 6. A mera concessão da aposentadoria voluntária ao trabalhador não tem por efeito extinguir, instantânea e automaticamente, o seu vínculo de emprego. 7. Inconstitucionalidade do § 2º do artigo 453 da Consolidação das Leis do Trabalho, introduzido pela Lei nº 9.528/97. Acórdão, DJ 29.06.2007.*

Art. 454. Na vigência do contrato de trabalho, as invenções do empregado, quando decorrentes de sua contribuição pessoal e da instalação ou equipamento fornecidos pelo empregador, serão de propriedade comum, em partes iguais, salvo se o contrato de trabalho tiver por objeto, implícita ou explicitamente, pesquisa científica.

Parágrafo único. Ao empregador caberá a exploração do invento, ficando obrigado a promovê-la no prazo de um ano da data da concessão da patente, sob pena de reverter em favor do empregado da plena propriedade desse invento.

(*) Vide Lei nº 9.279/1996, que regula direitos e obrigações relativos à propriedade industrial.

(*) Vide Lei nº 9.609/1998, que dispõe sobre a proteção da propriedade intelectual de programa de computador e sua comercialização no país.

Art. 455. Nos contratos de subempreitada responderá o subempreiteiro pelas obrigações derivadas do contrato de trabalho que celebrar, cabendo, todavia, aos empregados, o direito de reclamação contra o empreiteiro principal pelo inadimplemento daquelas obrigações por parte do primeiro.

Parágrafo único. Ao empreiteiro principal fica ressalvada, nos termos da lei civil, ação regressiva contra o subempreiteiro e a retenção de importâncias a este devidas, para a garantia das obrigações previstas neste artigo.

Art. 456. A prova do contrato individual do trabalho será feita pelas anotações constantes da carteira profissional♦ ou por instrumento escrito e suprida por todos os meios permitidos em direito.

♦ Atual denominação: "Carteira de Trabalho e Previdência Social", nos termos do Decreto-Lei nº 926/1969.

Parágrafo único. A falta de prova ou inexistindo cláusula expressa e tal respeito, entender-se-á que o empregado se obrigou a todo e qualquer serviço compatível com a sua condição pessoal.

Art. 456-A. Cabe ao empregador definir o padrão de vestimenta no meio ambiente laboral, sendo lícita a inclusão no uniforme de logomarcas da própria empresa ou de empresas parceiras e de outros itens de identificação relacionados à atividade desempenhada.

Parágrafo único. A higienização do uniforme é de responsabilidade do trabalhador, salvo nas hipóteses em que forem necessários procedimentos ou produtos diferentes dos utilizados para a higienização das vestimentas de uso comum.

(*) Art. 456-A acrescido pela Lei nº 13.467/2017.

Capítulo II
DA REMUNERAÇÃO

(*) Vide Lei nº 4.090/1962, regulamentada pelo Decreto nº 57.155/1965, com disposição da forma de pagamento pela Lei nº 4.749/1965, que institui a gratificação de Natal para os Trabalhadores.

(*) Vide Lei nº 4.266/1963, regulamentada pelo Decreto nº 53.153/1963, com extensão do direito pela Lei nº 5.559/1968, que institui o salário-família do trabalhador.

(*) Vide Decreto nº 63.192/1968, que regula o pagamento da gratificação de Natal ao trabalhador avulso.

(*) Vide Lei nº 8.542/1992, que dispõe sobre a Política Nacional de Salários.

(*) Vide Decreto nº 3.000/1999, que regulamenta a tributação, fiscalização, arrecadação e administração do Imposto sobre a Renda e Proventos de qualquer natureza.

(*) Vide Decreto nº 3.048/1999, que aprova o regulamento da Previdência Social e dá outras providências, incluindo o desconto da parte do empregado da Contribuição para custeio do INSS.

(*) Vide LC nº 26/1975, que unificou os fundos PIS (LC nº 7/1970) / PASEP (LC nº 8/1970). Esses fundos foram sempre custeados pelos empregadores, mas com o advento da CF/1988 (art. 239) as contribuições passaram a não ser mais creditadas aos participantes, sendo direcionadas para o FAT, para possibilitar o pagamento do seguro-desemprego e do abono salarial.

Art. 457. Compreendem-se na remuneração do empregado, para todos os efeitos legais, além do salário devido e pago diretamente pelo empregador, como contraprestação do serviço, as gorjetas que receber.

(*) Art. 457, *caput*, com redação dada pela Lei nº 1.999/1953.

(*) V. § 3º deste artigo.

§ 1º. Integram o salário a importância fixa estipulada, as gratificações legais e as comissões pagas pelo empregador.

(*) § 1º alterado pela Lei nº 1.999/1953 e com redação dada pela Lei nº 13.467/2017.

(*) *§ 1º, vide MP nº 808/2017 (art. 1º), com vigência no período de 14.11.2017 a 23.4.2018. Os atos praticados durante o período de sua vigência foram por ela legitimados.*

§ 2º. As importâncias, ainda que habituais, pagas a título de ajuda de custo, auxílio-alimentação, vedado seu pagamento em dinheiro, diárias para viagem, prêmios e abonos não integram a remuneração do empregado, não se incorporam ao contrato de trabalho e não constituem base de incidência de qualquer encargo trabalhista e previdenciário.

(*) § 2º alterado pela Lei nº 1.999/1953 e com redação dada pela Lei nº 13.467/2017.

(*) *§ 2º, vide MP nº 808/2017 (art. 1º), com vigência no período de 14.11.2017 a 23.4.2018. Os atos praticados durante o período de sua vigência foram por ela legitimados.*

(*) V. § 4º deste artigo.

§ 3º. Considera-se gorjeta não só a importância espontaneamente dada pelo cliente ao empregado, como também o valor cobrado pela empresa, como serviço ou adicional, a qualquer título, e destinado à distribuição aos empregados.

(*) § 3º alterado pelo Decreto-Lei nº 229/1967 e com redação dada pela Lei nº 13.419/2017.

§ 4º. Consideram-se prêmios as liberalidades concedidas pelo empregador em forma de bens, serviços ou valor em dinheiro a empregado ou a grupo de empregados, em razão de desempenho superior ao ordinariamente esperado no exercício de suas atividades.

(*) § 4º acrescido pela Lei nº 13.419/2017 e com redação dada pela Lei nº 13.467/2017.

§ 5º. O fornecimento de alimentação, seja *in natura* ou seja por meio de documentos de legitimação, tais como tíquetes, vales, cupons, cheques, cartões eletrônicos destinados à aquisição de refeições ou de gêneros alimentícios, não possui natureza salarial e nem é tributável para efeito da contribuição previdenciária e dos demais tributos incidentes sobre a folha de salários e tampouco integra a base de cálculo do imposto sobre a renda da pessoa física.

(*) § 5º acrescido pela MP nº 905/2019.

(*) PRODUÇÃO DE EFEITOS: Nos termos do inciso I do § 1º do art. 53 da MP nº 905/2019, este § 5º produzirá efeitos "somente quando atestado, por ato do Ministro de Estado da Economia, a compatibilidade com as metas de resultados fiscais previstas no anexo próprio da Lei de Diretrizes Orçamentárias e o atendimento ao disposto na Lei Complementar nº 101, de 4 de maio de 2000, e aos dispositivos da Lei de Diretrizes Orçamentárias relacionados com a matéria.".

(*) Os §§ 5º a 11, acrescidos pela Lei nº 13.419/2017, foram omitidos na alteração efetuada pela Lei nº 13.467/2017.

(*) *§§ 12 a 23, vide MP nº 808/2017 (art. 1º), com vigência no período de 14.11.2017 a 23.4.2018. Os atos praticados durante o período de sua vigência foram por ela legitimados.*

Art. 457-A. A gorjeta não constitui receita própria dos empregadores, mas destina-se aos trabalhadores e será distribuída segundo critérios de custeio e de rateio definidos em convenção ou acordo coletivo de trabalho.

§ 1º. Na hipótese de não existir previsão em convenção ou acordo coletivo de trabalho, os critérios de rateio e de distribuição da gorjeta e os percentuais de retenção previstos nos § 2º e § 3º serão definidos em assembleia geral dos trabalhadores, na forma prevista no art. 612.

§ 2º. As empresas que cobrarem a gorjeta deverão inserir o seu valor correspondente em nota fiscal, além de:

I – para as empresas inscritas em regime de tributação federal diferenciado, lançá-la na respectiva nota de consumo, facultada a retenção de até 20% (vinte por cento) da arrecadação correspondente, para custear os encargos sociais, previdenciários e trabalhistas derivados da sua integração à remuneração dos empregados, a título de ressarcimento do valor de tributos pagos sobre o valor da gorjeta, cujo valor remanescente deverá ser revertido integralmente em favor do trabalhador;

II – para as empresas não inscritas em regime de tributação federal diferenciado, lançá-la na respectiva nota de consumo, facultada a retenção de até 33% (trinta e três por cento) da arrecadação correspondente para custear os encargos sociais, previdenciários e trabalhistas, derivados da sua integração à remuneração dos empregados, a título de ressarcimento do valor de tributos pagos sobre o valor da gorjeta, cujo valor remanescente deverá ser revertido integralmente em favor do trabalhador; e

III – anotar na Carteira de Trabalho e Previdência Social e no contracheque de seus empregados o salário contratual fixo e o percentual percebido a título de gorjeta.

§ 3º. A gorjeta, quando entregue pelo consumidor diretamente ao empregado, terá os seus critérios definidos em convenção ou acordo coletivo de trabalho, facultada a retenção nos parâmetros estabelecidos no § 2º.

§ 4º. As empresas deverão anotar na Carteira de Trabalho e Previdência Social de seus empregados o salário fixo e a média dos valores das gorjetas referentes aos últimos 12 (doze) meses.

§ 5º. Cessada pela empresa a cobrança da gorjeta de que trata este artigo, desde que cobrada por mais de 12 (doze) meses, esta se incorporará ao salário do empregado, tendo como base a média dos últimos 12 (doze) meses, exceto se estabelecido de forma diversa em convenção ou acordo coletivo de trabalho.

§ 6º. Comprovado o descumprimento do disposto nos § 1º, § 3º, § 4º e § 6º, o empregador pagará ao empregado prejudicado, a título de pagamento de multa, o valor correspondente a 1/30 (um trinta avos) da média da gorjeta recebida pelo empregado por dia de atraso, limitada ao piso da categoria, assegurados em qualquer hipótese os princípios do contraditório e da ampla defesa.

(*) Art. 457-A acrescido pela MP nº 905/2019.

(*) PRODUÇÃO DE EFEITOS: Nos termos do inciso I do § 1º do art. 53 da MP nº 905/2019, este art. 457-A produzirá efeitos "somente quando atestado, por ato do Ministro de Estado da Economia, a compatibilidade com as metas de resultados fiscais previstas no anexo próprio da Lei de Diretrizes Orçamentárias e o atendimento ao disposto na Lei Complementar nº 101, de 4 de maio de 2000, e aos dispositivos da Lei de Diretrizes Orçamentárias relacionados com a matéria.".

Art. 458. Além do pagamento em dinheiro, compreende-se no salário, para todos os efeitos legais, a habitação, o vestuário ou outras prestações *in natura* que a empresa, por força do contrato ou do costume, fornecer habitualmente ao empregado, e, em nenhuma hipótese, será permitido o pagamento com bebidas alcoólicas ou drogas nocivas.

(*) Art. 458, *caput*, alterado pelo Decreto-Lei nº 229/1967 e com redação dada pela MP nº 905/2019.

§ 1º. Os valores atribuídos às prestações *in natura* deverão ser justos e razoáveis, não podendo exceder, em cada caso, os dos percentuais das parcelas componentes do salário-mínimo (arts. 81 e 82).

(*) § 1º acrescido pelo Decreto-Lei nº 229/1967.

§ 2º. Para os efeitos previstos neste artigo, não serão consideradas como salário as seguintes utilidades concedidas pelo empregador:

(*) § 2º, primitivo parágrafo único, renumerado pelo Decreto-Lei nº 229/1967 e com redação dada pela Lei nº 10.243/2001.

I – vestuários, equipamentos e outros acessórios fornecidos aos empregados e utilizados no local de trabalho, para a prestação do serviço;

(*) Inciso I acrescido pela Lei nº 10.243/2001.

II – educação, em estabelecimento de ensino próprio ou de terceiros, compreendendo os valores relativos a matrícula, mensalidade, anuidade, livros e material didático;

(*) Inciso II acrescido pela Lei nº 10.243/2001.

III – transporte destinado ao deslocamento para o trabalho e retorno, em percurso servido ou não por transporte público;

(*) Inciso III acrescido pela Lei nº 10.243/2001.

IV – assistência médica, hospitalar e odontológica, prestada diretamente ou mediante seguro-saúde;

(*) Inciso IV acrescido pela Lei nº 10.243/2001.

V – seguros de vida e de acidentes pessoais;

(*) Inciso V acrescido pela Lei nº 10.243/2001.

VI – previdência privada;

(*) Inciso VI acrescido pela Lei nº 10.243/2001.

VII – (vetado);

(*) Inciso VII acrescido pela Lei nº 10.243/2001.

VIII – o valor correspondente ao vale-cultura.

(*) Inciso VIII acrescido pela Lei nº 12.761/2012.

§ 3º. A habitação e a alimentação fornecidas como salário-utilidade deverão atender aos fins a que se destinam e não poderão exceder, respectivamente, a 25% (vinte e cinco por cento) e 20% (vinte por cento) do salário-contratual.

(*) § 3º acrescido pela Lei nº 8.860/1994.

§ 4º. Tratando-se de habitação coletiva, o valor do salário-utilidade a ela correspondente será obtido mediante a divisão do justo valor da habitação pelo número de coabitantes, vedada, em qualquer hipótese, a utilização da mesma unidade residencial por mais de uma família.

(*) § 4º acrescido pela Lei nº 8.860/1994.

§ 5º. O valor relativo à assistência prestada por serviço médico ou odontológico, próprio ou não, inclusive o reembolso de despesas com medicamentos, óculos, aparelhos ortopédicos, próteses, órteses, despesas médico-hospitalares e outras similares, mesmo quando concedido em diferentes modalidades de planos e coberturas, não integram o salário do empregado para qualquer efeito nem o salário de contribuição, para efeitos do previsto na alínea "q" do § 9º do art. 28 da Lei nº 8.212, de 24 de julho de 1991.

(*) § 5º acrescido pela Lei nº 13.467/2017.

(*) Lei nº 8.212, de 24 de julho de 1991, Plano de Custeio da Previdência Social: ***Art. 28.*** *Entende-se por salário-de-contribuição: (...) § 9º. Não integram o salário-de-contribuição para os fins desta Lei, exclusivamente: (...) q) o valor relativo à assistência prestada por serviço médico ou odontológico, próprio da empresa ou por ela conveniado, inclusive o reembolso de despesas com medicamentos, óculos, aparelhos ortopédicos, despesas médico-hospitalares e outras similares, desde que a cobertura abranja a totalidade dos empregados e dirigentes da empresa; (...).*

Art. 459. O pagamento do salário, qualquer que seja a modalidade do trabalho, não deve ser estipulado por período superior a 1 (um) mês, salvo no que concerne a comissões, percentagens e gratificações.

§ 1º. Quando o pagamento houver sido estipulado por mês, deverá ser efetuado, o mais tardar, até o quinto dia útil do mês subsequente ao vencido.

(*) § 1º, primitivo parágrafo único, remunerado e com redação dada pela Lei nº 7.855/1989.

Art. 460. Na falta de estipulação do salário ou não havendo prova sobre a importância ajustada, o empregado terá direito a perceber salário igual ao daquela que, na mesma empresa, fizer serviço equivalente ou do que for habitualmente pago para serviço semelhante.

Art. 461. Sendo idêntica a função, a todo trabalho de igual valor, prestado ao mesmo empregador, no mesmo estabelecimento empresarial, corresponderá igual salário, sem distinção de sexo, etnia, nacionalidade ou idade.

(*) Art. 461, *caput*, alterado pela Lei nº 1.723/1952 e com redação dada pela Lei nº 13.467/2017.

§ 1º. Trabalho de igual valor, para os fins deste Capítulo, será o que for feito com igual produtividade e com a mesma perfeição técnica, entre pessoas cuja diferença de tempo de serviço para o mesmo empregador não seja superior a quatro anos e a diferença de tempo na função não seja superior a dois anos.

(*) § 1º alterado pela Lei nº 1.723/1952 e com redação dada pela Lei nº 13.467/2017.

§ 2º. Os dispositivos deste artigo não prevalecerão quando o empregador tiver pessoal organizado em quadro de carreira ou adotar, por meio de norma interna da empresa ou de negociação coletiva, plano de cargos e salários, dispensada qualquer forma de homologação ou registro em órgão público.

(*) § 2º alterado pela Lei nº 1.723/1952 e com redação dada pela Lei nº 13.467/2017.

§ 3º. No caso do § 2º deste artigo, as promoções poderão ser feitas por merecimento e por antiguidade, ou por apenas um destes critérios, dentro de cada categoria profissional.

(*) § 3º acrescido pela Lei nº 1.723/1952 e com redação dada pela Lei nº 13.467/2017.

§ 4º. O trabalhador readaptado em nova função por motivo de deficiência física ou mental atestada pelo órgão competente da Previdência Social não servirá de paradigma para fins de equiparação salarial.

(*) § 4º acrescido pela Lei nº 5.798/1972.

§ 5º. A equiparação salarial só será possível entre empregados contemporâneos no cargo ou na função, ficando vedada a indicação de paradigmas remotos, ainda que o paradigma contemporâneo tenha obtido a vantagem em ação judicial própria.

(*) § 5º acrescido pela Lei nº 13.467/2017.

§ 6º. No caso de comprovada discriminação por motivo de sexo ou etnia, o juízo determinará, além do pagamento das diferenças salariais devidas, multa, em favor do empregado discriminado, no valor de 50% (cinquenta por cento) do limite máximo dos benefícios do Regime Geral de Previdência Social.

(*) § 6º acrescido pela Lei nº 13.467/2017.

Art. 462. Ao empregador é vedado efetuar qualquer desconto nos salários do empregado, salvo quando este resultar de adiantamentos, de dispositivos de lei ou de contrato coletivo.

(*) Vide Lei nº 10.820/2003, que dispõe sobre a autorização para desconto de prestações em folha de pagamento.

§ 1º. Em caso de dano causado pelo empregado, o desconto será lícito, desde de que esta possibilidade tenha sido acordada ou na ocorrência de dolo do empregado.

(*) § 1º, primitivo parágrafo único, renumerado pelo Decreto-Lei nº 229/1967.

§ 2º. É vedado à empresa que mantiver armazém para venda de mercadorias aos empregados ou serviços estimados a proporcionar-lhes prestações *in natura* exercer qualquer coação ou induzimento no sentido de que os empregados se utilizem do armazém ou dos serviços.

(*) § 2º acrescido pelo Decreto-Lei nº 229/1967.

§ 3º. Sempre que não for possível o acesso dos empregados a armazéns ou serviços não mantidos pela Empresa, é lícito à autoridade competente determinar a adoção de medidas adequadas, visando a que as mercadorias sejam vendidas e os serviços prestados a preços razoáveis, sem intuito de lucro e sempre em benefício dos empregados.

(*) § 3º acrescido pelo Decreto-Lei nº 229/1967.

§ 4º. Observado o disposto neste Capítulo, é vedado às empresas limitar, por qualquer forma, a liberdade dos empregados de dispor do seu salário.

(*) § 4º acrescido pelo Decreto-Lei nº 229/1967.

Art. 463. A prestação, em espécie, do salário será paga em moeda corrente do País.

Parágrafo único. O pagamento do salário realizado com inobservância deste artigo considera-se como não feito.

Art. 464. O pagamento do salário deverá ser efetuado contra recibo, assinado pelo empregado; em se tratando de analfabeto, mediante sua impressão digital, ou, não sendo esta possível, a seu rogo.

Parágrafo único. Terá força de recibo o comprovante de depósito em conta bancária, aberta para esse fim em nome de cada empregado, com o consentimento deste, em estabelecimento de crédito próximo ao local de trabalho.

(*) Parágrafo único acrescido pela Lei nº 9.528/1997.

Art. 465. O pagamento dos salários será efetuado em dia útil e no local do trabalho, dentro do horário do serviço ou imediatamente após o encerramento deste, salvo quando efetuado por depósito em conta bancária, observado o disposto no artigo anterior.

(*) Art. 465 com redação dada pela Lei nº 9.528/1997.

Art. 466. O pagamento de comissões e percentagens só é exigível depois de ultimada a transação a que se referem.

§ 1º. Nas transações realizadas por prestações sucessivas, é exigível o pagamento das percentagens e comissões que lhes disserem respeito proporcionalmente à respectiva liquidação.

§ 2º. A cessação das relações de trabalho não prejudica a percepção das comissões e percentagens devidas na forma estabelecida por este artigo.

Art. 467. Em caso de rescisão de contrato de trabalho, havendo controvérsia sobre o montante das verbas rescisórias, o empregador é obrigado a pagar ao trabalhador, à data do comparecimento à Justiça do Trabalho, a parte incontroversa dessas verbas, sob pena de pagá-las acrescidas de cinquenta por cento.

(*) Art. 467 com redação dada pela Lei nº 10.272/2001.

Capítulo III
DA ALTERAÇÃO

Art. 468. Nos contratos individuais de trabalho só é lícita a alteração das respectivas condições por mútuo consentimento, e ainda assim desde que não resultem, direta ou indiretamente, prejuízos ao empregado, sob pena de nulidade da cláusula infringente desta garantia.

§ 1º. Não se considera alteração unilateral a determinação do empregador para que o respectivo empregado reverta ao cargo efetivo, anteriormente ocupado, deixando o exercício de função de confiança.

(*) § 1º, primitivo parágrafo único, renumerado pela Lei nº 13.467/2017.

§ 2º. A alteração de que trata o § 1º deste artigo, com ou sem justo motivo, não assegura ao empregado o direito à manutenção do pagamento da gratificação correspondente, que não será incorporada, independentemente do tempo de exercício da respectiva função.

(*) § 2º acrescido pela Lei nº 13.467/2017.

Art. 469. Ao empregador é vedado transferir o empregado, sem a sua anuência, para localidade diversa da que resultar do contrato, não se considerando transferência a que não acarretar necessariamente a mudança do seu domicílio.

(*) V. art. 659, IX, da CLT.

§ 1º. Não estão compreendidos na proibição deste artigo: os empregados que exerçam cargo de confiança e aqueles cujos contratos tenham como condição, implícita ou explícita, a transferência, quando esta decorra de real necessidade de serviço.

(*) § 1º com redação dada pela Lei nº 6.203/1975.

§ 2º. É licita a transferência quando ocorrer extinção do estabelecimento em que trabalhar o empregado.

(*) V. arts. 497, 498 e 502 da CLT.

§ 3º. Em caso de necessidade de serviço o empregador poderá transferir o empregado para localidade diversa da que resultar do contrato, não obstante as restrições do artigo anterior, mas, nesse caso, ficará obrigado a um pagamento suplementar, nunca inferior a 25% (vinte e cinco por cento) dos salários que o empregado percebia naquela localidade, enquanto durar essa situação.

(*) § 3º acrescido pela Lei nº 6.203/1975.

Art. 470. As despesas resultantes da transferência correrão por conta do empregador.

(*) Art. 470 com redação dada pela Lei nº 6.203/1975.

Capítulo IV
DA SUSPENSÃO E DA INTERRUPÇÃO

Art. 471. Ao empregado afastado do emprego, são asseguradas, por ocasião de sua volta, todas as vantagens que, em sua ausência, tenham sido atribuídas à categoria a que pertencia na empresa.

(*) V. art. 476-A da CLT.

Art. 472. O afastamento do empregado em virtude das exigências do serviço militar, ou de outro encargo público, não constituirá motivo para alteração ou rescisão do contrato de trabalho por parte do empregador.

§ 1º. Para que o empregado tenha direito a voltar a exercer o cargo do qual se afastou em virtude de exigências do serviço militar ou de encargo público, é indispensável que notifique o empregador dessa intenção, por telegrama ou carta registrada, dentro do prazo máximo de 30 (trinta) dias, contados da data em que se verificar a respectiva baixa ou a terminação do encargo a que estava obrigado.

(*) V. art. 132 da CLT.

§ 2º. Nos contratos por prazo determinado, o tempo de afastamento, se assim acordarem as partes interessadas, não será computado na contagem do prazo para a respectiva terminação.

§ 3º. Ocorrendo motivo relevante de interesse para a segurança nacional, poderá a autoridade competente solicitar o afastamento do empregado do serviço ou do local de trabalho, sem que se configure a suspensão do contrato de trabalho.

(*) § 3º acrescido pelo Decreto-Lei nº 3/1966.

§ 4º. O afastamento a que se refere o parágrafo anterior será solicitado pela autoridade competente diretamente ao empregador, em representação fundamentada com audiência da Procuradoria Regional do Trabalho, que providenciará desde logo a instauração do competente inquérito administrativo.

(*) § 4º acrescido pelo Decreto-Lei nº 3/1966.

§ 5º. Durante os primeiros 90 (noventa) dias desse afastamento, o empregado continuará percebendo sua remuneração.

(*) § 5º acrescido pelo Decreto-Lei nº 3/1966.

Art. 473. O empregado poderá deixar de comparecer ao serviço sem prejuízo do salário:

(*) Art. 473, *caput*, com redação dada pelo Decreto-Lei nº 229/1967.

(*) V. art. 131, I, da CLT.

I – até 2 (dois) dias consecutivos, em caso de falecimento do cônjuge, ascendente, descendente, irmão ou pessoa que, declarada em sua carteira de trabalho e previdência social, viva sob sua dependência econômica;

(*) Inciso I acrescido pelo Decreto-Lei nº 229/1967.

II – até 3 (três) dias consecutivos, em virtude de casamento;

(*) Inciso II acrescido pelo Decreto-Lei nº 229/1967.

III – por um dia, em caso de nascimento de filho no decorrer da primeira semana;

(*) Inciso III acrescido pelo Decreto-Lei nº 229/1967.

(*) Nos termos do § 1º do art. 10 do ADCT, até que lei venha a disciplinar o disposto no art. 7º, XIX, da CF/1988, o prazo da licença-paternidade a que se refere este inciso é de cinco dias.

IV – por um dia, em cada 12 (doze) meses de trabalho, em caso de doação voluntária de sangue devidamente comprovada;

(*) Inciso IV acrescido pelo Decreto-Lei nº 229/1967.

V – até 2 (dois) dias consecutivos ou não, para o fim de se alistar eleitor, nos termos da lei respectiva;

(*) Inciso V acrescido pelo Decreto-Lei nº 229/1967.

VI – no período de tempo em que tiver de cumprir as exigências do Serviço Militar referidas na letra "c" do art. 65 da Lei nº 4.375, de 17 de agosto de 1964 (Lei do Serviço Militar);

(*) Inciso VI acrescido pelo Decreto-Lei nº 757/1969.

VII – nos dias em que estiver comprovadamente realizando provas de exame vestibular para ingresso em estabelecimento de ensino superior;

(*) Inciso VII acrescido pela Lei nº 9.471/1997.

VIII – pelo tempo que se fizer necessário, quando tiver que comparecer a juízo;

(*) Inciso VIII acrescido pela Lei nº 9.853/1999.

IX – pelo tempo que se fizer necessário, quando, na qualidade de representante de entidade sindical, estiver participando de reunião oficial de organismo internacional do qual o Brasil seja membro;

(*) Inciso IX acrescido pela Lei nº 11.304/2006.

X – até 2 (dois) dias para acompanhar consultas médicas e exames complementares durante o período de gravidez de sua esposa ou companheira;

(*) Inciso X acrescido pela Lei nº 13.257/2016.

XI – por 1 (um) dia por ano para acompanhar filho de até 6 (seis) anos em consulta médica.

(*) Inciso XI acrescido pela Lei nº 13.257/2016.

XII – até 3 (três) dias, em cada 12 (doze) meses de trabalho, em caso de realização de exames preventivos de câncer devidamente comprovada.

(*) Inciso XII acrescido pela Lei nº 13.767/2018.

Art. 474. A suspensão do empregado por mais de 30 (trinta) dias consecutivos importa na rescisão injusta do contrato de trabalho.

Art. 475. O empregado que for aposentado por invalidez terá suspenso o seu contrato de trabalho durante o prazo fixado pelas leis de previdência social para a efetivação do benefício.

§ 1º. Recuperando o empregado a capacidade de trabalho e sendo a aposentadoria cancelada, ser-lhe-á assegurado o direito à função que ocupava ao tempo da aposentadoria, facultado, porém, ao empregador, o direito de indenizá-lo por rescisão do contrato de trabalho, nos termos dos arts. 477 e 478, salvo na hipótese de ser ele portador de estabilidade, quando a indenização deverá ser paga na forma do art. 497.

(*) § 1º com redação dada pela Lei nº 4.824/1965.

§ 2º. Se o empregador houver admitido substituto para o aposentado, poderá rescindir, com este, o respectivo contrato de trabalho sem indenização, desde que tenha havido ciência inequívoca da interinidade ao ser celebrado o contrato.

Art. 476. Em caso de seguro-doença ou auxílio-enfermidade, o empregado é considerado em licença não remunerada, durante o prazo desse benefício.

Art. 476-A. O contrato de trabalho poderá ser suspenso, por um período de dois a cinco meses, para participação do empregado em curso ou programa de qualificação profissional oferecido pelo empregador, com duração equivalente à suspensão contratual, mediante previsão em convenção ou acordo coletivo de trabalho e aquiescência formal do empregado, observado o disposto no art. 471 desta Consolidação.

(*) V. §§ 2º, 3º e 7º deste artigo.

§ 1º. Após a autorização concedida por intermédio de convenção ou acordo coletivo, o empregador deverá notificar o respectivo sindicato, com antecedência mínima de quinze dias da suspensão contratual.

§ 2º. O contrato de trabalho não poderá ser suspenso em conformidade com o disposto no *caput* deste artigo mais de uma vez no período de dezesseis meses.

§ 3º. O empregador poderá conceder ao empregado ajuda compensatória mensal, sem natureza salarial, durante o período de suspensão contratual nos termos do *caput* deste artigo, com valor a ser definido em convenção ou acordo coletivo.

§ 4º. Durante o período de suspensão contratual para participação em curso ou programa de qualificação profissional, o empregado fará jus aos benefícios voluntariamente concedidos pelo empregador.

§ 5º. Se ocorrer a dispensa do empregado no transcurso do período de suspensão contratual ou nos três meses subsequentes ao seu retorno ao trabalho, o empregador pagará ao empregado, além das parcelas indenizatórias previstas na legislação em vigor, multa a ser estabelecida em convenção ou acordo coletivo, sendo de, no mínimo, cem por cento sobre o valor da última remuneração mensal anterior à suspensão do contrato.

§ 6º. Se durante a suspensão do contrato não for ministrado o curso ou programa de qualificação profissional, ou o empregado permanecer trabalhando para o empregador, ficará descaracterizada a suspensão, sujeitando o empregador ao pagamento imediato dos salários e dos encargos sociais referentes ao período, às penalidades cabíveis previstas na legislação em vigor, bem como às sanções previstas em convenção ou acordo coletivo.

§ 7º. O prazo limite fixado no *caput* poderá ser prorrogado mediante convenção ou acordo coletivo de trabalho e aquiescência formal do empregado, desde que o empregador arque com o ônus correspondente ao valor da bolsa de qualificação profissional, no respectivo período.

(*) Art. 476-A acrescido pela MP nº 2.164-41/2001•.

• MP nº 2.164-41/2001 em vigor ante a redação do art. 2º da EC nº 32/2001: ***Art. 2º.*** *As medidas provisórias editadas em data anterior à da publicação desta emenda continuam em vigor até que medida provisória ulterior as revogue explicitamente ou até deliberação definitiva do Congresso Nacional.*

Capítulo V
DA RESCISÃO

(*) Vide Lei nº 4.923/1965, que institui o Cadastro Permanente das Admissões e Dispensas de Empregados, estabelecendo medidas contra o desemprego e de assistência aos desempregados.

(*) Vide Lei nº 7.998/1990, que regula o Programa do Seguro-Desemprego, o abono salarial e institui o FAT (Fundo de Amparo ao Trabalhador).

Art. 477. Na extinção do contrato de trabalho, o empregador deverá proceder à anotação na Carteira de Trabalho e Previdência Social, comunicar a dispensa aos órgãos competentes e realizar o pagamento das verbas rescisórias no prazo e na forma estabelecidos neste artigo.

(*) Art. 477, *caput*, alterado pela Lei nº 5.584/1970 e com redação dada pela Lei nº 13.467/2017.

(*) V. arts. 475, § 1º; 485; 499, §§ 2º e 3º; e 502, I, da CLT.

§ 1º. (Revogado).

(*) § 1º acrescido pela Lei nº 5.562/1968, alterado pelo Decreto-Lei nº 766/1969 e pela Lei nº 5.584/1970, e revogado pela Lei nº 13.467/2017.

(*) Com a revogação do § 1º, deixa de existir a assistência na rescisão do contrato de trabalho, conforme procedimentos estabelecidos pela Instrução Normativa nº 15/2010.

(*) Doravante, as informações serão prestadas por meio do sistema eSocial, nos termos do Decreto nº 8.373/2014, que institui o Sistema de Escrituração Digital das Obrigações Fiscais, Previdenciárias e Trabalhistas – eSocial.

§ 2º. O instrumento de rescisão ou recibo de quitação, qualquer que seja a causa ou forma de dissolução do contrato, deve ter especificada a natureza de cada parcela paga ao empregado e discriminado o seu valor, sendo válida a quitação, apenas, relativamente às mesmas parcelas.

(*) § 2º acrescido pela Lei nº 5.562/1968 e com redação dada pela Lei nº 5.584/1970.

§ 3º. (Revogado).

(*) § 3º acrescido pela Lei nº 5.562/1968, alterado pela Lei nº 5.584/1970 e revogado pela Lei nº 13.467/2017.

§ 4º. O pagamento a que fizer jus o empregado será efetuado:

(*) § 4º acrescido pelo Decreto-Lei nº 766/1969, alterado pela Lei nº 5.584/1970 e com redação dada pela Lei nº 13.467/2017.

I – em dinheiro, depósito bancário ou cheque visado, conforme acordem as partes; ou

(*) Inciso I acrescido pela Lei nº 13.467/2017.

II – em dinheiro ou depósito bancário quando o empregado for analfabeto.

(*) Inciso II acrescido pela Lei nº 13.467/2017.

§ 5º. Qualquer compensação no pagamento de que trata o parágrafo anterior não poderá exceder o equivalente a um mês de remuneração do empregado.

(*) § 5º acrescido pelo Decreto-Lei nº 766/1969 e com redação dada pela Lei nº 5.584/1970.

§ 6º. A entrega ao empregado de documentos que comprovem a comunicação da extinção contratual aos órgãos competentes bem como o pagamento dos valores constantes do instrumento de rescisão ou recibo de quitação deverão ser efetuados até dez dias contados a partir do término do contrato.

(*) § 6º acrescido pela Lei nº 7.855/1989 e com redação dada pela Lei nº 13.467/2017.

(*) V. art. 855-C da CLT.

a) (revogada);

(*) Alínea "a" acrescida pela Lei nº 7.855/1989 e revogada pela Lei nº 13.467/2017.

b) (revogada).

(*) Alínea "b" acrescida pela Lei nº 7.855/1989 e revogada pela Lei nº 13.467/2017.

§ 7º. (Revogado).

(*) § 7º acrescido pela Lei nº 7.855/1989 e revogado pela Lei nº 13.467/2017.

§ 8º. Sem prejuízo da aplicação da multa prevista no inciso II do *caput* do art. 634-A, a inobservância ao disposto no § 6º sujeitará o infrator ao pagamento da multa em favor do empregado, em valor equivalente ao seu salário, exceto quando, comprovadamente, o empregado der causa à mora.

(*) § 8º acrescido pela Lei nº 7.855/1989 e com redação dada pela MP nº 905/2019.

(*) V. arts. 499, §§ 2º e 3º; e 855-C da CLT.

§ 9º. (Vetado).

(*) § 9º acrescido pela Lei nº 7.855/1989.

§ 10. A anotação da extinção do contrato na Carteira de Trabalho e Previdência Social é documento hábil para requerer o benefício do seguro-desemprego e a movimentação da conta vinculada no Fundo de Garantia do Tempo de Serviço, nas hipóteses legais, desde que a comunicação prevista no *caput* deste artigo tenha sido realizada.

(*) § 10 acrescido pela Lei nº 13.467/2017.

Art. 477-A. As dispensas imotivadas individuais, plúrimas ou coletivas equiparam-se para todos os fins, não havendo necessidade de autorização prévia de entidade sindical ou de celebração de convenção coletiva ou acordo coletivo de trabalho para sua efetivação.

(*) Art. 477-A acrescido pela Lei nº 13.467/2017.

Art. 477-B. Plano de Demissão Voluntária ou Incentivada, para dispensa individual, plúrima ou coletiva, previsto em convenção coletiva ou acordo coletivo de trabalho, enseja quitação plena e irrevogável dos direitos decorrentes da relação empregatícia, salvo disposição em contrário estipulada entre as partes.

(*) Art. 477-B acrescido pela Lei nº 13.467/2017.

Art. 478. A indenização devida pela rescisão de contrato por prazo indeterminado será de 1 (um) mês de remuneração por ano de serviço efetivo, ou por ano e fração igual ou superior a 6 (seis) meses.

(*) V. arts. 475, § 1º; 499, §§ 2º e 3º; e 502, I, da CLT.

§ 1º. O primeiro ano de duração do contrato por prazo indeterminado é considerado como período de experiência, e, antes que se complete, nenhuma indenização será devida.

§ 2º. Se o salário for pago por dia, o cálculo da indenização terá por base 25 (vinte e cinco) dias.

(*) Tendo em vista o advento da Lei nº 605/1949, regulamentada pelo Decreto nº 27.048/1949, que instituiu o repouso semanal remunerado e o pagamento de salário nos dias feriados civis e religiosos, entende-se que o cálculo da indenização tem por base 30 (trinta) dias e não o que consta no § 2º. Lei nº 605/1949: ***Art. 7º.*** *A remuneração do repouso semanal corresponderá: a) para os que trabalham por dia, semana, quinzena ou mês, à de um dia de serviço, computadas as horas extraordinárias habitualmente prestadas; [...].*

§ 3º. Se pago por hora, a indenização apurar-se-á na base de 200 (duzentas) horas por mês.

(*) De acordo com o art. 7º, XIII, da CF/1988, o cálculo deve ser feito com base em 220 (duzentas e vinte) horas por mês. Constituição Federal: ***Art. 7º.*** *São direitos dos trabalhadores urbanos e rurais, além de outros que visem à melhoria de sua condição social: [...] XIII – duração do trabalho normal não superior a oito horas diárias e quarenta e quatro semanais, facultada a compensação de horários e a redução da jornada, mediante acordo ou convenção coletiva de trabalho; [...].*

§ 4º. Para os empregados que trabalhem a comissão ou que tenham direito a percentagens, a indenização será calculada pela média das comissões ou percentagens percebidas nos últimos 12 (doze) meses de serviço.

(*) § 4º com redação dada pelo Decreto-Lei nº 229/1967.

§ 5º. Para os empregados que trabalhem por tarefa ou serviço feito, a indenização será calculada na base média do tempo costumeiramente gasto pelo interessado para realização de seu serviço, calculando-se o valor do que seria feito durante 30 (trinta) dias.

Art. 479. Nos contratos que tenham termo estipulado, o empregador que, sem justa causa, despedir o empregado será obrigado a pagar-lhe, a título de indenização, e por metade, a remuneração a que teria direito até o termo do contrato.

(*) Este artigo não se aplica ao contrato de trabalho por prazo determinado, previsto no inciso I do § 1º do art. 1º da Lei nº 9.601/1998.

(*) Este artigo não se aplica aos trabalhadores contratados na modalidade Contrato de Trabalho Verde e Amarelo, conforme previsto no art. 11 da MP nº 905/2019.

(*) V. art. 433, § 2º, da CLT.

Parágrafo único. Para a execução do que dispõe o presente artigo, o cálculo da parte variável ou incerta dos salários será feito de acordo com o prescrito para o cálculo da indenização referente à rescisão dos contratos por prazo indeterminado.

Art. 480. Havendo termo estipulado, o empregado não se poderá desligar do contrato, sem justa causa, sob pena de ser obrigado a indenizar o empregador dos prejuízos que desse fato lhe resultarem.

(*) Vide inciso I do § 1º do art. 1º da Lei nº 9.601/1998, que dispõe que este artigo não se aplica ao contrato de trabalho por prazo determinado.

(*) V. art. 433, § 2º, da CLT.

§ 1º. A indenização, porém, não poderá exceder àquela a que teria direito o empregado em idênticas condições.

(*) § 1º, primitivo parágrafo único, renumerado pelo Decreto-Lei nº 6.353/1944.

§ 2º. (Revogado).

(*) § 2º acrescido pela Lei nº 6.353/1944 e revogado pela Lei nº 6.533/1978.

Art. 481. Aos contratos por prazo determinado, que contiverem cláusula assecuratória do direito recíproco de rescisão antes de expirado o termo ajustado, aplicam-se, caso seja exercido tal direito por qualquer das partes, os princípios que regem a rescisão dos contratos por prazo indeterminado.

Art. 482. Constituem justa causa para rescisão do contrato de trabalho pelo empregador:

(*) Vide art. 27 da LC nº 150/2015, que dispõe sobre justa causa para empregado doméstico: ***Art. 27.*** *Considera-se justa causa para os efeitos desta Lei: I – submissão a maus tratos de idoso, de enfermo, de pessoa com deficiência ou de criança sob cuidado direto ou indireto do empregado; II – prática de ato de improbidade; III – incontinência de conduta ou mau procedimento; IV – condenação criminal do empregado transitada em julgado, caso não tenha havido suspensão da execução da pena; V – desídia no desempenho das respectivas funções; VI – embriaguez habitual ou em serviço; VII – (vetado); VIII – ato de indisciplina ou de insubordinação; IX – abandono de emprego, assim considerada a ausência injustificada ao serviço por, pelo menos, 30 (trinta) dias corridos; X – ato lesivo à honra ou à boa fama ou ofensas físicas praticadas em serviço contra qualquer pessoa, salvo em caso de legítima defesa, própria ou de outrem; XI – ato lesivo à honra ou à boa fama ou ofensas físicas praticadas contra o empregador doméstico ou sua família, salvo em caso de legítima defesa, própria ou de outrem; XII – prática constante de jogos de azar.*

(*) V. arts. 158, parágrafo único; e 493 da CLT.

a) ato de improbidade;

b) incontinência de conduta ou mau procedimento;

c) negociação habitual por conta própria ou alheia sem permissão do empregador, e quando constituir ato de concorrência à empresa para a qual trabalha o empregado, ou for prejudicial ao serviço;

d) condenação criminal do empregado, passada em julgado, caso não tenha havido suspensão da execução da pena;

e) desídia no desempenho das respectivas funções;

f) embriaguez habitual ou em serviço;

g) violação de segredo da empresa;

h) ato de indisciplina ou de insubordinação;

i) abandono de emprego;

j) ato lesivo da honra ou da boa fama praticado no serviço contra qualquer pessoa, ou ofensas físicas, nas mesmas condições, salvo em caso de legítima defesa, própria ou de outrem;

k) ato lesivo da honra ou da boa fama ou ofensas físicas praticadas contra o empregador e superiores hierárquicos, salvo em caso de legítima defesa, própria ou de outrem;

l) prática constante de jogos de azar;

m) perda da habilitação ou dos requisitos estabelecidos em lei para o exercício da profissão, em decorrência de conduta dolosa do empregado.

(*) Alínea "m" acrescida pela Lei nº 13.467/2017.

Parágrafo único. Constitui igualmente justa causa para dispensa de empregado a prática, devidamente comprovada em inquérito administrativo, de atos atentatórios à segurança nacional.

(*) Parágrafo único acrescido pelo Decreto-Lei nº 3/1966.

Art. 483. O empregado poderá considerar rescindido o contrato e pleitear a devida indenização quando:

(*) Vide parágrafo único do art. 27 da LC nº 150/2015, que dispõe sobre justa causa para empregador doméstico. *Parágrafo único. O contrato de trabalho poderá ser rescindido por culpa do empregador quando: I – o empregador exigir serviços superiores às forças do empregado doméstico, defesos por lei, contrários aos bons costumes ou alheios ao contrato; II – o empregado doméstico for tratado pelo empregador ou por sua família com rigor excessivo ou de forma degradante; III – o empregado doméstico correr perigo manifesto de mal considerável; IV – o empregador não cumprir as obrigações do contrato; V – o empregador ou sua família praticar, contra o empregado doméstico ou pessoas de sua família, ato lesivo à honra e à boa fama; VI – o empregador ou sua família ofender o empregado doméstico ou sua família fisicamente, salvo em caso de legítima defesa, própria ou de outrem; VII – o empregador praticar qualquer das formas de violência doméstica ou familiar contra mulheres de que trata o art. 5º da Lei nº 11.340, de 7 de agosto de 2006.*

(*) V. art. 407, parágrafo único, da CLT.

a) forem exigidos serviços superiores às suas forças, defesos por lei, contrários aos bons costumes, ou alheios ao contrato;

b) for tratado pelo empregador ou por seus superiores hierárquicos com rigor excessivo;

c) correr perigo manifesto de mal considerável;

d) não cumprir o empregador as obrigações do contrato;

(*) V. § 3º deste artigo.

e) praticar o empregador ou seus prepostos, contra ele ou pessoas de sua família, ato lesivo da honra e boa fama;

f) o empregador ou seus prepostos ofenderem-no fisicamente, salvo em caso de legítima defesa, própria ou de outrem;

g) o empregador reduzir o seu trabalho, sendo este por peça ou tarefa, de forma a afetar sensivelmente a importância dos salários.

(*) V. § 3º deste artigo.

§ 1º. O empregado poderá suspender a prestação dos serviços ou rescindir o contrato, quando tiver de desempenhar obrigações legais, incompatíveis com a continuação do serviço.

§ 2º. No caso de morte do empregador constituído em empresa individual, é facultado ao empregado rescindir o contrato de trabalho.

§ 3º. Nas hipóteses das letras "d" e "g", poderá o empregado pleitear a rescisão de seu contrato de trabalho e o pagamento das respectivas indenizações, permanecendo ou não no serviço até final decisão do processo.

(*) § 3º acrescido pela Lei nº 4.825/1965.

Art. 484. Havendo culpa recíproca no ato que determinou a rescisão do contrato de trabalho, o tribunal de trabalho reduzirá a indenização à que seria devida em caso de culpa exclusiva do empregador, por metade.

Art. 484-A. O contrato de trabalho poderá ser extinto por acordo entre empregado e empregador, caso em que serão devidas as seguintes verbas trabalhistas:

I – por metade:

a) o aviso-prévio, se indenizado; e

b) a indenização sobre o saldo do Fundo de Garantia do Tempo de Serviço, prevista no § 1º do art. 18 da Lei nº 8.036, de 11 de maio de 1990;

(*) Lei nº 8.036, de 11 de maio de 1990: ***Art. 18.*** *Ocorrendo rescisão do contrato de trabalho, por parte do empregador, ficará este obrigado a depositar na conta vinculada do trabalhador no FGTS os valores relativos aos depósitos referentes ao mês da rescisão e ao imediatamente anterior, que ainda não houver sido recolhido, sem prejuízo das cominações legais. § 1º. Na hipótese de despedida pelo empregador sem justa causa, depositará este, na conta vinculada do trabalhador no FGTS, importância igual a quarenta por cento do montante de todos os depósitos realizados na conta vinculada durante a vigência do contrato de trabalho, atualizados monetariamente e acrescidos dos respectivos juros.*

II – na integralidade, as demais verbas trabalhistas.

§ 1º. A extinção do contrato prevista no *caput* deste artigo permite a movimentação da conta vinculada do trabalhador no Fundo de Garantia do Tempo de Serviço na forma do inciso I-A do art. 20 da Lei nº 8.036, de 11 de maio de 1990, limitada até 80% (oitenta por cento) do valor dos depósitos.

(*) Lei nº 8.036, de 11 de maio de 1990: ***Art. 20.*** *A conta vinculada do trabalhador no FGTS poderá ser movimentada nas seguintes situações: (...) I-A – extinção do contrato de trabalho prevista no art. 484-A da Consolidação das Leis do Trabalho (CLT), aprovada pelo Decreto-Lei nº 5.452, de 1º de maio de 1943; (...).*

§ 2º. A extinção do contrato por acordo prevista no *caput* deste artigo não autoriza o ingresso no Programa de Seguro-Desemprego.

(*) Art. 484-A acrescido pela Lei nº 13.467/2017.

Art. 485. Quando cessar a atividade da empresa, por morte do empregador, os empregados terão direito, conforme o caso, à indenização a que se referem os art. 477 e 497.

Art. 486. No caso de paralisação temporária ou definitiva do trabalho, motivada por ato de autoridade municipal, estadual ou federal, ou pela promulgação de lei ou resolução que impossibilite a continuação da atividade, prevalecerá o pagamento da indenização, que ficará a cargo do governo responsável.

(*) Art. 486, *caput*, alterado pelo Decreto-Lei nº 6.110/1943 e com redação dada pela Lei nº 1.530/1951.

§ 1º. Sempre que o empregador invocar em sua defesa o preceito do presente artigo, o tribunal do trabalho competente notificará a pessoa de direito público apontada como responsável pela paralisação do trabalho, para que, no prazo de 30 (trinta) dias, alegue o que entender devido, passando a figurar no processo como chamada à autoria.

(*) § 1º acrescido pelo Decreto-Lei nº 6.110/1943.

§ 2º. Sempre que a parte interessada, firmada em documento hábil, invocar defesa baseada na disposição deste artigo e indicar qual o juiz competente, será ouvida a parte contrária, para, dentro de 3 (três) dias, falar sobre essa alegação.

(*) § 2º acrescido pelo Decreto-Lei nº 6.110/1943, e com redação dada pela Lei nº 1.530/1951.

§ 3º. Verificada qual a autoridade responsável, a Junta de Conciliação ou Juiz dar-se-á por incompetente, remetendo os autos ao Juiz Privativo da Fazenda, perante o qual correrá o feito nos termos previstos no processo comum.

(*) § 3º acrescido pela Lei nº 1.530/1951.

(*) Vide EC nº 24/1999, que substituiu as Juntas de Conciliação e Julgamento por Varas do Trabalho (juiz singular) e extinguiu a representação classista (vogal).

(*) Vide Lei nº 5.010/1966, que transferiu a competência das Varas da Fazenda para os Juízes Federais.

Capítulo VI
DO AVISO-PRÉVIO

(*) Vide art. 1º da Lei nº 12.506/2011, que dispõe sobre o aviso-prévio: ***Art. 1º.*** *O aviso-prévio, de que trata o Capítulo VI do Título IV da Consolidação das Leis do Trabalho – CLT, aprovada pelo Decreto-Lei nº 5.452, de 1º de maio de 1943, será concedido na proporção de 30 (trinta) dias aos empregados que contem até 1 (um) ano de serviço na mesma empresa. Parágrafo único. Ao aviso-prévio previsto neste artigo serão acrescidos 3 (três) dias por ano de serviço prestado na mesma empresa, até o máximo de 60 (sessenta) dias, perfazendo um total de até 90 (noventa) dias.*

(*) V. arts. 391-A, 484 e 484-A da CLT.

Art. 487. Não havendo prazo estipulado, a parte que, sem justo motivo, quiser rescindir o contrato deverá avisar a outra da sua resolução com a antecedência mínima de:

I – oito dias, se o pagamento for efetuado por semana ou tempo inferior;

(*) Inciso I com redação dada pela Lei nº 1.530/1951.

(*) Entendemos prejudicado este inciso I ante a redação do inciso XXI do art. 7º da CF/1988: ***Art. 7º.*** *São direitos dos trabalhadores urbanos e rurais, além de outros que visem à melhoria de sua condição social: [...] XXI – aviso-prévio proporcional ao tempo de serviço, sendo no mínimo de trinta dias, nos termos da lei; [...].*

II – trinta dias aos que perceberem por quinzena ou mês, ou que tenham mais de 12 (doze) meses de serviço na empresa.

(*) Inciso II com redação dada pela Lei nº 1.530/1951.

§ 1º. A falta do aviso-prévio por parte do empregador dá ao empregado o direito aos salários correspondentes ao prazo do aviso, garantida sempre a integração desse período no seu tempo de serviço.

§ 2º. A falta de aviso-prévio por parte do empregado dá ao empregador o direito de descontar os salários correspondentes ao prazo respectivo.

§ 3º. Em se tratando de salário pago na base de tarefa, o cálculo, para os efeitos dos parágrafos anteriores, será feito de acordo com a média dos últimos 12 (doze) meses de serviço.

§ 4º. É devido o aviso-prévio na despedida indireta.

(*) § 4º acrescido pela Lei nº 7.108/1983.

§ 5º. O valor das horas extraordinárias habituais integra o aviso-prévio indenizado.

(*) § 5º acrescido pela Lei nº 10.218/2001.

§ 6º. O reajustamento salarial coletivo, determinado no curso do aviso-prévio, beneficia o empregado pré-avisado da despedida, mesmo que tenha recebido antecipadamente os salários correspondentes ao período do aviso, que integra seu tempo de serviço para todos os efeitos legais.

(*) § 6º acrescido pela Lei nº 10.218/2001.

Art. 488. O horário normal de trabalho do empregado, durante o prazo do aviso, e se a rescisão tiver sido promovida pelo empregador, será reduzido de 2 (duas) horas diárias, sem prejuízo do salário integral.

Parágrafo único. É facultado ao empregado trabalhar sem a redução das 2 (duas) horas diárias previstas neste artigo, caso em que poderá faltar ao serviço, sem prejuízo do salário integral, por 1 (um) dia, na hipótese do inciso I, e por 7 (sete) dias corridos, na hipótese do inciso II do art. 487 desta Consolidação.

(*) Parágrafo único acrescido pela Lei nº 7.093/1983.

Art. 489. Dado o aviso-prévio, a rescisão torna-se efetiva depois de expirado o respectivo prazo, mas, se a parte notificante reconsiderar o ato, antes de seu termo, à outra parte é facultado aceitar ou não a reconsideração.

Parágrafo único. Caso seja aceita a reconsideração ou continuando a prestação depois de expirado o prazo, o contrato continuará a vigorar, como se o aviso-prévio não tivesse sido dado.

Art. 490. O empregador que, durante o prazo do aviso-prévio dado ao empregado, praticar ato que justifique a rescisão imediata do contrato, sujeita-se ao pagamento da remuneração correspondente ao prazo do referido aviso, sem prejuízo da indenização que for devida.

Art. 491. O empregado que, durante o prazo do aviso-prévio, cometer qualquer das faltas consideradas pela lei como justas para a rescisão, perde o direito ao restante do respectivo prazo.

Capítulo VII
DA ESTABILIDADE

(*) Vide Lei nº 8.036/1990, regulamentada pelo Decreto nº 99.684/1990, que dispõe sobre o Fundo de Garantia por Tempo de Serviço.

(*) Vide Lei nº 5.764/1971, que define a Política Nacional de Cooperativismo e institui o regime jurídico das sociedades cooperativas.

Art. 492. O empregado que contar mais de 10 (dez) anos de serviço na mesma empresa não poderá ser despedido senão por motivo de falta grave ou circunstância de força maior, devidamente comprovadas.

Parágrafo único. Considera-se como de serviço todo o tempo em que o empregado esteja à disposição do empregador.

Art. 493. Constitui falta grave a prática de qualquer dos fatos a que se refere o art. 482, quando por sua repetição ou natureza representem séria violação dos deveres e obrigações do empregado.

Art. 494. O empregado acusado de falta grave poderá ser suspenso de suas funções, mas a sua despedida só se tornará efetiva após o inquérito e que se verifique a procedência da acusação.

Parágrafo único. A suspensão, no caso deste artigo, perdurará até a decisão final do processo.

Art. 495. Reconhecida a inexistência de falta grave praticada pelo empregado, fica o empregador obrigado a readmiti-lo no serviço e a pagar-lhe os salários a que teria direito no período da suspensão.

Art. 496. Quando a reintegração do empregado estável for desaconselhável, dado o grau de incompatibilidade resultante do dissídio, especialmente quando for o empregador pessoa física, o tribunal do trabalho poderá converter aquela obrigação em indenização devida nos termos do artigo seguinte.

Art. 497. Extinguindo-se a empresa, sem a ocorrência de motivo de força maior, ao empregado estável despedido é garantida a indenização por rescisão do contrato por prazo indeterminado, paga em dobro.

(*) V. arts. 469, § 2º; 475, § 1º; 485; 497; 498; e 502 da CLT.

Art. 498. Em caso de fechamento do estabelecimento, filial ou agência, ou supressão necessária de atividade, sem ocorrência de motivo de força maior, é assegurado aos empregados estáveis, que ali exerçam suas funções, direito à indenização, na forma do artigo anterior.

(*) V. arts. 469, § 2º; 498; e 502 da CLT.

Art. 499. Não haverá estabilidade no exercício dos cargos de diretoria, gerência ou outros de confiança imediata do empregador, ressalvado o cômputo do tempo de serviço para todos os efeitos legais.

§ 1º. Ao empregado garantido pela estabilidade que deixar de exercer cargo de confiança, é assegurada, salvo no caso de falta grave, a reversão ao cargo efetivo que haja anteriormente ocupado.

§ 2º. Ao empregado despedido sem justa causa, que só tenha exercido cargo de confiança e que contar mais de 10 (dez) anos de serviço na mesma empresa, é garantida a indenização proporcional ao tempo de serviço nos termos dos arts. 477 e 478.

§ 3º. A despedida que se verificar com o fim de obstar ao empregado a aquisição de estabilidade sujeitará o empregador a pagamento em dobro da indenização prescrita nos arts. 477 e 478.

Art. 500. O pedido de demissão do empregado estável só será válido quando feito com a assistência do respectivo Sindicato e, se não o houver, perante autoridade local competente do Ministério do Trabalho e Previdência Social♦ ou da Justiça do Trabalho.

(*) Art. 500 revogado pela Lei nº 5.562/1968, revigorado com nova redação pela Lei nº 5.584/1970 e corrigido pelo Decreto-Lei nº 6.353/1944.

♦ Atual denominação: "Ministério da Economia", nos termos da Lei nº 13.844/2019.

(*) Vide art. 11 da Lei nº 4.725/1965, que determinou que a assistência será gratuita, vedada aos órgãos e autoridades a quem for solicitada a cobrança de qualquer importância para o atendimento de custas, taxas, emolumentos, remuneração ou a qualquer título.

Capítulo VIII
DA FORÇA MAIOR

Art. 501. Entende-se como força maior todo acontecimento inevitável, em relação à vontade do empregador, e para a realização do qual este não concorreu, direta ou indiretamente.

(*) V. art. 61 da CLT.

§ 1º. A imprevidência do empregador exclui a razão de força maior.

§ 2º. À ocorrência do motivo de força maior que não afetar substancialmente, nem for suscetível de afetar, em tais condições, a situação econômica e financeira da empresa não se aplicam as restrições desta Lei referentes ao disposto neste Capítulo.

Art. 502. Ocorrendo motivo de força maior que determine a extinção da empresa, ou de um dos estabelecimentos em que trabalhe o empregado, é assegurada a este, quando despedido, uma indenização na forma seguinte:

I – sendo estável, nos termos dos arts. 477 e 478;

II – não tendo direito à estabilidade, metade da que seria devida em caso de rescisão sem justa causa;

III – havendo contrato por prazo determinado, aquela a que se refere o art. 479 desta Lei, reduzida igualmente à metade.

Art. 503. É lícita, em caso de força maior ou prejuízos devidamente comprovados, a redução geral dos salários dos empregados da empresa, proporcionalmente aos salários de cada um, não podendo, entretanto, ser superior a 25% (vinte e cinco por cento), respeitado, em qualquer caso, o salário-mínimo da região.

Parágrafo único. Cessados os efeitos decorrentes do motivo de força maior, é garantido o restabelecimento dos salários reduzidos.

Art. 504. Comprovada a falsa alegação do motivo de força maior, é garantida a reintegração aos empregados estáveis, e aos não estáveis o complemento da indenização já percebida, assegurado a ambos o pagamento da remuneração atrasada.

Capítulo IX
DISPOSIÇÕES ESPECIAIS

Art. 505. São aplicáveis aos trabalhadores rurais os dispositivos constantes dos Capítulos I, II e VI do presente Título.

(*) Capítulo I: arts. 442 a 456-A; Capítulo II: arts. 457 a 467; e Capítulo VI: arts. 487 a 491 da CLT.

Art. 506. No contrato de trabalho agrícola é lícito o acordo que estabelecer a remuneração *in natura*, contanto que seja de produtos obtidos pela exploração do negócio e não exceda de 1/3 (um terço) do salário total do empregado.

Art. 507. As disposições do Capítulo VII do presente Título não serão aplicáveis aos empregados em consultórios ou escritórios de profissionais liberais.

(*) Capítulo VII: arts. 492 a 500 da CLT.

Parágrafo único. (Revogado).

(*) Parágrafo único revogado pela Lei nº 6.533/1978.

Art. 507-A. Nos contratos individuais de trabalho cuja remuneração seja superior a duas vezes o limite máximo estabelecido para os benefícios do Regime Geral de Previdência Social, poderá ser pactuada cláusula compromissória de arbitragem, desde que por iniciativa do empregado ou mediante a sua concordância expressa, nos termos previstos na Lei nº 9.307, de 23 de setembro de 1996.

(*) Art. 507-A acrescido pela Lei nº 13.467/2017.

(*) Lei nº 9.307, de 23 de setembro de 1996, dispõe sobre a Arbitragem.

Art. 507-B. É facultado a empregados e empregadores, na vigência ou não do contrato de emprego, firmar o termo de quitação anual de obrigações trabalhistas, perante o sindicato dos empregados da categoria.

Parágrafo único. O termo discriminará as obrigações de dar e fazer cumpridas mensalmente e dele constará a quitação anual dada pelo empregado, com eficácia liberatória das parcelas nele especificadas.

(*) Art. 507-B acrescido pela Lei nº 13.467/2017.

Art. 508. (Revogado).

(*) Art. 508 revogado pela Lei nº 12.347/2010.

Art. 509. (Revogado).

(*) Art. 509 revogado pela Lei nº 6.533/1978.

Art. 510. Às empresas que infringirem o disposto neste Título será aplicada a multa prevista no inciso I do *caput* do art. 634-A.

(*) Art. 510 alterado pelo Decreto-Lei nº 229/1967, pela Lei nº 5.562/1968 e com redação dada pela MP nº 905/2019.

TÍTULO IV-A
DA REPRESENTAÇÃO DOS EMPREGADOS

(*) Título IV-A acrescido pela Lei nº 13.467/2017.

Art. 510-A. Nas empresas com mais de duzentos empregados, é assegurada a eleição de uma comissão para representá-los, com a finalidade de promover-lhes o entendimento direto com os empregadores.

§ 1º. A comissão será composta:

I – nas empresas com mais de duzentos e até três mil empregados, por três membros;

II – nas empresas com mais de três mil e até cinco mil empregados, por cinco membros;

III – nas empresas com mais de cinco mil empregados, por sete membros.

§ 2º. No caso de a empresa possuir empregados em vários Estados da Federação e no Distrito Federal, será assegurada a eleição de uma comissão de representantes dos empregados por Estado ou no Distrito Federal, na mesma forma estabelecida no § 1º deste artigo.

(*) Art. 510-A acrescido pela Lei nº 13.467/2017.

Art. 510-B. A comissão de representantes dos empregados terá as seguintes atribuições:

I – representar os empregados perante a administração da empresa;

II – aprimorar o relacionamento entre a empresa e seus empregados com base nos princípios da boa-fé e do respeito mútuo;

III – promover o diálogo e o entendimento no ambiente de trabalho com o fim de prevenir conflitos;

IV – buscar soluções para os conflitos decorrentes da relação de trabalho, de forma rápida e eficaz, visando à efetiva aplicação das normas legais e contratuais;

V – assegurar tratamento justo e imparcial aos empregados, impedindo qualquer forma de discriminação por motivo de sexo, idade, religião, opinião política ou atuação sindical;

VI – encaminhar reivindicações específicas dos empregados de seu âmbito de representação;

VII – acompanhar o cumprimento das leis trabalhistas, previdenciárias e das convenções coletivas e acordos coletivos de trabalho.

§ 1º. As decisões da comissão de representantes dos empregados serão sempre colegiadas, observada a maioria simples.

§ 2º. A comissão organizará sua atuação de forma independente.

(*) Art. 510-B acrescido pela Lei nº 13.467/2017.

(*) V. art. 510-C, § 5º, da CLT.

Art. 510-C. A eleição será convocada, com antecedência mínima de trinta dias, contados do término do mandato anterior, por meio de edital que deverá ser fixado na empresa, com ampla publicidade, para inscrição de candidatura.

§ 1º. Será formada comissão eleitoral, integrada por cinco empregados, não candidatos, para a organização e o acompanhamento do processo eleitoral, vedada a interferência da empresa e do sindicato da categoria.

§ 2º. Os empregados da empresa poderão candidatar-se, exceto aqueles com contrato de trabalho por prazo determinado, com contrato suspenso ou que estejam em período de aviso-prévio, ainda que indenizado.

§ 3º. Serão eleitos membros da comissão de representantes dos empregados os candidatos mais votados, em votação secreta, vedado o voto por representação.

§ 4º. A comissão tomará posse no primeiro dia útil seguinte à eleição ou ao término do mandato anterior.

§ 5º. Se não houver candidatos suficientes, a comissão de representantes dos empregados poderá ser formada com número de membros inferior ao previsto no art. 510-A desta Consolidação.

§ 6º. Se não houver registro de candidatura, será lavrada ata e convocada nova eleição no prazo de um ano.

(*) Art. 510-C acrescido pela Lei nº 13.467/2017.

Art. 510-D. O mandato dos membros da comissão de representantes dos empregados será de um ano.

§ 1º. O membro que houver exercido a função de representante dos empregados na comissão não poderá ser candidato nos dois períodos subsequentes.

§ 2º. O mandato de membro de comissão de representantes dos empregados não implica suspensão ou interrupção do contrato de trabalho, devendo o empregado permanecer no exercício de suas funções.

§ 3º. Desde o registro da candidatura até um ano após o fim do mandato, o membro da comissão de representantes dos empregados não poderá sofrer despedida arbitrária, entendendo-se como tal a que não se fundar em motivo disciplinar, técnico, econômico ou financeiro.

§ 4º. Os documentos referentes ao processo eleitoral devem ser emitidos em duas vias, as quais permanecerão sob a guarda dos empregados e da empresa pelo prazo de cinco anos, à disposição para consulta de qualquer trabalhador interessado, do Ministério Público do Trabalho e do Ministério do Trabalho♦.

(*) Art. 510-D acrescido pela Lei nº 13.467/2017.

♦ Atual denominação: "Ministério da Economia", nos termos da Lei nº 13.844/2019.

(*) *Art. 510-E, vide MP nº 808/2017 (art. 1º), com vigência no período de 14.11.2017 a 23.4.2018. Os atos praticados durante o período de sua vigência foram por ela legitimados.*

TÍTULO V
DA ORGANIZAÇÃO SINDICAL

(*) Vide CF/1988, que dispõe sobre a Associação Sindical nos seguintes termos: ***Art. 8º.*** *É livre a associação profissional ou sindical, observado o seguinte: I – a lei não poderá exigir autorização do Estado para a fundação de sindicato, ressalvado o registro no órgão competente, vedadas ao Poder Público a interferência e a intervenção na organização sindical; II – é vedada a criação de mais de uma organização sindical, em qualquer grau, representativa de categoria profissional ou econômica, na mesma base territorial, que será definida pelos trabalhadores ou empregadores interessados, não podendo ser inferior à área de um Município; III – ao sindicato cabe a defesa dos direitos e interesses coletivos ou individuais da categoria, inclusive em questões judiciais ou administrativas; IV – a assembleia geral fixará a contribuição que, em se tratando de categoria profissional, será descontada em folha, para custeio do sistema confederativo da representação sindical respectiva, independentemente da contribuição prevista em lei; V – ninguém será obrigado a filiar-se ou a manter-se filiado a sindicato; VI – é obrigatória a participação dos sindicatos nas negociações coletivas de trabalho; VII – o aposentado filiado tem direito a votar e ser votado nas organizações sindicais; VIII – é vedada a dispensa do empregado sindicalizado a partir do registro da candidatura a cargo de direção ou representação sindical e, se eleito, ainda que suplente, até um ano após o final do mandato, salvo se cometer falta grave nos termos da lei. Parágrafo único. As disposições deste artigo aplicam-se à organização de sindicatos rurais e de colônias de pescadores, atendidas as condições que a lei estabelecer.*

(*) Vide Lei nº 11.648/2008, que dispõe sobre o reconhecimento formal das Centrais Sindicais.

(*) Vide Convenção nº 98 da OIT, que dispõe sobre o direito de sindicalização e de negociação coletiva.

(*) Vide Portaria MTE nº 186/2008, que prescreve procedimentos administrativos para acatar pedidos de registro sindical no Ministério da Economia.

Capítulo I
DA INSTITUIÇÃO SINDICAL

Seção I
Da Associação em Sindicato

Art. 511. É lícita a associação para fins de estudo, defesa e coordenação dos seus interesses econômicos ou profissionais de todos os que, como empregadores, empregados, agentes ou trabalhadores autônomos ou profissionais liberais exerçam, respectivamente, a mesma atividade ou profissão ou atividades ou profissões similares ou conexas.

(*) Vide Lei nº 4.886/1965, que regula as atividades dos representantes comerciais autônomos.

(*) V. art. 558 da CLT.

§ 1º. A solidariedade de interesses econômicos dos que empreendem atividades idênticas, similares ou conexas, constitui o vínculo social básico que se denomina categoria econômica.

§ 2º. A similitude de condições de vida oriunda da profissão ou trabalho em comum, em situação de emprego na mesma atividade econômica ou em atividades econômicas similares ou conexas, compõe a expressão social elementar compreendida como categoria profissional.

§ 3º. Categoria profissional diferenciada é a que se forma dos empregados que exerçam profissões ou funções diferenciadas por força de estatuto profissional especial ou em consequência de condições de vida singulares.

§ 4º. Os limites de identidade, similaridade ou conexidade fixam as dimensões dentro das quais a categoria econômica ou profissional é homogênea e a associação é natural.

(*) V. art. 521, "d", da CLT.

Art. 512. Somente as associações profissionais constituídas para os fins e na forma do artigo anterior e registradas de acordo com o art. 558 poderão ser reconhecidas como Sindicatos e investidas nas prerrogativas definidas nesta Lei.

Art. 513. São prerrogativas dos sindicatos:

(*) V. art. 520, parágrafo único, da CLT.

a) representar, perante as autoridades administrativas e judiciárias os interesses gerais da respectiva categoria ou profissão liberal ou interesses individuais dos associados relativos á atividade ou profissão exercida;

(*) Vide Lei nº 8.073/1990, que legaliza as entidades sindicais como substitutos processuais: ***Art. 3º.*** *As entidades sindicais poderão atuar como substitutos processuais dos integrantes da categoria.*

b) celebrar contratos coletivos de trabalho;

(*) Vide Decreto-Lei nº 229/1967, art. 20.

c) eleger ou designar os representantes da respectiva categoria ou profissão liberal;

d) colaborar com o Estado, como órgãos técnicos e consultivos, na estudo e solução dos problemas que se relacionam com a respectiva categoria ou profissão liberal;

(*) V. arts. 558 e 559 da CLT.

e) impor contribuições a todos aqueles que participam das categorias econômicas ou profissionais ou das profissões liberais representadas.

Parágrafo único. Os sindicatos de empregados terão, outrossim, a prerrogativa de fundar e manter agências de colocação.

Art. 514. São deveres dos sindicatos:

(*) V. art. 520, parágrafo único, da CLT.

a) colaborar com os poderes públicos no desenvolvimento da solidariedade social;

b) manter serviços de assistência judiciária para os associados;

c) promover a conciliação nos dissídios de trabalho;

d) sempre que possível, e de acordo com as suas possibilidades, manter no seu quadro de pessoal, em convênio com entidades assistenciais ou por conta própria, um assistente social com as atribuições específicas de promover a cooperação operacional na empresa e a integração profissional na Classe.

(*) Alínea "d" acrescida pela Lei nº 6.200/1975.

Parágrafo único. Os sindicatos de empregados terão, outrossim, o dever de:

a) promover a fundação de cooperativas de consumo e de crédito;

b) fundar e manter escolas do alfabetização e pré-vocacionais.

Seção II
Do Reconhecimento e Investidura Sindical

Art. 515. As associações profissionais deverão satisfazer os seguintes requisitos para serem reconhecidas como sindicatos:

a) reunião de um terço, no mínimo, de empresas legalmente constituídas, sob a forma individual ou de sociedade, se se tratar de associação de empregadores; ou de um terço dos que integrem a mesma categoria ou exerçam a mesma profissão liberal se se tratar de associação de empregados ou de trabalhadores ou agentes autônomos ou de profissão liberal;

b) duração de 3 (três) anos para o mandato da diretoria;

(*) Alínea "b" com redação dada pelo Decreto-Lei nº 771/1969.

(*) V. art. 537, § 1º, da CLT.

c) exercício do cargo de presidente por brasileiro nato, e dos demais cargos de administração e representação por brasileiros.

(*) Vide nota ao art. 325, § 4º, da CLT.

(*) V. art. 537, § 1º, da CLT.

Parágrafo único. O Ministro do Trabalho, Indústria, e Comércio♦ poderá, excepcionalmente, reconhecer como sindicato a associação cujo número de associados seja inferior ao terço a que se refere a alínea "a".

♦ Atual denominação: "Ministro da Economia", nos termos do Decreto nº 9.745/2019.

Art. 516. Não será reconhecido mais de um Sindicato representativo da mesma categoria econômica ou profissional, ou profissão liberal, em uma dada base territorial.

Art. 517. Os sindicatos poderão ser distritais, municipais, intermunicipais, estaduais e interestaduais. Excepcionalmente, e atendendo às peculiaridades de determinadas categorias ou profissões, o Ministro do Trabalho, Indústria e Comércio♦ poderá autorizar o reconhecimento de sindicatos nacionais.

♦ Atual denominação: "Ministro da Economia", nos termos do Decreto nº 9.745/2019.

§ 1º. O Ministro do Trabalho, Indústria e Comércio♦, outorgará e delimitará a base territorial do sindicato.

♦ Atual denominação: "Ministro da Economia", nos termos do Decreto nº 9.745/2019.

§ 2º. Dentro da base territorial que lhe for determinada é facultado ao sindicato instituir delegacias ou secções para melhor proteção dos associados e da categoria econômica ou profissional ou profissão liberal representada.

(*) V. art. 523 da CLT.

Art. 518. O pedido de reconhecimento será dirigido ao Ministro do Trabalho, Indústria e Comércio♦, instruído com exemplar ou cópia autenticada dos estatutos da associação.

♦ Atual denominação: "Ministro da Economia", nos termos do Decreto nº 9.745/2019.

§ 1º. Os estatutos deverão conter:

a) a denominação e a sede da associação;

b) a categoria econômica ou profissional ou a profissão liberal cuja representação é requerida;

c) a afirmação de que a associação agirá como órgão de colaboração com os poderes públicos e as demais associações no sentido da solidariedade social e da subordinação dos interesses econômicos ou profissionais ao interesse nacional;

d) as atribuições, o processo eleitoral e das votações, os casos de perda de mandato e de substituição dos administradores;

e) o modo de constituição e administração do patrimônio social e o destino que lhe será dado no caso de dissolução;

f) as condições em que se dissolverá associação.

§ 2º. O processo de reconhecimento será regulado em instruções baixadas pelo Ministro do Trabalho, Indústria e Comércio♦.

♦ Atual denominação: "Ministro da Economia", nos termos do Decreto nº 9.745/2019.

Art. 519. A investidura sindical será conferida sempre à associação profissional mais representativa, a juízo do Ministro do Trabalho, constituindo elementos para essa apreciação, entre outros:

a) o número de associados;

b) os serviços sociais fundados e mantidos;

c) o valor do patrimônio.

Art. 520. Reconhecida como sindicato a associação profissional, ser-lhe-á expedida carta de reconhecimento, assinada pelo Ministro do Trabalho, Indústria e Comércio♦, na qual será especificada a representação econômica ou profissional conferida e mencionada a base territorial outorgada.

♦ Atual denominação: "Ministro da Economia", nos termos do Decreto nº 9.745/2019.

Parágrafo único. O reconhecimento investe a associação nas prerrogativas do art. 513 e a obriga aos deveres do art. 514, cujo inadimplemento a sujeitará às sanções desta Lei.

Art. 521. São condições para o funcionamento do Sindicato:

a) proibição de qualquer propaganda de doutrinas incompatíveis com as instituições e os interesses da Nação, bem como de candidaturas a cargos eletivos estranhos ao sindicato.

(*) Alínea "a" com redação dada pelo Decreto-Lei nº 9.502/1946.

b) proibição de exercício de cargo eletivo cumulativamente com o de emprego remunerado pelo sindicato ou por entidade sindical de grau superior;

c) gratuidade do exercício dos cargos eletivos;

d) proibição de quaisquer atividades não compreendidas nas finalidades mencionadas no art. 511, inclusive as de caráter político-partidário;

(*) Alínea "d" acrescida pelo Decreto-Lei nº 9.502/1946.

e) proibição de cessão gratuita ou remunerada da respectiva sede a entidade de índole político-partidária.

(*) Alínea "e" acrescida pelo Decreto-Lei nº 9.502/1946.

Parágrafo único. Quando, para o exercício de mandato, tiver o associado de sindicato de empregados, de trabalhadores autônomos ou de profissionais liberais de se afastar do seu trabalho, poderá ser-lhe arbitrada pela assembleia geral uma gratificação nunca excedente da importância de sua remuneração na profissão respectiva.

Seção III
Da Administração do Sindicato

Art. 522. A administração do sindicato será exercida por uma diretoria constituída no máximo de sete e no mínimo de três membros e de um Conselho Fiscal composto de três membros, eleitos esses órgãos pela Assembleia Geral.

§ 1º. A diretoria elegerá, dentre os seus membros, o presidente do sindicato.

§ 2º. A competência do Conselho Fiscal é limitada à fiscalização da gestão financeira do sindicato.

§ 3º. Constituirão atribuição exclusiva da Diretoria do Sindicato e dos Delegados Sindicais, a que se refere o art. 523, a representação e a defesa dos interesses da entidade perante os poderes públicos e as empresas, salvo mandatário com poderes outorgados por procuração da Diretoria, ou associado investido em representação prevista em lei.

(*) § 3º acrescido pelo Decreto-Lei nº 9.502/1946.

Art. 523. Os Delegados Sindicais destinados à direção das delegacias ou seções instituídas na forma estabelecida no § 2º do art. 517 serão designados pela diretoria dentre os associados radicados no território da correspondente delegacia.

(*) V. art. 522 da CLT.

Art. 524. Serão sempre tomadas por escrutínio secreto, na forma estatutária, as deliberações da Assembleia Geral concernentes aos seguintes assuntos:

(*) Art. 524, *caput*, alterado pelo Decreto-Lei nº 9.502/1946 e com redação dada pela Lei nº 2.693/1955.

a) eleição de associado para representação da respectiva categoria prevista em lei;

(*) Alínea "a" com redação dada pelo Decreto-Lei nº 9.502/1946.

b) tomada e aprovação de contas da diretoria;

(*) Alínea "b" com redação dada pelo Decreto-Lei nº 9.502/1946.

c) aplicação do patrimônio;

(*) Alínea "c" com redação dada pelo Decreto-Lei nº 9.502/1946.

d) julgamento dos atos da Diretoria, relativos a penalidades impostas a associados;

(*) Alínea "d" com redação dada pelo Decreto-Lei nº 9.502/1946.

e) pronunciamento sobre relações ou dissídio de trabalho. Neste caso, as deliberações da Assembleia Geral só serão consideradas válidas quando ela tiver sido especialmente convocada para esse fim, de acordo com as disposições dos estatutos da entidade sindical. O *quorum* para validade da Assembleia será de metade mais um dos associados quites; não obtido esse *quorum* em primeira convocação, reunir-se-á a Assembleia em segunda convocação com os presentes, considerando-se aprovadas as deliberações que obtiverem 2/3 (dois terços) dos votos.

(*) Alínea "e" acrescida pela Lei nº 2.693/1955.

§ 1º. A eleição para cargos de diretoria e conselho fiscal será realizada por escrutínio secreto, durante 6 (seis) horas contínuas, pelo menos, na sede do Sindicato, na de suas delegacias e seções e nos principais locais de trabalho, onde funcionarão as mesas coletoras designadas pelos Delegados Regionais do Trabalho.

(*) § 1º acrescido pelo Decreto-Lei nº 9.502/1946.

§ 2º. Concomitantemente ao término do prazo estipulado para a votação, instalar-se-á, em Assembleia Eleitoral pública e permanente, na sede do Sindicato, a mesa apuradora, para a qual serão enviadas, imediatamente, pelos presidentes das mesas coletoras, as urnas receptoras e as atas respectivas. Será facultada a designação de mesa apuradora supletiva sempre que as peculiaridades ou conveniências do pleito a exigirem.

(*) § 2º acrescido pelo Decreto-Lei nº 9.502/1946.

§ 3º. A mesa apuradora será presidida por membro do Ministério Público do Trabalho ou pessoa de notória idoneidade, designado pelo Procurador-Geral da Justiça do Trabalho ou Procuradores Regionais.

(*) § 3º acrescido pelo Decreto-Lei nº 9.502/1946.

§ 4º. O pleito só será válido na hipótese de participarem da votação mais de 2/3 (dois terços) dos associados com capacidade para votar. Não obtido esse coeficiente, será realizada nova eleição dentro de 15 (quinze) dias, a qual terá validade se nela tomarem parte mais de 50% (cinquenta por cento) dos referidos associados. Na hipótese de não ter sido alcançado, na segunda votação, o coeficiente exigido, será realizado o terceiro e último pleito, cuja validade dependerá do voto de mais de 40% (quarenta por cento) dos aludidos associados, proclamando o Presidente da mesa apuradora em qualquer dessas hipóteses os eleitos, os quais serão empossados automaticamente na data do término do mandato expirante, não tendo efeito suspensivo os protestos ou recursos oferecidos na conformidade da lei.

(*) § 4º acrescido pelo Decreto-Lei nº 9.502/1946 e com redação dada pela Lei nº 2.693/1955.

§ 5º. Não sendo atingido o coeficiente legal para eleição, o Ministério do Trabalho, Indústria e Comércio♦ declarará a vacância da administração, a partir do término do mandato dos membros em exercício, e designará administrador para o Sindicato, realizando-se novas eleições dentro de 6 (seis) meses.

(*) § 5º acrescido pelo Decreto-Lei nº 9.502/1946.

♦ Atual denominação: "Ministério da Economia", nos termos da Lei nº 13.844/2019.

Art. 525. É vedada a pessoas físicas ou jurídicas, estranhas ao Sindicato, qualquer interferência na sua administração ou nos seus serviços.

(*) Art. 525, *caput*, com redação dada pelo Decreto-Lei nº 9.502/1946.

Parágrafo único. Estão excluídos dessa proibição:

a) os delegados do Ministério do Trabalho, Indústria e Comércio♦, especialmente designados pelo Ministro ou por quem o represente;

♦ Atual denominação: "Ministro da Economia", nos termos do Decreto nº 9.745/2019.

b) os que, como empregados, exerçam cargos no Sindicato mediante autorização da Assembleia Geral.

Art. 526. Os empregados do Sindicato serão nomeados pela diretoria respectiva *ad referendum*, da Assembleia Geral, não podendo recair tal nomeação nos que estiverem nas condições previstas nos itens II, IV, V, VI, VII e VIII do art. 530 e, na hipótese de o nomeador haver sido dirigente sindical, também nas do item I do mesmo artigo.

(*) Art. 526, *caput*, com redação dada pelo Decreto-Lei nº 925/1969.

Parágrafo único. (Revogado).

(*) Parágrafo único revogado pela Lei nº 11.295/2006.

§ 2º. Aplicam-se ao empregado de entidade sindical os preceitos das leis de proteção do trabalho e de previdência social, inclusive o direito de associação em sindicato.

(*) § 2º acrescido pela Lei nº 11.295/2006.

Art. 527. Na sede de cada sindicato haverá um livro de registro, autenticado pelo funcionário competente do Ministério do Trabalho, Indústria e Comércio♦, e do qual deverão constar:

♦ Atual denominação: "Ministério da Economia", nos termos da Lei nº 13.844/2019.

a) tratando-se de sindicato de empregadores; a firma, individual ou coletiva, ou a denominação das empresas e sua sede, o nome, idade, estado civil, nacionalidade e residência dos respectivos sócios ou, em se tratando de sociedade por ações, dos diretores, bem como a indicação desses dados quanto ao sócio ou diretor que representar a empresa no sindicato;

b) tratando-se de sindicato de empregados ou de agentes ou trabalhadores autônomos ou de profissionais liberais, alem do nome, idade, estado civil, nacionalidade, profissão ou função e residência de cada associado, o estabelecimento ou lugar onde exerce a sua profissão ou função, o número e a série da respectiva carteira profissional♦ e o número da inscrição na instituição de previdência a que pertencer.

♦ Atual denominação: "Carteira de Trabalho e Previdência Social", nos termos do Decreto-Lei nº 926/1969.

Art. 528. Ocorrendo dissídio ou circunstâncias que perturbem o funcionamento de entidade sindical ou motivos relevantes de segurança nacional, o Ministro do Trabalho e Previdência Social♦ poderá nela intervir, por intermédio de Delegado ou de Junta Interventora, com atribuições para administrá-la e executar ou propor as medidas necessárias para normalizar-lhe o funcionamento.

(*) Art. 528 com redação dada pelo Decreto-Lei nº 3/1966.

♦ Atual denominação: "Ministro da Economia", nos termos do Decreto nº 9.745/2019.

Seção IV
Das Eleições Sindicais

Art. 529. São condições para o exercício do direito do voto como para a investidura em cargo de administração ou representação econômica ou profissional:

a) ter o associado mais de 6 (seis) meses de inscrição no Quadro Social e mais de 2 (dois) anos de exercício da atividade ou da profissão;

(*) Alínea "a" com redação dada pelo Decreto-Lei nº 8.080/1945.

b) ser maior de 18 (dezoito) anos;

c) estar no gozo dos direitos sindicais.

Parágrafo único. É obrigatório aos associados o voto nas eleições sindicais.

(*) Parágrafo único acrescido pelo Decreto-Lei nº 229/1967.

Art. 530. Não podem ser eleitos para cargos administrativos ou de representação econômica ou profissional, nem permanecer no exercício desses cargos:

(*) Art. 530, *caput*, com redação dada pelo Decreto-Lei nº 229/1967.

(*) V. art. 526 da CLT.

I – os que não tiverem definitivamente aprovadas as suas contas de exercício em cargos de administração;

(*) Inciso I acrescido pelo Decreto-Lei nº 229/1967.

II – os que houverem lesado o patrimônio de qualquer entidade sindical;

(*) Inciso II acrescido pelo Decreto-Lei nº 229/1967.

III – os que não estiverem, desde 2 (dois) anos antes, pelo menos, no exercício efetivo da atividade ou da profissão dentro da base territorial do sindicato, ou no desempenho de representação econômica ou profissional;

(*) Inciso III acrescido pelo Decreto-Lei nº 229/1967.

IV – os que tiverem sido condenados por crime doloso enquanto persistirem os efeitos da pena;

(*) Inciso IV acrescido pelo Decreto-Lei nº 229/1967.

V – os que não estiverem no gozo de seus direitos políticos;

(*) Inciso V acrescido pelo Decreto-Lei nº 229/1967.

VI – (revogado).

(*) Inciso VI acrescido pelo Decreto-Lei nº 229/1967 e revogado pela Lei nº 8.865/1994.

VII – má-conduta, devidamente comprovada;

(*) Inciso VII acrescido pelo Decreto-Lei nº 507/1969.

VIII – (revogado).

(*) Inciso VIII acrescido pelo Decreto-Lei nº 925/1969 e revogado pela Lei nº 8.865/1994.

Parágrafo único. (Revogado).

(*) Parágrafo único com redação dada pelo Decreto-Lei nº 9.675/1946 e revogado pela Lei nº 2.693/1955.

Art. 531. Nas eleições para cargos de diretoria e do conselho fiscal serão considerados eleitos os candidatos que obtiverem maioria absoluta de votos em relação ao total dos associados eleitores.

§ 1º. Não concorrendo à primeira convocação maioria absoluta de eleitores, ou não obtendo nenhum dos candidatos essa maioria, proceder-se-á à nova convocação para dia posterior, sendo então considerados eleitos os candidatos que obtiverem maioria dos eleitores presentes.

§ 2º. Havendo somente uma chapa registrada para as eleições, poderá a assembleia em última convocação ser realizada duas horas após à primeira convocação desde que do edital respectivo conste essa advertência.

§ 3º. Concorrendo mais de uma chapa poderá o Ministério do Trabalho, Indústria e Comércio♦ designar o presidente da sessão eleitoral, desde que o requeiram os associados que encabeçarem as respectivas chapas.

(*) § 3º com redação dada pelo Decreto-Lei nº 8.080/1945.

♦ Atual denominação: "Ministério da Economia", nos termos da Lei nº 13.844/2019.

§ 4º. O Ministro do Trabalho, Indústria e Comércio♦ expedirá instruções regulando o processo das eleições.

♦ Atual denominação: "Ministro da Economia", nos termos do Decreto nº 9.745/2019.

Art. 532. As eleições para a renovação da Diretoria e do Conselho Fiscal deverão ser procedidas dentro do prazo máximo de 60 (sessenta) dias e mínimo de 30 (trinta) dias, antes do término do mandato dos dirigentes em exercício.

(*) Art. 532, *caput*, com redação dada pelo Decreto-Lei nº 8.080/1945.

§ 1º. Não havendo protesto na ata da assembleia eleitoral ou recurso interposto por algum dos candidatos, dentro de 15 dias a contar da data das eleições, a posse da diretoria eleita independerá, da aprovação das, eleições pelo Ministério do Trabalho, Indústria e Comércio♦.

(*) § 1º acrescido pelo Decreto-Lei nº 8.080/1945.

♦ Atual denominação: "Ministério da Economia", nos termos da Lei nº 13.844/2019.

§ 2º. Competirá, à diretoria em exercício, dentro de 30 dias da realização das eleições e não tendo havido recurso, dar publicidade ao resultado do pleito, fazendo comunicação ao órgão local do Ministério do Trabalho, Indústria e Comércio♦, da relação dos eleitos, com os dados pessoais de cada um e a designação da função que vai exercer.

(*) § 2º acrescido pelo Decreto-Lei nº 8.080/1945.

♦ Atual denominação: "Ministério da Economia", nos termos da Lei nº 13.844/2019.

§ 3º. Havendo protesto na ata da assembleia eleitoral ou recurso interposto dentro de 15 dias da realização das eleições, competirá a diretoria em exercício encaminhar, devidamente instruído, o processo eleitoral ao órgão local do Ministério do Trabalho, Indústria e Comércio♦, que o encaminhará para decisão do Ministro de Estado. Nesta hipótese, permanecerão na administração até despacho final do processo a diretoria e o conselho fiscal que se encontrarem em exercício.

(*) § 3º acrescido pelo Decreto-Lei nº 8.080/1945.

♦ Atual denominação: "Ministério da Economia", nos termos da Lei nº 13.844/2019.

§ 4º. Não se verificando as hipóteses previstas no parágrafo anterior, a posse da nova diretoria deverá se verificar dentro de 30 dias subsequentes ao término do mandato da anterior.

(*) § 4º acrescido pelo Decreto-Lei nº 8.080/1945.

§ 5º. Ao assumir o cargo, o eleito prestará, por escrito e solenemente, o compromisso de respeitar, no exercício do mandato, a Constituição, as leis vigentes e os estatutos da entidade.

(*) § 5º acrescido pelo Decreto-Lei nº 229/1967.

Seção V
Das Associações Sindicais de Grau Superior

(*) Vide Lei nº 11.648/2008, que reconheceu formalmente as Centrais Sindicais como entidade de representação geral dos trabalhadores, constituída em âmbito nacional, regulamentando-a.

Art. 533. Constituem associações sindicais de grau superior as federações e confederações organizadas nos termos desta Lei.

Art. 534. É facultado aos Sindicatos, quando em número não inferior a 5 (cinco), desde que representem a maioria absoluta de um grupo de atividades ou profissões idênticas, similares ou conexas, organizarem-se em federação.

(*) Art. 534, *caput*, com redação dada pela Lei nº 3.265/1957.

§ 1º. Se já existir federação no grupo de atividades ou profissões em que deva ser constituída a nova entidade, a criação desta não poderá reduzir a menos de 5 (cinco) o número de Sindicatos que àquela devam continuar filiados.

(*) § 1º acrescido pela Lei nº 3.265/1957.

§ 2º. As federações serão constituídas por Estados, podendo o Ministro do Trabalho, Indústria e Comércio♦ autorizar a constituição de Federações interestaduais ou nacionais.

(*) § 2º, primitivo § 1º, renumerado pela Lei nº 3.265/1957.

♦ Atual denominação: "Ministro da Economia", nos termos do Decreto nº 9.745/2019.

§ 3º. É permitido a qualquer federação, para o fim de lhes coordenar os interesses, agrupar os Sindicatos de determinado município ou região a ela filiados; mas a união não terá direito de representação das atividades ou profissões agrupadas.

(*) § 3º, primitivo § 2º, renumerado pela Lei nº 3.265/1957.

Art. 535. As Confederações organizar-se-ão com o mínimo de 3 (três) federações e terão sede na Capital da República.

§ 1º. As confederações formadas por federações de Sindicatos de empregadores denominar-se-ão: Confederação Nacional da Indústria, Confederação Nacional do Comércio, Confederação Nacional de Transportes Marítimos, Fluviais e Aéreos, Confederação Nacional de Transportes Terrestres, Confederação Nacional de Comunicações e Publicidade, Confederação Nacional das Empresas de Crédito e Confederação Nacional de Educação e Cultura.

§ 2º. As confederações formadas por federações de Sindicatos de empregados terão a denominação de: Confederação Nacional dos Trabalhadores na Indústria, Confederação Nacional dos Trabalhadores no Comércio, Confederação Nacional dos Trabalhadores em Transportes Marítimos, Fluviais e Aéreos, Confederação Nacional dos Trabalhadores em Transportes Terrestres, Confederação Nacional dos Trabalhadores em Comunicações e Publicidade, Confederação Nacional dos Trabalhadores nas Empresas de Crédito e Confederação Nacional dos Trabalhadores em Estabelecimentos de Educação e Cultura.

§ 3º. Denominar-se-á Confederação Nacional das Profissões Liberais a reunião das respectivas federações.

§ 4º. As associações sindicais de grau superior da Agricultura e Pecuária serão organizadas na conformidade do que dispuser a lei que regular a sindicalização dessas atividades ou profissões.

Art. 536. (Revogado).

(*) Art. 536 revogado pelo Decreto-Lei nº 229/1967.

Art. 537. O pedido de reconhecimento de uma federação será dirigido ao Ministro do Trabalho, Indústria e Comércio♦, acompanhado de um exemplar dos respectivos estatutos e das cópias autenticadas das atas da assembleia de cada sindicato ou federação que autorizar a filiação.

♦ Atual denominação: "Ministro da Economia", nos termos do Decreto nº 9.745/2019.

§ 1º. A organização das federações e confederações obedecerá às exigências contidas nas alíneas "b" e "c" do art. 515.

§ 2º. A carta de reconhecimento das federações será expedida pelo Ministro do Trabalho, Indústria e Comércio♦, na qual será especificada a coordenação econômica ou profissional conferida e mencionada a base territorial outorgada.

♦ Atual denominação: "Ministro da Economia", nos termos do Decreto nº 9.745/2019.

§ 3º. O reconhecimento das confederações será feito por decreto do Presidente da República.

Art. 538. A administração das federações e confederações será exercida pelos seguintes órgãos:

(*) Art. 538, *caput*, com redação dada pela Lei nº 2.693/1955.

a) Diretoria;

(*) Alínea "a" com redação dada pela Lei nº 2.693/1955.

b) Conselho de Representantes;

(*) Alínea "b" com redação dada pela Lei nº 2.693/1955.

c) Conselho Fiscal.

(*) Alínea "c" acrescida pela Lei nº 2.693/1955.

§ 1º. A Diretoria será constituída no mínimo de 3 (três) membros e de 3 (três) membros se comporá o Conselho Fiscal, os quais serão eleitos pelo Conselho de Representantes com mandato por 3 (três) anos.

(*) § 1º com redação dada pelo Decreto-Lei nº 771/1969.

§ 2º. Só poderão ser eleitos os integrantes dos grupos das federações ou dos planos das confederações, respectivamente.

(*) § 2º acrescido pela Lei nº 2.693/1955.

§ 3º. O Presidente da federação ou confederação será escolhido dentre os seus membros, pela Diretoria.

(*) § 3º, primitivo § 2º, renumerado pela Lei nº 2.693/1955.

§ 4º. O Conselho de Representantes será formado pelas delegações dos Sindicatos ou das Federações filiadas, constituída cada delegação de 2 (dois) membros, com mandato por 3 (três) anos, cabendo 1 (um) voto a cada delegação.

(*) § 4º, primitivo § 3º, renumerado pela Lei nº 2.693/1955, e com redação dada pelo Decreto-Lei nº 771/1969.

§ 5º. A competência do Conselho Fiscal é limitada à fiscalização da gestão financeira.

(*) § 5º acrescido pela Lei nº 2.693/1955.

Art. 539. Para a constituição e administração das Federações serão observadas, no que for aplicável, as disposições das Seções II e III do presente Capítulo.

Seção VI
Dos Direitos dos Exercentes de Atividades ou Profissões e dos Sindicalizados

Art. 540. A toda empresa, ou indivíduo que exerçam respectivamente atividade ou profissão, desde que satisfaçam as exigências desta Lei, assiste o direito de ser admitido no sindicato da respectiva categoria.

§ 1º. Perderá os direitos de associado o sindicalizado que, por qualquer motivo, deixar o exercício de atividade ou de profissão.

§ 2º. Os associados de Sindicatos de empregados, de agentes ou trabalhadores autônomos e de profissões liberais que forem aposentados, estiverem em desemprego ou falta de trabalho ou tiverem sido convocados para prestação de serviço militar não perderão os respectivos direitos sindicais e ficarão isentos de qualquer contribuição, não podendo, entretanto, exercer cargo de administração sindical ou de representação econômica ou profissional.

Art. 541. Os que exercerem determinada atividade ou profissão onde não haja Sindicato da respectiva categoria, ou de atividade ou profissão similar ou conexa, poderão filiar-se a Sindicato de profissão idêntica, similar ou conexa, existente na localidade mais próxima.

Parágrafo único. O disposto neste artigo se aplica aos Sindicatos em relação às respectivas federações, na conformidade do Quadro de Atividades e Profissões a que se refere o art. 577.

Art. 542. De todo o ato lesivo de direitos ou contrário a esta Lei, emanado da Diretoria, do Conselho ou da Assembleia Geral da entidade sindical, poderá qualquer exercente de atividade ou profissão recorrer, dentro de 30 dias, para a autoridade competente do Ministério do Trabalho, Indústria e Comércio♦.

♦ Atual denominação: "Ministério da Economia", nos termos da Lei nº 13.844/2019.

Art. 543. O empregado eleito para cargo de administração sindical ou representação profissional, inclusive junto a órgão de deliberação coletiva, não poderá ser impedido do exercício de suas funções, nem transferido para lugar ou mister que lhe dificulte ou torne impossível o desempenho das suas atribuições sindicais.

(*) Art. 543, *caput*, com redação dada pelo Decreto-Lei nº 229/1967.

§ 1º. O empregado perderá o mandato se a transferência for por ele solicitada ou voluntariamente aceita.

(*) § 1º com redação dada pelo Decreto-Lei nº 229/1967.

§ 2º. Considera-se de licença não remunerada, salvo assentimento da empresa ou cláusula contratual, o tempo em que o empregado se ausentar do trabalho no desempenho das funções a que se refere este artigo.

(*) § 2º com redação dada pelo Decreto-Lei nº 229/1967.

§ 3º. Fica vedada a dispensa do empregado sindicalizado ou associado, a partir do momento do registro de sua candidatura a cargo de direção ou representação de entidade sindical ou de associação profissional, até 1 (um) ano após o final do seu mandato, caso seja eleito inclusive como suplente, salvo se cometer falta grave devidamente apurada nos termos desta Consolidação.

(*) § 3º com redação dada pela Lei nº 7.543/1986.

§ 4º. Considera-se cargo de direção ou de representação sindical aquele cujo exercício ou indicação decorre de eleição prevista em lei.

(*) § 4º acrescido pelo Decreto-Lei nº 229/1967 e com redação dada pela Lei nº 7.223/1984.

§ 5º. Para os fins deste artigo, a entidade sindical comunicará por escrito à empresa, dentro de 24 (vinte e quatro) horas, o dia e a hora do registro da candidatura do seu empregado e, em igual prazo, sua eleição e posse, fornecendo, outrossim, a este, comprovante no mesmo sentido. O Ministério do Trabalho e Previdência Social♦ fará no mesmo prazo a comunicação no caso da designação referida no final do § 4º.

(*) § 5º acrescido pelo Decreto-Lei nº 229/1967.

♦ Atual denominação: "Ministério da Economia", nos termos da Lei nº 13.844/2019.

§ 6º. A empresa que, por qualquer modo, procurar impedir que o empregado se associe a sindicato, organize associação profissional ou sindical ou exerça os direitos inerentes à condição de sindicalizado ficará sujeita ao pagamento da multa prevista no inciso I do *caput* do art. 634-A, sem prejuízo da reparação a que o empregado tiver direito.

(*) § 6º acrescido pelo Decreto-Lei nº 229/1967 e com redação dada pela MP nº 905/2019.

Art. 544. É livre a associação profissional ou sindical, mas ao empregado sindicalizado é assegurada, em igualdade de condições, preferência:

(*) Art. 544, *caput*, com redação dada pelo Decreto-Lei nº 229/1967.

I – para a admissão nos trabalhos de empresa que explore serviços públicos ou mantenha contrato com os poderes públicos;

(*) Inciso I acrescido pelo Decreto-Lei nº 229/1967.

II – para ingresso em funções públicas ou assemelhadas, em caso de cessação coletiva de trabalho, por motivo de fechamento de estabelecimento;

(*) Inciso II acrescido pelo Decreto-Lei nº 229/1967.

III – nas concorrências para aquisição de casa própria, pelo Plano Nacional de Habitação ou por intermédio de quaisquer instituições públicas;

(*) Inciso III acrescido pelo Decreto-Lei nº 229/1967.

IV – nos loteamentos urbanos ou rurais, promovidos pela União, por seus órgãos de administração direta ou indireta ou sociedades de economia mista;

(*) Inciso IV acrescido pelo Decreto-Lei nº 229/1967.

V – na locação ou compra de imóveis, de propriedade de pessoa de direito público ou sociedade de economia mista, quando sob ação de despejo em tramitação judicial;

(*) Inciso V acrescido pelo Decreto-Lei nº 229/1967.

VI – na concessão de empréstimos simples concedidos pelas agências financeiras do Governo ou a ele vinculadas;

(*) Inciso VI acrescido pelo Decreto-Lei nº 229/1967.

VII – na aquisição de automóveis, outros veículos e instrumentos relativos ao exercício da profissão, quando financiados pelas autarquias sociedades de economia mista ou agências financeiras do Governo;

(*) Inciso VII acrescido pelo Decreto-Lei nº 229/1967.

VIII – (revogado);

(*) Inciso VIII revogado pela Lei nº 8.630/1993.

IX – na concessão de bolsas de estudo para si ou para seus filhos, obedecida a legislação que regule a matéria.

(*) Inciso IX acrescido pelo Decreto-Lei nº 229/1967.

Art. 545. Os empregadores ficam obrigados a descontar da folha de pagamento dos seus empregados, desde que por eles devidamente autorizados, as contribuições devidas ao sindicato, quando por este notificados.

(*) Art. 545, *caput*, com redação dada pela Lei nº 13.467/2017.

Parágrafo único. O recolhimento à entidade sindical beneficiária do importe descontado deverá ser realizado até o décimo dia subsequente ao do desconto, sob pena de juros de mora no valor de 10% (dez por cento) sobre o montante retido, sem prejuízo da aplicação da multa prevista no inciso I do *caput* do art. 634-A e das cominações penais relativas à apropriação indébita.

(*) Parágrafo único acrescido pelo Decreto-Lei nº 925/1969 e com redação dada pela MP nº 905/2019.

Art. 546. Às empresas sindicalizadas é assegurada preferência, em igualdade de condições, nas concorrências para exploração de serviços públicos, bem como nas concorrências para fornecimento às repartições federais, estaduais e municipais e às entidades paraestatais.

Art. 547. É exigida a qualidade de sindicalizado para o exercício de qualquer função representativa de categoria econômica ou profissional, em órgão oficial de deliberação coletiva, bem como para o gozo de favores ou isenções tributárias, salvo em se tratando de atividades não econômicas.

Parágrafo único. Antes da posse ou exercício das funções a que alude o artigo anterior ou de concessão dos favores será indispensável comprovar a sindicalização, ou oferecer prova, mediante certidão negativa no Departamento Nacional do Trabalho, no Distrito Federal, ou da autoridade regional do Ministério do Trabalho, Indústria e Comércio♦, nos Estados e no Território do Acre, de que não existe sindicato no local onde o interessado exerce a respectiva atividade ou profissão.

♦ Atual denominação: "Ministério da Economia", nos termos da Lei nº 13.844/2019.

Seção VII
Da Gestão Financeira do Sindicato e sua Fiscalização

Art. 548. Constituem o patrimônio das associações sindicais:

a) as contribuições devidas aos Sindicatos pelos que participem das categorias econômicas ou profissionais ou das profissões liberais representadas pelas referidas entidades, sob a denominação de imposto sindical♦, pagas e arrecadadas na forma do Capítulo III deste Título;

(*) Capítulo III: "Da Contribuição Sindical" (arts. 578 a 610).

♦ Atual denominação: "contribuição sindical", nos termos do art. 35, V, do Decreto-Lei nº 229/1967.

b) as contribuições dos associados, na forma estabelecida nos estatutos ou pelas Assembleias Gerais;

c) os bens e valores adquiridos e as rendas produzidas pelos mesmos;

d) as doações e legados;

e) as multas e outras rendas eventuais.

Art. 549. A receita dos sindicatos, federações e confederações só poderá ter aplicação na forma prevista nos respectivos orçamentos anuais, obedecidas as disposições estabelecidas na lei e nos seus estatutos.

(*) Art. 549, *caput*, com redação dada pela Lei nº 6.386/1976.

§ 1º. Para alienação, locação ou aquisição de bens imóveis, ficam as entidades sindicais obrigadas a realizar avaliação prévia pela Caixa Econômica Federal ou pele Banco Nacional da Habitação ou, ainda, por qualquer outra organização legalmente habilitada a tal fim.

(*) § 1º acrescido pela Lei nº 6.386/1976.

§ 2º. Os bens imóveis das entidades sindicais não serão alienados sem a prévia autorização das respectivas assembleias gerais, reunidas com a presença da maioria absoluta dos associados com direito a voto ou dos Conselhos de Representantes com a maioria absoluta dos seus membros.

(*) § 2º acrescido pela Lei nº 6.386/1976.

(*) V. § 4º deste artigo.

§ 3º. Caso não seja obtido o *quorum* estabelecido no parágrafo anterior, a matéria poderá ser decidida em nova assembleia geral, reunida com qualquer número de associados com direito a voto, após o transcurso de 10 (dez) dias da primeira convocação.

(*) § 3º acrescido pela Lei nº 6.386/1976.

(*) V. § 4º deste artigo.

§ 4º. Nas hipóteses previstas no § 2º e 3º a decisão somente terá validade se adotada pelo mínimo de 2/3 (dois terços) dos presentes, em escrutínio secreto.

(*) § 4º acrescido pela Lei nº 6.386/1976.

§ 5º. Da deliberação da assembleia geral, concernente à alienação de bens imóveis, caberá recurso voluntário, dentro do prazo de 15 (quinze) dias, ao Ministro do Trabalho, com efeito suspensivo.

(*) § 5º acrescido pela Lei nº 6.386/1976.

§ 6º. A venda do imóvel será efetuada pela diretoria da entidade, após a decisão da Assembleia Geral ou do Conselho de Representantes, mediante concorrência pública, com edital publicado no Diário oficial da União e na imprensa diária, com antecedência mínima de 30 (trinta) dias da data de sua realização.

(*) § 6º acrescido pela Lei nº 6.386/1976.

§ 7º. Os recursos destinados ao pagamento total ou parcelado dos bens imóveis adquiridos serão consignados, obrigatoriamente, nos orçamentos anuais das entidades sindicais.

(*) § 7º acrescido pela Lei nº 6.386/1976.

Art. 550. Os orçamentos das entidades sindicais serão aprovados, em escrutínio secreto, pelas respectivas Assembleias Gerais ou Conselho de Representantes, até 30 (trinta) dias antes do início do exercício financeiro a que se referem, e conterão a discriminação da receita e da despesa, na forma das instruções e modelos expedidos pelo Ministério do Trabalho♦.

(*) Art. 550, *caput*, com redação dada pela Lei nº 6.386/1976.

♦ Atual denominação: "Ministério da Economia", nos termos da Lei nº 13.844/2019.

§ 1º. Os orçamentos, após a aprovação prevista no presente artigo, serão publicados, em resumo, no prazo de 30 (trinta) dias, contados da data da realização da respectiva Assembleia Geral ou da reunião do Conselho de Representantes, que os aprovou, observada a seguinte sistemática:

(*) § 1º alterado pelo Decreto-Lei nº 925/1969 e com redação dada pela Lei nº 6.386/1976.

a) no Diário oficial da União – Seção I – Parte II, os orçamentos das confederações, federações e sindicatos de base interestadual ou nacional;

(*) Alínea "a" acrescida pelo Decreto-Lei nº 925/1969 e com redação dada pela Lei nº 6.386/1976.

b) no órgão de imprensa oficial do Estado ou Território ou jornal de grande circulação local, os orçamentos das federações estaduais e sindicatos distritais municipais, intermunicipais e estaduais.

(*) Alínea "b" acrescida pelo Decreto-Lei nº 925/1969 e com redação dada pela Lei nº 6.386/1976.

§ 2º. As dotações orçamentárias que se apresentarem insuficientes para o atendimento das despesas, ou não incluídas nos orçamentos correntes, poderão ser ajustadas ao fluxo dos gastos, mediante a abertura de créditos adicionais solicitados pela Diretoria da entidade às respectivas Assembleias Gerais ou Conselhos de Representantes, cujos atos concessórios serão publicados até o último dia do exercício correspondente, obedecida a mesma sistemática prevista no parágrafo anterior.

(*) § 2º alterado pelo Decreto-Lei nº 925/1969 e com redação dada pela Lei nº 6.386/1976.

§ 3º. Os créditos adicionais classificam-se em:

(*) § 3º alterado pelo Decreto-Lei nº 925/1969 e com redação dada pela Lei nº 6.386/1976.

a) suplementares, os destinados a reforçar dotações alocadas no orçamento; e

(*) Alínea "a" acrescida pela Lei nº 6.386/1976.

b) especiais, os destinados a incluir dotações no orçamento, a fim de fazer face às despesas para as quais não se tenha consignado crédito específico.

(*) Alínea "b" acrescida pela Lei nº 6.386/1976.

§ 4º. A abertura dos créditos adicionais depende da existência de receita para sua compensação, considerando-se, para esse efeito, desde que não comprometidos:

(*) § 4º acrescido pelo Decreto-Lei nº 925/1969 e com redação dada pela Lei nº 6.386/1976.

a) o superavit financeiro apurado em balanço do exercício anterior;

(*) Alínea "a" acrescida pela Lei nº 6.386/1976.

b) o excesso de arrecadação, assim entendido o saldo positivo da diferença entre a renda prevista e a realizada, tendo-se em conta, ainda, a tendência do exercício; e

(*) Alínea "b" acrescida pela Lei nº 6.386/1976.

c) a resultante da anulação parcial ou total de dotações alocadas no orçamento ou de créditos adicionais abertos no exercício.

(*) Alínea "c" acrescida pela Lei nº 6.386/1976.

§ 5º. Para efeito orçamentário e contábil sindical, o exercício financeiro coincidirá com o ano civil, a ele pertencendo todas as receitas arrecadadas e as despesas compromissadas.

(*) § 5º acrescido pela Lei nº 6.386/1976.

Art. 551. Todas as operações de ordem financeira e patrimonial serão evidenciadas pelos registros contábeis das entidades sindicais, executados sob a responsabilidade de contabilista legalmente habilitado, em conformidade com o plano de contas e as instruções baixadas pelo Ministério do Trabalho♦.

(*) Art. 551, *caput*, alterado pelo Decreto-Lei nº 925/1969 e com redação dada pela Lei nº 6.386/1976.

♦ Atual denominação: "Ministério da Economia", nos termos da Lei nº 13.844/2019.

§ 1º. A escrituração contábil a que se refere este artigo será baseada em documentos de receita e despesa, que ficarão arquivados nos serviços de contabilidade, à disposição dos órgãos responsáveis pelo acompanhamento administrativo e da fiscalização financeira da própria entidade, ou do controle que poderá ser exercido pelos órgãos da União, em face da legislação específica.

(*) § 1º acrescido pelo Decreto-Lei nº 925/1969 e com redação dada pela Lei nº 6.386/1976.

§ 2º. Os documentos comprobatórios dos atos de receita e despesa, a que se refere o parágrafo anterior, poderão ser incinerados, após decorridos 5 (cinco) anos da data de quitação das contas pelo órgão competente.

(*) § 2º acrescido pelo Decreto-Lei nº 925/1969 e com redação dada pela Lei nº 6.386/1976.

§ 3º. É obrigatório o uso do livro Diário, encadernado, como folhas seguida e tipograficamente numeradas, para a escrituração, pelo método das partidas dobradas, diretamente ou por reprodução, dos atos ou operações que modifiquem ou venham a modificar a situação patrimonial da entidade, o qual conterá, respectivamente, na primeira e na última páginas, os termos de abertura e de encerramento.

(*) § 3º acrescido pelo Decreto-Lei nº 925/1969 e com redação dada pela Lei nº 6.386/1976.

§ 4º. A entidade sindical que se utilizar de sistema mecânico ou eletrônico para sua escrituração contábil, poderá substituir o Diário e os livros facultativos ou auxiliares por fichas ou formulários contínuos, cujos lançamentos deverão satisfazer a todos os requisitos e normas de escrituração exigidos com relação aos livros mercantis, inclusive no que respeita a termos de abertura e de encerramento e numeração sequencial e tipográfica.

(*) § 4º acrescido pelo Decreto-Lei nº 925/1969 e com redação dada pela Lei nº 6.386/1976.

§ 5º. Na escrituração por processos de fichas ou formulários contínuos, a entidade adotará livro próprio para inscrição do balanço patrimonial e da demonstração do resultado do exercício, o qual conterá os mesmos requisitos exigidos para os livros de escrituração.

(*) § 5º acrescido pelo Decreto-Lei nº 925/1969 e com redação dada pela Lei nº 6.386/1976.

§ 6º. Os livros e fichas ou formulários contínuos serão obrigatoriamente submetidos a registro e autenticação das Delegacias Regionais do Trabalho localizadas na base territorial da entidade.

(*) § 6º acrescido pelo Decreto-Lei nº 925/1969 e com redação dada pela Lei nº 6.386/1976.

§ 7º. As entidades sindicais manterão registro específico dos bens de qualquer natureza, de sua propriedade, em livros ou fichas próprias, que atenderão às mesmas formalidades exigidas para a livro Diário, inclusive no que se refere ao registro e autenticação da Delegacia Regional do Trabalho local.

(*) § 7º acrescido pela Lei nº 6.386/1976.

§ 8º. As contas dos administradores das entidades sindicais serão aprovadas, em escrutínio secreto, pelas respectivas Assembleias Gerais ou Conselhos de Representantes, com prévio parecer do Conselho Fiscal, cabendo ao Ministro do Trabalho estabelecer prazos e procedimentos para a sua elaboração e destinação.

(*) § 8º acrescido pela Lei nº 6.386/1976.

Art. 552. Os atos que importem em malversação ou dilapidação do patrimônio das associações ou entidades sindicais ficam equiparados ao crime de peculato julgado e punido na conformidade da legislação penal.

(*) Art. 552 com redação dada pelo Decreto-Lei nº 925/1969.

Seção VIII
Das Penalidades

Art. 553. As infrações ao disposto neste Capítulo serão punidas, segundo o seu caráter e a sua gravidade, com as seguintes penalidades:

(*) Art. 553, *caput*, com redação dada pela MP nº 905/2019.

a) aplicação da multa prevista no inciso I do *caput* do art. 634-A;

(*) Alínea "a" com redação dada pela MP nº 905/2019.

b) suspensão de diretores por prazo não superior a 30 (trinta) dias;

c) destituição de diretores ou de membros de conselho;

d) fechamento de Sindicato, Federação ou Confederação por prazo nunca superior a 6 (seis) meses;

e) cassação da carta de reconhecimento;

f) aplicação da multa prevista no inciso I do *caput* do art. 634-A, aplicável ao associado que deixar de cumprir, sem causa justificada, o disposto no parágrafo único do art. 529.

(*) Alínea "f" acrescida pelo Decreto-Lei nº 229/1967 e com redação dada pela MP nº 905/2019.

§ 1º. A imposição de penalidades aos administradores não exclui a aplicação das que este artigo prevê para a associação.

(*) § 1º, primitivo parágrafo único, renumerado pelo Decreto-Lei nº 925/1969.

§ 2º. Poderá o Ministro do Trabalho e Previdência Social♦ determinar o afastamento preventivo de cargo ou representação sindicais de seus exercentes, com fundamento em elementos constantes de denúncia formalizada que constituam indício veemente ou início de prova bastante do fato e da autoria denunciados.

(*) § 2º acrescido pelo Decreto-Lei nº 925/1969.

♦ Atual denominação: "Ministro da Economia", nos termos do Decreto nº 9.745/2019.

Art. 554. Destituída a administração na hipótese da alínea "c" do artigo anterior, o Ministro do Trabalho, Indústria e Comércio♦ nomeará um delegado para dirigir a associação e proceder, dentro do prazo de 90 dias, em assembleia geral por ele convocada e presidida; à eleição dos novos diretores e membros do Conselho Fiscal.

♦ Atual denominação: "Ministro da Economia", nos termos do Decreto nº 9.745/2019.

Art. 555. A pena de cassação da carta de reconhecimento será imposta à entidade sindical:

a) que deixar de satisfazer as condições de constituição e funcionamento estabelecidas nesta Lei;

b) que se recusar ao cumprimento de ato do Presidente da República, no uso da faculdade conferida pelo art. 536;

(*) Art. 536 da CLT revogado pelo Decreto nº 229/1967.

c) que criar obstáculos à execução da política econômica adotada pelo Governo.

(*) Alínea "c" com redação dada pelo Decreto-Lei nº 8.080/1945.

Art. 556. A cassação da carta de reconhecimento da entidade sindical não importará no cancelamento de seu registro, nem, consequentemente, a sua dissolução, que se processará de acordo com as disposições da lei que regulam a dissolução das associações civis.

Parágrafo único. No caso de dissolução, por se achar a associação incursa nas leis que definem crimes contra a personalidade internacional, a estrutura e a segurança do Estado e a ordem política e social, os seus bens, pagas as dívidas decorrentes das suas responsabilidades, serão incorporados ao patrimônio da União e aplicados em obras de assistência social.

Art. 557. (Revogado).

(*) Art. 557 revogado pela MP nº 905/2019.

Seção IX
Disposições Gerais

Art. 558. São obrigadas ao registro todas as associações profissionais constituídas por atividades ou profissões idênticas, similares ou conexas, de acordo com o art. 511 e na conformidade do Quadro de Atividades e Profissões a que alude o Capítulo II deste Título. As associações profissionais registradas nos termos deste artigo poderão representar, perante as autoridades administrativas e judiciárias, os interesses individuais dos associados relativos à sua atividade ou profissão, sendo-lhes também extensivas as prerrogativas contidas na alínea "d" e no parágrafo único do art. 513.

(*) Capítulo II: "Do enquadramento sindical" (arts. 570 a 577).

(*) V. art. 512 da CLT.

§ 1º. O registro a que se refere o presente artigo competirá às Delegacias Regionais do Ministério do Trabalho e Previdência Social♦ ou às repartições autorizadas em virtude da lei.

(*) § 1º com redação dada pelo Decreto-Lei nº 925/1969.

♦ Atual denominação: "Ministério da Economia", nos termos da Lei nº 13.844/2019.

§ 2º. O registro das associações far-se-á mediante requerimento, acompanhado da cópia autêntica dos estatutos e da declaração do número de associados, do patrimônio e dos serviços sociais organizados.

§ 3º. As alterações dos estatutos das associações profissionais não entrarão em vigor sem aprovação da autoridade que houver concedido o respectivo registro.

Art. 559. O Presidente da República, excepcionalmente e mediante proposta do Ministro do Trabalho, fundada em razões de utilidade pública, poderá conceder, por decreto, às associações civis constituídas para a defesa e coordenação de interesses econômicos e profissionais e não obrigadas ao registro previsto no artigo anterior, a prerrogativa da alínea "d" do art. 513 deste Capítulo.

Art. 560. Não se reputará transmissão de bens, para efeitos fiscais, a incorporação do patrimônio de uma associação profissional ao da entidade sindical, ou das entidades aludidas entre si.

Art. 561. A denominação "sindicato" é privativa das associações profissionais de primeiro grau, reconhecidas na forma desta Lei.

Art. 562. As expressões "federação" e "confederação", seguidas da designação de uma atividade econômica ou profissional, constituem denominações privativas das entidades sindicais de grau superior.

Art. 563. (Revogado).

(*) Art. 563 revogado pelo Decreto-Lei nº 925/1969.

Art. 564. Às entidades sindicais, sendo-lhes peculiar e essencial a atribuição representativa e coordenadora das correspondentes categorias ou profissões, é vedado, direta ou indiretamente, o exercício de atividade econômica.

Art. 565. As entidades sindicais reconhecidas nos termos desta Lei não poderão filiar-se a organizações internacionais, nem com elas manter relações, sem prévia licença concedida por decreto do Presidente da República.

(*) Art. 565 alterado pelo Decreto-Lei nº 9.502/1946 e com redação dada pela Lei nº 2.802/1956.

Art. 566. Não podem sindicalizar-se os servidores do Estado e os das instituições paraestatais.

Parágrafo único. Excluem-se da proibição constante deste artigo os empregados das sociedades de economia mista, da Caixa Econômica Federal e das fundações criadas ou mantidas pelo Poder Público da União, dos Estados e Municípios.

(*) Parágrafo único acrescido pela Lei nº 6.128/1974, alterado pela Lei nº 6.386/1976 e com redação dada pela Lei nº 7.449/1985.

Art. 567. (Revogado).

(*) Art. 567 revogado pelo Decreto-Lei nº 229/1967.

Art. 568. (Revogado).

(*) Art. 568 revogado pelo Decreto-Lei nº 229/1967.

Art. 569. (Revogado).

(*) Art. 569 revogado pelo Decreto-Lei nº 229/1967.

Capítulo II
DO ENQUADRAMENTO SINDICAL

Art. 570. Os sindicatos constituir-se-ão, normalmente, por categorias econômicas ou profissionais, específicas, na conformidade da discriminação do quadro das atividades e profissões a que se refere o art. 577 ou segundo as subdivisões que, sob proposta da

Comissão do Enquadramento Sindical, de que trata o art. 576, forem criadas pelo Ministro do Trabalho, Indústria e Comércio♦.

♦ Atual denominação: "Ministro da Economia", nos termos do Decreto nº 9.745/2019.

Parágrafo único. Quando os exercentes de quaisquer atividades ou profissões se constituírem, seja pelo número reduzido, seja pela natureza mesma dessas atividades ou profissões, seja pelas afinidades existentes entre elas, em condições tais que não se possam sindicalizar eficientemente pelo critério de especificidade de categoria, é-lhes permitido sindicalizar-se pelo critério de categorias similares ou conexas, entendendo-se como tais as que se acham compreendidas nos limites de cada grupo constante do Quadro de Atividades e Profissões.

(*) V. art. 572 da CLT.

Art. 571. Qualquer das atividades ou profissões concentradas na forma do parágrafo único do artigo anterior poderá dissociar-se do sindicato principal, formando um sindicato específico, desde que o novo sindicato, a juízo da Comissão do Enquadramento Sindical, ofereça possibilidade de vida associativa regular e de ação sindical eficiente.

Art. 572. Os sindicatos que se constituírem por categorias similares ou conexas, nos termos do parágrafo único do art. 570, adotarão denominação em que fiquem, tanto como possível, explicitamente mencionadas as atividades ou profissões concentradas, de conformidade com o quadro das atividades e profissões, ou se se tratar de subdivisões, de acordo com o que determinar a Comissão do Enquadramento Sindical.

Parágrafo único. Ocorrendo a hipótese do artigo anterior, o Sindicato principal terá a denominação alterada, eliminando-se-lhe a designação relativa à atividade ou profissão dissociada.

Art. 573. O agrupamento dos Sindicatos em Federações obedecerá às mesmas regras que as estabelecidas neste Capítulo para o agrupamento das atividades e profissões em Sindicatos.

Parágrafo único. As Federações de Sindicatos de profissões liberais poderão ser organizadas independentemente do grupo básico da Confederação, sempre que as respectivas profissões se acharem submetidas, por disposições de lei, a um único regulamento.

(*) Parágrafo único, primitivo § 1º, renumerado com a revogação do § 2º pelo Decreto-Lei nº 229/1967.

Art. 574. Dentro da mesma base territorial, as empresas industriais do tipo artesanal poderão constituir entidades sindicais, de primeiro e segundo graus, distintas das associações sindicais das empresas congêneres, de tipo diferente.

Parágrafo único. Compete à Comissão de Enquadramento Sindical definir, de modo genérico, com a aprovação do Ministro do Trabalho, Indústria e Comércio♦, a dimensão e os demais característicos das empresas industriais de tipo artesanal.

♦ Atual denominação: "Ministro da Economia", nos termos do Decreto nº 9.745/2019.

Art. 575. O quadro de atividades e profissões será revisto de dois em dois anos, por proposta da Comissão do Enquadramento Sindical, para o fim de ajustá-lo às condições da estrutura econômica e profissional do país.

§ 1º. Antes de proceder à revisão do Quadro, a Comissão deverá solicitar sugestões às entidades sindicais e às associações profissionais.

§ 2º. A proposta de revisão será submetida à aprovação do Ministro do Trabalho, Indústria e Comércio♦.

♦ Atual denominação: "Ministro da Economia", nos termos do Decreto nº 9.745/2019.

Art. 576. A Comissão do Enquadramento Sindical será constituída pelo Diretor-Geral do Departamento Nacional do Trabalho, que a presidirá, e pelos seguintes membros:

(*) Art. 576, *caput*, alterado pelo Decreto-Lei nº 229/1967 e com redação dada pela Lei nº 5.819/1972.

I – 2 (dois) representantes do Departamento Nacional do Trabalho;

(*) Inciso I acrescido pelo Decreto-Lei nº 229/1967 e com redação dada pela Lei nº 5.819/1972.

II – 1 (um) representante do Departamento Nacional de Mão de Obra;

(*) Inciso II acrescido pelo Decreto-Lei nº 229/1967 e com redação dada pela Lei nº 5.819/1972.

III – 1 (um) representante do Instituto Nacional de Tecnologia, do Ministério da Indústria e do Comércio;

(*) Inciso III acrescido pelo Decreto-Lei nº 229/1967 e com redação dada pela Lei nº 5.819/1972.

IV – 1 (um) representante do Instituto Nacional de Colonização e Reforma Agrária, do Ministério da Agricultura;

(*) Inciso IV acrescido pelo Decreto-Lei nº 229/1967 e com redação dada pela Lei nº 5.819/1972.

V – 1 (um) representante do Ministério dos Transportes;

(*) Inciso V acrescido pelo Decreto-Lei nº 229/1967 e com redação dada pela Lei nº 5.819/1972.

VI – 2 (dois) representantes das categorias econômicas; e

(*) Inciso VI acrescido pelo Decreto-Lei nº 229/1967 e com redação dada pela Lei nº 5.819/1972.

VII – 2 (dois) representantes das categorias profissionais.

(*) Inciso VII acrescido pela Lei nº 5.819/1972.

§ 1º. Os membros da CES serão designados pelo Ministro do Trabalho e Previdência Social♦, mediante:

(*) § 1º acrescido pelo Decreto-Lei nº 229/1967.

♦ Atual denominação: "Ministro da Economia", nos termos do Decreto nº 9.745/2019.

a) indicação dos titulares das Pastas, quanto aos representantes dos outros Ministérios;

(*) Alínea "a" acrescida pelo Decreto-Lei nº 229/1967.

b) indicação do respectivo Diretor-Geral, quanto ao do DNMO;

(*) Alínea "b" acrescida pelo Decreto-Lei nº 229/1967.

c) eleição pelas respectivas Confederações, em conjunto, quanto aos representantes das categorias econômicas e profissionais, de acordo com as instruções que forem expedidas pelo Ministro do Trabalho e Previdência Social♦.

(*) Alínea "c" acrescida pelo Decreto-Lei nº 229/1967.

♦ Atual denominação: "Ministro da Economia", nos termos do Decreto nº 9.745/2019.

§ 2º. Cada Membro terá um suplente designado juntamente com o titular.

(*) § 2º acrescido pelo Decreto-Lei nº 229/1967.

§ 3º. Será de 3 (três) anos o mandato dos representantes das categorias econômica e profissional.

(*) § 3º acrescido pelo Decreto-Lei nº 229/1967, e com redação dada pelo Decreto-Lei nº 925/1969.

§ 4º. Os integrantes da Comissão perceberão a gratificação de presença que for estabelecida por decreto executivo.

(*) § 4º acrescido pelo Decreto-Lei nº 229/1967.

§ 5º. Em suas faltas ou impedimentos o Diretor-Geral do DNT será substituído na presidência pelo Diretor substituto do Departamento ou pelo representante deste na Comissão, nesta ordem.

(*) § 5º acrescido pelo Decreto-Lei nº 229/1967, e com redação dada pelo Decreto-Lei nº 506/1969.

§ 6º. Além das atribuições fixadas no presente Capítulo e concernentes ao enquadramento sindical, individual ou coletivo, e à classificação das atividades e profissões, competirá também à CES resolver, com recurso para o Ministro do Trabalho e Previdência Social♦, todas as dúvidas e controvérsias concernentes à organização sindical.

(*) § 6º acrescido pelo Decreto-Lei nº 229/1967.

♦ Atual denominação: "Ministro da Economia", nos termos do Decreto nº 9.745/2019.

Art. 577. O Quadro de Atividades e Profissões em vigor fixará o plano básico do enquadramento sindical.

(*) V. arts. 541, parágrafo único; 618 e 921 da CLT.

Capítulo III
DA CONTRIBUIÇÃO SINDICAL

Seção I
Da Fixação e do Recolhimento do Imposto Sindical♦

(*) Vide Lei nº 11.648/2008, que, em seu art. 7º, dispõe: ***Art. 7º.*** *Os arts. 578 a 610 da Consolidação das Leis do Trabalho – CLT, aprovada pelo Decreto-Lei nº 5.452, de 1º de maio de 1943, vigorarão até que a lei venha a disciplinar a contribuição negocial, vinculada ao exercício efetivo da negociação coletiva e à aprovação em assembleia geral da categoria.*

♦ Atual denominação: "Contribuição Sindical", nos termos do art. 35, V, do Decreto-Lei nº 229/1967.

Art. 578. As contribuições devidas aos sindicatos pelos participantes das categorias econômicas ou profissionais ou das profissões liberais representadas pelas referidas entidades serão, sob a denominação de contribuição sindical, pagas, recolhidas e aplicadas na forma estabelecida neste Capítulo, desde que prévia e expressamente autorizadas.

(*) Art. 578 com redação dada pela Lei nº 13.467/2017.

Art. 579. O desconto da contribuição sindical está condicionado à autorização prévia e expressa dos que participarem de uma determinada categoria econômica ou profissional, ou de uma profissão liberal, em favor do sindicato representativo da mesma categoria ou profissão ou, inexistindo este, na conformidade do disposto no art. 591 desta Consolidação.

(*) Art. 579 com redação dada pela Lei nº 13.467/2017.

(*) V. art. 583 da CLT.

Art. 580. A contribuição sindical será recolhida, de uma só vez, anualmente, e consistirá:

(*) Art. 580, *caput*, com redação dada pela Lei nº 6.386/1976.

I – Na importância correspondente à remuneração de um dia de trabalho, para os empregados, qualquer que seja a forma da referida remuneração;

(*) Inciso I com redação dada pela Lei nº 6.386/1976.

(*) V. art. 582, § 1º, da CLT.

II – para os agentes ou trabalhadores autônomos e para os profissionais liberais, numa importância correspondente a 30% (trinta por cento) do maior valor de referência fixado pelo Poder Executivo, vigente à época em que é devida a contribuição sindical, arredondada para Cr$ 1,00 (um cruzeiro) a fração porventura existente;

(*) Inciso II com redação dada pela Lei nº 7.047/1982.

(*) Vide Lei nº 4.886/1965, que regula as atividades dos representantes comerciais autônomos.

III – para os empregadores, numa importância proporcional ao capital social da firma ou empresa, registrado nas respectivas Juntas Comerciais ou órgãos equivalentes, mediante a aplicação de alíquotas, conforme a seguinte tabela progressiva:

Classes de Capital	Alíquota
1. até 150 vezes o maior valor de referência	0,8%
2. acima de 150 até 1.500 vezes o maior valor de referência	0,2%
3. acima de 1.500 até 150.000 vezes o maior valor de referência	0,1%
4. acima de 150.000 até 800.000 vezes o maior valor de referência	0,02%

(*) Inciso III com redação dada pela Lei nº 7.047/1982.

(*) V. art. 581 da CLT.

§ 1º. A contribuição sindical prevista na tabela constante do item III deste artigo corresponderá à soma da aplicação das alíquotas sobre a porção do capital distribuído em cada classe, observados os respectivos limites.

(*) § 1º com redação dada pela Lei nº 6.386/1976.

§ 2º. Para efeito do cálculo de que trata a tabela progressiva inserta no item III deste artigo, considerar-se-á o valor de referência fixado pelo Poder Executivo, vigente à data de competência da contribuição, arredondando-se para Cr$ 1,00 (um cruzeiro) a fração porventura existente.

(*) § 2º com redação dada pela Lei nº 6.386/1976.

§ 3º. É fixada em 60% (sessenta por cento) do maior valor de referência, a que alude o parágrafo anterior, a contribuição mínima devida pelos empregadores, independentemente do capital social da firma ou empresa, ficando, do mesmo modo, estabelecido o capital equivalente a 800.000 (oitocentas mil) vezes o maior valor de referência, para efeito do cálculo da contribuição máxima, respeitada a Tabela progressiva constante do item III.

(*) § 3º com redação dada pela Lei nº 7.047/1982.

§ 4º. Os agentes ou trabalhadores autônomos e os profissionais liberais, organizados em firma ou empresa, com capital social registrado, recolherão a contribuição sindical de acordo com a tabela progressiva a que se refere o item III.

(*) § 4º acrescido pela Lei nº 6.386/1976.

(*) Vide Lei nº 4.886/1965, que regula as atividades dos representantes comerciais autônomos.

§ 5º. As entidades ou instituições que não estejam obrigadas ao registro de capital social, consideração, como capital, para efeito do cálculo de que trata a tabela progressiva constante do item III deste artigo, o valor resultante da aplicação do percentual de 40% (quarenta por cento) sobre o movimento econômico registrado no exercício imediatamente anterior, do que darão conhecimento à respectiva entidade sindical ou à Delegacia Regional do Trabalho, observados os limites estabelecidos no § 3º deste artigo.

(*) § 5º acrescido pela Lei nº 6.386/1976.

(*) V. § 6º deste artigo.

§ 6º. Excluem-se da regra do § 5º as entidades ou instituições que comprovarem, através de requerimento dirigido ao Ministério do Trabalho♦, que não exercem atividade econômica com fins lucrativos.

(*) § 6º acrescido pela Lei nº 6.386/1976.

♦ Atual denominação: "Ministério da Economia", nos termos da Lei nº 13.844/2019.

Art. 581. Para os fins do item III do artigo anterior, as empresas atribuirão parte do respectivo capital às suas sucursais, filiais ou agências, desde que localizadas fora da base territorial da entidade sindical representativa da atividade econômica do estabelecimento principal, na proporção das correspondentes operações econômicas, fazendo a devida comunicação às Delegacias Regionais do Trabalho, conforme localidade da sede da empresa, sucursais, filiais ou agências.

§ 1º. Quando a empresa realizar diversas atividades econômicas, sem que nenhuma delas seja preponderante, cada uma dessas atividades será incorporada à respectiva categoria econômica, sendo a contribuição sindical devida à entidade sindical representativa da mesma categoria, procedendo-se, em relação às correspondentes sucursais, agências ou filiais, na forma do presente artigo.

§ 2º. Entende-se por atividade preponderante a que caracterizar a unidade de produto, operação ou objetivo final, para cuja obtenção todas as demais atividades convirjam, exclusivamente em regime de conexão funcional.

(*) Art. 581 com redação dada pela Lei nº 6.386/1976.

Art. 582. Os empregadores são obrigados a descontar da folha de pagamento de seus empregados relativa ao mês de março de cada ano a contribuição sindical dos empregados que autorizaram prévia e expressamente o seu recolhimento aos respectivos sindicatos.

(*) Art. 582, *caput*, alterado pela Lei nº 6.386/1976 e com redação dada pela Lei nº 13.467/2017.

(*) V. art. 585, parágrafo único, da CLT.

§ 1º. Considera-se um dia de trabalho, para efeito de determinação da importância a que alude o item I do art. 580, o equivalente:

(*) § 1º alterado pelo Decreto-Lei nº 925/1969 e com redação dada pela Lei nº 6.386/1976.

a) a uma jornada normal de trabalho, se o pagamento ao empregado for feito por unidade de tempo;

(*) Alínea "a" acrescida pela Lei nº 6.386/1976.

b) a 1/30 (um trinta avos) da quantia percebida no mês anterior, se a remuneração for paga por tarefa, empreitada ou comissão.

(*) Alínea "b" acrescida pela Lei nº 6.386/1976.

§ 2º. Quando o salário for pago em utilidades, ou nos casos em que o empregado receba, habitualmente, gorjetas, a contribuição sindical corresponderá a 1/30 (um trinta avos) da importância que tiver servido de base, no mês de janeiro, para a contribuição do empregado à Previdência Social.

(*) § 2º alterado pelo Decreto-Lei nº 925/1969 e com redação dada pela Lei nº 6.386/1976.

Art. 583. O recolhimento da contribuição sindical referente aos empregados e trabalhadores avulsos será efetuado no mês de abril de cada ano, e o relativo aos agentes ou trabalhadores autônomos e profissionais liberais realizar-se-á no mês de fevereiro, observada a exigência de autorização prévia e expressa prevista no art. 579 desta Consolidação.

(*) Art. 583, *caput*, revogado pelo Decreto-Lei nº 925/1969, restaurado com nova redação pela Lei nº 6.386/1976, e com redação dada pela Lei nº 13.467/2017.

(*) Vide Lei nº 4.886/1965, que regula as atividades dos representantes comerciais autônomos.

§ 1º. O recolhimento obedecerá ao sistema de guias, de acordo com as instruções expedidas pelo Ministro do Trabalho.

(*) § 1º acrescido pela Lei nº 6.386/1976.

§ 2º. O comprovante de depósito da contribuição sindical será remetido ao respectivo Sindicato; na falta deste, à correspondente entidade sindical de grau superior, e, se for o caso, ao Ministério do Trabalho♦.

(*) § 2º acrescido pela Lei nº 6.386/1976.

♦ Atual denominação: "Ministério da Economia", nos termos da Lei nº 13.844/2019.

Art. 584. Servirá de base para o pagamento da contribuição sindical, pelos agentes ou trabalhadores autônomos e profissionais liberais, a lista de contribuintes organizada pelos respectivos sindicatos e, na falta destes, pelas federações ou confederações coordenadoras da categoria.

(*) Art. 584 alterado pelo Decreto-Lei nº 925/1969 e com redação dada pela Lei nº 6.386/1976.

Art. 585. Os profissionais liberais poderão optar pelo pagamento da contribuição sindical unicamente à entidade sindical representativa da respectiva profissão, desde que a exerça, efetivamente, na firma ou empresa e como tal sejam nelas registrados.

Parágrafo único. Na hipótese referida neste artigo, à vista da manifestação do contribuinte e da exibição da prova de quitação da contribuição, dada por sindicato de profissionais liberais, o empregador deixará de efetuar, no salário do contribuinte, o desconto a que se refere o Art. 582.

(*) Art. 585 com redação dada pela Lei nº 6.386/1976.

Art. 586. A contribuição sindical será recolhida, nos meses fixados no presente Capítulo, à Caixa Econômica Federal ao Banco do Brasil S. A. ou aos estabelecimentos bancários nacionais integrantes do sistema de arrecadação dos tributos federais, os quais, de acordo com instruções expedidas pelo Conselho Monetário Nacional, repassarão à Caixa Econômica Federal as importâncias arrecadadas.

§ 1º. Integrarão a rede arrecadadora as Caixas Econômicas Estaduais, nas localidades onde inexistam os estabelecimentos previstos no *caput* deste artigo.

§ 2º. Tratando-se de empregador, agentes ou trabalhadores autônomos ou profissionais liberais o recolhimento será efetuado pelos próprios, diretamente ao estabelecimento arrecadador.

(*) Vide Lei nº 4.886/1965, que regula as atividades dos representantes comerciais autônomos.

§ 3º. A contribuição sindical devida pelos empregados e trabalhadores avulsos será recolhida pelo empregador e pelo sindicato, respectivamente.

(*) Art. 586 com redação dada pela Lei nº 6.386/1976.

Art. 587. Os empregadores que optarem pelo recolhimento da contribuição sindical deverão fazê-lo no mês de janeiro de cada ano, ou, para os que venham a se estabelecer após o referido mês, na ocasião em que requererem às repartições o registro ou a licença para o exercício da respectiva atividade.

(*) Art. 587 com redação dada pela Lei nº 13.467/2017.

Art. 588. A Caixa Econômica Federal manterá conta corrente intitulada "Depósitos da Arrecadação da Contribuição Sindical", em nome de cada uma das entidades sindicais beneficiadas, cabendo ao Ministério do Trabalho♦ cientificá-la das ocorrências pertinentes à vida administrativa dessas entidades.

(*) Art. 588, *caput*, com redação dada pela Lei nº 6.386/1976.

♦ Atual denominação: Ministério da Economia, nos termos da Lei nº 13.844/2019.

§ 1º. Os saques na conta corrente referida no *caput* deste artigo far-se-ão mediante ordem bancária ou cheque com as assinaturas conjuntas do presidente e do tesoureiro da entidade sindical.

(*) § 1º com redação dada pela Lei nº 6.386/1976.

§ 2º. A Caixa Econômica Federal remeterá, mensalmente, a cada entidade sindical, um extrato da respectiva conta corrente, e, quando solicitado, aos órgãos do Ministério do Trabalho♦.

(*) § 2º alterado pela Lei nº 4.589/1964 e pelo Decreto-Lei nº 925/1969 e com redação dada pela Lei nº 6.386/1976.

(*) Atual denominação: "Ministério da Economia", nos termos da Lei nº 13.844/2019.

Art. 589. Da importância da arrecadação da contribuição sindical serão feitos os seguintes créditos pela Caixa Econômica Federal, na forma das instruções que forem expedidas pelo Ministro do Trabalho:

(*) Art. 589, *caput*, com redação dada pela Lei nº 6.386/1976.

I – para os empregadores:

(*) Inciso I com redação dada pela Lei nº 11.648/2008.

a) 5% (cinco por cento) para a confederação correspondente;

(*) Alínea "a" acrescida pela Lei nº 11.648/2008.

(*) V. arts. 590, *caput;* e 591, parágrafo único, da CLT.

b) 15% (quinze por cento) para a federação;

(*) Alínea "b" acrescida pela Lei nº 11.648/2008.

(*) V. arts. 590, § 3º; e 591, parágrafo único, da CLT.

c) 60% (sessenta por cento) para o sindicato respectivo; e

(*) Alínea "c" acrescida pela Lei nº 11.648/2008.

(*) V. arts. 590, § 3º; e 591 da CLT.

d) 20% (vinte por cento) para a "Conta Especial Emprego e Salário";

(*) Alínea "d" acrescida pela Lei nº 11.648/2008.

II – para os trabalhadores:

(*) Inciso II acrescido pela Lei nº 6.386/1976 e com redação dada pela Lei nº 11.648/2008.

a) 5% (cinco por cento) para a confederação correspondente;

(*) Alínea "a" acrescida pela Lei nº 11.648/2008.

(*) V. arts. 590, *caput*; e 591, parágrafo único, da CLT.

b) 10% (dez por cento) para a central sindical;

(*) Alínea "b" acrescida pela Lei nº 11.648/2008.

(*) V. § 2º deste artigo; e art. 590, § 3º, da CLT.

c) 15% (quinze por cento) para a federação;

(*) Alínea "c" acrescida pela Lei nº 11.648/2008.

(*) V. arts. 590, § 3º; e 591, parágrafo único, da CLT.

d) 60% (sessenta por cento) para o sindicato respectivo; e

(*) Alínea "d" acrescida pela Lei nº 11.648/2008.

(*) V. arts. 590, § 3º; e 591 da CLT.

e) 10% (dez por cento) para a "Conta Especial Emprego e Salário";

(*) Alínea "e" acrescida pela Lei nº 11.648/2008.

III – (revogado);

(*) Inciso III acrescido pela Lei nº 6.386/1976 e revogado pela Lei nº 11.648/2008.

IV – (revogado).

(*) Inciso IV acrescido pela Lei nº 6.386/1976, e revogado pela Lei nº 11.648/2008.

§ 1º. O sindicato de trabalhadores indicará ao Ministério do Trabalho e Emprego♦ a central sindical a que estiver filiado como beneficiária da respectiva contribuição sindical, para fins de destinação dos créditos previstos neste artigo.

(*) § 1º com redação dada pela Lei nº 11.648/2008.

♦ Atual denominação: "Ministério da Economia", nos termos da Lei nº 13.844/2019.

(*) V. art. 590, § 4º, da CLT.

§ 2º. A central sindical a que se refere a alínea "b" do inciso II do *caput* deste artigo deverá atender aos requisitos de representatividade previstos na legislação específica sobre a matéria.

(*) § 2º com redação dada pela Lei nº 11.648/2008.

Art. 590. Inexistindo confederação, o percentual previsto no art. 589 desta Consolidação caberá à federação representativa do grupo.

(*) Art. 590, *caput*, alterado pela Lei nº 4.589/1964 e pela Lei nº 6.386/1976, e com redação dada pela Lei nº 11.648/2008.

§ 1º. (Revogado).

(*) § 1º acrescido pela Lei nº 6.386/1976 e revogado pela Lei nº 11.648/2008.

§ 2º. (Revogado).

(*) § 2º acrescido pela Lei nº 6.386/1976 e revogado pela Lei nº 11.648/2008.

§ 3º. Não havendo sindicato, nem entidade sindical de grau superior ou central sindical, a contribuição sindical será creditada, integralmente, à "Conta Especial Emprego e Salário".

(*) § 3º acrescido pela Lei nº 6.386/1976 e com redação dada pela Lei nº 11.648/2008.

§ 4º. Não havendo indicação de central sindical, na forma do § 1º do art. 589 desta Consolidação, os percentuais que lhe caberiam serão destinados à "Conta Especial Emprego e Salário".

(*) V. art. 579 da CLT.

(*) § 4º acrescido pela Lei nº 11.648/2008.

Art. 591. Inexistindo sindicato, os percentuais previstos na alínea "c" do inciso I e na alínea "d" do inciso II do *caput* do art. 589 desta Consolidação serão creditados à federação correspondente à mesma categoria econômica ou profissional.

(*) Art. 591, *caput*, alterado pela Lei nº 4.589/1964 e pela Lei nº 6.386/1976, e com redação dada pela Lei nº 11.648/2008.

Parágrafo único. Na hipótese do *caput* deste artigo, os percentuais previstos nas alíneas "a" e "b" do inciso I e nas alíneas "a" e "c" do inciso II do *caput* do art. 589 desta Consolidação caberão à confederação.

(*) Parágrafo único alterado pela Lei nº 6.386/1976 e com redação dada pela Lei nº 11.648/2008.

Seção II
Da Aplicação do Imposto Sindical♦

♦ Atual denominação: "Contribuição Sindical", nos termos do art. 35, V, do Decreto-Lei nº 229/1967.

(*) Vide Lei nº 11.648/2008, que, em seu art. 7º, dispõe: ***Art. 7º**: Os arts. 578 a 610 da Consolidação das Leis do Trabalho – CLT, aprovada pelo Decreto-Lei nº 5.452, de 1º de maio de 1943, vigorarão até que a lei venha a disciplinar a contribuição negocial, vinculada ao exercício efetivo da negociação coletiva e à aprovação em assembleia geral da categoria.*

Art. 592. A contribuição sindical, além das despesas vinculadas à sua arrecadação, recolhimento e controle, será aplicada pelos sindicatos, na conformidade dos respectivos estatutos, usando aos seguintes objetivos:

(*) Art. 592, *caput*, com redação dada pela Lei nº 6.386/1976.

I – Sindicatos de empregadores e de agentes autônomos:

(*) Inciso I com redação dada pela Lei nº 6.386/1976.

a) assistência técnica e jurídica;

(*) Alínea "a" com redação dada pela Lei nº 6.386/1976.

b) assistência médica, dentária, hospitalar e farmacêutica;

(*) Alínea "b" com redação dada pela Lei nº 6.386/1976.

c) realização de estudos econômicos e financeiros;

(*) Alínea "c" com redação dada pela Lei nº 6.386/1976.

d) agências de colocação;

(*) Alínea "d" com redação dada pela Lei nº 6.386/1976.

e) cooperativas;

(*) Alínea "e" com redação dada pela Lei nº 6.386/1976.

f) bibliotecas;

(*) Alínea "f" acrescida pela Lei nº 6.386/1976.

g) creches;

(*) Alínea "g" acrescida pela Lei nº 6.386/1976.

h) congressos e conferências;

(*) Alínea "h" acrescida pela Lei nº 6.386/1976.

i) medidas de divulgação comercial e industrial no País, e no estrangeiro, bem como em outras tendentes a incentivar e aperfeiçoar a produção nacional.

(*) Alínea "i" acrescida pela Lei nº 6.386/1976.

j) feiras e exposições;

(*) Alínea "j" acrescida pela Lei nº 6.386/1976.

l) prevenção de acidentes do trabalho;

(*) Alínea "l" acrescida pela Lei nº 6.386/1976.

m) finalidades desportivas.

(*) Alínea "m" acrescida pela Lei nº 6.386/1976.

II – Sindicatos de empregados:

(*) Inciso II com redação dada pela Lei nº 6.386/1976.

a) assistência jurídica;

(*) Alínea "a" com redação dada pela Lei nº 6.386/1976.

b) assistência médica, dentária, hospitalar e farmacêutica;

(*) Alínea "b" com redação dada pela Lei nº 6.386/1976.

c) assistência à maternidade;

(*) Alínea "c" com redação dada pela Lei nº 6.386/1976.

d) agências de colocação;

(*) Alínea "d" com redação dada pela Lei nº 6.386/1976.

e) cooperativas;

(*) Alínea "e" com redação dada pela Lei nº 6.386/1976.

f) bibliotecas;

(*) Alínea "f" com redação dada pela Lei nº 6.386/1976.

g) creches;

(*) Alínea "g" com redação dada pela Lei nº 6.386/1976.

h) congressos e conferências;

(*) Alínea "h" com redação dada pela Lei nº 6.386/1976.

i) auxílio-funeral;

(*) Alínea "i" com redação dada pela Lei nº 6.386/1976.

j) colônias de férias e centros de recreação;

(*) Alínea "j" com redação dada pela Lei nº 6.386/1976.

l) prevenção de acidentes do trabalho;

(*) Alínea "l" acrescida pela Lei nº 6.386/1976.

m) finalidades desportivas e sociais;

(*) Alínea "m" acrescida pela Lei nº 6.386/1976.

n) educação e formação profissional.

(*) Alínea "n" acrescida pela Lei nº 6.386/1976.

o) bolsas de estudo.

(*) Alínea "o" acrescida pela Lei nº 6.386/1976.

III – Sindicatos de profissionais liberais:

(*) Inciso III com redação dada pela Lei nº 6.386/1976.

a) assistência jurídica;

(*) Alínea "a" com redação dada pela Lei nº 6.386/1976.

b) assistência médica, dentária, hospitalar e farmacêutica;

(*) Alínea "b" com redação dada pela Lei nº 6.386/1976.

c) assistência à maternidade;

(*) Alínea "c" com redação dada pela Lei nº 6.386/1976.

d) bolsas de estudo;

(*) Alínea "d" com redação dada pela Lei nº 6.386/1976.

e) cooperativas;

(*) Alínea "e" com redação dada pela Lei nº 6.386/1976.

f) bibliotecas;

(*) Alínea "f" com redação dada pela Lei nº 6.386/1976.

g) creches;

(*) Alínea "g" com redação dada pela Lei nº 6.386/1976.

h) congressos e conferências;

(*) Alínea "h" com redação dada pela Lei nº 6.386/1976.

i) auxílio-funeral;

(*) Alínea "i" com redação dada pela Lei nº 6.386/1976.

j) colônias de férias e centros de recreação;

(*) Alínea "j" com redação dada pela Lei nº 6.386/1976.

l) estudos técnicos e científicos;

(*) Alínea "l" acrescida pela Lei nº 6.386/1976.

m) finalidades desportivas e sociais;

(*) Alínea "m" acrescida pela Lei nº 6.386/1976.

n) educação e formação profissional;

(*) Alínea "n" acrescida pela Lei nº 6.386/1976.

o) prêmios por trabalhos técnicos e científicos.

(*) Alínea "o" acrescida pela Lei nº 6.386/1976.

IV – Sindicatos de trabalhadores autônomos:

(*) Inciso IV com redação dada pela Lei nº 6.386/1976.

a) assistência técnica e jurídica;

(*) Alínea "a" com redação dada pela Lei nº 6.386/1976.

b) assistência médica, dentária, hospitalar e farmacêutica;

(*) Alínea "b" com redação dada pela Lei nº 6.386/1976.

c) assistência à maternidade;

(*) Alínea "c" com redação dada pela Lei nº 6.386/1976.

d) bolsas de estudo;

(*) Alínea "d" com redação dada pela Lei nº 6.386/1976.

e) cooperativas;

(*) Alínea "e" com redação dada pela Lei nº 6.386/1976.

f) bibliotecas;

(*) Alínea "f" com redação dada pela Lei nº 6.386/1976.

g) creches;

(*) Alínea "g" com redação dada pela Lei nº 6.386/1976.

h) congressos e conferências;

(*) Alínea "h" com redação dada pela Lei nº 6.386/1976.

i) auxílio-funeral;

(*) Alínea "i" com redação dada pela Lei nº 6.386/1976.

j) colônias de férias e centros de recreação;

(*) Alínea "j" acrescida pela Lei nº 6.386/1976.

l) educação e formação profissional;

(*) Alínea "l" acrescida pela Lei nº 6.386/1976.

m) finalidades desportivas e sociais;

(*) Alínea "m" acrescida pela Lei nº 6.386/1976.

§ 1º. A aplicação prevista neste artigo ficará a critério de cada entidade, que, para tal fim, obedecerá, sempre, às peculiaridades do respectivo grupo ou categoria, facultado ao Ministro do Trabalho permitir a inclusão de novos programas, desde que assegurados os serviços assistenciais fundamentais da entidade.

(*) § 1º com redação dada pela Lei nº 6.386/1976.

§ 2º. Os sindicatos poderão destacar, em seus orçamentos anuais, até 20% (vinte por cento) dos recursos da contribuição sindical para o custeio das suas atividades administrativas, independentemente de autorização ministerial.

(*) § 2º acrescido pela Lei nº 6.386/1976.

§ 3º. O uso da contribuição sindical prevista no § 2º não poderá exceder do valor total das mensalidades sociais consignadas nos orçamentos dos sindicatos, salvo autorização expressa do Ministro do Trabalho.

(*) § 3º acrescido pela Lei nº 6.386/1976.

Art. 593. As percentagens atribuídas às entidades sindicais de grau superior e às centrais sindicais serão aplicadas de conformidade com o que dispuserem os respectivos conselhos de representantes ou estatutos.

(*) Art. 593, *caput*, com redação dada pela Lei nº 11.648/2008.

Parágrafo único. Os recursos destinados às centrais sindicais deverão ser utilizados no custeio das atividades de representação geral dos trabalhadores decorrentes de suas atribuições legais.

(*) Parágrafo único acrescido pela Lei nº 11.648/2008.

Art. 594. O "Fundo Social Sindical" será gerido e aplicado pela Comissão do Imposto Sindical em objetivos que atendam aos interesses gerais da organização sindical nacional ou à assistência social aos trabalhadores.

(*) Art. 594 com redação dada pelo Decreto-Lei nº 9.615/1946.

(*) Vide Lei nº 4.589/1964, que extinguiu a Comissão do Imposto Sindical, e, em seu art. 18, criou a conta especial denominada "Emprego e Salário": ***Art. 18.*** *Os vinte por cento do Imposto Sindical, que formam o "Fundo Social sindical", passarão a constituir uma conta especial denominada "Emprego e Salário" que será utilizada, no exercício de 1965, exclusivamente nas despesas de instalação e funcionamento dos órgãos criados ou transformados pela presente Lei, no pagamento do pessoal transferido dos seus cargos em comissão e funções gratificadas.*

Seção III
Da Comissão do Imposto Sindical♦

♦ Atual denominação: "Contribuição Sindical", nos termos do art. 35, V, do Decreto-Lei nº 229/1967.

Art. 595. (Revogado).

(*) Art. 595 revogado pela Lei nº 4.589/1964.

Art. 596. (Revogado).

(*) Art. 596 revogado pela Lei nº 4.589/1964.

Art. 597. (Revogado).

(*) Art. 597 revogado pela Lei nº 4.589/1964.

Seção IV
Das Penalidades

(*) Vide Lei nº 11.648/2008, que, em seu art. 7º, dispõe: ***Art. 7º.*** *Os arts. 578 a 610 da Consolidação das Leis do Trabalho – CLT, aprovada pelo Decreto-Lei nº 5.452, de 1º de maio de 1943, vigorarão até que a lei venha a disciplinar a contribuição negocial, vinculada ao exercício efetivo da negociação coletiva e à aprovação em assembleia geral da categoria.*

Art. 598. Sem prejuízo da ação criminal e das penalidades previstas no art. 553, as infrações ao disposto neste Título serão punidas com a aplicação da multa prevista no inciso I do *caput* do art. 634-A.

(*) Art. 598 com redação dada pela MP nº 905/2019.

Art. 599. Para os profissionais liberais, a penalidade consistirá na suspensão do exercício profissional, até a necessária quitação, e será aplicada pelos órgãos públicos ou autárquicos disciplinadores das respectivas profissões mediante comunicação das autoridades fiscalizadoras.

Art. 600. O recolhimento da contribuição sindical efetuado fora do prazo referido neste Capítulo, quando espontâneo, será acrescido da multa de 10% (dez por cento), nos 30 (trinta) primeiros dias, com o adicional de 2% (dois por cento) por mês subsequente de atraso, além de juros de mora de 1% (um por cento) ao mês e correção monetária, ficando, nesse caso, o infrator, isento de outra penalidade.

(*) Art. 600, *caput*, alterado pela Lei nº 4.589/1964 e com redação dada pela Lei nº 6.181/1974.

§ 1º. O montante das cominações previstas neste artigo reverterá sucessivamente:

(*) § 1º acrescido pela Lei nº 4.589/1964 e com redação dada pela Lei nº 6.181/1974.

a) ao Sindicato respectivo;

(*) Alínea "a" acrescida pela Lei nº 6.181/1974.

b) à Federação respectiva, na ausência de Sindicato;

(*) Alínea "b" acrescida pela Lei nº 6.181/1974.

c) à Confederação respectiva, inexistindo Federação.

(*) Alínea "c" acrescida pela Lei nº 6.181/1974.

§ 2º. Na falta de Sindicato ou entidade de grau superior, o montante a que alude o parágrafo precedente reverterá à conta "Emprego e Salário".

(*) § 2º acrescido pela Lei nº 4.589/1964 e com redação dada pela Lei nº 6.181/1974.

Seção V
Disposições Gerais

(*) Vide Lei nº 11.648/2008, que, em seu art. 7º, dispõe: ***Art. 7º.*** *Os arts. 578 a 610 da Consolidação das Leis do Trabalho – CLT, aprovada pelo Decreto-Lei nº 5.452, de 1º de maio de 1943, vigorarão até que a lei venha a disciplinar a contribuição negocial, vinculada ao exercício efetivo da negociação coletiva e à aprovação em assembleia geral da categoria.*

Art. 601. (Revogado).

(*) Art. 601 revogado pela Lei nº 13.467/2017.

Art. 602. Os empregados que não estiverem trabalhando no mês destinado ao desconto da contribuição sindical e que venham a autorizar prévia e expressamente o recolhimento serão descontados no primeiro mês subsequente ao do reinício do trabalho.

(*) Art. 602, *caput*, com redação dada pela Lei nº 13.467/2017.

Parágrafo único. De igual forma se procederá com os empregados que forem admitidos depois daquela data e que não tenham trabalhado anteriormente nem apresentado a respectiva quitação.

Art. 603. Os empregadores são obrigados a prestar aos encarregados da fiscalização os esclarecimentos necessários ao desempenho de sua missão e a exibir-lhes, quando exigidos, na parte relativa ao pagamento de empregados, os seus livros, folhas de pagamento e outros documentos comprobatórios desses pagamentos, sob pena da multa cabível.

Art. 604. (Revogado).

(*) Art. 604 revogado pela Lei nº 13.467/2017.

Art. 605. As entidades sindicais são obrigadas a promover a publicação de editais concernentes ao recolhimento do imposto sindical♦, durante 3 (três) dias, nos jornais de maior circulação local e até 10 (dez) dias da data fixada para depósito bancário.

♦ Atual denominação: "contribuição sindical", nos termos do art. 35, V, do Decreto-Lei nº 229/1967.

Art. 606. Às entidades sindicais cabe, em caso de falta de pagamento da contribuição sindical, promover a respectiva cobrança judicial, mediante ação executiva, valendo como título de dívida a certidão expedida pelas autoridades regionais do Ministério do Trabalho e Previdência Social♦.

(*) Art. 606, *caput*, com redação dada pelo Decreto-Lei nº 925/1969.

♦ Atual denominação: "Ministério da Economia", nos termos da Lei nº 13.844/2019.

§ 1º. O Ministro do Trabalho, Indústria e Comércio♦ baixará as instruções regulando a expedição das certidões a que se refere o presente artigo das quais deverá constar a individualização de contribuinte, a indicação do débito e a designação da entidade a favor da qual será recolhida a importância de imposto, de acordo com o respectivo enquadramento sindical.

♦ Atual denominação: "Ministro da Economia", nos termos do Decreto nº 9.745/2019.

§ 2º. Para os fins da cobrança judicial do imposto sindical♦, são extensivos às entidades sindicais, com exceção do foro especial, os privilégios da Fazenda Pública, para cobrança da dívida ativa.

♦ Atual denominação: "contribuição sindical", nos termos do art. 35, V, do Decreto-Lei nº 229/1967.

Art. 607. É considerado como documento essencial ao comparecimento às concorrências públicas ou administrativas e para o fornecimento às repartições paraestatais ou autárquicas a prova da quitação do respectivo imposto sindical♦ e a de recolhimento do imposto sindical♦, descontado dos respectivos empregados.

♦ Atual denominação: "contribuição sindical", nos termos do art. 35, V, do Decreto-Lei nº 229/1967.

Art. 608. As repartições federais, estaduais ou municipais não concederão registro ou licenças para funcionamento ou renovação de atividades aos estabelecimentos de empregadores e aos escritórios ou congêneres dos agentes ou trabalhadores autônomos e profissionais liberais, nem concederão alvarás de licença ou localização, sem que sejam exibidas as provas de quitação do imposto sindical♦, na forma do artigo anterior.

♦ Atual denominação: "contribuição sindical", nos termos do art. 35, V, do Decreto-Lei nº 229/1967.

(*) Vide Lei nº 4.886/1965, que regula as atividades dos representantes comerciais autônomos.

Parágrafo único. A não observância do disposto neste artigo acarretará, de pleno direito, a nulidade dos atos nele referidos, bem como dos mencionados no art. 607.

(*) Parágrafo único acrescido pela Lei nº 6.386/1976.

Art. 609. O recolhimento da contribuição sindical e todos os lançamentos e movimentos nas contas respectivas são isentos de selos e taxas federais, estaduais ou municipais.

Art. 610. As dúvidas no cumprimento deste Capítulo serão resolvidas pelo Diretor-Geral do Departamento Nacional do Trabalho, que expedirá as instruções que se tornarem necessárias à sua execução.

(*) Art. 610 com redação dada pela Lei nº 4.589/1964.

TÍTULO VI
CONVENÇÕES COLETIVAS DE TRABALHO

(*) Título VI com redação do título dada pelo Decreto-Lei nº 229/1967.

(*) Vide Portaria MTB nº 3.122/1988, que dispõe sobre a composição dos conflitos individuais e coletivos de trabalho.

(*) Vide Portaria MTE nº 282/2007, que dispõe sobre a implantação do Sistema de Negociações Coletivas de Trabalho – MEDIADOR, para fins de elaboração, transmissão, registro e arquivo, via eletrônica, dos instrumentos coletivos de trabalho.

(*) Vide Instrução Normativa MTE nº 16/2013, que disciplina os procedimentos para depósito, registro e arquivo de convenções e acordos coletivos de trabalho e seus respectivos termos aditivos nos órgãos do Ministério da Economia e para a solicitação de mediação coletiva de conflitos trabalhistas.

Art. 611. Convenção Coletiva de Trabalho é o acordo de caráter normativo, pelo qual dois ou mais Sindicatos representativos de categorias econômicas e profissionais estipulam condições de trabalho aplicáveis, no âmbito das respectivas representações, às relações individuais de trabalho.

(*) Art. 611, *caput*, com redação dada pelo Decreto-Lei nº 229/1967.

§ 1º. É facultado aos Sindicatos representativos de categorias profissionais celebrar Acordos Coletivos com uma ou mais empresas da correspondente categoria econômica, que estipulem condições de trabalho, aplicáveis no âmbito da empresa ou das acordantes respectivas relações de trabalho.

(*) § 1º, primitivo parágrafo único, renumerado pela Lei nº 2.693/1955 e com redação dada pelo Decreto-Lei nº 229/1967.

§ 2º. As Federações e, na falta desta, as Confederações representativas de categorias econômicas ou profissionais poderão celebrar convenções coletivas de trabalho para reger as relações das categorias a elas vinculadas, inorganizadas em Sindicatos, no âmbito de suas representações.

(*) § 2º acrescido pela Lei nº 2.693/1955 e com redação dada pelo Decreto-Lei nº 229/1967.

Art. 611-A. A convenção coletiva e o acordo coletivo de trabalho têm prevalência sobre a lei quando, entre outros, dispuserem sobre:

(*) V. art. 444, parágrafo único, da CLT.

I – pacto quanto à jornada de trabalho, observados os limites constitucionais;

II – banco de horas anual;

III – intervalo intrajornada, respeitado o limite mínimo de trinta minutos para jornadas superiores a seis horas;

IV – adesão ao Programa Seguro-Emprego (PSE), de que trata a Lei nº 13.189, de 19 de novembro de 2015;

(*) Lei nº 13.189, de 19 de novembro de 2015, institui o Programa de Proteção ao Emprego – PPE.

V – plano de cargos, salários e funções compatíveis com a condição pessoal do empregado, bem como identificação dos cargos que se enquadram como funções de confiança;

VI – regulamento empresarial;

VII – representante dos trabalhadores no local de trabalho;

VIII – teletrabalho, regime de sobreaviso, e trabalho intermitente;

IX – remuneração por produtividade, incluídas as gorjetas percebidas pelo empregado, e remuneração por desempenho individual;

X – modalidade de registro de jornada de trabalho;

XI – troca do dia de feriado;

XII – enquadramento do grau de insalubridade;

XIII – prorrogação de jornada em ambientes insalubres, sem licença prévia das autoridades competentes do Ministério do Trabalho♦;

♦ Atual denominação: "Ministério da Economia", nos termos da Lei nº 13.844/2019.

XIV – prêmios de incentivo em bens ou serviços, eventualmente concedidos em programas de incentivo;

XV – participação nos lucros ou resultados da empresa.

§ 1º. No exame da convenção coletiva ou do acordo coletivo de trabalho, a Justiça do Trabalho observará o disposto no § 3º do art. 8º desta Consolidação.

§ 2º. A inexistência de expressa indicação de contrapartidas recíprocas em convenção coletiva ou acordo coletivo de trabalho não ensejará sua nulidade por não caracterizar um vício do negócio jurídico.

§ 3º. Se for pactuada cláusula que reduza o salário ou a jornada, a convenção coletiva ou o acordo coletivo de trabalho deverão prever a proteção dos empregados contra dispensa imotivada durante o prazo de vigência do instrumento coletivo.

§ 4º. Na hipótese de procedência de ação anulatória de cláusula de convenção coletiva ou de acordo coletivo de trabalho, quando houver a cláusula compensatória, esta deverá ser igualmente anulada, sem repetição do indébito.

§ 5º. Os sindicatos subscritores de convenção coletiva ou de acordo coletivo de trabalho deverão participar, como litisconsortes necessários, em ação individual ou coletiva, que tenha como objeto a anulação de cláusulas desses instrumentos.

(*) Art. 611-A acrescido pela Lei nº 13.467/2017.

(*) *Art. 611-A, vide MP nº 808/2017 (art. 1º e art. 3º), com vigência no período de 14.11.2017 a 23.4.2018. Os atos praticados durante o período de sua vigência foram por ela legitimados.*

Art. 611-B. Constituem objeto ilícito de convenção coletiva ou de acordo coletivo de trabalho, exclusivamente, a supressão ou a redução dos seguintes direitos:

I – normas de identificação profissional, inclusive as anotações na Carteira de Trabalho e Previdência Social;

II – seguro-desemprego, em caso de desemprego involuntário;

III – valor dos depósitos mensais e da indenização rescisória do Fundo de Garantia do Tempo de Serviço (FGTS);

IV – salário-mínimo;

(*) Vide Lei nº 13.152/2015, que dispõe sobre a Política de Valorização do Salário-mínimo e dos benefícios pagos pelo Regime Geral de Previdência Social (RGPS) para o período de 2016 a 2019.

V – valor nominal do décimo terceiro salário;

VI – remuneração do trabalho noturno superior à do diurno;

VII – proteção do salário na forma da lei, constituindo crime sua retenção dolosa;

VIII – salário-família;

IX – repouso semanal remunerado;

X – remuneração do serviço extraordinário superior, no mínimo, em 50% (cinquenta por cento) à do normal;

XI – número de dias de férias devidas ao empregado;

XII – gozo de férias anuais remuneradas com, pelo menos, um terço a mais do que o salário normal;

XIII – licença-maternidade com a duração mínima de cento e vinte dias;

XIV – licença-paternidade nos termos fixados em lei;

XV – proteção do mercado de trabalho da mulher, mediante incentivos específicos, nos termos da lei;

XVI – aviso-prévio proporcional ao tempo de serviço, sendo no mínimo de trinta dias, nos termos da lei;

XVII – normas de saúde, higiene e segurança do trabalho previstas em lei ou em normas regulamentadoras do Ministério do Trabalho♦;

♦ Atual denominação: "Ministério da Economia", nos termos da Lei nº 13.844/2019.

XVIII – adicional de remuneração para as atividades penosas, insalubres ou perigosas;

XIX – aposentadoria;

XX – seguro contra acidentes de trabalho, a cargo do empregador;

XXI – ação, quanto aos créditos resultantes das relações de trabalho, com prazo prescricional de cinco anos para os trabalhadores urbanos e rurais, até o limite de dois anos após a extinção do contrato de trabalho;

XXII – proibição de qualquer discriminação no tocante a salário e critérios de admissão do trabalhador com deficiência;

XXIII – proibição de trabalho noturno, perigoso ou insalubre a menores de dezoito anos e de qualquer trabalho a menores de dezesseis anos, salvo na condição de aprendiz, a partir de quatorze anos;

XXIV – medidas de proteção legal de crianças e adolescentes;

XXV – igualdade de direitos entre o trabalhador com vínculo empregatício permanente e o trabalhador avulso;

XXVI – liberdade de associação profissional ou sindical do trabalhador, inclusive o direito de não sofrer, sem sua expressa e prévia anuência, qualquer cobrança ou desconto salarial estabelecidos em convenção coletiva ou acordo coletivo de trabalho;

XXVII – direito de greve, competindo aos trabalhadores decidir sobre a oportunidade de exercê-lo e sobre os interesses que devam por meio dele defender;

XXVIII – definição legal sobre os serviços ou atividades essenciais e disposições legais sobre o atendimento das necessidades inadiáveis da comunidade em caso de greve;

XXIX – tributos e outros créditos de terceiros;

XXX – as disposições previstas nos arts. 373-A, 390, 392, 392-A, 394, 394-A, 395, 396 e 400 desta Consolidação.

Parágrafo único. Regras sobre duração do trabalho e intervalos não são consideradas como normas de saúde, higiene e segurança do trabalho para os fins do disposto neste artigo.

(*) Art. 611-B acrescido pela Lei nº 13.467/2017.

Art. 612. Os Sindicatos só poderão celebrar Convenções ou

Acordos Coletivos de Trabalho, por deliberação de Assembleia Geral especialmente convocada para esse fim, consoante o disposto nos respectivos Estatutos, dependendo a validade da mesma do comparecimento e votação, em primeira convocação, de 2/3 (dois terços) dos associados da entidade, se se tratar de Convenção, e dos interessados, no caso de Acordo, e, em segunda, de 1/3 (um terço) dos mesmos.

(*) Art. 612, *caput*, com redação dada pelo Decreto-Lei nº 229/1967.

Parágrafo único. O *quorum* de comparecimento e votação será de 1/8 (um oitavo) dos associados em segunda convocação, nas entidades sindicais que tenham mais de 5.000 (cinco mil) associados.

(*) Parágrafo único acrescido pelo Decreto-Lei nº 229/1967.

(*) V. arts. 615, *caput*; e 617, § 2º, da CLT.

Art. 613. As Convenções e os Acordos deverão conter obrigatoriamente:

(*) Art. 613, *caput*, com redação dada pelo Decreto-Lei nº 229/1967.

I – Designação dos Sindicatos convenentes ou dos Sindicatos e empresas acordantes;

(*) Inciso I acrescido pelo Decreto-Lei nº 229/1967.

II – Prazo de vigência;

(*) Inciso II acrescido pelo Decreto-Lei nº 229/1967.

III – Categorias ou classes de trabalhadores abrangidas pelos respectivos dispositivos;

(*) Inciso III acrescido pelo Decreto-Lei nº 229/1967.

IV – Condições ajustadas para reger as relações individuais de trabalho durante sua vigência;

(*) Inciso IV acrescido pelo Decreto-Lei nº 229/1967.

V – Normas para a conciliação das divergências sugeridas entre os convenentes por motivos da aplicação de seus dispositivos;

(*) Inciso V acrescido pelo Decreto-Lei nº 229/1967.

VI – Disposições sobre o processo de sua prorrogação e de revisão total ou parcial de seus dispositivos;

(*) Inciso VI acrescido pelo Decreto-Lei nº 229/1967.

VII – Direitos e deveres dos empregados e empresas;

(*) Inciso VII acrescido pelo Decreto-Lei nº 229/1967.

VIII – Penalidades para os Sindicatos convenentes, os empregados e as empresas em caso de violação de seus dispositivos.

(*) Inciso VIII acrescido pelo Decreto-Lei nº 229/1967.

Parágrafo único. As convenções e os Acordos serão celebrados por escrito, sem emendas nem rasuras, em tantas vias quantos forem os Sindicatos convenentes ou as empresas acordantes, além de uma destinada a registro.

(*) Parágrafo único acrescido pelo Decreto-Lei nº 229/1967.

Art. 614. Os Sindicatos convenentes ou as empresas acordantes promoverão, conjunta ou separadamente, dentro de 8 (oito) dias da assinatura da Convenção ou Acordo, o depósito de uma via do mesmo, para fins de registro e arquivo, no

Departamento Nacional do Trabalho, em se tratando de instrumento de caráter nacional ou interestadual, ou nos órgãos regionais do Ministério do Trabalho e Previdência Social♦, nos demais casos.

(*) Art. 614, *caput*, com redação dada pelo Decreto-Lei nº 229/1967.

♦ Atual denominação: "Ministério da Economia", nos termos da Lei nº 13.844/2019.

§ 1º. As Convenções e os Acordos entrarão em vigor 3 (três) dias após a data da entrega dos mesmos no órgão referido neste artigo.

(*) § 1º com redação dada pelo Decreto-Lei nº 229/1967.

§ 2º. Cópias autênticas das Convenções e dos Acordos deverão ser afixados de modo visível, pelos Sindicatos convenentes, nas respectivas sedes e nos estabelecimentos das empresas compreendidas no seu campo de aplicação, dentro de 5 (cinco) dias da data do depósito previsto neste artigo.

(*) § 2º com redação dada pelo Decreto-Lei nº 229/1967.

§ 3º. Não será permitido estipular duração de convenção coletiva ou acordo coletivo de trabalho superior a dois anos, sendo vedada a ultratividade.

(*) § 3º alterado pelo Decreto-Lei nº 229/1967 e com redação dada pela Lei nº 13.467/2017.

(*) V. art. 615, § 1º, da CLT.

Art. 615. O processo de prorrogação, revisão, denúncia ou revogação total ou parcial de Convenção ou Acordo ficará subordinado, em qualquer caso, à aprovação de Assembleia Geral dos Sindicatos convenentes ou partes acordantes, com observância do disposto no art. 612.

(*) Art. 615, *caput*, com redação dada pelo Decreto-Lei nº 229/1967.

§ 1º. O instrumento de prorrogação, revisão, denúncia ou revogação de Convenção ou Acordo será depositado para fins de registro e arquivamento, na repartição em que o mesmo originariamente foi depositado observado o disposto no art. 614.

(*) § 1º acrescido pelo Decreto-Lei nº 229/1967.

(*) V. § 2º deste artigo.

§ 2º. As modificações introduzidos em Convenção ou Acordo, por força de revisão ou de revogação parcial de suas cláusulas passarão a vigorar 3 (três) dias após a realização de depósito previsto no § 1º.

(*) § 2º acrescido pelo Decreto-Lei nº 229/1967.

Art. 616. Os Sindicatos representativos de categorias econômicas ou profissionais e as empresas, inclusive as que não tenham representação sindical, quando provocados, não podem recusar-se à negociação coletiva.

(*) Art. 616, *caput*, com redação dada pelo Decreto-Lei nº 229/1967.

§ 1º. Verificando-se recusa à negociação coletiva, cabe aos Sindicatos ou empresas interessadas dar ciência do fato, conforme o caso, ao Departamento Nacional do Trabalho ou aos órgãos regionais do Ministério do Trabalho e Previdência Social♦, para convocação compulsória dos Sindicatos ou empresas recalcitrantes.

(*) § 1º acrescido pelo Decreto-Lei nº 229/1967.

♦ Atual denominação: "Ministério da Economia", nos termos da Lei nº 13.844/2019.

§ 2º. No caso de persistir a recusa à negociação coletiva, pelo desatendimento às convocações feitas pelo Departamento Nacional do Trabalho ou órgãos regionais do Ministério do Trabalho e Previdência Social♦, ou se malograr a negociação entabulada, é facultada aos Sindicatos ou empresas interessadas a instauração de dissídio coletivo.

(*) § 2º acrescido pelo Decreto-Lei nº 229/1967.

♦ Atual denominação: "Ministério da Economia", nos termos da Lei nº 13.844/2019.

§ 3º. Havendo convenção, acordo ou sentença normativa em vigor, o dissídio coletivo deverá ser instaurado dentro dos 60 (sessenta) dias anteriores ao respectivo termo final, para que o novo instrumento possa ter vigência no dia imediato a esse termo.

(*) § 3º acrescido pelo Decreto-Lei nº 229/1967, e com redação dada pelo Decreto-Lei nº 424/1969.

(*) V. art. 867, parágrafo único, da CLT.

§ 4º. Nenhum processo de dissídio coletivo de natureza econômica será admitido sem antes se esgotarem as medidas relativas à formalização da Convenção ou Acordo correspondente.

(*) § 4º acrescido pelo Decreto-Lei nº 229/1967.

Art. 617. Os empregados de uma ou mais empresas que decidirem celebrar Acordo Coletivo de Trabalho com as respectivas empresas darão ciência de sua resolução, por escrito, ao Sindicato representativo da categoria profissional, que terá o prazo de 8 (oito) dias para assumir a direção dos entendimentos entre os interessados, devendo igual procedimento ser observado pelas empresas interessadas com relação ao Sindicato da respectiva categoria econômica.

(*) Art. 617, *caput*, com redação dada pelo Decreto-Lei nº 229/1967.

§ 1º. Expirado o prazo de 8 (oito) dias sem que o Sindicato tenha se desincumbido do encargo recebido, poderão os interessados dar conhecimento do fato à Federação a que estiver vinculado o Sindicato e, em falta dessa, à correspondente Confederação, para que, no mesmo prazo, assuma a direção dos entendimentos. Esgotado esse prazo, poderão os interessados prosseguir diretamente na negociação coletiva até final.

(*) § 1º acrescido pelo Decreto-Lei nº 229/1967.

§ 2º. Para o fim de deliberar sobre o Acordo, a entidade sindical convocará assembleia geral dos diretamente interessados, sindicalizados ou não, nos termos do art. 612.

(*) § 2º acrescido pelo Decreto-Lei nº 229/1967.

Art. 618. As empresas e instituições que não estiverem incluídas no enquadramento sindical a que se refere o art. 577 desta Consolidação poderão celebrar Acordos Coletivos de Trabalho com os Sindicatos representativos dos respectivos empregados, nos termos deste Título.

(*) Art. 618 com redação dada pelo Decreto-Lei nº 229/1967.

Art. 619. Nenhuma disposição de contrato individual de trabalho que contrarie normas de Convenção ou Acordo Coletivo de Trabalho poderá prevalecer na execução do mesmo, sendo considerada nula de pleno direito.

(*) Art. 619 com redação dada pelo Decreto-Lei nº 229/1967.

Art. 620. As condições estabelecidas em acordo coletivo de trabalho sempre prevalecerão sobre as estipuladas em convenção coletiva de trabalho.

(*) Art. 620 alterado pelo Decreto-Lei nº 229/1967 e com redação dada pela Lei nº 13.467/2017.

Art. 621. As Convenções e os Acordos poderão incluir entre suas cláusulas disposição sobre a constituição e funcionamento de comissões mistas de consulta e colaboração, no plano da empresa e sobre participação, nos lucros. Estas disposições mencionarão a forma de constituição, o modo de funcionamento e as atribuições das comissões, assim como o plano de participação, quando for o caso.

(*) Art. 621 com redação dada pelo Decreto-Lei nº 229/1967.

(*) Vide Lei nº 10.101/2000, que dispõe sobre a participação dos trabalhadores nos lucros ou resultados da empresa.

Art. 622. Os empregados e as empresas que celebrarem contratos individuais de trabalho, estabelecendo condições contrárias ao que tiver sido ajustado em Convenção ou Acordo que lhes for aplicável, serão passíveis da multa neles fixada.

(*) Art. 622, *caput*, com redação dada pelo Decreto-Lei nº 229/1967.

Parágrafo único. A multa a ser imposta ao empregado não poderá exceder da metade daquela que, nas mesmas condições seja estipulada para a empresa.

(*) Parágrafo único acrescido pelo Decreto-Lei nº 229/1967.

Art. 623. Será nula de pleno direito disposição de Convenção ou Acordo que, direta ou indiretamente, contrarie proibição ou norma disciplinadora da política econômico-financeira do Governo ou concernente à política salarial vigente, não produzindo quaisquer efeitos perante autoridades e repartições públicas, inclusive para fins de revisão de preços e tarifas de mercadorias e serviços.

Parágrafo único. Na hipótese deste artigo, a nulidade será declarada, de ofício ou mediante representação, pelo Ministro do Trabalho e Previdência Social♦, ou pela Justiça do Trabalho em processo submetido ao seu julgamento.

(*) Art. 623 com redação dada pelo Decreto-Lei nº 229/1967.

♦ Atual denominação: "Ministro da Economia", nos termos do Decreto nº 9.745/2019.

Art. 624. A vigência de cláusula de aumento ou reajuste salarial, que implique elevação de tarifas ou de preços sujeitos à fixação por autoridade pública ou repartição governamental, dependerá de prévia audiência dessa autoridade ou repartição e sua expressa declaração no tocante à possibilidade de elevação da tarifa ou do preço e quanto ao valor dessa elevação.

(*) Art. 624 com redação dada pelo Decreto-Lei nº 229/1967.

Art. 625. As controvérsias resultantes da aplicação de Convenção ou de Acordo celebrado nos termos deste Título serão dirimidas pela Justiça do Trabalho.

(*) Art. 625 com redação dada pelo Decreto-Lei nº 229/1967.

TÍTULO VI-A
DAS COMISSÕES DE CONCILIAÇÃO PRÉVIA

(*) Título VI-A acrescido pela Lei nº 9.958/2000.

Art. 625-A. As empresas e os sindicatos podem instituir Comissões de Conciliação Prévia, de composição paritária, com representante dos empregados e dos empregadores, com a atribuição de tentar conciliar os conflitos individuais do trabalho.

Parágrafo único. As Comissões referidas no *caput* deste artigo poderão ser constituídas por grupos de empresas ou ter caráter intersindical.

(*) Art. 625-A acrescido pela Lei nº 9.958/2000.

Art. 625-B. A Comissão instituída no âmbito da empresa será composta de, no mínimo, dois e, no máximo, dez membros, e observará as seguintes normas:

I – a metade de seus membros será indicada pelo empregador e outra metade eleita pelos empregados, em escrutínio, secreto, fiscalizado pelo sindicato de categoria profissional;

II – haverá na Comissão tantos suplentes quantos forem os representantes titulares;

III – o mandato dos seus membros, titulares e suplentes, é de um ano, permitida uma recondução.

§ 1º. É vedada a dispensa dos representantes dos empregados membros da Comissão de Conciliação Prévia, titulares e suplentes, até um ano após o final do mandato, salvo se cometerem falta grave, nos termos da lei.

§ 2º. O representante dos empregados desenvolverá seu trabalho normal na empresa afastando-se de suas atividades apenas quando convocado para atuar como conciliador, sendo computado como tempo de trabalho efetivo o despendido nessa atividade.

(*) Art. 625-B acrescido pela Lei nº 9.958/2000.

Art. 625-C. A Comissão instituída no âmbito do sindicato terá sua constituição e normas de funcionamento definidas em convenção ou acordo coletivo.

(*) Art. 625-C acrescido pela Lei nº 9.958/2000.

Art. 625-D. Qualquer demanda de natureza trabalhista será submetida à Comissão de Conciliação Prévia se, na localidade da prestação de serviços, houver sido instituída a Comissão no âmbito da empresa ou do sindicato da categoria.

§ 1º. A demanda será formulada por escrito ou reduzida a termo por qualquer dos membros da Comissão, sendo entregue cópia datada e assinada pelo membro aos interessados.

§ 2º. Não prosperando a conciliação, será fornecida ao empregado e ao empregador declaração da tentativa conciliatória frustrada com a descrição de seu objeto, firmada pelos membros da Comissão, que devera ser juntada à eventual reclamação trabalhista.

(*) V. art. 625-F, parágrafo único, da CLT.

§ 3º. Em caso de motivo relevante que impossibilite a observância do procedimento previsto no *caput* deste artigo, será a circunstância declarada na petição da ação intentada perante a Justiça do Trabalho.

§ 4º. Caso exista, na mesma localidade e para a mesma categoria, Comissão de empresa e Comissão sindical, o interessado optará por uma delas submeter a sua demanda, sendo competente aquela que primeiro conhecer do pedido.

(*) Art. 625-D acrescido pela Lei nº 9.958/2000.

(*) O STF, em ADIn 2.139-7 e 2.160-5 (*DOU* e *DJe* 22.5.2000), deu interpretação conforme a CF/1988 relativamente ao art. 625-D e ao art. 852-B, II, introduzido pelo art. 1º da Lei nº 9.958/2000, no sentido de afastar a obrigatoriedade da fase de conciliação prévia que disciplina.

Art. 625-E. Aceita a conciliação, será lavrado termo assinado pelo empregado, pelo empregador ou seu proposto e pelos membros da Comissão, fornecendo-se cópia às partes.

Parágrafo único. O termo de conciliação é título executivo extrajudicial e terá eficácia liberatória geral, exceto quanto às parcelas expressamente ressalvadas.

(*) Art. 625-E acrescido pela Lei nº 9.958/2000.

(*) O STF, em ADIn 2.139-7 e 2.160-5 (*DOU* e *DJe* 22.5.2000), deu interpretação conforme a CF/1988 relativamente ao art. 625-D e ao art. 852-B, II, introduzido pelo art. 1º da Lei nº 9.958/2000, no sentido de afastar a obrigatoriedade da fase de conciliação prévia que disciplina.

Art. 625-F. As Comissões de Conciliação Prévia têm prazo de dez dias para a realização da sessão de tentativa de conciliação a partir da provocação do interessado.

Parágrafo único. Esgotado o prazo sem a realização da sessão, será fornecida, no último dia do prazo, a declaração a que se refere o § 2º do art. 625-D.

(*) Art. 625-F acrescido pela Lei nº 9.958/2000.

(*) V. art. 625-G da CLT.

Art. 625-G. O prazo prescricional será suspenso a partir da provocação da Comissão de Conciliação Prévia, recomeçando a fluir, pelo que lhe resta, a partir da tentativa frustrada de conciliação ou do esgotamento do prazo previsto no art. 625-F.

(*) Art. 625-G acrescido pela Lei nº 9.958/2000.

Art. 625-H. Aplicam-se aos Núcleos Intersindicais de Conciliação Trabalhista em funcionamento ou que vierem a ser criados, no que couber, as disposições previstas neste Título, desde que observados os princípios da paridade e da negociação coletiva na sua constituição.

(*) Art. 625-H acrescido pela Lei nº 9.958/2000.

TÍTULO VII
DAS PENALIDADES E DO PROCESSO ADMINISTRATIVO

(*) Título VII com redação do título dada pela MP nº 905/2019.

(*) O art. 7º da Lei nº 6.986/1982, assim dispõe: ***Art. 7º.*** *As multas por infração aos preceitos da Consolidação das Leis do Trabalho ficam elevadas em 10 (dez) vezes o seu valor.*

(*) V. art. 634-A da CLT.

Capítulo I
DA FISCALIZAÇÃO, DA AUTUAÇÃO E DA IMPOSIÇÃO DE MULTAS

(*) Capítulo I com redação do título dada pela MP nº 905/2019.

Art. 626. Incumbe às autoridades competentes da Secretaria Especial de Previdência e Trabalho do Ministério da Economia a fiscalização do cumprimento das normas de proteção ao trabalho.

Parágrafo único. Compete exclusivamente aos Auditores Fiscais do Trabalho a fiscalização a que se refere este artigo, na forma estabelecida nas instruções normativas editadas pela Secretaria Especial de Previdência e Trabalho do Ministério da Economia.

(*) Art. 626 com redação dada pela MP nº 905/2019.

Art. 627. A fim de promover a instrução dos responsáveis no cumprimento das leis de proteção do trabalho, a fiscalização observará o critério de dupla visita nas seguintes hipóteses:

I – quando ocorrer promulgação ou edição de novas leis, regulamentos ou instruções normativas, durante o prazo de 180 (cento e oitenta) dias, contado da data de vigência das novas disposições normativas;

II – quando se tratar de primeira inspeção em estabelecimentos ou locais de trabalho recentemente inaugurados, no prazo de 180 (cento e oitenta) dias, contado da data de seu efetivo funcionamento;

III – quando se tratar de microempresa, empresa de pequeno porte e estabelecimento ou local de trabalho com até 20 (vinte) trabalhadores;

IV – quando se tratar de infrações a preceitos legais ou a regulamentações sobre segurança e saúde do trabalhador de gradação leve, conforme regulamento editado pela Secretaria Especial de Previdência e Trabalho do Ministério da Economia; e

V – quando se tratar de visitas técnicas de instrução previamente agendadas com a Secretaria Especial de Previdência e Trabalho do Ministério da Economia.

§ 1º. O critério da dupla visita deverá ser aferido para cada item expressamente notificado por Auditor Fiscal do Trabalho em inspeção anterior, presencial ou remota, hipótese em que deverá haver, no mínimo, 90 (noventa) dias entre as inspeções para que seja possível a emissão de auto de infração.

§ 2º. O benefício da dupla visita não será aplicado para as infrações de falta de registro de empregado em Carteira de Trabalho e Previdência Social, atraso no pagamento de salário ou de FGTS, reincidência, fraude, resistência ou embaraço à fiscalização, nem nas hipóteses em que restar configurado acidente do trabalho fatal, trabalho em condições análogas às de escravo ou trabalho infantil.

§ 3º. No caso de microempresa ou empresa de pequeno porte, o critério de dupla visita atenderá ao disposto no § 1º do art. 55 da Lei Complementar nº 123, de 14 de dezembro de 2006.

(*) Lei Complementar nº 123, de 14 de dezembro de 2006: ***Art. 55.*** *A fiscalização, no que se refere aos aspectos trabalhista, metrológico, sanitário, ambiental, de segurança, de relações de consumo e de uso e ocupação do solo das microempresas e das empresas de pequeno porte, deverá ser prioritariamente orientadora quando a atividade ou situação, por sua natureza, comportar grau de risco compatível com esse procedimento. § 1º. Será observado o critério de dupla visita para lavratura de autos de infração, salvo quando for constatada infração por falta de registro de empregado ou anotação da Carteira de Trabalho e Previdência Social – CTPS, ou, ainda, na ocorrência de reincidência, fraude, resistência ou embaraço à fiscalização. [...].*

§ 4º. A inobservância ao critério de dupla visita implicará nulidade do auto de infração lavrado, independentemente da natureza principal ou acessória da obrigação.

(*) Art. 627 com redação dada pela MP nº 905/2019.

Art. 627-A. Poderá ser instaurado procedimento especial para a ação fiscal, com o objetivo de fornecer orientações sobre o cumprimento das leis de proteção ao trabalho e sobre a prevenção e o saneamento de infrações à legislação por meio de termo de compromisso, com eficácia de título executivo extrajudicial, na forma a ser disciplinada pelo Ministério da Economia.

(*) Vide Decreto nº 4.552/2002, que aprova o regulamento da Inspeção do Trabalho.

§ 1º. Os termos de ajustamento de conduta e os termos de compromisso em matéria trabalhista terão prazo máximo de 2 (dois) anos, renovável por igual período desde que fundamentado por relatório técnico, e deverão ter suas penalidades atreladas aos valores das infrações contidas nesta Consolidação e em legislação esparsa trabalhista, hipótese em que caberá, em caso de descumprimento, a elevação das penalidades que forem infringidas 3 (três) vezes.

§ 2º. A empresa, em nenhuma hipótese, poderá ser obrigada a firmar dois acordos extrajudiciais, seja termo de compromisso, seja termo de ajustamento de conduta, seja outro instrumento equivalente, com base na mesma infração à legislação trabalhista.

(*) Art. 627-A acrescido pela MP nº 2.164-41/2001• e com redação dada pela MP nº 905/2019.

• MP nº 2.164-41/2001 em vigor ante a redação do art. 2º da EC nº 32/2001: ***Art. 2º.*** *As medidas provisórias editadas em data anterior à da publicação desta emenda continuam em vigor até que medida provisória ulterior as revogue explicitamente ou até deliberação definitiva do Congresso Nacional.*

Art. 627-B. O planejamento das ações de inspeção do trabalho deverá contemplar a elaboração de projetos especiais de fiscalização setorial para a prevenção de acidentes de trabalho, doenças ocupacionais e irregularidades trabalhistas a partir da análise dos dados de acidentalidade e adoecimento ocupacionais e do mercado de trabalho, conforme estabelecido em ato da Secretaria Especial de Previdência e Trabalho do Ministério da Economia.

§ 1º. Caso detectados irregularidades reiteradas ou elevados níveis de acidentalidade ou adoecimentos ocupacionais em determinado setor econômico ou região geográfica, o planejamento da inspeção do trabalho deverá incluir ações coletivas de prevenção e saneamento das irregularidades, com a possibilidade de participação de outros órgãos públicos e entidades representativas de empregadores e de trabalhadores.

§ 2º. Não caberá lavratura de auto de infração no âmbito das ações coletivas de prevenção previstas neste artigo.

(*) Art. 627-B acrescido pela MP nº 905/2019.

Art. 628. Salvo quanto ao disposto nos art. 627, art. 627-A e art. 627-B, toda verificação em que o Auditor-Fiscal do Trabalho concluir pela existência de violação de preceito legal deve corresponder, sob pena de responsabilidade administrativa, a lavratura de auto de infração.

(*) Art. 628, *caput*, alterado pelo Decreto-Lei nº 229/1967, pela MP nº 2.164-41/2001• e com redação dada pela MP nº 905/2019.

• MP nº 2.164-41/2001 em vigor ante a redação do art. 2º da EC nº 32/2001: ***Art. 2º.*** *As medidas provisórias editadas em data anterior à da publicação desta emenda continuam em vigor até que medida provisória ulterior as revogue explicitamente ou até deliberação definitiva do Congresso Nacional.*

§ 1º. (Revogado).

(*) § 1º acrescido pelo Decreto-Lei nº 229/1967 e revogado pela MP nº 905/2019.

§ 2º. (Revogado).

(*) § 2º acrescido pelo Decreto-Lei nº 229/1967 e revogado pela MP nº 905/2019.

§ 3º. Comprovada má-fé do agente da inspeção, ele responderá por falta grave no cumprimento do dever e ficará passível, desde logo, à aplicação da pena de suspensão de até 30 (trinta) dias, hipótese em que será instaurado, obrigatoriamente, inquérito administrativo em caso de reincidência.

(*) § 3º acrescido pelo Decreto-Lei nº 229/1967 e com redação dada pela MP nº 905/2019.

(*) V. § 4º deste artigo.

§ 4º. A lavratura de autos contra empresas fictícias e de endereços inexistentes, assim como a apresentação de falsos relatórios, constituem falta grave, punível na forma do § 3º.

(*) § 4º acrescido pelo Decreto-Lei nº 229/1967.

Art. 628-A. Fica instituído o Domicílio Eletrônico Trabalhista, regulamentado pela Secretaria Especial de Previdência e Trabalho do Ministério da Economia, destinado a:

I – cientificar o empregador de quaisquer atos administrativos, ações fiscais, intimações e avisos em geral; e

II – receber, por parte do empregador, documentação eletrônica exigida no curso das ações fiscais ou apresentação de defesa e recurso no âmbito de processos administrativos.

§ 1º. As comunicações eletrônicas realizadas pelo Domicílio Eletrônico Trabalhista dispensam a sua publicação no Diário Oficial da União e o envio por via postal e são consideradas pessoais para todos os efeitos legais.

§ 2º. A ciência por meio do sistema de comunicação eletrônica, com utilização de certificação digital ou de código de acesso, possuirá os requisitos de validade.

§ 3º. A utilização do sistema de comunicação eletrônica previsto no *caput* é obrigatória para todos os empregadores, conforme estabelecido em ato da Secretaria Especial de Previdência e Trabalho do Ministério da Economia, garantidos prazos diferenciados para as microempresas e as empresas de pequeno porte.

§ 4º. O empregador deverá consultar o sistema de comunicação eletrônica no prazo de até 10 (dez) dias, contado da data de notificação por correio eletrônico cadastrado.

§ 5º. Encerrado o prazo a que se refere o § 4º, considera-se automaticamente que a comunicação eletrônica foi realizada.

§ 6º. A comunicação eletrônica a que se refere o *caput*, em relação ao empregador doméstico, ocorrerá por meio da utilização de sistema eletrônico na forma prevista pelo art. 32 da Lei Complementar nº 150, de 1º de junho de 2015.

(*) Lei Complementar nº 150, de 1º de junho de 2015: ***Art. 32.*** *A inscrição do empregador e a entrada única de dados cadastrais e de informações trabalhistas, previdenciárias e fiscais no âmbito do Simples Doméstico dar-se-ão mediante registro em sistema eletrônico a ser disponibilizado em portal na internet, conforme regulamento. Parágrafo único. A impossibilidade de utilização do sistema eletrônico será objeto de regulamento, a ser editado pelo Ministério da Fazenda e pelo agente operador do FGTS.*

§ 7º. A comunicação eletrônica a que se refere o *caput* não afasta a possibilidade de utilização de outros meios legais de comunicação com o empregador a serem utilizados a critério da autoridade competente.

(*) Art. 628-A acrescido pela MP nº 905/2019.

Art. 629. O auto de infração será lavrado no curso da ação fiscal, sendo uma via entregue ao infrator, preferencialmente, em meio eletrônico, pessoalmente, mediante recibo, ou, excepcionalmente, por via postal.

(*) Art. 629, *caput*, alterado pelo Decreto-Lei nº 229/1967 e com redação dada pela MP nº 905/2019.

§ 1º. O auto de infração não terá o seu valor probante condicionado à assinatura do infrator ou de testemunhas.

(*) § 1º alterado pelo Decreto-Lei nº 229/1967 e com redação dada pela MP nº 905/2019.

§ 2º. Lavrado o auto de infração, não poderá ele ser inutilizado, nem sustado o curso do respectivo processo, devendo o Auditor Fiscal do Trabalho apresentá-lo à autoridade competente, mesmo se incidir em erro.

(*) § 2º alterado pelo Decreto-Lei nº 229/1967 e com redação dada pela MP nº 905/2019.

§ 3º. O prazo para apresentação de defesa será de 30 (trinta) dias, inclusive para a União, os Estados, o Distrito Federal, os Municípios e as suas autarquias e fundações de direito público, contado da data de recebimento do auto de infração.

(*) § 3º alterado pelo Decreto-Lei nº 229/1967 e com redação dada pela MP nº 905/2019.

§ 4º. O auto de infração será registrado em meio eletrônico pelo órgão fiscalizador, de modo a assegurar o controle de seu processamento.

(*) § 4º acrescido pelo Decreto-Lei nº 229/1967 e com redação dada pela MP nº 905/2019.

Art. 630. Nenhum Auditor Fiscal do Trabalho poderá exercer as atribuições do seu cargo sem exibir a carteira de identidade fiscal, fornecida pela autoridade competente.

(*) Art. 630, *caput*, alterado pelo Decreto-Lei nº 229/1967 e com redação dada pela MP nº 905/2019.

§ 1º. É proibida a outorga de identidade fiscal a quem não esteja autorizado, em razão do cargo ou função, a exercer ou praticar, no âmbito da legislação trabalhista, atos de fiscalização.

(*) § 1º acrescido pelo Decreto-Lei nº 229/1967.

§ 2º. A credencial a que se refere este artigo deverá ser devolvida para inutilização, sob as penas da lei em casos de provimentos em outro cargo público, exoneração ou demissão bem como nos de licenciamento por prazo superior a 60 (sessenta) dias e de suspensão do exercício do cargo.

(*) § 2º acrescido pelo Decreto-Lei nº 229/1967.

§ 3º. Os Auditores Fiscais do Trabalho terão livre acesso a todas dependências dos estabelecimentos sujeitos à legislação trabalhista, hipótese em que as empresas, por meio de seus dirigentes ou prepostos, ficarão obrigadas a prestar-lhes os esclarecimentos necessários ao desempenho de suas atribuições legais e a exibirem, quando exigidos, quaisquer documentos que digam respeito ao fiel cumprimento das normas de proteção ao trabalho.

(*) § 3º acrescido pelo Decreto-Lei nº 229/1967 e com redação dada pela MP nº 905/2019.

(*) V. § 6º deste artigo.

§ 4º. Os documentos sujeitos à inspeção poderão ser apresentados nos locais de trabalho ou, alternativamente, em meio eletrônico ou, ainda, em meio físico, em dia e hora previamente estabelecidos pelo Auditor Fiscal do Trabalho.

(*) § 4º acrescido pelo Decreto-Lei nº 229/1967 e com redação dada pela MP nº 905/2019.

(*) V. § 6º deste artigo.

§ 4º-A. As ações de inspeção, exceto se houver disposição legal em contrário, que necessitem de atestados, certidões ou outros documentos comprobatórios do cumprimento de obrigações trabalhistas que constem em base de dados oficial da administração pública federal deverão obtê-los diretamente nas bases geridas pela entidade responsável e não poderão exigi-los do empregador ou do empregado.

(*) § 4º-A acrescido pela MP nº 905/2019.

§ 5º. No território do exercício de sua função, o agente da inspeção gozará de passe livre nas empresas de transportes, públicas ou privadas, mediante a apresentação da carteira de identidade fiscal.

(*) § 5º acrescido pelo Decreto-Lei nº 229/1967.

(*) V. §§ 6º e 7º deste artigo.

§ 6º. A inobservância do disposto nos §§ 3º, 4º e 5º configurará resistência ou embaraço à fiscalização e justificará a lavratura do respectivo auto de infração, cominada a multa de valor igual a meio (1/2) salário-mínimo regional até 5 (cinco) vezes esse salário, levando-se em conta, além das circunstâncias atenuantes ou agravantes, a situação econômico-financeira do infrator e os meios a seu alcance para cumprir a lei.

(*) § 6º acrescido pelo Decreto-Lei nº 229/1967.

(*) V. art. 634-A da CLT.

§ 7º. Para o efeito do disposto no § 5º, a autoridade competente divulgará em janeiro e julho, de cada ano, a relação dos agentes da inspeção titulares da carteira de identidade fiscal.

(*) § 7º acrescido pelo Decreto-Lei nº 229/1967.

§ 8º. As autoridades policiais, quando solicitadas, deverão prestar aos Auditores Fiscais do Trabalho a assistência de que necessitarem para o fiel cumprimento de suas atribuições legais.

(*) § 8º acrescido pelo Decreto-Lei nº 229/1967 e com redação dada pela MP nº 905/2019.

Art. 631. Qualquer cidadão, entidade ou agente público poderá comunicar à autoridade trabalhista as infrações que verificar, devendo esta proceder às apurações necessárias.

(*) Art. 631, *caput*, com redação dada pela MP nº 905/2019.

Parágrafo único. De posse dessa comunicação, a autoridade competente procederá desde logo às necessárias diligências, lavrando os autos de que haja mister.

Art. 632. O autuado poderá apresentar documentos e requerer a produção das provas que lhe parecerem necessárias à elucidação do processo, nos prazos destinados à defesa e ao recurso e caberá à autoridade competente julgar a pertinência e a necessidade de tais provas.

Parágrafo único. Fica dispensado o reconhecimento de firma e a autenticação de cópia dos documentos expedidos no País e destinados a compor prova junto a órgãos e entidades do Poder Executivo federal, exceto se existir dúvida fundamentada quanto à sua autenticidade.

(*) Art. 632 com redação dada pela MP nº 905/2019.

Art. 633. (Revogado).

(*) Art. 633 revogado pela Lei nº 13.874/2019.

Art. 634. A imposição de aplicação de multas compete à autoridade regional em matéria de inspeção do trabalho, na forma prevista neste Título e conforme estabelecido em ato da Secretaria Especial de Previdência e Trabalho do Ministério da Economia.

(*) Art. 634, *caput*, com redação dada pela MP nº 905/2019.

§ 1º. A análise de defesa administrativa observará o requisito de desterritorialização sempre que os meios técnicos permitirem, hipótese em que será vedada a análise de defesa cujo auto de infração tenha sido lavrado naquela mesma unidade federativa.

(*) § 1º, primitivo parágrafo único, renumerado pela Lei nº 13.467/2017 e com redação dada pela MP nº 905/2019.

§ 2º Será adotado sistema de distribuição aleatória de processos para análise, decisão e imposição de multas, a ser instituído na forma prevista no ato Secretaria Especial de Previdência e Trabalho do Ministério da Economia a que se refere o *caput*.

(*) § 2º acrescido pela Lei nº 13.467/2017 e com redação dada pela MP nº 905/2019.

(*) Art. 634 com vigência a partir de 90 dias da publicação (*DOU* de 12.11.2019).

(*) Texto anterior à alteração promovida pela MP nº 905/2019: ***Art. 634.*** *Na falta de disposição especial, a imposição das multas incumbe às autoridades regionais competentes em* *matéria de trabalho, na forma estabelecida por este Título. § 1º. A aplicação da multa não eximirá o infrator da responsabilidade em que incorrer por infração das leis penais. § 2º. Os valores das multas administrativas expressos em moeda corrente serão reajustados anualmente pela Taxa Referencial (TR), divulgada pelo Banco Central do Brasil, ou pelo índice que vier a substituí-lo.*

Art. 634-A. A aplicação das multas administrativas por infrações à legislação de proteção ao trabalho observará os seguintes critérios:

I – para as infrações sujeitas a multa de natureza variável, observado o porte econômico do infrator, serão aplicados os seguintes valores:

a) de R$ 1.000,00 (mil reais) a R$ 10.000,00 (dez mil reais), para as infrações de natureza leve;

b) de R$ 2.000,00 (dois mil reais) a R$ 20.000,00 (vinte mil reais), para as infrações de natureza média;

c) de R$ 5.000,00 (cinco mil reais) a R$ 50.000,00 (cinquenta mil reais), para as infrações de natureza grave; e

d) de R$ 10.000,00 (dez mil reais) a R$ 100.000,00 (cem mil reais), para as infrações de natureza gravíssima; e

II – para as infrações sujeitas a multa de natureza *per capita*, observados o porte econômico do infrator e o número de empregados em situação irregular, serão aplicados os seguintes valores:

a) de R$ 1.000,00 (mil reais) a R$ 2.000,00 (dois mil reais), para as infrações de natureza leve;

b) de R$ 2.000,00 (dois mil reais) a R$ 4.000,00 (quatro mil reais), para as infrações de natureza média;

c) de R$ 3.000,00 (três mil reais) a R$ 8.000,00 (oito mil reais), para as infrações de natureza grave; e

d) de R$ 4.000,00 (quatro mil reais) a R$ 10.000,00 (dez mil reais), para as infrações de natureza gravíssima.

§ 1º. Para as empresas individuais, as microempresas, as empresas de pequeno porte, as empresas com até 20 (vinte) trabalhadores e os empregadores domésticos, os valores das multas aplicadas serão reduzidos pela metade.

§ 2º. A classificação das multas e o enquadramento por porte econômico do infrator e a natureza da infração serão definidos em ato do Poder Executivo federal.

§ 3º. Os valores serão atualizados anualmente em 1º de fevereiro de cada ano pela variação do Índice Nacional de Preços ao Consumidor Amplo Especial – IPCA-E, ou por índice que venha substituí-lo, calculado pelo Instituto Brasileiro de Geografia e Estatística – IBGE.

§ 4º. Permanecerão inalterados os valores das multas até que seja publicado o regulamento de que trata o § 2º.

(*) Art. 634-A acrescido pela MP nº 905/2019. Com vigência a partir de 90 dias da publicação (*DOU* de 12.11.2019).

Art. 634-B. São consideradas circunstâncias agravantes para fins de aplicação das multas administrativas por infração à legislação trabalhista, conforme disposto em ato do Poder Executivo federal:

I – reincidência;

II – resistência ou embaraço à fiscalização;

III – trabalho em condições análogas à de escravo; ou

IV – acidente de trabalho fatal.

§ 1º. Ressalvadas as disposições específicas estabelecidas em lei, a configuração de quaisquer das circunstâncias agravantes acarretará a aplicação em dobro das penalidades decorrentes da mesma ação fiscal, exceto na hipótese prevista no inciso I do *caput*, na qual será agravada somente a infração reincidida.

§ 2º. Será considerado reincidente o infrator que for autuado em razão do descumprimento do mesmo dispositivo legal no prazo de até 2 (dois) anos, contado da data da decisão definitiva de imposição da multa.

(*) Art. 634-B acrescido pela MP nº 905/2019.

Art. 634-C. Sobre os valores das multas aplicadas não recolhidos no prazo legal incidirão juros e multa de mora nas formas previstas no art. 13 da Lei nº 9.065, de 20 de junho de 1995, e no art. 84 da Lei nº 8.981, de 20 de janeiro de 1995.

(*) Art. 634-C acrescido pela MP nº 905/2019.

(*) O art. 13 da Lei nº 9.065, de 20 de junho de 1995, determina que os juros serão equivalentes à taxa Selic, acumulada mensalmente.

(*) Lei nº 8.981, de 20 de janeiro 1995: ***Art. 84.*** *Os tributos e contribuições sociais arrecadados pela Secretaria da Receita Federal, cujos fatos geradores vierem a ocorrer a partir de 1º de janeiro de 1995, não pagos nos prazos previstos na legislação tributária serão acrescidos de: I – juros de mora, equivalentes à taxa média mensal de captação do Tesouro Nacional relativa à Dívida Mobiliária Federal Interna; II – multa de mora aplicada da seguinte forma: a) dez por cento, se o pagamento se verificar no próprio mês do vencimento; b) vinte por cento, quando o pagamento ocorrer no mês seguinte ao do vencimento; c) trinta por cento, quando o pagamento for efetuado a partir do segundo mês subsequente ao do vencimento. [...].*

Capítulo II
DOS RECURSOS

Art. 635. Caberá recurso, em segunda instância administrativa, de toda decisão que impuser a aplicação de multa por infração das leis e das disposições reguladoras do trabalho, para a unidade competente para o julgamento de recursos da Secretaria de Trabalho da Secretaria Especial de Previdência e Trabalho do Ministério da Economia.

(*) Art. 635, *caput*, alterado pelo Decreto-Lei nº 229/1967 e com redação dada pela MP nº 905/2019.

§ 1º. As decisões serão sempre fundamentadas e atenderão aos princípios da impessoalidade, da ampla defesa e do contraditório.

(*) § 1º, primitivo parágrafo único, acrescido pelo Decreto-Lei nº 229/1967, renumerado e com redação dada pela MP nº 905/2019.

§ 2º. A decisão de recursos em segunda e última instância administrativa poderá valer-se de conselho recursal paritário, tripartite, integrante da estrutura da Secretaria de Trabalho da Secretaria Especial de Previdência e Trabalho do Ministério da Economia, composto por representantes dos trabalhadores, dos empregadores e dos Auditores Fiscais do Trabalho, designados pelo Secretário Especial de Previdência e Trabalho do Ministério da Economia, na forma e nos prazos estabelecidos em regulamento.

(*) § 2º acrescido pela MP nº 905/2019.

(*) V. art. 637-A da CLT.

Art. 636. O prazo para interposição de recurso é de 30 (trinta) dias, contado da data de recebimento da notificação, inclusive para a União, os Estados, o Distrito Federal, os Municípios e as suas autarquias e fundações de direito público.

(*) Art. 636, *caput*, alterado pelo Decreto-Lei nº 229/1967 e com redação dada pela MP nº 905/2019.

§ 1º. O recurso de que trata este Capítulo terá efeito devolutivo e suspensivo e será apresentado perante a autoridade que houver imposto a aplicação da multa, a quem competirá o juízo dos requisitos formais de admissibilidade e o encaminhamento à autoridade de instância superior.

(*) § 1º acrescido pelo Decreto-Lei nº 229/1967 e com redação dada pela MP nº 905/2019.

§ 2º. A notificação somente será realizada por meio de edital, publicada em Diário Oficial, quando o infrator estiver em lugar incerto e não sabido.

(*) § 2º acrescido pelo Decreto-Lei nº 229/1967 e com redação dada pela MP nº 905/2019.

§ 3º. A notificação de que trata este artigo estabelecerá igualmente o prazo de 30 (trinta) dias, contado da data de seu recebimento ou publicação, para que o infrator recolha o valor da multa, sob pena de cobrança executiva.

(*) § 3º acrescido pelo Decreto-Lei nº 229/1967 e com redação dada pela MP nº 905/2019.

§ 4º. O valor da multa será reduzido em 30 % (trinta por cento) se o infrator, renunciando ao direito de interposição de recurso, recolhê-la à Conta Única do Tesouro Nacional, no prazo de 30 (trinta) dias, contado da data de recebimento da notificação postal ou eletrônica ou da publicação do edital.

(*) § 4º acrescido pelo Decreto-Lei nº 229/1967 e com redação dada pela MP nº 905/2019.

§ 5º. O valor da multa será reduzido em 50% (cinquenta por cento) se o infrator, sendo microempresa, empresa de pequeno porte e estabelecimento ou local de trabalho com até 20 (vinte) trabalhadores renunciando ao direito de interposição de recurso, recolhê-la ao Tesouro Nacional dentro do prazo de 30 (trinta) dias, contado da data do recebimento da notificação postal, eletrônica, ou da publicação do edital.

(*) § 5º acrescido pelo Decreto-Lei nº 229/1967 e com redação dada pela MP nº 905/2019.

§ 6º. A guia para recolhimento do valor da multa será expedida e conferida eletronicamente para fins de concessão do desconto, verificação do valor pago e arquivamento do processo.

(*) § 6º acrescido pelo Decreto-Lei nº 229/1967 e com redação dada pela MP nº 905/2019.

§ 7º. Para a expedição da guia, no caso do § 6º, deverá o infrator juntar a notificação com a prova da data do seu recebimento, ou a folha do órgão oficial que publicou o edital.

(*) § 7º acrescido pelo Decreto-Lei nº 229/1967.

Art. 637. De todas as decisões que proferirem em processos de infração das leis de proteção ao trabalho e que impliquem arquivamento destes, observado o disposto no parágrafo único do art. 635, deverão as autoridades prolatoras recorrer de ofício para a autoridade competente de instância superior.

(*) Art. 637 com redação dada pelo Decreto-Lei nº 229/1967.

Art. 637-A. Instituído o conselho na forma prevista no § 2º do art. 635, caberá pedido de uniformização de jurisprudência no prazo de 15 (quinze) dias, contado da data de ciência do acórdão ao interessado, de decisão que der à lei interpretação divergente daquela que lhe tenha dado outra câmara, turma ou órgão similar.

(*) Art. 637-A acrescido pela MP nº 905/2019.

Art. 638. São definitivas as decisões de:

I – primeira instância, esgotado o prazo para recurso voluntário sem que este tenha sido interposto; e

II – segunda instância, ressalvada a hipótese prevista no art. 637-A.

(*) Art. 638 com redação dada pela MP nº 905/2019.

Capítulo III
DO DEPÓSITO, DA INSCRIÇÃO E DA COBRANÇA

Art. 639. (Revogado).

(*) Art. 639 revogado pela MP nº 905/2019.

Art. 640. (Revogado).

(*) Art. 640 alterado pelo Decreto-Lei nº 229/1967 e revogado pela MP nº 905/2019.

Art. 641. Na hipótese de o infrator não comparecer ou não depositar a importância da multa ou da penalidade, o processo será encaminhado para o órgão responsável pela inscrição em dívida ativa da União e cobrança executiva.

(*) Art. 641 com redação dada pela MP nº 905/2019.

Art. 642. A cobrança judicial das multas impostas pelas autoridades regionais em matéria de inspeção do trabalho obedecerá ao disposto na legislação aplicável à cobrança da dívida ativa da União.

(*) Art. 642, *caput*, com redação dada pela MP nº 905/2019.

Parágrafo único. No Estado de São Paulo a cobrança continuará a cargo da Procuradoria do Departamento Estadual do Trabalho, na forma do convênio em vigor.

(*) O Decreto-Lei nº 9.509/1946 aprovou acordo celebrado em 20 de julho de 1946, entre os governos Federal e do Estado de São Paulo, devendo o governo do Estado de São Paulo restabelecer o Departamento Estadual do Trabalho, conforme Decreto-Lei nº 9.480/1946. O Decreto-Lei do Estado de São Paulo nº 15.922/1946 aprovou esse acordo celebrado em 18 de julho de 1946 e foi revogado pela Lei nº 12.392/2006. O DET foi extinto em 1952 e o parágrafo único em questão está tacitamente revogado, uma vez que a EC nº 45/2004 modificou a competência para a execução das multas administrativas impostas pelos Auditores Fiscais do Trabalho, conforme previsto no inciso VII do art. 114 da CF/1988: ***Art 114.*** *Compete à Justiça do Trabalho processar e julgar: [...] VII – as ações relativas às penalidades administrativas impostas aos empregadores pelos órgãos de fiscalização das relações de trabalho; [...].*

TÍTULO VII-A
DA PROVA DE INEXISTÊNCIA DE DÉBITOS TRABALHISTAS

(*) Título VII-A acrescido pela Lei nº 12.440/2011.

Art. 642-A. É instituída a Certidão Negativa de Débitos Trabalhistas (CNDT), expedida gratuita e eletronicamente, para comprovar a inexistência de débitos inadimplidos perante a Justiça do Trabalho.

(*) Vide Instrução Normativa do TST nº 39/2016, que dispõe: ***Art. 17.*** *Sem prejuízo da inclusão do devedor no Banco Nacional de Devedores Trabalhistas (CLT, art. 642-A), aplicam-se à execução trabalhista as normas dos artigos 495, 517 e 782, §§ 3º, 4º e 5º do CPC, que tratam respectivamente da hipoteca judiciária, do protesto de decisão judicial e da inclusão do nome do executado em cadastros de inadimplentes.*

(*) Vide Resolução Administrativa TST nº 1.470/2011, que regulamenta a expedição de CNDT.

§ 1º. O interessado não obterá a certidão quando em seu nome constar:

I – o inadimplemento de obrigações estabelecidas em sentença condenatória transitada em julgado proferida pela Justiça do Trabalho ou em acordos judiciais trabalhistas, inclusive no concernente aos recolhimentos previdenciários, a honorários, a custas, a emolumentos ou a recolhimentos determinados em lei; ou

II – o inadimplemento de obrigações decorrentes de execução de acordos firmados perante o Ministério Público do Trabalho ou Comissão de Conciliação Prévia.

§ 2º. Verificada a existência de débitos garantidos por penhora suficiente ou com exigibilidade suspensa, será expedida Certidão Positiva de Débitos Trabalhistas em nome do interessado com os mesmos efeitos da CNDT.

§ 3º. A CNDT certificará a empresa em relação a todos os seus estabelecimentos, agências e filiais.

§ 4º. O prazo de validade da CNDT é de 180 (cento e oitenta) dias, contado da data de sua emissão.

(*) Art. 642-A acrescido pela Lei nº 12.440/2011.

TÍTULO VIII
DA JUSTIÇA DO TRABALHO

(*) Com o advento da EC nº 45/2004, que deu nova redação ao art. 114 da CF/1988, a Justiça do Trabalho adquire competência material não só para julgar as controvérsias entre empregados e empregadores, mas também os conflitos oriundos do trabalho: ***Art. 114.*** *Compete à Justiça do Trabalho processar e julgar: I – as ações oriundas da relação de trabalho, abrangidos os entes de direito público externo e da administração pública direta e indireta da União, dos Estados, do Distrito Federal e dos Municípios; II – as ações que envolvam exercício do direito de greve; III – as ações sobre representação sindical, entre sindicatos, entre sindicatos e trabalhadores, e entre sindicatos e empregadores; IV – os mandados de segurança,* habeas corpus e habeas data, *quando o ato questionado envolver matéria sujeita à sua jurisdição; V – os conflitos de competência entre órgãos com jurisdição trabalhista, ressalvado o disposto no art. 102, I, o; VI – as ações de indenização por dano moral ou patrimonial, decorrentes da relação de trabalho; VII – as ações relativas às penalidades administrativas impostas aos empregadores pelos órgãos de fiscalização das relações de trabalho; VIII – a execução, de ofício, das contribuições sociais previstas no art. 195, I, a , e II, e seus acréscimos legais, decorrentes das sentenças que proferir; IX – outras controvérsias decorrentes da relação de trabalho, na forma da lei.*

(*) A EC nº 24/1999 substituiu as Juntas de Conciliação e Julgamento por Varas do Trabalho (juiz singular) e extinguiu a representação classista (vogal), alterando a redação do art. 111 da CF/1988 para: ***Art. 111.*** *São órgãos da Justiça do Trabalho: I – o Tribunal Superior do Trabalho; II – os Tribunais Regionais do Trabalho; III – Juízes do Trabalho.*

(*) O art. 116 da CF/1988, com redação dada pela EC nº 24/1999, passou a determinar como Varas do Trabalho (juiz singular) as Juntas de Conciliação e Julgamento, extinguindo a representação classista (vogal) na Justiça do Trabalho.

Capítulo I
INTRODUÇÃO

Art. 643. Os dissídios, oriundos das relações entre empregados e empregadores bem como de trabalhadores avulsos e seus tomadores de serviços, em atividades reguladas na legislação social, serão dirimidos pela Justiça do Trabalho, de acordo com o presente Título e na forma estabelecida pelo processo judiciário do trabalho.

(*) Art. 643, *caput*, com redação dada pela Lei nº 7.494/1986.

§ 1º. As questões concernentes à Previdência Social serão decididas pelos órgãos e autoridades previstos no Capítulo V deste Título e na legislação sobre seguro social.

(*) Vide Lei nº 3.807/1960, que dispõe sobre a Lei Orgânica da Previdência Social.

§ 2º. As questões referentes a acidentes do trabalho continuam sujeitas a justiça ordinária, na forma do Decreto nº 24.637, de 10 de julho de 1934, e legislação subsequente.

(*) O Decreto nº 24.637, de 10 de julho de 1934, que estabelecia as obrigações resultantes dos acidentes de trabalho, foi revogado pelo Decreto s/n, de 10 maio de 1991.

(*) O art. 109, I e § 3º, da CF/1988 determina a competência dos Juízes Federais para processar e julgar: *I – as causas em que a União, entidade autárquica ou empresa pública federal forem interessadas na condição de autoras, rés, assistentes ou oponentes, exceto as de falência, as de acidentes de trabalho e as sujeitas à Justiça Eleitoral e à Justiça do Trabalho;* e *§ 3º. Serão processadas e julgadas na justiça estadual, no foro do domicílio dos segurados ou beneficiá-*

rios, as causas em que forem parte instituição de previdência social e segurado, sempre que a comarca não seja sede de vara do juízo federal, e, se verificada essa condição, a lei poderá permitir que outras causas sejam também processadas e julgadas pela justiça estadual.

§ 3º. A Justiça do Trabalho é competente, ainda, para processar e julgar as ações entre trabalhadores portuários e os operadores portuários ou o Órgão Gestor de Mão de Obra – OGMO decorrentes da relação de trabalho.

(*) § 3º acrescido pela MP nº 2.164-41/2001♦.

♦ MP nº 2.164-41/2001 em vigor ante a redação do art. 2º da EC nº 32/2001: ***Art. 2º.*** *As medidas provisórias editadas em data anterior à da publicação desta emenda continuam em vigor até que medida provisória ulterior as revogue explicitamente ou até deliberação definitiva do Congresso Nacional.*

Art. 644. São órgãos da Justiça do Trabalho:

a) o Tribunal Superior do Trabalho;

b) os Tribunais Regionais do Trabalho;

c) as Juntas de Conciliação e Julgamento ou os Juízos de Direito♦.

(*) Art. 644 com redação dada pelo Decreto-Lei nº 9.797/1946.

♦ Vide segunda nota introdutória a este Título VIII.

Art. 645. O serviço da Justiça do Trabalho é relevante e obrigatório, ninguém dele podendo eximir-se, salvo motivo justificado.

Art. 646. Os órgãos da Justiça do Trabalho funcionarão perfeitamente coordenados, em regime de mútua colaboração, sob a orientação do presidente do Tribunal Superior do Trabalho.

Capítulo II
DAS JUNTAS DE CONCILIAÇÃO E JULGAMENTO

(*) A EC nº 24/1999 substituiu as Juntas de Conciliação e Julgamento por Varas do Trabalho (juiz singular) e extinguiu a representação classista (vogal), alterando a redação do art. 111 da CF/1988 para: ***Art. 111.*** *São órgãos da Justiça do Trabalho: I – o Tribunal Superior do Trabalho; II – os Tribunais Regionais do Trabalho; III – Juízes do Trabalho.*

(*) O art. 116 da CF/1988, com redação dada pela EC nº 24/1999, passou a determinar como Varas do Trabalho (juiz singular) as Juntas de Conciliação e Julgamento, extinguindo a representação classista (vogal) na Justiça do Trabalho.

Seção I
Da Composição e Funcionamento

Art. 647. Cada Junta de Conciliação e Julgamento terá a seguinte composição:

a) um juiz do trabalho, que será seu Presidente;

b) dois vogais, sendo um representante dos empregadores e outro dos empregados.

Parágrafo único. Haverá um suplente para cada vogal.

(*) Art. 647 com redação dada pelo Decreto-Lei nº 9.797/1946.

Art. 648. São incompatíveis entre si, para os trabalhos da mesma Junta, os parentes consanguíneos e afins até o terceiro grau civil.

(*) V. art. 671 da CLT.

Parágrafo único. A incompatibilidade resolve-se a favor do primeiro vogal designado ou empossado, ou por sorteio, se a designação ou posse for da mesma data.

Art. 649. As Juntas poderão conciliar, instruir ou julgar com qualquer número, sendo, porém, indispensável a presença do Presidente, cujo voto prevalecerá em caso de empate.

§ 1º. No julgamento de embargos deverão estar presentes todos os membros da Junta.

§ 2º. Na execução e na liquidação das decisões funciona apenas o Presidente.

(*) Art. 649 com redação dada pelo Decreto-Lei nº 8.737/1946.

Seção II
Da Jurisdição e Competência das Juntas

(*) A EC n° 24/1999 substituiu as Juntas de Conciliação e Julgamento por Varas do Trabalho (juiz singular) e extinguiu a representação classista (vogal), alterando a redação do art. 111 da CF/1988 para: ***Art. 111.*** *São órgãos da Justiça do Trabalho: I – o Tribunal Superior do Trabalho; II – os Tribunais Regionais do Trabalho; III – Juízes do Trabalho.*

(*) O art. 116 da CF/1988, com redação dada pela EC n° 24/1999, passou a determinar como Varas do Trabalho (juiz singular) as Juntas de Conciliação e Julgamento, extinguindo a representação classista na Justiça do Trabalho.

Art. 650. A jurisdição de cada Junta de Conciliação e Julgamento abrange todo o território da Comarca em que tem sede, só podendo ser estendida ou restringida por lei federal.

(*) Art. 650, *caput*, com redação dada pela Lei nº 5.442/1968.

Parágrafo único. As leis locais de Organização Judiciária não influirão sobre a competência de Juntas de Conciliação e Julgamento já criadas até que lei federal assim determine.

(*) Parágrafo único acrescido pela Lei nº 5.442/1968.

Art. 651. A competência das Juntas de Conciliação e Julgamento é determinada pela localidade onde o empregado, reclamante ou reclamado, prestar serviços ao empregador, ainda que tenha sido contratado noutro local ou no estrangeiro.

§ 1º. Quando for parte de dissídio agente ou viajante comercial, a competência será da Junta da localidade em que a empresa tenha agência ou filial e a esta o empregado esteja subordinado e, na falta, será competente a Junta da localização em que o empregado tenha domicílio ou a localidade mais próxima.

(*) § 1º com redação dada pela Lei nº 9.851/1999.

§ 2º. A competência das Juntas de Conciliação e Julgamento, estabelecida neste artigo, estende-se aos dissídios ocorridos em agência ou filial no estrangeiro, desde que o empregado seja brasileiro e não haja convenção internacional dispondo em contrário.

§ 3º. Em se tratando de empregador que promova realização de atividades fora do lugar do contrato de trabalho, é assegurado ao empregado apresentar reclamação no foro da celebração do contrato ou no da prestação dos respectivos serviços.

(*) V. art. 677 da CLT.

Art. 652. Compete às Varas do Trabalho:

(*) Art. 652, *caput*, com redação dada pela Lei nº 13.467/2017.

a) conciliar e julgar:

I – os dissídios em que se pretenda o reconhecimento da estabilidade de empregado;

II – os dissídios concernentes a remuneração, férias e indenizações por motivo de rescisão do contrato individual de trabalho;

III – os dissídios resultantes de contratos de empreitadas em que o empreiteiro seja operário ou artífice;

IV – os demais dissídios concernentes ao contrato individual de trabalho;

V – as ações entre trabalhadores portuários e os operadores portuários ou o Órgão Gestor de Mão de Obra

– OGMO decorrentes da relação de trabalho;

(*) Inciso V acrescido pela MP nº 2.164-41/2001•.

• MP nº 2.164-41/2001 em vigor ante a redação do art. 2º da EC nº 32/2001: ***Art. 2º.*** *As medidas provisórias editadas em data anterior à da publicação desta emenda continuam em vigor até que medida provisória ulterior as revogue explicitamente ou até deliberação definitiva do Congresso Nacional.*

b) processar e julgar os inquéritos para apuração de falta grave;

c) julgar os embargos opostos às suas próprias decisões;

d) impor multas e demais penalidades relativas aos atos de sua competência;

(*) Alínea "d" com redação dada pelo Decreto-Lei nº 6.353/1944.

e) (suprimida);

(*) Alínea "e" suprimida pelo Decreto-Lei nº 6.353/1944.

f) decidir quanto à homologação de acordo extrajudicial em matéria de competência da Justiça do Trabalho.

(*) Alínea "f" acrescida pela Lei nº 13.467/2017.

(*) V. arts. 855-B a 855-E da CLT.

Parágrafo único. Terão preferência para julgamento os dissídios sobre pagamento de salário e aqueles que derivarem da falência do empregador, podendo o Presidente da Junta, a pedido do interessado, constituir processo em separado, sempre que a reclamação também versar sobre outros assuntos.

Art. 653. Compete, ainda, às Juntas de Conciliação e Julgamento:

a) requisitar às autoridades competentes a realização das diligências necessárias ao esclarecimento dos feitos sob sua apreciação, representando contra aquelas que não atenderem a tais requisições;

b) realizar as diligências e praticar os atos processuais ordenados pelos Tribunais Regionais do Trabalho ou pelo Tribunal Superior do Trabalho;

(*) Alínea "b" corrigida pelo Decreto-Lei nº 6.353/1944.

c) julgar as suspeições arguidas contra os seus membros;

d) julgar as exceções de incompetência que lhes forem opostas;

e) expedir precatórias e cumprir as que lhes forem deprecadas;

f) exercer, em geral, no interesse da Justiça do Trabalho, quaisquer outras atribuições que decorram da sua jurisdição.

Seção III
Dos Presidentes das Juntas

(*) A EC nº 24/1999 substituiu as Juntas de Conciliação e Julgamento por Varas do Trabalho (juiz singular) e extinguiu a representação classista (vogal), alterando a redação do art. 111 da CF/1988 para: ***Art. 111.*** *São órgãos da Justiça do Trabalho: I – o Tribunal Superior do Trabalho; II – os Tribunais Regionais do Trabalho; III – Juízes do Trabalho.*

Art. 654. O ingresso na magistratura do trabalho far-se-á para o cargo de juiz do trabalho substituto. As nomeações subsequentes por promoção alternadamente, por antiguidade e merecimento.

(*) Art. 654, *caput*, com redação dada pelo Decreto-Lei nº 229/1967.

§ 1º. Nas 7ª e 8ª Regiões da Justiça do Trabalho, nas localidades fora das respectivas sedes, haverá suplentes de juiz do trabalho presidente de Junta, sem direito a acesso nomeados pelo Presidente da República, dentre brasileiros, bacharéis em direito, de reconhecida idoneidade moral, especializados em direito do trabalho, pelo período de 2 (dois) anos, podendo ser reconduzidos.

(*) § 1º com redação dada pelo Decreto-Lei nº 229/1967.

§ 2º. Os suplentes de juiz do trabalho receberão, quando em exercício, vencimentos iguais aos dos juízes que substituírem.

(*) § 2º com redação dada pelo Decreto-Lei nº 229/1967.

§ 3º. Os juízes substitutos serão nomeados após aprovação em concurso público de provas e títulos realizado perante o Tribunal Regional do Trabalho da Região, válido por 2 (dois) anos e prorrogável, a critério do mesmo órgão, por igual período, uma só vez, e organizado de acordo com as instruções expedidas pelo Tribunal Superior do Trabalho.

(*) § 3º com redação dada pela Lei nº 6.087/1974.

§ 4º. Os candidatos inscritos só serão admitidos ao concurso após apreciação prévia, pelo Tribunal Regional do Trabalho da respectiva Região, dos seguintes requisitos:

a) idade maior de 25 (vinte e cinco) anos e menor de 45 (quarenta e cinco) anos;

b) idoneidade para o exercício das funções.

(*) § 4º com redação dada pelo Decreto-Lei nº 229/1967.

§ 5º. O preenchimento dos cargos do presidente de Junta, vagos ou criadas por lei, será feito dentro de cada Região:

(*) § 5º, *caput*, com redação dada pelo Decreto-Lei nº 229/1967.

a) pela remoção de outro presidente, prevalecendo a antiguidade no cargo, caso haja mais de um pedido, desde que a remoção tenha sido requerida, dentro de quinze dias, contados da abertura da vaga, ao Presidente do Tribunal Regional, a quem caberá expedir o respectivo ato.

(*) Alínea "a" com redação dada pela Lei nº 6.090/1974.

b) pela promoção de substituto, cuja aceitação será facultativa, obedecido o critério alternado de antiguidade e merecimento.

(*) Alínea "b" com redação dada pelo Decreto-Lei nº 229/1967.

§ 6º. Os juízes do trabalho, presidentes de Junta, juízes substitutos e suplentes de juiz tomarão posse perante o presidente do Tribunal da respectiva Região. Nos Estados que, não forem sede de Tribunal Regional do Trabalho, a posse dar-se-á perante o presidente do Tribunal de Justiça, que remeterá o termo ao presidente do Tribunal Regional da jurisdição do empossado. Nos Territórios a posse dar-se-á perante o presidente do Tribunal Regional do Trabalho da respectiva Região.

(*) § 6º com redação dada pelo Decreto-Lei nº 229/1967.

Art. 655. Os Presidentes e os Presidentes substitutos tomarão posse do cargo perante o presidente do Tribunal Regional da respectiva jurisdição.

§ 1º. Nos Estados em que não houver sede de Tribunais a posse dar-se-á perante o presidente do Tribunal de Apelação, que remeterá o respectivo termo ao presidente do Tribunal Regional da Jurisdição do empossado.

§ 2º. Nos Territórios a posse dar-se-á perante a Juiz de Direito da capital, que procederá na forma prevista no § 1º.

(*) Art. 655 com redação dada pelo Decreto-Lei nº 8.737/1946.

Art. 656. O Juiz do Trabalho Substituto, sempre que não estiver substituindo o Juiz-Presidente de Junta, poderá ser designado para atuar nas Juntas de Conciliação e Julgamento.

(*) Art. 656, *caput*, com redação dada pela Lei nº 8.432/1992.

§ 1º. Para o fim mencionado no *caput* deste artigo, o território da Região poderá ser dividido em zonas, compreendendo a jurisdição de uma ou mais Juntas, a juízo do Tribunal Regional do Trabalho respectivo.

(*) § 1º acrescido pela Lei nº 8.432/1992.

(*) V. § 4º deste artigo.

§ 2º. A designação referida no *caput* deste artigo será de atribuição do Juiz-Presidente do Tribunal Regional do Trabalho ou, não havendo disposição regimental específica, de quem este indicar.

(*) § 2º acrescido pela Lei nº 8.432/1992.

§ 3º. Os Juízes do Trabalho Substitutos, quando designados ou estiverem substituindo os Juízes Presidentes de Juntas, perceberão os vencimentos destes.

(*) § 3º acrescido pela Lei nº 8.432/1992.

§ 4º. O Juiz-Presidente do Tribunal Regional do Trabalho ou, não havendo disposição regimental específica, que este indicar, fará a lotação e a movimentação dos Juízes Substitutos entre as diferentes zonas da Região na hipótese de terem sido criadas na forma do § 1º deste artigo.

(*) § 4º acrescido pela Lei nº 8.432/1992.

Art. 657. Os Presidentes de Junta e os Presidentes Substitutos perceberão os vencimentos fixados em lei.

(*) Art. 657 com redação dada pelo Decreto-Lei nº 8.737/1946.

Art. 658. São deveres precípuos dos Presidentes das Juntas, além dos que decorram do exercício de sua função:

(*) Art. 658, *caput*, com redação dada pelo Decreto-Lei nº 8.737/1946.

a) manter perfeita conduta pública e privada;

(*) Alínea "a" com redação dada pelo Decreto-Lei nº 8.737/1946.

b) abster-se de atender a solicitações ou recomendações relativamente aos feitos que hajam sido ou tenham de ser submetidos à sua apreciação;

(*) Alínea "b" com redação dada pelo Decreto-Lei nº 8.737/1946.

c) residir dentro dos limites de sua jurisdição, não podendo ausentar-se sem licença do Presidente do Tribunal Regional;

(*) Alínea "c" com redação dada pelo Decreto-Lei nº 8.737/1946.

d) despachar e praticar todos os atos decorrentes de suas funções, dentro dos prazos estabelecidos, sujeitando-se ao desconto correspondente a 1 (um) dia de vencimento para cada dia de retardamento.

(*) Alínea "d" acrescida pelo Decreto-Lei nº 8.737/1946.

Art. 659. Competem privativamente aos Presidentes das Juntas, além das que lhes forem conferidas neste Título e das decorrentes de seu cargo, as seguintes atribuições:

I – presidir às audiências das Juntas;

II – executar as suas próprias decisões, as proferidas pela Junta e aquelas cuja execução lhes for deprecada;

III – dar posse aos vogais nomeados para a Junta, ao Secretário e aos demais funcionários da Secretaria;

IV – convocar os suplentes dos vogais, no impedimento destes;

V – representar ao Presidente do Tribunal Regional da respectiva jurisdição, no caso de falta de qualquer vogal a 3 (três) reuniões consecutivas, sem motivo justificado, para os fins do art. 727;

(*) O art. 727 foi revogado pela MP nº 905/2019.

VI – despachar os recursos interpostos pelas partes, fundamentando a decisão recorrida antes da remessa ao Tribunal Regional, ou submetendo-os à decisão da Junta, no caso do art. 894;

VII – assinar as folhas de pagamento dos membros e funcionários da Junta;

VIII – apresentar ao Presidente do Tribunal Regional, até 15 de fevereiro de cada ano, o relatório dos trabalhos do ano anterior;

IX – conceder medida liminar, até decisão final do processo, em reclamações trabalhistas que visem a tornar sem efeito transferência disciplinada pelos parágrafos do art. 469 desta Consolidação;

(*) Inciso IX acrescido pela Lei nº 6.203/1975.

X – conceder medida liminar, até decisão final do processo, em reclamações trabalhistas que visem reintegrar no emprego dirigente sindical afastado, suspenso ou dispensado pelo empregador.

(*) Inciso X acrescido pela Lei nº 9.270/1996.

Seção IV
Dos Vogais das Juntas

(*) Esta Seção IV da CLT está em desuso. A EC nº 24/1999 substituiu as Juntas de Conciliação e Julgamento por Varas do Trabalho (juiz singular) e extinguiu a representação classista (vogal). Em seu art. 2º, assegurou o cumprimento dos mandatos dos Ministros classistas temporários do Tribunal Superior do Trabalho e dos juízes classistas temporários dos Tribunais Regionais do Trabalho e das Juntas de Conciliação e Julgamento que ainda atuavam na época. Portanto, a extinção deu-se gradativamente conforme esses vogais foram deixando de atuar.

Art. 660. Os vogais das Juntas são designados pelo Presidente do Tribunal Regional da respectiva jurisdição.

Art. 661. Para o exercício da função de vogal da Junta ou suplente deste são exigidos os seguintes requisitos:

a) ser brasileiro;

(*) Alínea "a" com redação dada pelo Decreto-Lei nº 229/1967.

b) ter reconhecida idoneidade moral;

c) ser maior de 25 (vinte e cinco) anos e ter menos de 70 (setenta) anos;

(*) Alínea "c" redação dada pelo Decreto-Lei nº 229/1967.

d) estar no gozo dos direitos civis e políticos;

e) estar quite com o serviço militar;

f) contar mais de 2 (dois) anos de efetivo exercício na profissão e ser sindicalizado.

Parágrafo único. A prova da qualidade profissional a que se refere a alínea "f" deste artigo é feita mediante declaração do respectivo Sindicato.

Art. 662. A escolha dos vogais das Juntas e seus suplentes far-se-á dentre os nomes constantes das listas que, para esse efeito, forem encaminhadas pelas associações sindicais de primeiro grau ao presidente do Tribunal Regional.

(*) V. art. 663, § 2º, da CLT.

§ 1º. Para esse fim, cada Sindicato de empregadores e de empregados, com base territorial extensiva à área de jurisdição da Junta, no todo ou em parte, procederá, na ocasião determinada pelo Presidente do Tribunal Regional, à escolha de 3 (três) nomes que comporão a lista, aplicando-se à eleição o disposto no art. 524 e seus §§ 1º a 3º.

(*) § 1º com redação dada pela Lei nº 5.657/1971.

§ 2º. Recebidas as listas pelo presidente do Tribunal Regional, designará este, dentro de cinco dias, os nomes dos vogais e dos respectivos suplentes, expedindo para cada um deles um título, mediante a apresentação do qual será empossado.

§ 3º. Dentro de quinze dias, contados da data da posse, pode ser contestada a investidura do vogal ou do suplente, por qualquer interessado, sem efeito suspensivo, por meio de representação escrita, dirigida ao presidente do Tribunal Regional.

§ 4º. Recebida a contestação, o Presidente do Tribunal designará imediatamente relator, o qual, se houver necessidade de ouvir testemunhas ou de proceder a quaisquer diligências, providenciará para que tudo se realize com a maior brevidade, submetendo, por fim, a contestação ao parecer do Tribunal, na primeira sessão.

(*) § 4º com redação dada pela Lei nº 2.244/1954.

§ 5º. Se o Tribunal julgar procedente a contestação, o Presidente providenciará a designação de novo vogal ou suplente.

(*) § 5º com redação dada pelo Decreto-Lei nº 229/1967.

§ 6º. Em falta de indicação pelos Sindicatos, de nomes para representantes das respectivas categorias profissionais e econômicas nas Juntas de Conciliação e Julgamento, ou nas localidades onde não existirem Sindicatos, serão esses representantes livremente designados pelo Presidente do Tribunal Regional do Trabalho, observados os requisitos exigidos para o exercício da função.

(*) § 6º acrescido pelo Decreto-Lei nº 229/1967.

Art. 663. A investidura dos vogais das Juntas e seus suplentes é de 3 (três) anos, podendo, entretanto, ser dispensado, a pedido, aquele que tiver servido, sem interrupção, durante metade desse período.

(*) Art. 663, *caput*, com redação dada pela Lei nº 2.244/1954.

§ 1º. Na hipótese da dispensa do vogal a que alude este artigo, assim como nos casos de impedimento, morte ou renúncia, sua substituição far-se-á pelo suplente, mediante convocação do Presidente da Junta.

(*) § 1º com redação dada pela Lei nº 2.244/1954.

§ 2º. Na falta do suplente, por impedimento, morte ou renúncia serão designados novo vogal e o respectivo suplente, dentre os nomes constantes das listas a que se refere o art. 662, servindo os designados até o fim do período.

Art. 664. Os vogais das Juntas e seus suplentes tomam posse perante o Presidente da Junta em que têm de funcionar.

Art. 665. Enquanto durar sua investidura, gozam os vogais das Juntas e seus suplentes das prerrogativas asseguradas aos jurados.

Art. 666. Por audiência a que comparecerem, até o máximo de 20 (vinte) por mês, os vogais das Juntas e seus suplentes perceberão a gratificação fixada em lei.

Art. 667. São prerrogativas dos vogais das Juntas, além das referidas no art. 665:

a) tomar parte nas reuniões do Tribunal a que pertençam;

b) aconselhar às partes a conciliação;

c) votar no julgamento dos feitos e nas matérias de ordem interna do Tribunal, submetidas às suas deliberações;

d) pedir vista dos processos pelo prazo de 24 (vinte e quatro) horas;

e) formular, por intermédio do Presidente, aos litigantes, testemunhas e peritos, as perguntas que quiserem fazer, para esclarecimento do caso.

Capítulo III
DOS JUÍZOS DE DIREITO

(*) O art. 112 da CF/1988, com redação dada pela EC nº 45/2004, dispõe sobre a jurisdição dos juízos de direito.

Art. 668. Nas localidades não compreendidas na jurisdição das Juntas de Conciliação e Julgamento, os Juízos de Direito são os órgãos de administração da Justiça do Trabalho, com a jurisdição que lhes for determinada pela lei de organização judiciária local.

(*) A Seção II do Capítulo II compreende os arts. 650 a 653 da CLT.

Art. 669. A competência dos Juízos de Direito, quando investidos na administração da Justiça do Trabalho, é a mesma das Juntas de Conciliação e Julgamento, na forma da Seção II do Capítulo II.

(*) A seção II do Capítulo II compreende os arts. 650 a 653 da CLT.

§ 1º. Nas localidades onde houver mais de um Juízo de Direito a competência é determinada, entre os Juízes do Cível, por distribuição ou pela divisão judiciária local, na conformidade da lei de organização respectiva.

(*) V. art. 783 da CLT.

§ 2º. Quando o critério de competência da lei de organização judiciária for diverso do previsto no parágrafo anterior, será competente o Juiz do Cível mais antigo.

Capítulo IV
DOS TRIBUNAIS REGIONAIS DO TRABALHO

(*) Para efeitos de jurisdição dos Tribunais Regionais, o território nacional é dividido atualmente em 24 Regiões: 1ª Região: Estado do Rio de Janeiro; 2ª Região: Estado de São Paulo; 3ª Região: Estado de Minas Gerais; 4ª Região: Estado do Rio Grande do Sul; 5ª Região: Estado da Bahia; 6ª Região: Estado de Pernambuco; 7ª Região: Estado do Ceará; 8ª Região: Estados do Pará e do Amapá; 9ª Região: Estado do Paraná; 10ª Região: Distrito Federal; 11ª Região: Estados do Amazonas e de Roraima; 12ª Região: Estado de Santa Catarina; 13ª Região: Estado da Paraíba; 14ª Região: Estados de Rondônia e Acre; 15ª Região: Estado de São Paulo (área não abrangida pela jurisdição estabelecida na 2ª Região); 16ª Região: Estado do Maranhão; 17ª Região: Estado do Espírito Santo; 18ª Região: Estado de Goiás; 19ª Região: Estado de Alagoas; 20ª Região: Estado de Sergipe; 21ª Região: Estado do Rio Grande do Norte; 22ª Região: Estado do Piauí; 23ª Região: Estado do Mato Grosso; e 24ª Região: Estado do Mato Grosso do Sul.

(*) Sobre a atualização das Regiões, vide: Lei nº 6.241/1975 (criou a 9ª Região); Lei nº 6.635/1979 (alterou a composição da 2ª Região); Lei nº 6.904/1981 (alterou a composição das 1ª, 2ª, 4ª e 5ª Regiões); Lei nº 6.915/1981 (criou a 11ª Região); Lei nº 6.927/1981 (criou a 10ª Região); Lei nº 6.928/1981 (criou a 12ª Região); Lei nº 7.119/83 (alterou a composição das 1ª, 3ª, 4ª e 6ª Regiões); Lei nº 7.324/1985 (criou a 13ª Região); Lei nº 7.325/1985 (alterou a composição das 5ª, 6ª, 8ª, 9ª e 10ª Regiões); Lei nº 7.520/1986 (criou a 15ª Região); Lei nº 7.523/1986 (criou a 14ª Região); Lei nº 7.671/1988 (criou a 16ª Região); Lei nº 7.842/1989 (alterou a composição da 12ª Região); Lei nº 7.872/1989 (criou a 17ª Região); Lei nº 7.873/1989 (criou a 18ª Região); Lei nº 7.911/1989 (alterou a composição da 4ª Região); Lei nº 7.962/1989 (alterou a redação do inciso VII do art. 33 da Lei nº 7.729/1989); Lei nº 8.215/1991 (criou a 21ª Região); Lei nº 8.217/1991 (alterou a composição da 8ª Região); Lei nº 8.219/1991 (criou a 19ª Região); Lei nº 8.221/1991 (criou a 22ª Região); Lei nº 8.233/1991 (criou a 20ª Região); Lei nº 8.430/1992 (criou a 23ª Região); Lei nº 8.431/1992 (criou a 24ª Região); Lei nº 8.471/1992 (alterou a composição da 6ª Região); Lei nº 8.473/1992 (alterou a composição da 15ª Região); Lei nº 8.474/1992 (alterou a composição da 10ª Região); Lei nº 8.480/1992 (alterou a composição da 2ª Região); Lei nº 8.491/1992 (alterou a composição da 4ª Região); Lei nº 8.492/1992 (alterou a composição da 9ª Região); Lei nº 8.493/1992 (alterou a composição da 5ª Região); Lei nº 8.497/1992 (alterou a composição da 3ª Região); Lei nº 8.531/1992 (alterou a composição da 1ª Região); Lei nº 8.621/1993 (alterou a composição da 12ª Região); e Lei nº 8.947/1994 (alterou a composição da 8ª Região).

(*) O art. 115 da CF/1988, com redação dada pela EC nº 45/2004, prescreve: ***Art. 115.*** *Os Tribunais Regionais do Trabalho compõem-se de, no mínimo, sete juízes, recrutados, quando possível, na respectiva região, e nomeados pelo Presidente da República dentre brasileiros com mais de trinta e menos de sessenta e cinco anos, sendo: I – um quinto dentre advogados com mais de dez anos de efetiva atividade profissional e membros do Ministério Público do Trabalho com mais de dez anos de efetivo exercício, observado o disposto no art. 94; II – os demais, mediante promoção de juízes do trabalho por antiguidade e merecimento, alternadamente. § 1º. Os Tribunais Regionais do Trabalho instalarão a justiça itinerante, com a realização de audiências e demais funções de atividade jurisdicional, nos limites territoriais da respectiva jurisdição, servindo-se de equipamentos públicos e comunitários. § 2º. Os Tribunais Regionais do Trabalho poderão funcionar descentralizadamente, constituindo Câmaras regionais, a fim de assegurar o pleno acesso do jurisdicionado à justiça em todas as fases do processo.*

Seção I
Da Composição e do Funcionamento

Art. 670. Os Tribunais Regionais das 1ª e 2ª Regiões compor-se-ão de onze juízes togados, vitalícios, e de seis juízes classistas, temporários; os da 3ª e 4ª Regiões, de oito juízes togados, vitalícios, e de quatro classistas, temporários♦; os da 5ª e 6ª Regiões, de sete juízes togados, vitalícios e de dois classistas, temporários; os da 7ª e 8ª Regiões, de seis juízes togados, vitalícios, e de dois classistas, temporários, todos nomeados pelo Presidente da República.

(*) Art. 670, *caput*, alterado pelo Decreto-Lei nº 8.737/1946, pelo Decreto-Lei nº 9.398/1946 e com redação dada pela Lei nº 5.442/1968.

(*) Sobre a atualização das Regiões, vide nota na abertura deste Capítulo IV da CLT.

♦ O art. 116 da CF/1988, com redação dada pela EC nº 24/1999, passou a determinar como Varas do Trabalho (juiz singular) as Juntas de Conciliação e Julgamento, extinguindo a representação classista (vogal) na Justiça do Trabalho.

§ 1º. Haverá um suplente para cada juiz representante classista.

(*) § 1º acrescido pelo Decreto-Lei nº 9.398/1946 (revogado pelo Decreto-Lei nº 9.519/1946) e com redação dada pelo Decreto-Lei nº 9.797/1946.

(*) A Lei nº 5.442/1968 propôs nova redação para este parágrafo, mas teve seu texto vetado pelo Executivo.

§ 2º. Nos Tribunais Regionais constituídos de seis ou mais juízes togados, e menos de onze, um deles será escolhido dentre advogados, um dentre membros do Ministério Público da União junto à Justiça do Trabalho e os demais dentre juízes do Trabalho Presidente de Junta da respectiva Região, na forma prevista no parágrafo anterior.

(*) § 2º acrescido pelo Decreto-Lei nº 9.398/1946, revogado pelo Decreto-Lei nº 9.519/1946, incluído pelo Decreto-Lei nº 9.797/1946 e com redação dada pela Lei nº 5.442/1968.

§ 3º. (Vetado).

(*) § 3º acrescido pelo Decreto-Lei nº 9.797/1946 com redação dada pela Lei nº 5.442/1968.

§ 4º. Os juízes classistas referidos neste artigo representarão, paritariamente, empregadores e empregados.

(*) § 4º acrescido pela Lei nº 5.442/1968.

(*) § 4º em desuso ante a natural extinção dos juízes classistas.

§ 5º. Haverá um suplente para cada Juiz classista.

(*) § 5º acrescido pela Lei nº 5.442/1968.

(*) § 5º em desuso ante a natural extinção dos juízes classistas.

§ 6º. Os Tribunais Regionais, no respectivo regimento interno, disporão sobre a substituição de seus juízes, observados, na convocação de juízes inferiores, os critérios de livre escolha e antiguidade, alternadamente.

(*) § 6º acrescido pela Lei nº 5.442/1968.

§ 7º. Dentre os seus juízes togados, os Tribunais Regionais elegerão os respectivos Presidente e Vice-Presidente, assim como os Presidentes de Turmas, onde as houver.

(*) § 7º acrescido pela Lei nº 5.442/1968.

§ 8º. Os Tribunais Regionais da 1ª e 2ª Regiões dividir-se-ão em Turmas, facultada essa divisão aos constituídos de pelo menos, doze juízes. Cada turma se comporá de três juízes togados e dois classistas, um representante dos empregados e outro dos empregadores.

(*) § 8º acrescido pela Lei nº 5.442/1968.

(*) A EC nº 24/1999 eliminou a figura do juiz classista.

Art. 671. Para os trabalhos dos Tribunais Regionais existe a mesma incompatibilidade prevista no art. 648, sendo idêntica a forma de sua resolução.

Art. 672. Os Tribunais Regionais, em sua composição plena, deliberarão com a presença, além do Presidente, da metade e mais um, do número de seus juízes, dos quais, no mínimo, um representante dos empregados e outro dos empregadores.

(*) Art. 672, *caput*, com redação dada pela Lei nº 5.442/1968.

§ 1º. As Turmas somente poderão deliberar presentes, pelo menos, três dos seus juízes, entre eles os dois classistas. Para a integração desse *quorum*, poderá o Presidente de uma Turma convocar juízes de outra, da classe a que pertencer o ausente ou impedido.

(*) § 1º com redação dada pela Lei nº 5.442/1968.

(*) A EC nº 24/1999 eliminou a figura do juiz classista.

§ 2º. Nos Tribunais Regionais, as decisões tomar-se-ão pelo voto da maioria dos juízes presentes, ressalvada, no Tribunal Pleno, a hipótese de declaração de inconstitucionalidade de lei ou ato do poder público (art. 111 da Constituição).

(*) § 2º com redação dada pela Lei nº 5.442/1968.

(*) Referência à Constituição de 1967, corresponde ao art. 97 na de 1988: ***Art. 97.*** *Somente pelo voto da maioria absoluta de seus membros ou dos membros do respectivo órgão especial poderão os Tribunais declarar a inconstitucionalidade de lei ou ato normativo do Poder Público.*

§ 3º. O Presidente do Tribunal Regional, excetuada a hipótese de declaração de inconstitucionalidade de lei ou ato do poder público, somente terá voto de desempate. Nas sessões administrativas, o Presidente votará como os demais juízes, cabendo-lhe, ainda, o voto de qualidade.

(*) § 3º acrescido pela Lei nº 5.442/1968.

§ 4º. No julgamento de recursos contra decisão ou despacho do Presidente, do Vice-Presidente ou de Relator, ocorrendo empate, prevalecerá a decisão ou despacho recorrido.

(*) § 4º acrescido pela Lei nº 5.442/1968.

Art. 673. A ordem das sessões dos Tribunais Regionais será estabelecida no respectivo Regimento Interno.

Seção II
Da Jurisdição e Competência

Art. 674. Para efeito da jurisdição dos Tribunais Regionais, o território nacional é dividido nas oito regiões seguintes:

1ª Região – Estados da Guanabara, Rio de Janeiro e Espírito Santo;

2ª Região – Estados de São Paulo, Paraná e Mato Grosso;

3ª Região – Estados de Minas Gerais e Goiás e Distrito Federal;

4ª Região – Estados do Rio Grande do Sul e Santa Catarina;

5ª Região – Estados da Bahia e Sergipe;

6ª Região – Estados de Alagoas, Pernambuco, Paraíba e Rio Grande do Norte;

7ª Região – Estados do Ceará, Piauí e Maranhão;

8ª Região – Estados do Amazonas, Pará, Acre e Territórios Federais do Amapá, Rondônia e Roraima.

(*) Art. 674, *caput*, com redação dada pela Lei nº 5.839/1972.

Parágrafo único. Os tribunais têm sede nas cidades: Rio de Janeiro (1ª Região), São Paulo (2ª Região), Belo Horizonte (3ª Região), Porto Alegre (4ª Região), Salvador (5ª Região), Recife (6ª Região), Fortaleza (7ª Região) e Belém (8ª Região).

(*) Parágrafo único com redação dada pela Lei nº 5.839/1972.

(*) Sobre a atualização das Regiões, vide nota na abertura deste Capítulo IV da CLT.

Art. 675. (Revogado).

(*) Art. 675 revogado pela Lei nº 5.442/1968.

Art. 676. O número de regiões, a jurisdição e a categoria dos Tribunais Regionais, estabelecidos nos artigos anteriores, somente podem ser alterados pelo Presidente da República.

(*) Nos termos do art. 113 da CF/1988, com alteração dada pela EC nº 24/1999: ***Art. 113.*** *A lei disporá sobre a constituição, investidura, jurisdição, competência, garantias e condições de exercício dos órgãos da Justiça do Trabalho. E o art. 96, II, prescreve:* ***Art. 96.*** *Compete privativamente: II – ao Supremo Tribunal Federal, aos Tribunais Superiores e aos Tribunais de Justiça propor ao Poder Legislativo respectivo, observado o disposto no art. 169: a) a alteração do número de membros dos tribunais inferiores; b) a criação e a extinção de cargos e a remuneração dos seus serviços auxiliares e dos juízos que lhes forem vinculados, bem como a fixação do subsídio de seus membros e dos juízes, inclusive dos tribunais inferiores, onde houver; (Redação dada pela Emenda Constitucional nº 41, de 19.12.2003.) c) a criação ou extinção dos tribunais inferiores; d) a alteração da organização e da divisão judiciárias.*

Art. 677. A competência dos Tribunais Regionais determina-se pela forma indicada no art. 651 e seus parágrafos e, nos casos de dissídio coletivo, pelo local onde este ocorrer.

(*) V. arts. 856 a 875 da CLT (Dos Dissídios Coletivos).

Art. 678. Aos Tribunais Regionais, quando divididos em Turmas, compete:

(*) Art. 678, *caput*, com redação dada pela Lei nº 5.442/1968.

I – ao Tribunal Pleno, especialmente:

a) processar, conciliar e julgar originariamente os dissídios coletivos;

b) processar e julgar originariamente:

1) as revisões de sentenças normativas;

2) a extensão das decisões proferidas em dissídios coletivos;

3) os mandados de segurança;

4) as impugnações à investidura de vogais e seus suplentes nas Juntas de Conciliação e Julgamento;

c) processar e julgar em última instância:

1) os recursos das multas impostas pelas Turmas;

(*) V. parágrafo único deste artigo; e art. 679 da CLT.

2) as ações rescisórias das decisões das Juntas de Conciliação e Julgamento, dos juízes de direito investidos na jurisdição trabalhista, das Turmas e de seus próprios acórdãos;

3) os conflitos de jurisdição entre as suas Turmas, os juízes de direito investidos na jurisdição trabalhista, as Juntas de Conciliação e Julgamento, ou entre aqueles e estas;

d) julgar em única ou última instâncias:

1) os processos e os recursos de natureza administrativa atinentes aos seus serviços auxiliares e respectivos servidores;

2) as reclamações contra atos administrativos de seu presidente ou de qualquer de seus membros, assim como dos juízes de primeira instância e de seus funcionários.

(*) Inciso I acrescido pela Lei nº 5.442/1968.

II – às Turmas:

a) julgar os recursos ordinários previstos no art. 895, alínea "a";

(*) Leia-se art. 895, I, ante a redação dada pela Lei nº 11.925/2009.

b) julgar os agravos de petição e de instrumento, estes de decisões denegatórias de recursos de sua alçada;

c) impor multas e demais penalidades relativas e atos de sua competência jurisdicional, e julgar os recursos interpostos das decisões das Juntas dos juízes de direito que as impuserem.

(*) Inciso II acrescido pela Lei nº 5.442/1968.

Parágrafo único. Das decisões das Turmas não caberá recurso para o Tribunal Pleno, exceto no caso do item I, alínea "c", inciso 1, deste artigo.

(*) Parágrafo único acrescido pela Lei nº 5.442/1968.

Art. 679. Aos Tribunais Regionais não divididos em Turmas, compete o julgamento das matérias a que se refere o artigo anterior, exceto a de que trata o inciso I da alínea "c" do Item I, como os conflitos de jurisdição entre Turmas.

(*) Art. 679 com redação dada pela Lei nº 5.442/1968.

(*) V. art. 897, § 3º, da CLT.

Art. 680. Compete, ainda, aos Tribunais Regionais, ou suas Turmas:

(*) A CF/1988, no inciso I do art. 96, prescreve: ***Art. 96.*** *Compete privativamente: I – aos tribunais: a) eleger seus órgãos diretivos e elaborar seus regimentos internos, com observância das normas de processo e das garantias processuais das partes, dispondo sobre a competência e o funcionamento dos respectivos órgãos jurisdicionais e administrativos; b) organizar suas secretarias e serviços auxiliares e os dos juízos que lhes forem vinculados, velando pelo exercício da atividade correicional respectiva; c) prover, na forma prevista nesta Constituição, os cargos de juiz de carreira da respectiva jurisdição; d) propor a criação de novas varas judiciárias; e) prover, por concurso público de provas, ou de provas e títulos, obedecido o disposto no art. 169, parágrafo único, os cargos necessários à administração da Justiça, exceto os de confiança assim definidos em lei; f) conceder licença, férias e outros afastamentos a seus membros e aos juízes e servidores que lhes forem imediatamente vinculados.*

a) determinar às Juntas e aos juízes de direito a realização dos atos processuais e diligências necessárias ao julgamento dos feitos sob sua apreciação;

b) fiscalizar o comprimento de suas próprias decisões;

c) declarar a nulidade dos atos praticados com infração de suas decisões;

d) julgar as suspeições arguidas contra seus membros;

e) julgar as exceções de incompetência que lhes forem opostas;

f) requisitar às autoridades competentes as diligências necessárias ao esclarecimento dos feitos sob apreciação, representando contra aquelas que não atenderem a tais requisições;

g) exercer, em geral, no interesse da Justiça do Trabalho, as demais atribuições que decorram de sua Jurisdição.

(*) Art. 680, suprimido pelo Decreto Lei nº 9.797/1946, e restabelecido com nova redação pela Lei nº 5.442/1968.

Seção III
Dos Presidentes dos Tribunais Regionais

Art. 681. Os presidentes e vice-presidentes dos Tribunais Regionais do Trabalho tomarão posse perante os respectivos Tribunais.

(*) Art. 681 com redação dada pela Lei nº 6.320/1976.

Parágrafo único. (Revogado).

(*) Parágrafo único revogado pela Lei nº 6.320/1976.

Art. 682. Competem privativamente aos Presidentes dos Tribunais Regionais, além das que forem conferidas neste e no título e das decorrentes do seu cargo, as seguintes atribuições:

(*) Art. 682, *caput*, com redação dada pelo Decreto-Lei nº 8.737/1946.

I – (revogado);

(*) Inciso I revogado pela Lei nº 5.442/1968.

II – designar os vogais das Juntas e seus suplentes;

(*) Inciso II com redação dada pelo Decreto-Lei nº 8.737/1946.

III – dar posse aos Presidentes de Juntas e Presidentes Substitutos, aos vogais e suplentes e funcionários do próprio Tribunal e conceder férias e licenças aos mesmos e aos vogais e suplentes das Juntas;

(*) Inciso III com redação dada pelo Decreto-Lei nº 8.737/1946.

IV – presidir às sessões do Tribunal;

(*) Inciso IV com redação dada pelo Decreto-Lei nº 8.737/1946.

V – presidir às audiências de conciliação nos dissídios coletivos;

(*) Inciso V com redação dada pelo Decreto-Lei nº 8.737/1946.

VI – executar suas próprias decisões e as proferidas pelo Tribunal;

(*) Inciso VI com redação dada pelo Decreto-Lei nº 8.737/1946.

VII – convocar suplentes dos vogais do Tribunal, nos impedimentos destes;

(*) Inciso VII com redação dada pelo Decreto-Lei nº 8.737/1946.

VIII – representar ao Presidente do Tribunal Superior do Trabalho contra os Presidentes e os vogais, nos casos previstos no art. 727 e seu parágrafo único;

(*) Inciso VIII com redação dada pelo Decreto-Lei nº 8.737/1946.

IX – despachar os recursos interpostos pelas partes;

(*) Inciso IX com redação dada pelo Decreto-Lei nº 8.737/1946.

X – requisitar às autoridades competentes, nos casos de dissídio coletivo, a força necessária, sempre que houver ame e perturbação da ordem;

(*) Inciso X com redação dada pelo Decreto-Lei nº 8.737/1946.

XI – exercer correição, pelo menos uma vez por ano, sobre as Juntas, ou parcialmente sempre que se fizer necessário, e solicitá-la, quando julgar conveniente, ao Presidente do Tribunal de Apelação relativamente aos Juízes de Direito investidos na administração da Justiça do Trabalho;

(*) Inciso XI com redação dada pelo Decreto-Lei nº 8.737/1946.

XII – distribuir os feitos, designando os vogais que os devem relatar;

(*) Inciso XII com redação dada pelo Decreto-Lei nº 8.737/1946.

XIII – designar, dentre os funcionários do Tribunal e das Juntas existentes em uma mesma localidade, o que deve exercer a função de distribuidor;

(*) Inciso XIII com redação dada pelo Decreto-Lei nº 8.737/1946.

XIV – assinar as folhas de pagamento dos vogais e servidores do Tribunal.

(*) Inciso XIV com redação dada pelo Decreto-Lei nº 8.737/1946.

§ 1º. Na falta ou impedimento do Presidente da Junta e do substituto da mesma localidade, é facultado ao Presidente do Tribunal Regional designar substituto de outra localidade, observada a ordem de antiguidade entre os substitutos desimpedidos.

(*) § 1º com redação dada pelo Decreto-Lei nº 8.737/1946.

§ 2º. Na falta ou impedimento do Juiz classista da Junta e do respectivo suplente, é facultado ao Presidente do Tribunal Regional designar suplente de outra Junta, respeitada a categoria profissional ou econômica do representante e a ordem de antiguidade dos suplentes desimpedidos.

(*) § 2º com redação dada pelo Decreto-Lei nº 8.737/1946.

(*) A EC nº 24/1999 eliminou a figura do juiz classista.

§ 3º. Na falta ou impedimento de qualquer Juiz representante classista e seu respectivo suplente, é facultado ao Presidente do Tribunal Regional designar um dos Juízes classistas de Junta de Conciliação e Julgamento para funcionar nas sessões do Tribunal, respeitada a categoria profissional ou econômica do representante.

(*) § 3º acrescido pela Lei nº 3.440/1958.

(*) A EC nº 24/1999 eliminou a figura do juiz classista.

Art. 683. Na falta ou impedimento dos Presidentes dos Tribunais Regionais, e como auxiliares destes, sempre que necessário, funcionarão seus substitutos.

§ 1º. Nos casos de férias, por 30 (trinta) dias, licença, morte ou renúncia, a convocação competirá diretamente ao Presidente do Tribunal Superior do Trabalho.

§ 2º. Nos demais casos, mediante convocação do próprio Presidente do Tribunal ou comunicação do secretário deste, o Presidente Substituto assumirá imediatamente o exercício, ciente o Presidente do Tribunal Superior do Trabalho.

(*) Art. 683 com redação dada pelo Decreto-Lei nº 8.737/1946.

Seção IV
Dos Juízes Representantes Classistas dos Tribunais Regionais

(*) A EC nº 24/1999 extinguiu a representação classista na Justiça do Trabalho, portanto, esta Seção IV está em desuso.

(*) O art. 115 da CF/1988 dispõe sobre a composição dos Tribunais Regionais do Trabalho. Vide nota na abertura deste Capítulo IV da CLT.

Art. 684. Os Juízes representantes classistas dos Tribunais Regionais são designados pelo Presidente da República.

Parágrafo único. Aos Juízes representantes classistas dos empregados e dos empregadores, nos Tribunais Regionais, aplicam-se as disposições do art. 661.

(*) Parágrafo único, primitivo § 1º, renumerado pela Lei nº 5.442/1968.

§ 2º. (Revogado).

(*) § 2º revogado pela Lei nº 5.442/1968.

Art. 685. A escolha dos vogais e suplentes dos Tribunais Regionais, representantes dos empregadores e empregados, é feita dentre os nomes constantes das listas para esse fim encaminhadas ao Presidente do Tribunal Superior do Trabalho pelas associações sindicais de grau superior com sede nas respectivas Regiões.

§ 1º. Para o efeito deste artigo, o Conselho de Representantes de cada associação sindical de grau superior, na ocasião determinada pelo Presidente do Tribunal Superior do Trabalho, organizará, por maioria de votos, uma lista de 3 (três) nomes.

§ 2º. O Presidente do Tribunal Superior do Trabalho submeterá os nomes constantes das listas ao Presidente da República, por intermédio do Ministro da Justiça e Negócios Interiores.

(*) § 2º com redação dada pela Lei nº 2.244/1954.

Art. 686. (Suprimido).

(*) Art. 686 suprimido pelo Decreto-Lei nº 9.797/1946.

Art. 687. Os vogais dos Tribunais Regionais tomam posse perante o respectivo Presidente.

Art. 688. Aos juízes representantes classistas dos Tribunais Regionais aplicam-se as disposições do art. 663, sendo a nova escolha feita dentre os nomes constantes das listas a que se refere o art. 685, ou na forma indicada no art. 686 e, bem assim, as dos arts. 665 e 667.

Art. 689. Por sessão a que comparecerem, até o máximo de quinze por mês, perceberão os Juízes representantes classistas e suplentes dos Tribunais Regionais a gratificação fixada em lei.

(*) Art. 689, *caput*, com redação dada pelo Decreto-Lei nº 8.737/1946.

Parágrafo único. Os Juízes representantes classistas que retiverem processos além dos prazos estabelecidos no Regimento Interno dos Tribunais Regionais sofrerão automaticamente, na gratificação mensal a que teriam direito, desconto equivalente a 1/30 (um trinta avos) por processo retido.

(*) Parágrafo único acrescido pelo Decreto-Lei nº 8.737/1946.

Capítulo V
DO TRIBUNAL SUPERIOR DO TRABALHO

Seção I
Disposições Preliminares

Art. 690. O Tribunal Superior do Trabalho, com sede na Capital da República e jurisdição em todo o território nacional, é a instância suprema da Justiça do Trabalho.

Parágrafo único. O Tribunal funciona na plenitude de sua composição ou dividido em Turmas, com observância da paridade de representação de empregados e empregadores.

(*) Art. 690 com redação dada pela Lei nº 2.244/1954.

Art. 691. (Suprimido).

(*) Art. 691 suprimido pelo Decreto-Lei nº 8.737/1946.

Art. 692. (Suprimido).

(*) Art. 692 suprimido pelo Decreto-Lei nº 8.737/1946.

Seção II
Da Composição e Funcionamento do Tribunal Superior do Trabalho

(*) O Art. 111-A da CF/1988, acrescido pela EC nº 45/2004 e com redação dada pela EC nº 92/2016, dispõe: ***Art. 111-A.*** *O Tribunal Superior do Trabalho compor-se-á de vinte e sete Ministros, escolhidos dentre brasileiros com mais de trinta e cinco anos e menos de sessenta e cinco anos, de notável saber jurídico e reputação ilibada, nomeados pelo Presidente da República após aprovação pela maioria absoluta do Senado Federal, sendo: (Redação dada pela Emenda Constitucional nº 92, de 2016) I – um quinto dentre advogados com mais de dez anos de efetiva atividade profissional e membros do Ministério Público do Trabalho com mais de dez anos de efetivo exercício, observado o disposto no art. 94; II – os demais dentre juízes dos Tribunais Regionais do Trabalho, oriundos da magistratura da* *carreira, indicados pelo próprio Tribunal Superior. § 1º. A lei disporá sobre a competência do Tribunal Superior do Trabalho. § 2º. Funcionarão junto ao Tribunal Superior do Trabalho: I – a Escola Nacional de Formação e Aperfeiçoamento de Magistrados do Trabalho, cabendo-lhe, dentre outras funções, regulamentar os cursos oficiais para o ingresso e promoção na carreira; II – o Conselho Superior da Justiça do Trabalho, cabendo-lhe exercer, na forma da lei, a supervisão administrativa, orçamentária, financeira e patrimonial da Justiça do Trabalho de primeiro e segundo graus, como órgão central do sistema, cujas decisões terão efeito vinculante. § 3º. Compete ao Tribunal Superior do Trabalho processar e julgar, originariamente, a reclamação para a preservação de sua competência e garantia da autoridade de suas decisões. (Incluído pela Emenda Constitucional nº 92, de 2016)*

Art. 693. O Tribunal Superior do Trabalho compõe-se de dezessete juízes com a denominação de Ministros, sendo:

(*) Art. 693, *caput*, com redação dada pela Lei nº 5.422/1968.

(*) Vide nota na abertura desta Seção II.

a) onze togados e vitalícios, nomeados pelo Presidente da República, depois de aprovada a escolha pelo Senado Federal, dentre brasileiros natos, maiores de trinta e cinco anos, de notável saber jurídico e reputação ilibada;

(*) Alínea "a" com redação dada pela Lei nº 5.422/1968.

(*) Vide nota na abertura desta Seção II.

b) seis classistas, com mandato de três anos, em representação paritária dos empregadores e dos empregados, nomeados pelo Presidente da República de conformidade com o disposto nos §§ 2º e 3º deste artigo.

(*) Alínea "b" com redação dada pela Lei nº 5.442/1968.

(*) Vide nota na abertura desta Seção II.

§ 1º. Dentre os Juízes Togados do Tribunal Superior do Trabalho, alheios aos interesses profissionais, serão eleitos o Presidente, o Vice-Presidente e o corregedor, além dos presidentes das turmas na forma estabelecida em seu regimento interno.

(*) § 1º com redação dada pela Lei nº 2.244/1954.

§ 2º. Para nomeação trienal dos juízes classistas, o Presidente do Tribunal Superior do Trabalho publicará edital, com antecedência mínima de 15 (quinze) dias, convocando as associações sindicais de grau superior, para que cada uma, mediante maioria de votos do respectivo Conselho de Representantes, organize uma lista de três nomes, que será encaminhada, por intermédio daquele Tribunal, ao Ministro da Justiça e Negócios Interiores dentro do prazo que for fixado no edital.

(*) § 2º com redação dada pela Lei nº 2.244/1954.

(*) A EC nº 24/1999 eliminou a figura do juiz classista.

§ 3º. Na lista de que trata o parágrafo anterior figurarão somente brasileiros natos, de reconhecida idoneidade, maiores de 25 anos, quites com o serviço militar, que estejam no gozo de seus direitos civis e políticos e contem mais de dois anos de efetivo exercício da profissão ou se encontrem no desempenho de representação profissional prevista em lei.

(*) § 3º acrescido pelo Decreto-Lei nº 9.797/1946.

§ 4º. (Vetado).

(*) § 4º acrescido pela Lei nº 2.244/1954, mas vetado pelo Executivo.

Art. 694. Os juízes togados escolher-se-ão: sete, dentre magistrados da Justiça do Trabalho, dois, dentre advogados no efetivo exercício da profissão, e dois, dentre membros do Ministério Público da União junto à Justiça do Trabalho.

(*) Art. 694 suprimido pelo Decreto-Lei nº 9.797/1946 e restabelecido com nova redação dada pela Lei nº 5.442/1968.

Art. 695. (Suprimido).

(*) Art. 695 suprimido pelo Decreto-Lei nº 9.797/1946.

Art. 696. Importará em renúncia o não comparecimento do membro do Conselho, sem motivo justificado, a mais de três sessões ordinárias consecutivas.

(*) Art. 696, *caput*, com redação dada pelo Decreto-Lei nº 8.737/1946.

§ 1º. Ocorrendo a hipótese prevista neste artigo o Presidente do Tribunal comunicará imediatamente o fato ao Ministro da Justiça e Negócios Interiores, a fim de que seja feita a substituição do juiz renunciante, sem prejuízo das sanções cabíveis.

(*) § 1º acrescido pela Lei nº 2.244/1954.

§ 2º. Para os efeitos do parágrafo anterior, a designação do substituto será feita dentre os nomes constantes das listas de que trata o 2º do art. 693.

(*) § 2º acrescido pela Lei nº 2.244/1954.

Art. 697. Em caso de licença, superior a trinta dias, ou de vacância, enquanto não for preenchido o cargo, os Ministros do Tribunal poderão ser substituídos mediante convocação de Juízes, de igual categoria, de qualquer dos Tribunais Regionais do Trabalho, na forma que dispuser o Regimento do Tribunal Superior do Trabalho.

(*) Art. 697 com redação dada pela Lei nº 6.289/1975.

Art. 698. (Suprimido).

(*) Art. 698 suprimido pelo Decreto-Lei nº 8.737/1946.

Art. 699. O Tribunal Superior do Trabalho não poderá deliberar, na plenitude de sua composição senão com a presença de pelo menos nove de seus juízes, além do Presidente.

(*) Art. 699, *caput*, com redação dada pela Lei nº 2.244/1954.

(*) Vide Lei nº 7.701/1988, que dispõe sobre a especialização de Turmas dos Tribunais do Trabalho em processos coletivos.

Parágrafo único. As turmas do Tribunal, compostas de 5 (cinco) juízes, só poderão deliberar com a presença de pelo menos, três de seus membros, além do respectivo presidente, cabendo também a este funcionar como relator ou revisor nos feitos que lhe forem distribuídos conforme estabelecer o regimento interno.

(*) Parágrafo único acrescido pela Lei nº 2.244/1954.

Art. 700. O Tribunal reunir-se-á em dias previamente fixados pelo Presidente, o qual poderá, sempre que for necessário, convocar sessões extraordinárias.

(*) Art. 700 com redação dada pelo Decreto-Lei nº 8.737/1946.

(*) O art. 96 da CF/1988 dispõe: ***Art. 96.*** *Compete privativamente: I – aos tribunais: a) eleger seus órgãos diretivos e elaborar seus regimentos internos, com observância das normas de processo e das garantias processuais das partes, dispondo sobre a competência e o funcionamento dos respectivos órgãos jurisdicionais e administrativos.*

Art. 701. As sessões do Tribunal serão públicas e começarão às 14 (quatorze) horas, terminando às 17 (dezessete) horas, mas poderão ser prorrogadas pelo Presidente em caso de manifesta necessidade.

(*) Vide nota ao artigo anterior.

§ 1º. As sessões extraordinárias do Tribunal só se realizarão quando forem comunicadas aos seus membros com 24 (vinte e quatro) horas, no mínimo, de antecedência.

§ 2º. Nas sessões do Tribunal, os debates poderão tornar-se secretos, desde que, por motivo de interesse público, assim resolva a maioria de seus membros.

(*) Art. 701 com redação dada pelo Decreto-Lei nº 8.737/1946.

Seção III
Da Competência do Conselho Pleno

(*) Vide Lei nº 7.701/1988, que dispõe sobre a especialização de Turmas dos Tribunais do Trabalho em processos coletivos.

Art. 702. Ao Tribunal Pleno compete:

(*) Art. 702, *caput*, com redação dada pela Lei nº 2.244/1954.

I – em única instância:

(*) Inciso I com redação dada pela Lei nº 2.244/1954.

a) decidir sobre matéria constitucional, quando arguido, para invalidar lei ou ato do poder público;

(*) Alínea "a" com redação dada pela Lei nº 2.244/1954.

b) conciliar e julgar os dissídios coletivos que excedam a jurisdição dos Tribunais Regionais do Trabalho, bem como estender ou rever suas próprias decisões normativas, nos casos previstos em lei;

(*) Alínea "b" com redação dada pela Lei nº 2.244/1954.

c) homologar os acordos celebrados em dissídios de que trata a alínea anterior;

(*) Alínea "c" alterada pela Lei nº 2.244/1954 e com redação dada pela Lei nº 2.244/1954.

(*) V. § 1º deste artigo.

d) julgar os agravos dos despachos do presidente, nos casos previstos em lei;

(*) Alínea "d" com redação dada pela Lei nº 2.244/1954.

e) julgar as suspeições arguidas contra o presidente e demais juízes do Tribunal, nos feitos pendentes de sua decisão;

(*) Alínea "e" com redação dada pela Lei nº 2.244/1954.

f) estabelecer ou alterar súmulas e outros enunciados de jurisprudência uniforme, pelo voto de pelo menos dois terços de seus membros, caso a mesma matéria já tenha sido decidida de forma idêntica por unanimidade em, no mínimo, dois terços das turmas em pelo menos dez sessões diferentes em cada uma delas, podendo, ainda, por maioria de dois terços de seus membros, restringir os efeitos daquela declaração ou decidir que ela só tenha eficácia a partir de sua publicação no Diário Oficial;

(*) Alínea "f" alterada pela Lei nº 2.244/1954, pela Lei nº 7.033/1982 e com redação dada pela Lei nº 13.467/2017.

(*) V. § 4º deste artigo.

g) aprovar tabelas de custas emolumentos, nos termos da lei;

(*) Alínea "g" com redação dada pela Lei nº 2.244/1954.

h) elaborar o Regimento Interno do Tribunal e exercer as atribuições administrativas previstas em lei, ou decorrentes da Constituição Federal.

II – em última instância:

(*) Inciso II com redação dada pela Lei nº 2.244/1954.

a) julgar os recursos ordinários das decisões proferidas pelos Tribunais Regionais em processos de sua competência originária;

(*) Alínea "a" com redação dada pela Lei nº 2.244/1954.

b) julgar os embargos opostos às decisões de que tratam as alíneas "b" e "c" do inciso I deste artigo;

(*) Alínea "b" com redação dada pela Lei nº 2.244/1954.

c) julgar embargos das decisões das Turmas, quando estas divirjam entre si ou de decisão proferida pelo próprio Tribunal Pleno, ou que forem contrárias à letra de lei federal;

(*) Alínea "c" alterada pela Lei nº 2.244/1954 e com redação dada pelo Decreto-Lei nº 229/1967.

(*) V. § 1º deste artigo.

d) julgar os agravos de despachos denegatórios dos presidentes de turmas, em matéria de embargos na forma estabelecida no regimento interno;

(*) Alínea "d" com redação dada pela Lei nº 2.244/1954.

e) julgar os embargos de declaração opostos aos seus acórdãos.

(*) Alínea "e" com redação dada pela Lei nº 2.244/1954.

§ 1º. Quando adotada pela maioria de dois terços dos juízes do Tribunal Pleno, a decisão proferida nos embargos de que trata o inciso II, alínea "c", deste artigo, terá força de prejulgado, nos termos dos §§ 2º e 3º, do art. 902.

(*) § 1º acrescido pela Lei nº 2.244/1954.

§ 2º. É da competência de cada uma das turmas do Tribunal:

(*) V. § 1º deste artigo.

a) julgar, em única instância, os conflitos de jurisdição entre Tribunais Regionais do Trabalho e os que se suscitarem entre juízes de direito ou juntas de conciliação e julgamento de regiões diferentes;

b) julgar, em última instância, os recursos de revista interpostos de decisões dos Tribunais Regionais e das Juntas de Conciliação e julgamento ou juízes de direito, nos casos previstos em lei;

c) julgar os agravos de instrumento dos despachos que denegarem a interposição de recursos ordinários ou de revista;

d) julgar os embargos de declaração opostos aos seus acórdãos;

e) julgar as habilitações incidentes e arguições de falsidade, suspeição e outras nos casos pendentes de sua decisão.

(*) § 2º acrescido pela Lei nº 2.244/1954.

(*) V. § 1º deste artigo.

§ 3º. As sessões de julgamento sobre estabelecimento ou alteração de súmulas e outros enunciados de jurisprudência deverão ser públicas, divulgadas com, no mínimo, trinta dias de antecedência, e deverão possibilitar a sustentação oral pelo Procurador-Geral do Trabalho, pelo Conselho Federal da Ordem dos Advogados do Brasil, pelo Advogado-Geral da União e por confederações sindicais ou entidades de classe de âmbito nacional.

(*) § 3º acrescido pela Lei nº 13.467/2017.

(*) V. §§ 1º e 4º deste artigo.

§ 4º. O estabelecimento ou a alteração de súmulas e outros enunciados de jurisprudência pelos Tribunais Regionais do Trabalho deverão observar o disposto na alínea "f" do inciso I e no § 3º deste artigo, com rol equivalente de legitimados para sustentação oral, observada a abrangência de sua circunscrição judiciária.

(*) § 4º acrescido pela Lei nº 13.467/2017.

Seção IV
Da Competência da Câmara de Justiça do Trabalho

Art. 703. (Suprimido).

(*) Art. 703 suprimido pelo Decreto-Lei nº 8.737/1946.

Art. 704. (Suprimido).

(*) Art. 704 suprimido pelo Decreto-Lei nº 8.737/1946.

Art. 705. (Suprimido).

(*) Art. 705 suprimido pelo Decreto-Lei nº 8.737/1946.

Seção V
Da Competência da Câmara de Previdência Social

Art. 706. (Suprimido).

(*) Art. 706 suprimido pelo Decreto-Lei nº 8.737/1946.

Seção VI
Das Atribuições do Presidente do Tribunal Superior do Trabalho

Art. 707. Compete ao Presidente do Tribunal:

a) presidir às sessões do Tribunal, fixando os dias para a realização das sessões ordinárias e convocando as extraordinárias;

b) superintender todos os serviços do Tribunal;

c) expedir instruções e adotar as providências necessárias para o bom funcionamento do Tribunal e dos demais órgãos da Justiça do Trabalho;

d) fazer cumprir as decisões originárias do Tribunal, determinando aos Tribunais Regionais e aos demais órgãos da Justiça do Trabalho a realização dos atos processuais e das diligências necessárias;

e) submeter ao Tribunal os processos em que tenha de deliberar e designar, na forma do Regimento Interno, os respectivos relatores;

f) despachar os recursos interpostos pelas partes e os demais papéis em que deva deliberar;

g) determinar as alterações que se fizerem necessárias na lotação do pessoal da Justiça do Trabalho, fazendo remoções *ex officio* de servidores entre os Tribunais Regionais, Juntas de Conciliação e Julgamento e outros órgãos; bem como conceder as requeridas que julgar convenientes ao serviço, respeitada a lotação de cada órgão;

h) conceder licenças e férias aos servidores do Tribunal, bem como impor-lhes as penas disciplinares que excederem da alçada das demais autoridades;

i) dar posse e conceder licença aos membros do Tribunal, bem como conceder licenças e férias aos Presidentes dos Tribunais Regionais;

j) apresentar ao Ministro do Trabalho, Indústria e Comércio♦, até 31 de março de cada ano, o relatório das atividades do Tribunal e dos demais órgãos da Justiça do Trabalho.

♦ Atual denominação: "Ministro da Economia", nos termos do Decreto nº 9.745/2019.

Parágrafo único. O Presidente terá 1 (um) secretário por ele designado dentre os funcionários lotados no Tribunal, e será auxiliado por servidores designados nas mesmas condições.

(*) Art. 707 com redação dada pelo Decreto-Lei nº 8.737/1946.

Seção VII
Das Atribuições do Vice-Presidente

Art. 708. Compete ao Vice-Presidente do Tribunal:

(*) Art. 708, *caput*, com redação dada pela Lei nº 2.244/1954.

a) substituir o Presidente e o Corregedor em suas faltas e impedimentos;

(*) Alínea "a" com redação dada pela Lei nº 2.244/1954.

b) (suprimida).

(*) Alínea "b" suprimida pela Lei nº 2.244/1954.

Parágrafo único. Na ausência do Presidente e do Vice-Presidente, será o Tribunal presidido pelo Juiz togado mais antigo, ou pelo mais idoso quando igual a antiguidade.

(*) Parágrafo único com redação dada pela Lei nº 2.244/1954.

Seção VIII
Das Atribuições do Corregedor

Art. 709. Compete ao Corregedor, eleito dentre os Ministros togados do Tribunal Superior do Trabalho:

(*) Art. 709, *caput*, alterado pelo Decreto-Lei nº 8.737/1946, pela Lei nº 2.244/1964 e com redação dada pelo Decreto-Lei nº 229/1967.

I – Exercer funções de inspeção e correição permanente com relação aos Tribunais Regionais e seus presidentes;

(*) Inciso I alterado pelo Decreto-Lei nº 8.737/1946, pela Lei nº 2.244/1964 e com redação dada pelo Decreto-Lei nº 229/1967.

II – Decidir reclamações contra os atos atentatórios da boa ordem processual praticados pelos Tribunais Regionais e seus presidentes, quando inexistir recurso específico;

(*) Inciso II alterado pelo Decreto-Lei nº 8.737/1946, pela Lei nº 2.244/1964 e com redação dada pelo Decreto-Lei nº 229/1967.

III – (revogado).

(*) Inciso III com redação dada pelo Decreto-Lei nº 229/1967 e revogado pela Lei nº 5.442/1968.

§ 1º. Das decisões proferidas pelo Corregedor, nos casos do artigo, caberá o agravo regimental, para o Tribunal Pleno.

(*) § 1º acrescido pelo Decreto-Lei nº 229/1967.

§ 2º. O Corregedor não integrará as Turmas do Tribunal, mas participará, com voto, das sessões do Tribunal Pleno, quando não se encontrar em correição ou em férias, embora não relate nem revise processos, cabendo-lhe, outrossim, votar em incidente de inconstitucionalidade, nos processos administrativos e nos feitos em que estiver vinculado por visto anterior à sua posse na Corregedoria.

(*) § 2º acrescido pelo Decreto-Lei nº 229/1967, e com redação dada pela Lei nº 7.121/1983.

Capítulo VI
DOS SERVIÇOS AUXILIARES DA JUSTIÇA DO TRABALHO

Seção I
Da Secretaria das Juntas de Conciliação e Julgamento♦

♦ Atual denominação: "Varas do Trabalho", nos termos do art. 116 da CF/1988.

Art. 710. Cada Junta terá 1 (uma) secretaria, sob a direção de funcionário que o Presidente designar, para exercer a função de secretário, e que receberá, além dos vencimentos correspondentes ao seu padrão, a gratificação de função fixada em lei.

(*) Art. 710 com redação dada pelo Decreto-Lei nº 8.737/1946.

Art. 711. Compete à secretaria das Juntas:

a) o recebimento, a autuação, o andamento, a guarda e a conservação dos processos e outros papéis que lhe forem encaminhados;

b) a manutenção do protocolo de entrada e saída dos processos e demais papéis;

c) o registro das decisões;

d) a informação, às partes interessadas e seus procuradores, do andamento dos respectivos processos, cuja consulta lhes facilitará;

e) a abertura de vista dos processos às partes, na própria secretaria;

f) a contagem das custas devidas pelas partes, nos respectivos processos;

g) o fornecimento de certidões sobre o que constar dos livros ou do arquivamento da secretaria;

h) a realização das penhoras e demais diligências processuais;

i) o desempenho dos demais trabalhos que lhe forem cometidos pelo Presidente da Junta, para melhor execução dos serviços que lhe estão afetos.

(*) V. arts. 717 e 719 da CLT.

Art. 712. Compete especialmente aos secretários♦ das Juntas de Conciliação e Julgamento:

♦ Atual denominação: "chefes de secretaria", nos termos da Lei nº 409/1948.

(*) V. art. 720 da CLT.

a) superintender os trabalhos da secretaria, velando pela boa ordem do serviço;

b) cumprir e fazer cumprir as ordens emanadas do Presidente e das autoridades superiores;

c) submeter a despacho e assinatura do Presidente o expediente e os papéis que devam ser por ele despachados e assinados;

d) abrir a correspondência oficial dirigida à Junta e ao seu Presidente, a cuja deliberação será submetida;

e) tomar por termo as reclamações verbais nos casos de dissídios individuais;

f) promover o rápido andamento dos processos, especialmente na fase de execução, e a pronta realização dos atos e diligências deprecadas pelas autoridades superiores;

g) secretariar as audiências da Junta, lavrando as respectivas atas;

h) subscrever as certidões e os termos processuais;

i) dar aos litigantes ciência das reclamações e demais atos processuais de que devam ter conhecimento, assinando as respectivas notificações;

j) executar os demais trabalhos que lhe forem atribuídos pelo Presidente da Junta.

(*) Art. 712, *caput*, com redação dada pelo Decreto-Lei nº 8.737/1946.

Parágrafo único. Os serventuários que, sem motivo justificado, não realizarem os atos, dentro dos prazos fixados, serão descontados em seus vencimentos, em tantos dias quantos os do excesso.

(*) Parágrafo único acrescido pelo Decreto-Lei nº 8.737/1946.

Seção II
Dos Distribuidores

Art. 713. Nas localidades em que existir mais de uma Junta de Conciliação e Julgamento haverá um distribuidor.

Art. 714. Compete ao distribuidor:

a) a distribuição, pela ordem rigorosa de entrada, e sucessivamente a cada Junta, dos feitos que, para esse fim, lhe forem apresentados pelos interessados;

b) o fornecimento, aos interessados, do recibo correspondente a cada feito distribuído;

c) a manutenção de 2 (dois) fichários dos feitos distribuídos, sendo um organizado pelos nomes dos reclamantes e o outro dos reclamados, ambos por ordem alfabética;

d) o fornecimento a qualquer pessoa que o solicite, verbalmente ou por certidão, de informações sobre os feitos distribuídos;

e) a baixa na distribuição dos feitos, quando isto lhe for determinado pelos Presidentes das Juntas, formando, com as fichas correspondentes, fichários à parte, cujos dados poderão ser consultados pelos interessados, mas não serão mencionados em certidões.

Art. 715. Os distribuidores são designados pelo Presidente do Tribunal Regional dentre os funcionários das Juntas e do Tribunal Regional, existentes na mesma localidade, e ao mesmo Presidente diretamente subordinados.

Seção III
Do Cartório dos Juízos de Direito

Art. 716. Os cartórios dos Juízos de Direito, investidos na administração da Justiça do Trabalho, têm, para esse fim, as mesmas atribuições e obrigações conferidas na Seção I às secretarias das Juntas de Conciliação e Julgamento.

(*) V. art. 710 ss da CLT.

Parágrafo único. Nos Juízos em que houver mais de um cartório, far-se-á entre eles a distribuição alternada e sucessiva das reclamações.

Art. 717. Aos escrivães dos Juízos de Direito, investidos na administração da Justiça do Trabalho, competem especialmente as atribuições e obrigações dos secretários das Juntas; e aos demais funcionários dos cartórios, as que couberem nas respectivas funções, dentre as que competem às secretarias das Juntas, enumeradas no art. 711.

Seção IV
Das Secretarias dos Tribunais Regionais

Art. 718. Cada Tribunal Regional tem 1 (uma) secretaria, sob a direção do funcionário designado para exercer a função de secretário, com a gratificação de função fixada em lei.

(*) Art. 718 com redação dada pelo Decreto-Lei nº 8.737/1946.

Art. 719. Competem à Secretaria dos Conselhos, além das atribuições estabelecidas no art. 711, para a secretaria das Juntas, mais as seguintes:

a) a conclusão dos processos ao Presidente e sua remessa, depois de despachados, aos respectivos relatores;

b) a organização e a manutenção de um fichário de jurisprudência do Conselho, para consulta dos interessados.

Parágrafo único. No regimento interno dos Tribunais Regionais serão estabelecidas as demais atribuições, o funcionamento e a ordem dos trabalhos de suas secretarias.

Art. 720. Competem aos secretários dos Tribunais Regionais as mesmas atribuições conferidas no art. 712 aos secretários das Juntas, além das que lhes forem fixadas no regimento interno dos Conselhos.

Seção V
Dos Oficiais de Diligência

(*) Tendo em vista a redação dada pela Lei nº 5.442/1968 ao art. 721 da CLT, entende-se que o título desta Seção V seja: "Dos Oficiais de Justiça e Oficiais de Justiça Avaliadores".

Art. 721. Incumbe aos Oficiais de Justiça e Oficiais de Justiça Avaliadores da Justiça do Trabalho a realização dos atos decorrentes da execução dos julgados das Juntas de Conciliação e Julgamento e dos Tribunais Regionais do Trabalho, que lhes forem cometidos pelos respectivos Presidentes.

§ 1º. Para efeito de distribuição dos referidos atos, cada Oficial de Justiça ou Oficial de Justiça Avaliador funcionará perante uma Junta de Conciliação e Julgamento, salvo quando da existência, nos Tribunais Regionais do Trabalho, de órgão específico, destinado à distribuição de mandados judiciais.

§ 2º. Nas localidades onde houver mais de uma Junta, respeitado o disposto no parágrafo anterior, a atribuição para o cumprimento do ato deprecado ao Oficial de Justiça ou Oficial de Justiça Avaliador será transferida a outro Oficial, sempre que, após o decurso de 9 (nove) dias, sem razões que o justifiquem, não tiver sido cumprido o ato, sujeitando-se o serventuário às penalidades da lei.

§ 3º. No caso de avaliação, terá o Oficial de Justiça Avaliador, para cumprimento da ato, o prazo previsto no art. 888.

§ 4º. É facultado aos Presidentes dos Tribunais Regionais do Trabalho cometer a qualquer Oficial de Justiça ou Oficial de Justiça Avaliador a realização dos atos de execução das decisões desses Tribunais.

§ 5º. Na falta ou impedimento do Oficial de Justiça ou Oficial de Justiça Avaliador, o Presidente da Junta poderá atribuir a realização do ato a qualquer serventuário.

(*) Art. 721 com redação dada pela Lei nº 5.442/1968.

Capítulo VII
DAS PENALIDADES

Seção I
Do *Lock-Out* e da Greve

(*) O art. 9º da CF/1988 assegura o direito de greve, competindo aos trabalhadores decidir sobre a oportunidade de exercê-lo e sobre os interesses que devam por meio dele defender.

(*) Vide Lei nº 7.783/1989, que dispõe sobre o exercício do direito de greve.

Art. 722. Os empregadores que, individual ou coletivamente, suspenderem os trabalhos dos seus estabelecimentos, sem prévia autorização do Tribunal competente, ou que violarem, ou se recusarem a cumprir decisão proferida em dissídio coletivo, incorrerão nas seguintes penalidades:

a) multa prevista no inciso I do *caput* do art. 634-A;

(*) Alínea "a" com redação dada pela MP nº 905/2019.

b) perda do cargo de representação profissional em cujo desempenho estiverem;

c) suspensão, pelo prazo de 2 (dois) a 5 (cinco) anos, do direito de serem eleitos para cargos de representação profissional.

§ 1º. Se o empregador for pessoa jurídica, as penas previstas nas alíneas "b" e "c" incidirão sobre os administradores responsáveis.

§ 2º. Se o empregador for concessionário de serviço público, as penas serão aplicadas em dobro. Nesse caso, se o concessionário for pessoa jurídica o Presidente do Tribunal que houver proferido a decisão poderá, sem prejuízo do cumprimento desta e da aplicação das penalidades cabíveis, ordenar o afastamento dos administradores responsáveis, sob pena de ser cassada a concessão.

§ 3º. Sem prejuízo das sanções cominadas neste artigo, os empregadores ficarão obrigados a pagar os salários devidos aos seus empregados, durante o tempo de suspensão do trabalho.

Art. 723. (Revogado).

(*) Art. 723 revogado pela Lei nº 9.842/1999.

Art. 724. (Revogado).

(*) Art. 724 revogado pela Lei nº 9.842/1999.

Art. 725. (Revogado).

(*) Art. 725 revogado pela Lei nº 9.842/1999.

Seção II
Das Penalidades contra os Membros da Justiça do Trabalho

(*) O art. 7º da Lei nº 6.986/1982 assim dispõe: ***Art. 7º.*** *As multas por infração aos preceitos da Consolidação das Leis do Trabalho ficam elevadas em 10 (dez) vezes o seu valor.*

(*) O art. 116 da CF/1988, com redação dada pela EC nº 24/1999, passou a determinar como Varas do Trabalho (juiz singular) as Juntas de Conciliação e Julgamento, extinguindo a representação classista (vogal) na Justiça do Trabalho.

Art. 726. (Revogado).

(*) Art. 726 revogado pela MP nº 905/2019.

Art. 727. (Revogado).

(*) Art. 727 revogado pela MP nº 905/2019.

Art. 728. Aos presidentes, membros, juízes, vogais, e funcionários auxiliares da Justiça do Trabalho, aplica-se o disposto no Título XI do Código Penal.

(*) O Título XI do Código Penal trata "Dos Crimes Contra a Administração Pública" (art. 312 ao art. 359-H).

Seção III
De Outras Penalidades

(*) O art. 7º da Lei nº 6.986/1982 assim dispõe: ***Art. 7º.*** *As multas por infração aos preceitos da Consolidação das Leis do Trabalho ficam elevadas em 10 (dez) vezes o seu valor.*

(*) O art. 116 da CF/1988, com redação dada pela EC nº 24/1999, passou a determinar como Varas do Trabalho (juiz singular) as Juntas de Conciliação e Julgamento, extinguindo a representação classista (vogal) na Justiça do Trabalho.

(*) V. art. 634-A da CLT.

Art. 729. Ao empregador que deixar de cumprir decisão transitada em julgado sobre a readmissão ou a reintegração de empregado, além do pagamento dos salários devido ao referido empregado, será aplicada multa de natureza leve, prevista no inciso II do *caput* do art. 634-A.

(*) Art. 729 com redação dada pela MP nº 905/2019.

Art. 730. Àqueles que se recusarem a depor como testemunhas, sem motivo justificado, será aplicada a multa prevista no inciso II do *caput* do art. 634-A.

(*) Art. 730 com redação dada pela MP nº 905/2019.

Art. 731. Aquele que, tendo apresentado ao distribuidor reclamação verbal, não se apresentar, no prazo estabelecido no parágrafo único do art. 786, à Junta ou Juízo para fazê-lo tomar por termo, incorrerá na pena de perda, pelo prazo de 6 (seis) meses, do direito de reclamar perante a Justiça do Trabalho.

Art. 732. Na mesma pena do artigo anterior incorrerá o reclamante que, por 2 (duas) vezes seguidas, der causa ao arquivamento de que trata o art. 844.

Art. 733. As infrações ao disposto neste Título para as quais não haja penalidade cominada serão punidas com a aplicação da multa prevista no inciso I do *caput* do art. 634-A.

(*) Art. 733 com redação dada pela MP nº 905/2019.

Capítulo VIII
DISPOSIÇÕES GERAIS

Art. 734. O Ministro do Trabalho, Indústria e Comércio, poderá rever, *ex officio*, dentro do prazo de 30 (trinta) dias, contados de sua publicação no órgão oficial, ou mediante representação apresentada dentro de igual prazo:

a) as decisões da Câmara da Previdência Social, quando proferidas pelo voto de desempate, ou que violarem disposições expressas de direito ou modificarem jurisprudência até então observada;

b) as decisões do presidente do Tribunal Nacional do Trabalho em matéria de previdência social.

Parágrafo único. O Ministro do Trabalho, Indústria e Comércio♦, poderá avocar ao seu conhecimento os assuntos de natureza administrativa referentes às instituições de previdência social, sempre que houver interesse público.

♦ Atual denominação: "Ministro da Economia", nos termos do Decreto nº 9.745/2019.

Art. 735. As repartições públicas e as associações sindicais são obrigadas a fornecer aos Juízes e Tribunais do Trabalho e à Procuradoria da Justiça do Trabalho as informações e os dados necessários à instrução e ao julgamento dos feitos submetidos à sua apreciação.

Parágrafo único. A recusa de informações ou dados a que se refere este artigo, por parte de funcionários públicos, importa na aplicação das penalidades previstas pelo Estatuto dos Funcionários Públicos por desobediência.

TÍTULO IX
DO MINISTÉRIO PÚBLICO DO TRABALHO

(*) A CF/1988 trata do Ministério Público em seus arts. 127 a 130-A; e o Ministério Público do Trabalho consta da alínea "b" do inciso I do art. 128.

(*) A LC nº 75/1993 dispôs sobre a organização, as atribuições e o estatuto do Ministério Público da União. O Capítulo II é dedicado ao Ministério Público do Trabalho, nos arts. 83 a 115.

Capítulo I
DISPOSIÇÕES GERAIS

Art. 736. O Ministério Público do Trabalho é constituído por agentes diretos do Poder Executivo, tendo por função zelar pela exata observância da Constituição Federal, das leis e demais atos emanados dos poderes públicos, na esfera de suas atribuições.

Parágrafo único. Para o exercício de suas funções, o Ministério Público do Trabalho reger-se-á pelo que estatui esta Consolidação e, na falta de disposição expressa, pelas normas que regem o Ministério Público Federal.

Art. 737. O Ministério Público do Trabalho compõe-se da Procuradoria da Justiça do Trabalho e da Procuradoria da Previdência Social aquela funcionando como órgão de coordenação entre a Justiça do Trabalho e o Ministério do Trabalho, Indústria e Comércio♦, ambas diretamente subordinadas ao Ministro de Estado.

(*) Art. 737 com redação dada pelo Decreto-Lei nº 8.737/1946.

♦ Atual denominação: "Ministério da Economia", nos termos da Lei nº 13.844/2019.

(*) Vide Decreto nº 9.745/2019, que dispõe sobre a Estrutura Regimental do Ministério da Economia.

Art. 738. Os procuradores, além dos vencimentos fixados na tabela constante do Decreto-Lei nº 2.874, de 16 de dezembro de 1940, continuarão a perceber a percentagem de 8%, por motivo de cobrança da dívida ativa da União ou de multas impostas pelas autoridades administrativas e judiciárias do trabalho e da previdência social.

Parágrafo único. Essa percentagem será calculada sobre as somas efetivamente arrecadadas e rateada de acordo com as instruções expedidas pelos respectivos procuradores gerais.

(*) O art. 196 da CF/1969, com redação dada pela EC nº 7/1977, vedou a participação de servidores públicos no produto da arrecadação de tributos e multas. A CF/1988, em seu art. 39, § 4º, também limita a remuneração dos servidores públicos.

Art. 739. Não estão sujeitos a ponto os procuradores-gerais e os procuradores.

Capítulo II
DA PROCURADORIA DA JUSTIÇA DO TRABALHO

Seção I
Da Organização

Art. 740. A Procuradoria da Justiça do Trabalho compreende:

a) 1 (uma) Procuradoria-Geral, que funcionará junto ao Tribunal Superior do Trabalho;

b) 8 (oito) Procuradorias Regionais, que funcionarão junto aos Tribunais Regionais do Trabalho.

Art. 741. As Procuradorias Regionais são subordinadas diretamente ao procurador-geral.

Art. 742. A Procuradoria-Geral é constituída de 1 (um) procurador-geral e de procuradores.

Parágrafo único. As Procuradorias Regionais compõem-se de 1 (um) procurador regional, auxiliado, quando necessário, por procuradores adjuntos.

Art. 743. Haverá, nas Procuradorias Regionais, substitutos de procurador adjunto ou, quando não houver este cargo, de procurador regional, designados previamente por decreto do Presidente da República, sem ônus para os cofres públicos.

§ 1º. O substituto tomará posse perante o respectivo procurador regional, que será a autoridade competente para convocá-lo.

§ 2º. O procurador regional será substituído em suas faltas e impedimentos pelo procurador adjunto, quando houver, e, havendo mais de um, pelo que for por ele designado.

§ 3º. O procurador adjunto será substituído, em suas faltas e impedimentos, pelo respectivo procurador substituto.

§ 4º. Será dispensado, automaticamente, o substituto que não atender à convocação, salvo motivo de doença, devidamente comprovada.

§ 5º. Nenhum direito ou vantagem terá o substituto além do vencimento do cargo do substituído e somente durante o seu impedimento legal.

Art. 744. A nomeação do procurador-geral deverá recair em bacharel em ciências jurídicas e sociais, que tenha exercido, por 5 (cinco) ou mais anos, cargo de magistratura ou de Ministério Público, ou a advocacia.

(*) V. art. 756 da CLT.

Art. 745. Para a nomeação dos demais procuradores, atender-se-á aos mesmos requisitos estabelecidos no artigo anterior, reduzido a 2 (dois) anos, no mínimo, o tempo de exercício.

(*) V. art. 756 da CLT.

Seção II
Da Competência da Procuradoria-Geral

Art. 746. Compete à Procuradoria-Geral da Justiça do Trabalho:

(*) Art. 746, *caput*, com redação dada pelo Decreto-Lei nº 8.737/1946.

a) oficiar, por escrito, em todos os processos e questões de trabalho de competência do Tribunal Superior do Trabalho;

(*) Alínea "a" com redação dada pelo Decreto-Lei nº 8.737/1946.

b) funcionar nas sessões do mesmo Tribunal, opinando verbalmente sobre a matéria em debate e solicitando as requisições e diligências que julgar convenientes, sendo-lhe assegurado o direito de vista do processo em julgamento sempre que for suscitada questão nova, não examinada no parecer exarado;

(*) Alínea "b" com redação dada pelo Decreto-Lei nº 8.737/1946.

c) requerer prorrogação das sessões do Tribunal, quando essa medida for necessária para que se ultime o julgamento;

(*) Alínea "c" com redação dada pelo Decreto-Lei nº 8.737/1946.

d) exarar, por intermédio do procurador-geral, o seu "ciente" nos acórdãos do Tribunal;

(*) Alínea "d" com redação dada pelo Decreto-Lei nº 8.737/1946.

e) proceder às diligências e inquéritos solicitados pelo Tribunal;

(*) Alínea "e" com redação dada pelo Decreto-Lei nº 8.737/1946.

f) recorrer das decisões do Tribunal, nos casos previstos em lei;

(*) Alínea "f" com redação dada pelo Decreto-Lei nº 8.737/1946.

g) promover, perante o Juízo competente, a cobrança executiva das multas impostas pelas autoridades administrativas e judiciárias do trabalho;

(*) Alínea "g" com redação dada pelo Decreto-Lei nº 8.737/1946.

h) representar às autoridades competentes contra os que não cumprirem as decisões do Tribunal;

(*) Alínea "h" com redação dada pelo Decreto-Lei nº 8.737/1946.

(*) Alíneas "i" e "j" suprimidas pelo Decreto-Lei nº 8.737/1946.

i) prestar às autoridades do Ministério do Trabalho, Indústria e Comércio♦ as informações que lhe forem solicitadas sobre os dissídios submetidos à apreciação do Tribunal e encaminhar aos órgãos competentes cópia autenticada das decisões que por eles devam ser atendidas ou cumpridas;

(*) Alínea "i" com redação dada pelo Decreto-Lei nº 8.737/1946.

♦ Atual denominação: "Ministério da Economia", nos termos da Lei nº 13.844/2019.

j) requisitar, de quaisquer autoridades, inquéritos, exames periciais, diligências, certidões e esclarecimentos que se tornem necessários no desempenho de suas atribuições;

(*) Alínea "j" com redação dada pelo Decreto-Lei nº 8.737/1946.

l) defender a jurisdição dos órgãos da Justiça do Trabalho;

(*) Alínea "l" acrescida pelo Decreto-Lei nº 8.737/1946.

m) suscitar conflitos de jurisdição.

(*) Alínea "m" acrescida pelo Decreto-Lei nº 8.737/1946.

Seção III
Da Competência das Procuradorias Regionais

Art. 747. Compete às Procuradorias Regionais exercer, dentro da jurisdição do Tribunal Regional respectivo, as atribuições indicadas na Seção anterior.

Seção IV
Das Atribuições do Procurador-Geral

(*) A LC nº 75/1993 dispõe: ***Art. 91.*** *São atribuições do Procurador-Geral do Trabalho: I – representar o Ministério Público do Trabalho; II – integrar, como membro nato, e presidir o Colégio de Procuradores do Trabalho, o Conselho Superior do Ministério Público do Trabalho e a Comissão de Concurso; III – nomear o Corregedor-Geral do Ministério Público do Trabalho, segundo lista tríplice formada pelo Conselho Superior; IV – designar um dos membros e o Coordenador da Câmara de Coordenação e Revisão do Ministério Público do Trabalho; V – designar, observados os critérios da lei e os estabelecidos pelo Conselho Superior, os ofícios em que exercerão suas funções os membros do Ministério Público do Trabalho; VI – designar o Chefe da Procuradoria Regional do Trabalho dentre os Procuradores Regionais do Trabalho lotados na respectiva Procuradoria Regional; VII – decidir, em grau de recurso, os conflitos de atribuição entre os órgãos do Ministério Público do Trabalho; VIII – determinar a abertura de correição, sindicância ou inquérito administrativo; IX – determinar a instauração de inquérito ou processo administrativo contra servidores dos serviços auxiliares; X – decidir processo disciplinar contra membro da carreira ou servidor dos serviços auxiliares, aplicando as sanções que sejam de sua competência; XI – decidir, atendendo a necessidade do serviço, sobre: a) remoção a* *pedido ou por permuta; b) alteração parcial da lista bienal de designações; XII – autorizar o afastamento de membros do Ministério Público do Trabalho, ouvido o Conselho Superior, nos casos previstos em lei; XIII – dar posse aos membros do Ministério Público do Trabalho; XIV – designar membro do Ministério Público do Trabalho para: a) funcionar nos órgãos em que a participação da Instituição seja legalmente prevista, ouvido o Conselho Superior; b) integrar comissões técnicas ou científicas, relacionadas às funções da Instituição, ouvido o Conselho Superior; c) assegurar a continuidade dos serviços, em caso de vacância, afastamento temporário, ausência, impedimento ou suspeição do titular, na inexistência ou falta do substituto designado; XV – homologar, ouvido o Conselho Superior, o resultado do concurso para ingresso na carreira; XVI – fazer publicar aviso de existência de vaga, na lotação e na relação bienal de designações; XVII – propor ao Procurador-Geral da República, ouvido o Conselho Superior, a criação e extinção de cargos da carreira e dos ofícios em que devam ser exercidas suas funções; XVIII – elaborar a proposta orçamentária do Ministério Público do Trabalho, submetendo-a, para aprovação, ao Conselho Superior; XIX – encaminhar ao Procurador-Geral da República a proposta orçamentária do Ministério Público do Trabalho, após sua aprovação pelo Conselho Superior; XX – organizar a prestação de contas do exercício anterior, encaminhando-a ao Procurador-Geral da República; XXI – praticar atos de gestão administrativa, financeira e de pessoal; XXII – elaborar o relatório de atividades do Ministério Público do Trabalho; XXIII – coordenar as atividades do Ministério Público do Trabalho; XXIV – exercer outras atribuições previstas em lei.* ***Art. 92.*** *As atribuições do Procurador-Geral do Trabalho, previstas no artigo anterior, poderão ser delegadas: I – ao Coordenador da Câmara de Coordenação e Revisão, as dos incisos XIV, alínea c, e XXIII; II – aos Chefes das Procuradorias Regionais do Trabalho nos Estados e no Distrito Federal, as dos incisos I, XIV, alínea c, XXI e XXIII.*

Art. 748. Como chefe da Procuradoria-Geral da Justiça do Trabalho, incumbe ao procurador-geral:

a) dirigir os serviços da Procuradoria-Geral, orientar e fiscalizar as Procuradorias Regionais, expedindo as necessárias instruções;

b) funcionar nas sessões do Tribunal Superior do Trabalho, pessoalmente ou por intermédio do procurador que designar;

c) exarar o seu "ciente" nos acórdãos do Tribunal;

d) designar o procurador que o substitua nas faltas e impedimentos e o chefe da secretaria da Procuradoria;

e) apresentar, até o dia 31 de março, ao Ministro do Trabalho, Indústria e Comércio♦, relatório dos trabalhos da Procuradoria-Geral no ano anterior, com as observações e sugestões que julgar convenientes;

♦ Atual denominação: "Ministro da Economia", nos termos do Decreto nº 9.745/2019.

f) conceder férias aos procuradores e demais funcionários que sirvam na Procuradoria e impor-lhes penas disciplinares, observada, quanto aos procuradores, a legislação em vigor para o Ministério Público Federal;

g) funcionar em Juízo, em primeira instancia, ou designar os procuradores que o devam fazer;

h) admitir e dispensar o pessoal extranumerário da secretaria e prorrogar o expediente remunerado dos funcionários e extranumerários.

(*) Art. 748 com redação dada pelo Decreto-Lei nº 8.737/1946.

Seção V
Das Atribuições dos Procuradores

Art. 749. Incumbe aos procuradores com exercício na Procuradoria-Geral:

a) funcionar, por designação do procurador-geral, nas sessões do Tribunal Superior do Trabalho;

b) desempenhar os demais encargos que lhes forem atribuídos pelo procurador-geral.

Parágrafo único. Aos procuradores é facultado, nos processos em que oficiarem, requerer ao procurador-geral as diligências e investigações necessárias.

(*) Art. 749 com redação dada pelo Decreto-Lei nº 8.737/1946.

Seção VI
Das Atribuições dos Procuradores Regionais

Art. 750. Incumbe aos procuradores regionais:

(*) Art. 750, *caput*, com redação dada pelo Decreto-Lei nº 8.737/1946.

a) dirigir os serviços da respectiva Procuradoria;

(*) Alínea "a" com redação dada pelo Decreto-Lei nº 8.737/1946.

b) funcionar nas sessões do Tribunal Regional, pessoalmente ou por intermédio do procurador adjunto que designar;

(*) Alínea "b" com redação dada pelo Decreto-Lei nº 8.737/1946.

c) apresentar, semestralmente, ao procurador-geral, um relatório das atividades da respectiva Procuradoria, bem como dados e informações sobre a administração da Justiça do Trabalho na respectiva região;

(*) Alínea "c" com redação dada pelo Decreto-Lei nº 8.737/1946.

d) requerer e acompanhar perante as autoridades administrativas ou judiciárias as diligências necessárias à execução das medidas e providências ordenadas pelo procurador-geral;

(*) Alínea "d" com redação dada pelo Decreto-Lei nº 8.737/1946.

e) prestar ao procurador-geral as informações necessárias sobre os feitos em andamento e consultá-lo nos casos de dúvidas;

(*) Alínea "e" com redação dada pelo Decreto-Lei nº 8.737/1946.

f) funcionar em juízo, na sede do respectivo Tribunal Regional;

(*) Alínea "f" com redação dada pelo Decreto-Lei nº 8.737/1946.

g) exarar o seu "ciente" nos acórdãos do Tribunal;

(*) Alínea "g" com redação dada pelo Decreto-Lei nº 8.737/1946.

h) designar o procurador que o substitua nas faltas e impedimentos e o secretário da Procuradoria.

(*) Alínea "h" acrescida pelo Decreto-Lei nº 8.737/1946.

Art. 751. Incumbe aos procuradores adjuntos das Procuradorias Regionais:

a) funcionar por designação do procurador regional, nas sessões do Tribunal Regional;

b) desempenhar os demais encargos que lhes forem atribuídos pelo procurador regional.

(*) Art. 751 com redação dada pelo Decreto-Lei nº 8.737/1946.

Seção VII
Da Secretaria

Art. 752. A secretaria da Procuradoria-Geral funcionará sob a direção de um chefe designado pelo procurador-geral e terá o pessoal designado pelo Ministro do Trabalho, Indústria e Comércio♦.

(*) Art. 752 com redação dada pelo Decreto-Lei nº 8.737/1946.

♦ Atual denominação: "Ministro da Economia", nos termos do Decreto nº 9.745/2019.

Art. 753. Compete à secretaria:

a) receber, registrar e encaminhar os processos ou papéis entrados;

b) classificar e arquivar os pareceres e outros papéis;

c) prestar informações sobre os processos ou papéis sujeitos à apreciação da Procuradoria;

d) executar o expediente da Procuradoria;

e) providenciar sobre o suprimento do material necessário;

f) desempenhar os demais trabalhos que lhes forem cometidos pelo procurador-geral, para melhor execução dos serviços a seu cargo.

Art. 754. Nas Procuradorias Regionais, os trabalhos a que se refere o artigo anterior serão executados pelos funcionários para esse fim designados.

Capítulo III
DA PROCURADORIA DE PREVIDÊNCIA SOCIAL

(*) O Decreto-Lei nº 72/1966 unificou os Institutos de Aposentadoria e Pensões e criou o então Instituto Nacional de Previdência Social – INPS•, constituindo seus órgãos e atribuições. Ante tal lei, o Capítulo III do Título IX da CLT foi tacitamente revogado.

• Atual denominação: "Instituto Nacional do Seguro Social", nos termos do Decreto nº 99.350/1990.

Seção I
Da Organização

(*) A Advocacia Geral da União foi criada pela CF/1988 para representar judicial e extrajudicialmente a União, propiciando ao Ministério Público tão somente o exercício da defesa da ordem jurídica; vide *caput* do art. 131: *A Advocacia-Geral da União é a instituição que, diretamente ou através de órgão vinculado, representa a União, judicial e extrajudicialmente, cabendo-lhe, nos termos da lei complementar que dispuser sobre sua organização e funcionamento, as atividades de consultoria e assessoramento jurídico do Poder Executivo.* A LC nº 73/1993 instituiu a Lei Orgânica da Advocacia Geral da União. Após a criação da Procuradoria-Geral Federal pela Lei nº 10.480/2002, a AGU possui a Procuradoria Federal Especializada junto ao Instituto Nacional do Seguro Social.

Art. 755. A Procuradoria de Previdência Social compõe-se de um procurador geral e de procuradores.

Art. 756. Para a nomeação do procurador geral e dos demais procuradores atender-se-á ao disposto nos arts. 744 e 745.

Seção II
Da Competência da Procuradoria

Art. 757. Compete à Procuradoria da Previdência Social:

(*) Art. 757, *caput*, com redação dada pelo Decreto-Lei nº 8.737/1946.

a) oficiar, por escrito, nos processos que tenham de ser sujeitos à decisão do Conselho Superior de Previdência Social;

(*) Alínea "a" com redação dada pelo Decreto-Lei nº 8.737/1946.

b) oficiar, por escrito, nos pedidos de revisão das decisões do mesmo Conselho;

(*) Alínea "b" com redação dada pelo Decreto-Lei nº 8.737/1946.

c) funcionar nas sessões do mesmo Conselho, opinando verbalmente sobre a matéria em debate e solicitando as requisições e diligências que julgar convenientes, sendo-lhe assegurado o direito de vista do processo em julgamento, sempre que for suscitada questão nova, não examinada no parecer exarado;

(*) Alínea "c" com redação dada pelo Decreto-Lei nº 8.737/1946.

d) opinar, quando solicitada, nos processos sujeitos à deliberação do Ministro de Estado, do Conselho Técnico do Departamento Nacional de Previdência Social ou do Diretor do mesmo Departamento, em que houver matéria jurídica a examinar;

(*) Alínea "d" com redação dada pelo Decreto-Lei nº 8.737/1946.

e) funcionar, em primeira instância, nas ações propostas contra a União, no Distrito Federal, para anulação de atos e decisões do Conselho Superior de Previdência Social ou do Departamento Nacional de Previdência Social, bem como do Ministro do Trabalho, Indústria e Comércio♦, em matéria de previdência social;

(*) Alínea "e" com redação dada pelo Decreto-Lei nº 8.737/1946.

♦ Atual denominação: "Ministro da Economia", nos termos do Decreto nº 9.745/2019.

f) fornecer ao Ministério Público as informações por este solicitadas em virtude de ações propostas nos Estados e Territórios para execução ou anulação de atos e decisões dos órgãos ou da autoridade a que se refere a alínea anterior;

(*) Alínea "f" com redação dada pelo Decreto-Lei nº 8.737/1946.

g) promover em juízo, no Distrito Federal, qualquer procedimento necessário ao cumprimento das decisões do Conselho Superior de Previdência Social e do Departamento Nacional de Previdência Social, bem como do Ministro do Trabalho, Indústria e Comércio♦, em matéria de previdência social;

(*) Alínea "g" com redação dada pelo Decreto-Lei nº 8.737/1946.

♦ Atual denominação: "Ministro da Economia", nos termos do Decreto nº 9.745/2019.

h) recorrer das decisões dos órgãos e autoridades competentes em matéria de previdência social e requerer revisão das decisões do Conselho Superior de Previdência Social, que lhe pareçam contrárias à lei.

(*) Alínea "h" acrescida pelo Decreto-Lei nº 8.737/1946.

Seção III
Das Atribuições do Procurador-Geral

Art. 758. Como chefe da Procuradoria da Previdência Social, incumbe ao Procurador-Geral:

a) dirigir os serviços da Procuradoria, expedindo as necessárias instruções;

b) funcionar nas sessões do Conselho Superior de Previdência Social, pessoalmente ou por intermédio do procurador que designar;

c) designar o procurador que o substitua nas faltas e impedimentos e o chefe da Secretaria da Procuradoria;

d) conceder férias aos procuradores e demais funcionários lotados na Procuradoria e impor-lhes penas disciplinares, observada, quanto aos procuradores, a legislação em vigor para o Ministério Público Federal;

e) funcionar em juízo, em primeira instância, ou designar os procuradores que devam fazê-lo;

f) admitir e dispensar o pessoal extranumerário da Secretária e prorrogar o expediente renumerado dos funcionários e extranumerários;

g) apresentar, até 31 de março de cada ano, ao Ministro do Trabalho, Indústria e Comércio♦, o relatório dos trabalhos da Procuradoria no ano anterior, com as observações e sugestões que julgar convenientes.

(*) Art. 758 com redação dada pelo Decreto-Lei nº 8.737/1946.

♦ Atual denominação: "Ministro da Economia", nos termos do Decreto nº 9.745/2019.

(*) Alíneas "h", "i" e "j" suprimidas pelo Decreto-Lei nº 8.737/1946.

Seção IV
Das Atribuições dos Procuradores

Art. 759. Aos procuradores e demais funcionários incumbe desempenhar os encargos que lhes forem cometidos pelo procurador geral.

Parágrafo único. Aos procuradores é facultado, nos processos em que oficiarem, requerer ao procurador geral as diligências e investigações necessárias.

Seção V
Da Secretaria

Art. 760. A Procuradoria da Previdência Social terá uma Secretaria dirigida por um chefe designado pelo Procurador Geral.

(*) Art. 760 com redação dada pelo Decreto-Lei nº 8.737/1946.

Art. 761. A Secretaria terá o pessoal designado pelo Ministro do Trabalho, Indústria e Comércio♦.

(*) Art. 761 com redação dada pelo Decreto-Lei nº 8.737/1946.

♦ Atual denominação: "Ministro da Economia", nos termos do Decreto nº 9.745/2019.

Art. 762. À Secretaria da Procuradoria de Previdência Social compete executar serviços idênticos aos referidos no art. 753.

TÍTULO X
DO PROCESSO JUDICIÁRIO DO TRABALHO

(*) A Lei nº 5.584/1970 estabelece os princípios que devem ser observados nos processos perante a Justiça do Trabalho.

(*) Vide Instruções Normativas TST nº 27, 39 e 41.

(*) A Lei nº 5.638/1970 dispõe sobre o processo de julgamento das ações trabalhistas de competência da Justiça Federal e dá outras providências: ***Art. 1º.*** *As ações trabalhistas em que sejam partes a União, suas autarquias e as empresas públicas federais serão processadas e julgadas pelos Juízos da Justiça Federal, nos termos do art. 110, da Constituição, observado, no que couber, o disposto no Título X da Consolidação das Leis do Trabalho, aprovada pelo Decreto-Lei nº 5.452, de 1º de maio de 1943, e no Decreto-Lei nº 779, de 21 de agosto de 1969. Parágrafo único. O recurso ordinário cabível da decisão de primeira instância processar-se-á consoante o Capítulo VI do Título X da Consolidação das Leis do Trabalho, competindo-lhe o julgamento ao Tribunal Federal de Recursos, conforme dispuser o respectivo Regimento Interno.* ***Art. 2º.*** *Os processos de dissídios individuais em que forem partes a União, autarquia e empresas públicas federais, em tramitação na Justiça do Trabalho a 30 de outubro de 1969, serão remetidos ao Juiz Federal competente salvo os que já tiverem a instrução iniciada. § 1º. Serão processadas e julgadas pela Justiça do Trabalho as ações Trabalhistas em que forem partes a União, autarquias e empresas públicas federais cuja instrução teve início antes de 30 de outubro de 1969, assim como as execuções das sentenças que, nelas, haja proferido ou venha a proferir, e as ações rescisórias de seus julgados. § 2º. Julgar-se-ão pelos Tribunais Regionais do Trabalho os recursos, interpostos ou que se interpuserem, cabíveis em ações ou execuções de sentenças de que trata o § 1º. § 3º. Serão julgados pelo Tribunal Superior do Trabalho: I – os recursos de revista interpostos de acórdãos dos Tribunais Regionais do Trabalho, bem como os agravos de Instrumento correspondentes; II – os embargos às decisões de suas turmas. § 4º. O recurso interposto, sob o fundamento de inobservância da Constituição, para o Supremo Tribunal Federal, de acórdão do Tribunal Superior do Trabalho, processar-se-á por este.* ***Art. 3º.*** *As ações trabalhistas em que forem partes as sociedades de economia mista ou as fundações criadas por lei federal somente passarão à competência da Justiça Federal se a União nelas intervier como assistente ou oponente.*

Capítulo I
DISPOSIÇÕES PRELIMINARES

Art. 763. O processo da Justiça do Trabalho, no que concerne aos dissídios individuais e coletivos e à aplicação de penalidades, reger-se-á, em todo o território nacional, pelas normas estabelecidas neste Título.

Art. 764. Os dissídios individuais ou coletivos submetidos à apreciação da Justiça do Trabalho serão sempre sujeitos à conciliação.

§ 1º. Para os efeitos deste artigo, os juízes e Tribunais do Trabalho empregarão sempre os seus bons ofícios e persuasão no sentido de uma solução conciliatória dos conflitos.

§ 2º. Não havendo acordo, o juízo conciliatório converter-se-á obrigatoriamente em arbitral, proferindo decisão na forma prescrita neste Título.

§ 3º. É lícito às partes celebrar acordo que ponha termo ao processo, ainda mesmo depois de encerrado o juízo conciliatório.

Art. 765. Os Juízos e Tribunais do Trabalho terão ampla liberdade na direção do processo e velarão pelo andamento rápido das causas, podendo determinar qualquer diligência necessária ao esclarecimento delas.

Art. 766. Nos dissídios sobre estipulação de salários, serão estabelecidas condições que, assegurando justos salários aos trabalhadores, permitam também justa retribuição às empresas interessadas.

Art. 767. A compensação, ou retenção, só poderá ser arguida como matéria de defesa.

(*) Art. 767 corrigido pelo Decreto-Lei nº 6.353/1944.

Art. 768. Terá preferência em todas as fases processuais o dissídio cuja decisão tiver de ser executada perante o Juízo da falência.

(*) V. art. 449, § 1º, da CLT.

Art. 769. Nos casos omissos, o direito processual comum será fonte subsidiária do direito processual do trabalho, exceto naquilo em que for incompatível com as normas deste Título.

(*) Vide Instrução Normativa TST nº 39.

Capítulo II
DO PROCESSO EM GERAL

Seção I
Dos Atos, Termos e Prazos Processuais

Art. 770. Os atos processuais serão públicos salvo quando o contrário determinar o interesse social, e realizar-se-ão nos dias úteis das 6 (seis) às 20 (vinte) horas.

Parágrafo único. A penhora poderá realizar-se em domingo ou dia feriado, mediante autorização expressa do juiz ou presidente.

Art. 771. Os atos e termos processuais poderão ser escritos a tinta, datilografados ou a carimbo.

Art. 772. Os atos e termos processuais, que devam ser assinados pelas partes interessadas, quando estas, por motivo justificado, não possam fazê-lo, serão firmados a rogo, na presença de 2 (duas) testemunhas, sempre que não houver procurador legalmente constituído.

Art. 773. Os termos relativos ao movimento dos processos constarão de simples notas, datadas e rubricadas pelos secretários ou escrivães.

Art. 774. Salvo disposição em contrário, os prazos previstos neste Título contam-se, conforme o caso, a partir da data em que for feita pessoalmente, ou recebida a notificação, daquela em que for publicado o edital no jornal oficial ou no que publicar o expediente da Justiça do Trabalho, ou, ainda, daquela em que for afixado o edital na sede da Junta♦, Juízo ou Tribunal.

(*) Art. 774, *caput*, alterado pelo Decreto-Lei nº 8.737/1946 e com redação dada pela Lei nº 2.244/1954.

♦ Atual denominação: "Vara do Trabalho", nos termos do art. 116 da CF/1988.

Parágrafo único. Tratando-se de notificação postal, no caso de não ser encontrado o destinatário ou no de recusa de recebimento, o Correio ficará obrigado, sob pena de responsabilidade do servidor, a devolvê-la, no prazo de 48 (quarenta e oito) horas, ao Tribunal de origem.

(*) Parágrafo único acrescido pelo Decreto-Lei nº 8.737/1946.

Art. 775. Os prazos estabelecidos neste Título serão contados em dias úteis, com exclusão do dia do começo e inclusão do dia do vencimento.

(*) Art. 775, *caput*, com redação dada pela Lei nº 13.467/2017.

§ 1º. Os prazos podem ser prorrogados, pelo tempo estritamente necessário, nas seguintes hipóteses:

(*) § 1º, primitivo parágrafo único, renumerado e com redação dada pela Lei nº 13.467/2017.

I – quando o juízo entender necessário;

(*) Inciso I acrescido pela Lei nº 13.467/2017.

II – em virtude de força maior, devidamente comprovada.

(*) Inciso II acrescido pela Lei nº 13.467/2017.

§ 2º. Ao juízo incumbe dilatar os prazos processuais e alterar a ordem de produção dos meios de prova, adequando-os às necessidades do conflito de modo a conferir maior efetividade à tutela do direito.

(*) § 2º acrescido pela Lei nº 13.467/2017.

Art. 775-A. Suspende-se o curso do prazo processual nos dias compreendidos entre 20 de dezembro e 20 de janeiro, inclusive.

§ 1º. Ressalvadas as férias individuais e os feriados instituídos por lei, os juízes, os membros do Ministério Público, da Defensoria Pública e da Advocacia Pública e os auxiliares da Justiça exercerão suas atribuições durante o período previsto no *caput* deste artigo.

§ 2º. Durante a suspensão do prazo, não se realizarão audiências nem sessões de julgamento.

(*) Art. 775-A acrescido pela Lei nº 13.545/2017.

Art. 776. O vencimento dos prazos será certificado nos processos pelos escrivães ou secretários♦.

♦ Atual denominação: "chefes de secretaria", nos termos da Lei nº 409/1948.

Art. 777. Os requerimentos e documentos apresentados, os atos e termos processuais, as petições ou razões de recursos e quaisquer outros papéis referentes aos feitos formarão os autos dos processos, os quais ficarão sob a responsabilidade dos escrivães ou secretários♦.

♦ Atual denominação: "chefes de secretaria", nos termos da Lei nº 409/1948.

Art. 778. Os autos dos processos da Justiça do Trabalho, não poderão sair dos cartórios ou secretarias, salvo se solicitados por advogados regularmente constituído por qualquer das partes, ou quando tiverem de ser remetidos aos órgãos competentes, em caso de recurso ou requisição.

(*) Art. 778 com redação dada pela Lei nº 6.598/1978.

Art. 779. As partes, ou seus procuradores, poderão consultar, com ampla liberdade, os processos nos cartórios ou secretarias.

Art. 780. Os documentos juntos aos autos poderão ser desentranhados somente depois de findo o processo, ficando traslado.

Art. 781. As partes poderão requerer certidões dos processos em curso ou arquivados, as quais serão lavradas pelos escrivães ou secretários.

Parágrafo único. As certidões dos processos que correrem em segredo de justiça dependerão de despacho do juiz ou presidente.

Art. 782. São isentos de selo as reclamações, representações, requerimentos, atos e processos relativos à Justiça do Trabalho.

Seção II
Da Distribuição

Art. 783. A distribuição das reclamações será feita entre as Juntas de Conciliação e Julgamento♦, ou os Juízes de Direito do Cível, nos casos previstos no art. 669, § 1º, pela ordem rigorosa de sua apresentação ao distribuidor, quando o houver.

♦ Atual denominação: "Varas do Trabalho", nos termos do art. 116 da CF/1988.

Art. 784. As reclamações serão registradas em livro próprio, rubricado em todas as folhas pela autoridade a que estiver subordinado o distribuidor.

Art. 785. O distribuidor fornecerá ao interessado um recibo do qual constarão, essencialmente, o nome do reclamante e do reclamado, a data da distribuição, o objeto da reclamação e a Junta♦ ou o Juízo a que coube a distribuição.

♦ Atual denominação: "Vara do Trabalho", nos termos do art. 116 da CF/1988.

Art. 786. A reclamação verbal será distribuída antes de sua redução a termo.

Parágrafo único. Distribuída a reclamação verbal, o reclamante deverá, salvo motivo de força maior, apresentar-se no prazo de 5 (cinco) dias, ao cartório ou à secretaria, para reduzi-la a termo, sob a pena estabelecida no art. 731.

Art. 787. A reclamação escrita deverá ser formulada em 2 (duas) vias e desde logo acompanhada dos documentos em que se fundar.

Art. 788. Feita a distribuição, a reclamação será remetida pelo distribuidor à Junta♦ ou Juízo competente, acompanhada do bilhete de distribuição.

♦ Atual denominação: "Vara do Trabalho", nos termos do art. 116 da CF/1988.

Seção III
Das Custas e Emolumentos

(*) Seção III com redação do título dada pela Lei nº 10.537/2002.

(*) Vide Instrução Normativa TST nº 20.

Art. 789. Nos dissídios individuais e nos dissídios coletivos do trabalho, nas ações e procedimentos de competência da Justiça do Trabalho, bem como nas demandas propostas perante a Justiça Estadual, no exercício da jurisdição trabalhista, as custas relativas ao processo de conhecimento incidirão à base de 2% (dois por cento), observado o mínimo de R$ 10,64 (dez reais e sessenta e quatro centavos) e o máximo de quatro vezes o limite máximo dos benefícios do Regime Geral de Previdência Social, e serão calculadas:

(*) Art. 789, *caput*, alterado pela Lei nº 10.537/2002 e com redação dada pela Lei nº 13.467/2017.

I – quando houver acordo ou condenação, sobre o respectivo valor;

(*) Inciso I com redação dada pela Lei nº 10.537/2002.

II – quando houver extinção do processo, sem julgamento do mérito, ou julgado totalmente improcedente o pedido, sobre o valor da causa;

(*) Inciso II com redação dada pela Lei nº 10.537/2002.

III – no caso de procedência do pedido formulado em ação declaratória e em ação constitutiva, sobre o valor da causa;

(*) Inciso III com redação dada pela Lei nº 10.537/2002.

IV – quando o valor for indeterminado, sobre o que o juiz fixar.

(*) Inciso IV com redação dada pela Lei nº 10.537/2002.

§ 1º. As custas serão pagas pelo vencido, após o trânsito em julgado da decisão. No caso de recurso, as custas serão pagas e comprovado o recolhimento dentro do prazo recursal.

(*) § 1º com redação dada pela Lei nº 10.537/2002.

§ 2º. Não sendo líquida a condenação, o juízo arbitrar-lhe-á o valor e fixará o montante das custas processuais.

(*) § 2º com redação dada pela Lei nº 10.537/2002.

§ 3º. Sempre que houver acordo, se de outra forma não for convencionado, o pagamento das custas caberá em partes iguais aos litigantes.

(*) § 3º com redação dada pela Lei nº 10.537/2002.

§ 4º. Nos dissídios coletivos, as partes vencidas responderão solidariamente pelo pagamento das custas, calculadas sobre o valor arbitrado na decisão, ou pelo Presidente do Tribunal.

(*) § 4º com redação dada pela Lei nº 10.537/2002.

Art. 789-A. No processo de execução são devidas custas, sempre de responsabilidade do executado e pagas ao final, de conformidade com a seguinte tabela:

I – autos de arrematação, de adjudicação e de remição: 5% (cinco por cento) sobre o respectivo valor, até o máximo de R$ 1.915,38 (um mil, novecentos e quinze reais e trinta e oito centavos);

II – atos dos oficiais de justiça, por diligência certificada:

a) em zona urbana: R$ 11,06 (onze reais e seis centavos);

b) em zona rural: R$ 22,13 (vinte e dois reais e treze centavos);

III – agravo de instrumento: R$ 44,26 (quarenta e quatro reais e vinte e seis centavos);

IV – agravo de petição: R$ 44,26 (quarenta e quatro reais e vinte e seis centavos);

V – embargos à execução, embargos de terceiro e embargos à arrematação: R$ 44,26 (quarenta e quatro reais e vinte e seis centavos);

VI – recurso de revista: R$ 55,35 (cinquenta e cinco reais e trinta e cinco centavos);

VII – impugnação à sentença de liquidação: R$ 55,35 (cinquenta e cinco reais e trinta e cinco centavos);

VIII – despesa de armazenagem em depósito judicial – por dia: 0,1% (um décimo por cento) do valor da avaliação;

IX – cálculos de liquidação realizados pelo contador do juízo – sobre o valor liquidado: 0,5% (cinco décimos por cento) até o limite de R$ 638,46 (seiscentos e trinta e oito reais e quarenta e seis centavos).

(*) Art. 789-A acrescido pela Lei nº 10.537/2002.

Art. 789-B. Os emolumentos serão suportados pelo Requerente, nos valores fixados na seguinte tabela:

I – autenticação de traslado de peças mediante cópia reprográfica apresentada pelas partes – por folha: R$ 0,55 (cinquenta e cinco centavos de real);

II – fotocópia de peças – por folha: R$ 0,28 (vinte e oito centavos de real);

III – autenticação de peças – por folha: R$ 0,55 (cinquenta e cinco centavos de real);

IV – cartas de sentença, de adjudicação, de remição e de arrematação – por folha: R$ 0,55 (cinquenta e cinco centavos de real);

V – certidões – por folha: R$ 5,53 (cinco reais e cinquenta e três centavos).

(*) Art. 789-B acrescido pela Lei nº 10.537/2002.

Art. 790. Nas Varas do Trabalho, nos Juízos de Direito, nos Tribunais e no Tribunal Superior do Trabalho, a forma de pagamento das custas e emolumentos obedecerá às instruções que serão expedidas pelo Tribunal Superior do Trabalho.

(*) Art. 790, *caput*, alterado pelo Decreto-Lei nº 229/1967 e com redação dada pela Lei nº 10.537/2002.

§ 1º. Tratando-se de empregado que não tenha obtido o benefício da justiça gratuita, ou isenção de custas, o sindicato que houver intervindo no processo responderá solidariamente pelo pagamento das custas devidas.

(*) § 1º acrescido pela Lei nº 10.537/2002.

§ 2º. No caso de não pagamento das custas, far-se-á execução da respectiva importância, segundo o procedimento estabelecido no Capítulo V deste Título.

(*) § 2º acrescido pela Lei nº 10.537/2002.

§ 3º. É facultado aos juízes, órgãos julgadores e presidentes dos tribunais do trabalho de qualquer instância conceder, a requerimento ou de ofício, o benefício da justiça gratuita, inclusive quanto a traslados e instrumentos, àqueles que perceberem salário igual ou inferior a 40% (quarenta por cento) do limite máximo dos benefícios do Regime Geral de Previdência Social.

(*) § 3º acrescido pela Lei nº 10.537/2002 e com redação dada pela Lei nº 13.467/2017.

§ 4º. O benefício da justiça gratuita será concedido à parte que comprovar insuficiência de recursos para o pagamento das custas do processo.

(*) § 4º acrescido pela Lei nº 13.467/2017.

Art. 790-A. São isentos do pagamento de custas, além dos beneficiários de justiça gratuita:

I – a União, os Estados, o Distrito Federal, os Municípios e respectivas autarquias e fundações públicas federais, estaduais ou municipais que não explorem atividade econômica;

II – o Ministério Público do Trabalho.

Parágrafo único. A isenção prevista neste artigo não alcança as entidades fiscalizadoras do exercício profissional, nem exime as pessoas jurídicas referidas no inciso I da obrigação de reembolsar as despesas judiciais realizadas pela parte vencedora.

(*) Art. 790-A acrescido pela Lei nº 10.537/2002.

Art. 790-B. A responsabilidade pelo pagamento dos honorários periciais é da parte sucumbente na pretensão objeto da perícia, ainda que beneficiária da justiça gratuita.

(*) Art. 790-B, *caput*, acrescido pela Lei nº 10.537/2002, e com redação dada pela Lei nº 13.467/2017.

§ 1º. Ao fixar o valor dos honorários periciais, o juízo deverá respeitar o limite máximo estabelecido pelo Conselho Superior da Justiça do Trabalho.

(*) § 1º acrescido pela Lei nº 13.467/2017.

§ 2º. O juízo poderá deferir parcelamento dos honorários periciais.

(*) § 2º acrescido pela Lei nº 13.467/2017.

§ 3º. O juízo não poderá exigir adiantamento de valores para realização de perícias.

(*) § 3º acrescido pela Lei nº 13.467/2017.

§ 4º. Somente no caso em que o beneficiário da justiça gratuita não tenha obtido em juízo créditos capazes de suportar a despesa referida no *caput*, ainda que em outro processo, a União responderá pelo encargo.

(*) § 4º acrescido pela Lei nº 13.467/2017.

Seção IV
Das Partes e dos Procuradores

Art. 791. Os empregados e os empregadores poderão reclamar pessoalmente perante a Justiça do Trabalho e acompanhar as suas reclamações até o final.

(*) V. art. 839, "a", e art. 843 da CLT.

§ 1º. Nos dissídios individuais os empregados e empregadores poderão fazer-se representar por intermédio do sindicato, advogado, solicitador, ou provisionado, inscrito na Ordem dos Advogados do Brasil.

§ 2º. Nos dissídios coletivos é facultada aos interessados a assistência por advogado.

§ 3º. A constituição de procurador com poderes para o foro em geral poderá ser efetivada, mediante simples registro em ata de audiência, a requerimento verbal do advogado interessado, com anuência da parte representada.

(*) § 3º acrescido pela Lei nº 12.437/2011.

Art. 791-A. Ao advogado, ainda que atue em causa própria, serão devidos honorários de sucumbência, fixados entre o mínimo de 5% (cinco por cento) e o máximo de 15% (quinze por cento) sobre o valor que resultar da liquidação da sentença, do proveito econômico obtido ou, não sendo possível mensurá-lo, sobre o valor atualizado da causa.

§ 1º. Os honorários são devidos também nas ações contra a Fazenda Pública e nas ações em que a parte estiver assistida ou substituída pelo sindicato de sua categoria.

§ 2º. Ao fixar os honorários, o juízo observará:

I – o grau de zelo do profissional;

II – o lugar de prestação do serviço;

III – a natureza e a importância da causa;

IV – o trabalho realizado pelo advogado e o tempo exigido para o seu serviço.

§ 3º. Na hipótese de procedência parcial, o juízo arbitrará honorários de sucumbência recíproca, vedada a compensação entre os honorários.

§ 4º. Vencido o beneficiário da justiça gratuita, desde que não tenha obtido em juízo, ainda que em outro processo, créditos capazes de suportar a despesa, as obrigações decorrentes de sua sucumbência ficarão sob condição suspensiva de exigibilidade e somente poderão ser executadas se, nos dois anos subsequentes ao trânsito em julgado da decisão que as certificou, o credor demonstrar que deixou de existir a situação de insuficiência de recursos que justificou a concessão de gratuidade, extinguindo-se, passado esse prazo, tais obrigações do beneficiário.

§ 5º. São devidos honorários de sucumbência na reconvenção.

(*) Art. 791-A acrescido pela Lei nº 13.467/2017.

Art. 792. (Revogado).

(*) Art. 792 revogado pela Lei nº 13.467/2017.

Art. 793. A reclamação trabalhista do menor de 18 anos será feita por seus representantes legais e, na falta destes, pela Procuradoria da Justiça do Trabalho, pelo sindicato, pelo Ministério Público estadual ou curador nomeado em juízo.

(*) Art. 793 com redação dada pela Lei nº 10.288/2001.

Seção IV-A
Da Responsabilidade por Dano Processual

(*) Seção IV-A acrescida pela Lei nº 13.467/2017.

Art. 793-A. Responde por perdas e danos aquele que litigar de má-fé como reclamante, reclamado ou interveniente.

(*) Art. 793-A acrescido pela Lei nº 13.467/2017.

Art. 793-B. Considera-se litigante de má-fé aquele que:

I – deduzir pretensão ou defesa contra texto expresso de lei ou fato incontroverso;

II – alterar a verdade dos fatos;

III – usar do processo para conseguir objetivo ilegal;

IV – opuser resistência injustificada ao andamento do processo;

V – proceder de modo temerário em qualquer incidente ou ato do processo;

VI – provocar incidente manifestamente infundado;

VII – interpuser recurso com intuito manifestamente protelatório.

(*) Art. 793-B acrescido pela Lei nº 13.467/2017.

Art. 793-C. De ofício ou a requerimento, o juízo condenará o litigante de má-fé a pagar multa, que deverá ser superior a 1% (um por cento) e inferior a 10% (dez por cento) do valor corrigido da causa, a indenizar a parte contrária pelos prejuízos que esta sofreu e a arcar com os honorários advocatícios e com todas as despesas que efetuou.

(*) V. art. 793-D da CLT.

§ 1º. Quando forem dois ou mais os litigantes de má-fé, o juízo condenará cada um na proporção de seu respectivo interesse na causa ou solidariamente aqueles que se coligaram para lesar a parte contrária.

§ 2º. Quando o valor da causa for irrisório ou inestimável, a multa poderá ser fixada em até duas vezes o limite máximo dos benefícios do Regime Geral de Previdência Social.

§ 3º. O valor da indenização será fixado pelo juízo ou, caso não seja possível mensurá-lo, liquidado por arbitramento ou pelo procedimento comum, nos próprios autos.

(*) Art. 793-C acrescido pela Lei nº 13.467/2017.

Art. 793-D. Aplica-se a multa prevista no art. 793-C desta Consolidação à testemunha que intencionalmente alterar a verdade dos fatos ou omitir fatos essenciais ao julgamento da causa.

Parágrafo único. A execução da multa prevista neste artigo dar-se-á nos mesmos autos.

(*) Art. 793-D acrescido pela Lei nº 13.467/2017.

Seção V
Das Nulidades

Art. 794. Nos processos sujeitos à apreciação da Justiça do Trabalho só haverá nulidade quando resultar dos atos inquinados manifesto prejuízo às partes litigantes.

Art. 795. As nulidades não serão declaradas senão mediante provocação das partes, as quais deverão argui-las à primeira vez em que tiverem de falar em audiência ou nos autos.

§ 1º. Deverá, entretanto, ser declarada *ex officio* a nulidade fundada em incompetência de foro. Nesse caso, serão considerados nulos os atos decisórios.

§ 2º. O juiz ou Tribunal que se julgar incompetente determinará, na mesma ocasião, que se faça remessa do processo, com urgência, à autoridade competente, fundamentando sua decisão.

Art. 796. A nulidade não será pronunciada:

a) quando for possível suprir-se a falta ou repetir-se o ato;

b) quando arguida por quem lhe tiver dado causa.

Art. 797. O juiz ou Tribunal que pronunciar a nulidade declarará os atos a que ela se estende.

Art. 798. A nulidade do ato não prejudicará senão os posteriores que dele dependam ou sejam consequência.

Seção VI
Das Exceções

Art. 799. Nas causas da jurisdição da Justiça do Trabalho, somente podem ser opostas, com suspensão do feito, as exceções de suspeição ou incompetência.

§ 1º. As demais exceções serão alegadas como matéria de defesa.

§ 2º. Das decisões sobre exceções de suspeição e incompetência, salvo, quanto a estas, se terminativas do feito, não caberá recurso, podendo, no entanto, as partes alegá-las novamente no recurso que couber da decisão final.

(*) Art. 799 com redação dada pelo Decreto-Lei nº 8.737/1946.

Art. 800. Apresentada exceção de incompetência territorial no prazo de cinco dias a contar da notificação, antes da audiência e em peça que sinalize a existência desta exceção, seguir-se-á o procedimento estabelecido neste artigo.

(*) Art. 800, *caput*, com redação dada pela Lei nº 13.467/2017.

§ 1º. Protocolada a petição, será suspenso o processo e não se realizará a audiência a que se refere o art. 843 desta Consolidação até que se decida a exceção.

(*) § 1º acrescido pela Lei nº 13.467/2017.

§ 2º. Os autos serão imediatamente conclusos ao juiz, que intimará o reclamante e, se existentes, os litisconsortes, para manifestação no prazo comum de cinco dias.

(*) § 2º acrescido pela Lei nº 13.467/2017.

§ 3º. Se entender necessária a produção de prova oral, o juízo designará audiência, garantindo o direito de o excipiente e de suas testemunhas serem ouvidos, por carta precatória, no juízo que este houver indicado como competente.

(*) § 3º acrescido pela Lei nº 13.467/2017.

§ 4º. Decidida a exceção de incompetência territorial, o processo retomará seu curso, com a designação de audiência, a apresentação de defesa e a instrução processual perante o juízo competente.

(*) § 4º acrescido pela Lei nº 13.467/2017.

Art. 801. O juiz, presidente ou vogal♦, é obrigado a dar-se por suspeito, e pode ser recusado, por algum dos seguintes motivos, em relação à pessoa dos litigantes:

♦ A EC nº 24/1999 extinguiu a representação classista.

a) inimizade pessoal;

b) amizade íntima;

c) parentesco por consanguinidade ou afinidade até o terceiro grau civil;

d) interesse particular na causa.

Parágrafo único. Se o recusante houver praticado algum ato pelo qual haja consentido na pessoa do juiz, não mais poderá alegar exceção de suspeição, salvo sobrevindo novo motivo. A suspeição não será também admitida, se do processo constar que o recusante deixou de alegá-la anteriormente, quando já a conhecia, ou que, depois de conhecida, aceitou o juiz recusado ou, finalmente, se procurou de propósito o motivo de que ela se originou.

Art. 802. Apresentada a exceção de suspeição, o juiz ou Tribunal designará audiência dentro de 48 (quarenta e oito) horas, para instrução e julgamento da exceção.

§ 1º. Nas Juntas de Conciliação e Julgamento♦ e nos Tribunais Regionais, julgada procedente a exceção de suspeição, será logo convocado para a mesma audiência ou sessão, ou para a seguinte, o suplente do membro suspeito, o qual continuará a funcionar no feito até decisão final. Proceder-se-á da mesma maneira quando algum dos membros se declarar suspeito.

♦ Atual denominação: "Varas do Trabalho", nos termos do art. 116 da CF/1988.

§ 2º. Se se tratar de suspeição de Juiz de Direito, será este substituído na forma da organização judiciária local.

Seção VII
Dos Conflitos de Jurisdição

Art. 803. Os conflitos de jurisdição podem ocorrer entre:

a) Juntas de Conciliação e Julgamento♦ e Juízes de Direito investidos na administração da Justiça do Trabalho;

♦ Atual denominação: "Varas do Trabalho", nos termos do art. 116 da CF/1988.

b) Tribunais Regionais do Trabalho;

c) Juízos e Tribunais do Trabalho e órgãos da Justiça Ordinária;

d) Câmaras do Tribunal Superior do Trabalho♦.

♦ Atual denominação dos órgãos do TST: Tribunal Pleno, Órgão Especial, Seções Especializadas, Turmas e Comissões.

(*) V. art. 808 da CLT.

Art. 804. Dar-se-á conflito de jurisdição:

a) quando ambas as autoridades se considerarem competentes;

b) quando ambas as autoridades se considerarem incompetentes.

Art. 805. Os conflitos de jurisdição podem ser suscitados:

a) pelos Juízes e Tribunais do Trabalho;

b) pelo procurador-geral e pelos procuradores regionais da Justiça do Trabalho;

c) pela parte interessada, ou o seu representante.

Art. 806. É vedado à parte interessada suscitar conflitos de jurisdição quando já houver oposto na causa exceção de incompetência.

Art. 807. No ato de suscitar o conflito deverá a parte interessada produzir a prova de existência dele.

Art. 808. Os conflitos de jurisdição de que trata o art. 803 serão resolvidos:

(*) Art. 808, *caput*, corrigido pelo Decreto-Lei nº 6.353/1944.

a) pelos Tribunais Regionais, os suscitados entre Juntas♦ e entre Juízos de Direito, ou entre uma e outras, nas respectivas regiões;

b) pela Câmara de Justiça do Trabalho♦♦, os suscitados entre Tribunais Regionais, ou entre Juntas♦ e Juízos de Direito sujeitos à jurisdição de Tribunais Regionais diferentes;

c) pelo Conselho Pleno, os suscitados entre as Câmaras de Justiça do Trabalho♦♦ e de Previdência Social;

d) pelo Supremo Tribunal Federal, os suscitados entre as autoridades da Justiça do Trabalho e as da Justiça Ordinária.

♦ Atual denominação: "Varas do Trabalho", nos termos do art. 116 da CF/1988.

♦♦ Atual denominação dos órgãos do TST: Tribunal Pleno, Órgão Especial, Seções Especializadas, Turmas e Comissões.

Art. 809. Nos conflitos de jurisdição entre as Juntas♦ e os Juízos de Direito observar-se-á o seguinte:

♦ Atual denominação: "Varas do Trabalho", nos termos do art. 116 da CF/1988.

I – o juiz ou presidente mandará extrair dos autos as provas do conflito e, com a sua informação, remeterá o processo assim formado, no mais breve prazo possível, ao Presidente do Tribunal Regional competente;

(*) V. art. 811 da CLT.

II – no Tribunal Regional, logo que der entrada o processo, o presidente determinará a distribuição do feito, podendo o relator ordenar imediatamente às Juntas♦ e aos Juízos, nos casos de conflito positivo, que sobrestejam o andamento dos respectivos processos, e solicitar, ao mesmo tempo, quaisquer informações que julgue convenientes. Seguidamente, será ouvida a Procuradoria, após o que o relator submeterá o feito a julgamento na primeira sessão;

♦ Atual denominação: "Varas do Trabalho", nos termos do art. 116 da CF/1988.

III – proferida a decisão, será a mesma comunicada, imediatamente, às autoridades em conflito, prosseguindo no foro julgado competente.

Art. 810. Aos conflitos de jurisdição entre os Tribunais Regionais aplicar-se-ão as normas estabelecidas no artigo anterior.

Art. 811. Nos conflitos suscitados na Justiça do Trabalho entre as autoridades desta e os órgãos da Justiça Ordinária, o processo do conflito, formado de acordo com o inciso I do art. 809, será remetido diretamente ao presidente do Supremo Tribunal Federal.

Art. 812. A ordem processual dos conflitos de jurisdição entre as Câmaras do Tribunal Superior do Trabalho♦ será a estabelecida no seu regimento interno.

♦ Atual denominação dos órgãos do TST: Tribunal Pleno, Órgão Especial, Seções Especializadas, Turmas e Comissões.

Seção VIII
Das Audiências

Art. 813. As audiências dos órgãos da Justiça do Trabalho serão públicas e realizar-se-ão na sede do Juízo ou Tribunal em dias úteis previamente fixados, entre 8 (oito) e 18 (dezoito) horas, não podendo ultrapassar 5 (cinco) horas seguidas, salvo quando houver matéria urgente.

§ 1º. Em casos especiais, poderá ser designado outro local para a realização das audiências, mediante edital afixado na sede do Juízo ou Tribunal, com a antecedência mínima de 24 (vinte e quatro) horas.

§ 2º. Sempre que for necessário, poderão ser convocadas audiências extraordinárias, observado o prazo do parágrafo anterior.

Art. 814. Às audiências deverão estar presentes, comparecendo com a necessária antecedência, os escrivães ou secretários.

Art. 815. À hora marcada, o juiz ou presidente declarará aberta a audiência, sendo feita pelo secretário ou escrivão a chamada das partes, testemunhas e demais pessoas que devam comparecer.

Parágrafo único. Se, até 15 (quinze) minutos após a hora marcada, o juiz ou presidente não houver comparecido, os presentes poderão retirar-se, devendo o ocorrido constar do livro de registro das audiências.

Art. 816. O juiz ou presidente manterá a ordem nas audiências, podendo mandar retirar do recinto os assistentes que a perturbarem.

Art. 817. O registro das audiências será feito em livro próprio, constando de cada registro os processos apreciados e a respectiva solução, bem como as ocorrências eventuais.

Parágrafo único. Do registro das audiências poderão ser fornecidas certidões às pessoas que o requererem.

Seção IX
Das Provas

Art. 818. O ônus da prova incumbe:

(*) Art. 818, *caput*, com redação dada pela Lei nº 13.467/2017.

I – ao reclamante, quanto ao fato constitutivo de seu direito;

(*) Inciso I acrescido pela Lei nº 13.467/2017.

II – ao reclamado, quanto à existência de fato impeditivo, modificativo ou extintivo do direito do reclamante.

(*) Inciso II acrescido pela Lei nº 13.467/2017.

§ 1º. Nos casos previstos em lei ou diante de peculiaridades da causa relacionadas à impossibilidade ou à excessiva dificuldade de cumprir o encargo nos termos deste artigo ou à maior facilidade de obtenção da prova do fato contrário, poderá o juízo atribuir o ônus da prova de modo diverso, desde que o faça por decisão fundamentada, caso em que deverá dar à parte a oportunidade de se desincumbir do ônus que lhe foi atribuído.

(*) § 1º acrescido pela Lei nº 13.467/2017.

§ 2º. A decisão referida no § 1º deste artigo deverá ser proferida antes da abertura da instrução e, a requerimento da parte, implicará o adiamento da audiência e possibilitará provar os fatos por qualquer meio em direito admitido.

(*) § 2º acrescido pela Lei nº 13.467/2017.

§ 3º. A decisão referida no § 1º deste artigo não pode gerar situação em que a desincumbência do encargo pela parte seja impossível ou excessivamente difícil.

(*) § 3º acrescido pela Lei nº 13.467/2017.

Art. 819. O depoimento das partes e testemunhas que não souberem falar a língua nacional será feito por meio de intérprete nomeado pelo juiz ou presidente.

§ 1º. Proceder-se-á da forma indicada neste artigo, quando se tratar de surdo-mudo, ou de mudo que não saiba escrever.

§ 2º. As despesas decorrentes do disposto neste artigo correrão por conta da parte sucumbente, salvo se beneficiária de justiça gratuita.

(*) § 2º com redação dada pela Lei nº 13.660/2018.

Art. 820. As partes e testemunhas serão inquiridas pelo juiz ou presidente, podendo ser reinquiridas, por seu intermédio, a requerimento dos vogais, das partes, seus representantes ou advogados.

(*) Vide art. 11 da Instrução Normativa TST nº 39.

Art. 821. Cada uma das partes não poderá indicar mais de 3 (três) testemunhas, salvo quando se tratar de inquérito, caso em que esse número poderá ser elevado a 6 (seis).

(*) Art. 821 com redação dada pelo Decreto-Lei nº 8.737/1946.

Art. 822. As testemunhas não poderão sofrer qualquer desconto pelas faltas ao serviço, ocasionadas pelo seu comparecimento para depor, quando devidamente arroladas ou convocadas.

Art. 823. Se a testemunha for funcionário civil ou militar, e tiver de depor em hora de serviço, será requisitada ao chefe da repartição para comparecer à audiência marcada.

Art. 824. O juiz ou presidente providenciará para que o depoimento de uma testemunha não seja ouvido pelas demais que tenham de depor no processo.

Art. 825. As testemunhas comparecerão a audiência independentemente de notificação ou intimação.

Parágrafo único. As que não comparecerem serão intimadas, *ex officio* ou a requerimento da parte, ficando sujeitas a condução coercitiva, além das penalidades do art. 730, caso, sem motivo justificado, não atendam à intimação.

Art. 826. É facultado a cada uma das partes apresentar um perito ou técnico.

(*) A Lei nº 5.584/1970, em seu art. 3º, prescreve: ***Art. 3º.*** *Os exames periciais serão realizados por perito único designado pelo Juiz, que fixará o prazo para entrega do laudo. Parágrafo único. Permitir-se-á a cada parte a indicação de um assistente, cujo laudo terá que ser apresentado no mesmo prazo assinado para o perito, sob pena de ser desentranhado dos autos.*

Art. 827. O juiz ou presidente poderá arguir os peritos compromissados ou os técnicos, e rubricará, para ser junto ao processo, o laudo que os primeiros tiverem apresentado.

Art. 828. Toda testemunha, antes de prestar o compromisso legal, será qualificada, indicando o nome, nacionalidade, profissão, idade, residência, e, quando empregada, o tempo de serviço prestado ao empregador, ficando sujeita, em caso de falsidade, às leis penais.

Parágrafo único. Os depoimentos das testemunhas serão resumidos, por ocasião da audiência, pelo secretário da Junta♦ ou funcionário para esse fim designado, devendo a súmula ser assinada pelo Presidente do Tribunal e pelos depoentes.

♦ Atual denominação: "Vara do Trabalho", nos termos do art. 116 da CF/1988.

Art. 829. A testemunha que for parente até o terceiro grau civil, amigo íntimo ou inimigo de qualquer das partes, não prestará compromisso, e seu depoimento valerá como simples informação.

Art. 830. O documento em cópia oferecido para prova poderá ser declarado autêntico pelo próprio advogado, sob sua responsabilidade pessoal.

(*) Art. 830 com redação dada pela Lei nº 11.925/2009.

Parágrafo único. Impugnada a autenticidade da cópia, a parte que a produziu será intimada para apresentar cópias devidamente autenticadas ou o original, cabendo ao serventuário competente proceder à conferência e certificar a conformidade entre esses documentos.

(*) Parágrafo único acrescido pela Lei nº 11.925/2009.

Seção X
Da Decisão e sua Eficácia

Art. 831. A decisão será proferida depois de rejeitada pelas partes a proposta de conciliação.

Parágrafo único. No caso de conciliação, o termo que for lavrado valerá como decisão irrecorrível, salvo para a Previdência Social quanto às contribuições que lhe forem devidas.

(*) Parágrafo único com redação dada pela Lei nº 10.035/2000.

(*) V. art. 764, § 3º, da CLT.

Art. 832. Da decisão deverão constar o nome das partes, o resumo do pedido e da defesa, a apreciação das provas, os fundamentos da decisão e a respectiva conclusão.

§ 1º. Quando a decisão concluir pela procedência do pedido, determinará o prazo e as condições para o seu cumprimento.

§ 2º. A decisão mencionará sempre as custas que devam ser pagas pela parte vencida.

§ 3º. As decisões cognitivas ou homologatórias deverão sempre indicar a natureza jurídica das parcelas constantes da condenação ou do acordo homologado, inclusive o limite de responsabilidade de cada parte pelo recolhimento da contribuição previdenciária, se for o caso.

(*) § 3º acrescido pela Lei nº 10.035/2000.

(*) V. § 5º deste artigo.

§ 3º-A. Para os fins do § 3º deste artigo, salvo na hipótese de o pedido da ação limitar-se expressamente ao reconhecimento de verbas de natureza exclusivamente indenizatória, a parcela referente às verbas de natureza remuneratória não poderá ter como base de cálculo valor inferior:

I – ao salário-mínimo, para as competências que integram o vínculo empregatício reconhecido na decisão cognitiva ou homologatória; ou

II – à diferença entre a remuneração reconhecida como devida na decisão cognitiva ou homologatória e a efetivamente paga pelo empregador, cujo valor total referente a cada competência não será inferior ao salário-mínimo.

(*) § 3º-A acrescido pela Lei nº 13.876/2019.

§ 3º-B. Caso haja piso salarial da categoria definido por acordo ou convenção coletiva de trabalho, o seu valor deverá ser utilizado como base de cálculo para os fins do § 3º-A deste artigo.

(*) § 3º-B acrescido pela Lei nº 13.876/2019.

§ 4º. A União será intimada das decisões homologatórias de acordos que contenham parcela indenizatória, na forma do art. 20 da Lei nº 11.033, de 21 de dezembro de 2004, facultada a interposição de recurso relativo aos tributos que lhe forem devidos.

(*) § 4º acrescido pela Lei nº 10.035/2000, e com redação dada pela Lei nº 11.457/2007.

(*) Lei nº 11.033, de 21 de dezembro de 2004: ***Art. 20.*** *As intimações e notificações de que tratam os arts. 36 a 38 da Lei Complementar nº 73, de 10 de fevereiro de 1993, inclusive*

aquelas pertinentes a processos administrativos, quando dirigidas a Procuradores da Fazenda Nacional, dar-se-ão pessoalmente mediante a entrega dos autos com vista.

§ 5º. Intimada da sentença, a União poderá interpor recurso relativo à discriminação de que trata o § 3º deste artigo.

(*) § 5º acrescido pela Lei nº 11.457/2007.

§ 6º. O acordo celebrado após o trânsito em julgado da sentença ou após a elaboração dos cálculos de liquidação de sentença não prejudicará os créditos da União.

(*) § 6º acrescido pela Lei nº 11.457/2007.

§ 7º. O Ministro de Estado da Fazenda poderá, mediante ato fundamentado, dispensar a manifestação da União nas decisões homologatórias de acordos em que o montante da parcela indenizatória envolvida ocasionar perda de escala decorrente da atuação do órgão jurídico.

(*) § 7º acrescido pela Lei nº 11.457/2007.

Art. 833. Existindo na decisão evidentes erros ou enganos de escrita, de datilografia ou de cálculo, poderão os mesmos, antes da execução, ser corrigidos, *ex officio*, ou a requerimento dos interessados ou da Procuradoria da Justiça do Trabalho.

Art. 834. Salvo nos casos previstos nesta Consolidação, a publicação das decisões e sua notificação aos litigantes, ou a seus patronos, consideram-se realizadas nas próprias audiências em que forem as mesmas proferidas.

Art. 835. O cumprimento do acordo ou da decisão far-se-á no prazo e condições estabelecidas.

Art. 836. É vedado aos órgãos da Justiça do Trabalho conhecer de questões já decididas, excetuados os casos expressamente previstos neste Título e a ação rescisória, que será admitida na forma do disposto no Capítulo IV do Título IX da Lei nº 5.869, de 11 de janeiro de 1973 – Código de Processo Civil, sujeita ao depósito prévio de 20% (vinte por cento) do valor da causa, salvo prova de miserabilidade jurídica do autor.

(*) Art. 836 alterado pelo Decreto-Lei nº 229/1967 e pela Lei nº 7.351/1985 e com redação dada pela Lei nº 11.495/2007.

(*) No CPC em vigor (Lei nº 13.105/2015), relaciona-se aos arts. 926 a 928 e aos arts. 976 a 987.

(*) Vide Instrução Normativa TST nº 31.

Parágrafo único. A execução da decisão proferida em ação rescisória far-se-á nos próprios autos da ação que lhe deu origem, e será instruída com o acórdão da rescisória e a respectiva certidão de trânsito em julgado.

(*) Parágrafo único acrescido pela MP nº 2.180-35/2001•.

• MP nº 2.180-35/2001 em vigor ante a redação do art. 2º da EC nº 32/2001: ***Art. 2º.*** *As medidas provisórias editadas em data anterior à da publicação desta emenda continuam em vigor até que medida provisória ulterior as revogue explicitamente ou até deliberação definitiva do Congresso Nacional.*

Capítulo III
DOS DISSÍDIOS INDIVIDUAIS

Seção I
Da Forma de Reclamação e da Notificação

Art. 837. Nas localidades em que houver apenas 1 (uma) Junta de Conciliação e Julgamento•, ou 1 (um) escrivão do cível, a reclamação será apresentada diretamente à secretaria da Junta♦, ou ao cartório do Juízo.

♦ Atual denominação: "Varas do Trabalho", nos termos do art. 116 da CF/1988.

Art. 838. Nas localidades em que houver mais de 1 (uma) Junta♦ ou mais de 1 (um) Juízo, ou escrivão do cível, a reclamação será, preliminarmente, sujeita a distribuição, na forma do disposto no Capítulo II, Seção II, deste Título.

♦ Atual denominação: "Vara do Trabalho", nos termos do art. 116 da CF/1988.

(*) A Seção II do Capítulo II deste Título trata "Da Distribuição" (arts. 783 a 788).

Art. 839. A reclamação poderá ser apresentada:

a) pelos empregados e empregadores, pessoalmente, ou por seus representantes, e pelos sindicatos de classe;

b) por intermédio das Procuradorias Regionais da Justiça do Trabalho.

Art. 840. A reclamação poderá ser escrita ou verbal.

§ 1º. Sendo escrita, a reclamação deverá conter a designação do juízo, a qualificação das partes, a breve exposição dos fatos de que resulte o dissídio, o pedido, que deverá ser certo, determinado e com indicação de seu valor, a data e a assinatura do reclamante ou de seu representante.

(*) § 1º com redação dada pela Lei nº 13.467/2017.

§ 2º. Se verbal, a reclamação será reduzida a termo, em duas vias datadas e assinadas pelo escrivão ou secretário, observado, no que couber, o disposto no § 1º deste artigo.

(*) § 2º com redação dada pela Lei nº 13.467/2017.

§ 3º. Os pedidos que não atendam ao disposto no § 1º deste artigo serão julgados extintos sem resolução do mérito.

(*) § 3º acrescido pela Lei nº 13.467/2017.

Art. 841. Recebida e protocolada a reclamação, o escrivão ou secretário, dentro de 48 (quarenta e oito) horas, remeterá a segunda via da petição, ou do termo, ao reclamado, notificando-o ao mesmo tempo, para comparecer à audiência do julgamento, que será a primeira desimpedida, depois de 5 (cinco) dias.

(*) V. art. 860 da CLT.

§ 1º. A notificação será feita em registro postal com franquia. Se o reclamado criar embaraços ao seu recebimento ou não for encontrado, far-se-á a notificação por edital, inserto no jornal oficial ou no que publicar o expediente forense, ou, na falta, afixado na sede da Junta♦ ou Juízo.

♦ Atual denominação: "Vara do Trabalho", nos termos do art. 116 da CF/1988.

(*) V. art. 852 da CLT.

§ 2º. O reclamante será notificado no ato da apresentação da reclamação ou na forma do parágrafo anterior.

§ 3º. Oferecida a contestação, ainda que eletronicamente, o reclamante não poderá, sem o consentimento do reclamado, desistir da ação.

(*) § 3º acrescido pela Lei nº 13.467/2017.

Art. 842. Sendo várias as reclamações e havendo identidade de matéria, poderão ser acumuladas num só processo, se se tratar de empregados da mesma empresa ou estabelecimento.

Seção II
Da Audiência de Julgamento

Art. 843. Na audiência de julgamento deverão estar presentes o reclamante e o reclamado, independentemente do comparecimento de seus representantes salvo, nos casos de Reclamatórias Plúrimas ou Ações de Cumprimento, quando os empregados poderão fazer-se representar pelo Sindicato de sua categoria.

(*) Art. 843, *caput*, com redação dada pela Lei nº 6.667/1979.

§ 1º. É facultado ao empregador fazer-se substituir pelo gerente, ou qualquer outro preposto que tenha conhecimento do fato, e cujas declarações obrigarão o proponente.

§ 2º. Se por doença ou qualquer outro motivo poderoso♦, devidamente comprovado, não for possível ao empregado comparecer pessoalmente, poderá fazer-se representar por outro empregado que pertença à mesma profissão, ou pelo seu sindicato.

♦ Publicação oficial: "poderoso". Entendemos que seria: "ponderoso".

§ 3º. O preposto a que se refere o § 1º deste artigo não precisa ser empregado da parte reclamada.

(*) § 3º acrescido pela Lei nº 13.467/2017.

Art. 844. O não comparecimento do reclamante à audiência importa o arquivamento da reclamação, e o não comparecimento do reclamado importa revelia, além de confissão quanto à matéria de fato.

(*) V. art. 732 da CLT.

§ 1º. Ocorrendo motivo relevante, poderá o juiz suspender o julgamento, designando nova audiência.

(*) § 1º, primitivo parágrafo único, renumerado e com redação dada pela Lei nº 13.467/2017.

§ 2º. Na hipótese de ausência do reclamante, este será condenado ao pagamento das custas calculadas na forma do art. 789 desta Consolidação, ainda que beneficiário da justiça gratuita, salvo se comprovar, no prazo de quinze dias, que a ausência ocorreu por motivo legalmente justificável.

(*) § 2º acrescido pela Lei nº 13.467/2017.

§ 3º. O pagamento das custas a que se refere o § 2º é condição para a propositura de nova demanda.

(*) § 3º acrescido pela Lei nº 13.467/2017.

§ 4º. A revelia não produz o efeito mencionado no *caput* deste artigo se:

I – havendo pluralidade de reclamados, algum deles contestar a ação;

II – o litígio versar sobre direitos indisponíveis;

III – a petição inicial não estiver acompanhada de instrumento que a lei considere indispensável à prova do ato;

IV – as alegações de fato formuladas pelo reclamante forem inverossímeis ou estiverem em contradição com prova constante dos autos.

(*) § 4º acrescido pela Lei nº 13.467/2017.

§ 5º. Ainda que ausente o reclamado, presente o advogado na audiência, serão aceitos a contestação e os documentos eventualmente apresentados.

(*) § 5º acrescido pela Lei nº 13.467/2017.

Art. 845. O reclamante e o reclamado comparecerão à audiência acompanhados das suas testemunhas, apresentando, nessa ocasião, as demais provas.

Art. 846. Aberta a audiência, o juiz ou presidente proporá a conciliação.

(*) Art. 846 com redação dada pela Lei nº 9.022/1995.

(*) V. art. 764 da CLT.

§ 1º. Se houver acordo lavrar-se-á termo, assinado pelo presidente e pelos litigantes, consignando-se o prazo e demais condições para seu cumprimento.

(*) § 1º acrescido pela Lei nº 9.022/1995.

§ 2º. Entre as condições a que se refere o parágrafo anterior, poderá ser estabelecida a de ficar a parte que não cumprir o acordo obrigada a satisfazer integralmente o pedido ou pagar uma indenização convencionada, sem prejuízo do cumprimento do acordo.

(*) § 2º acrescido pela Lei nº 9.022/1995.

Art. 847. Não havendo acordo, o reclamado terá vinte minutos para aduzir sua defesa, após a leitura da reclamação, quando esta não for dispensada por ambas as partes.

(*) Art. 847 com redação dada pela Lei nº 9.022/1995.

(*) V. art. 799 da CLT.

Parágrafo único. A parte poderá apresentar defesa escrita pelo sistema de processo judicial eletrônico até a audiência.

(*) Parágrafo único acrescido pela Lei nº 13.467/2017.

Art. 848. Terminada a defesa, seguir-se-á a instrução do processo, podendo o presidente, *ex officio* ou a requerimento de qualquer juiz temporário, interrogar os litigantes.

(*) Art. 848, *caput*, com redação dada pela Lei nº 9.022/1995.

§ 1º. Findo o interrogatório, poderá qualquer dos litigantes retirar-se, prosseguindo a instrução com o seu representante.

§ 2º. Serão, a seguir, ouvidas as testemunhas, os peritos e os técnicos, se houver.

Art. 849. A audiência de julgamento será contínua; mas, se não for possível, por motivo de força maior, concluí-la no mesmo dia, o juiz ou presidente marcará a sua continuação para a primeira desimpedida, independentemente de nova notificação.

Art. 850. Terminada a instrução, poderão as partes aduzir razões finais, em prazo não excedente de 10 (dez) minutos para cada uma. Em seguida, o juiz ou presidente renovará a proposta de conciliação, e não se realizando esta, será proferida a decisão.

Parágrafo único. O Presidente da Junta♦, após propor a solução do dissídio, tomará os votos dos vogais e, havendo divergência entre estes, poderá desempatar ou proferir decisão que melhor atenda ao cumprimento da lei e ao justo equilíbrio entre os votos divergentes e ao interesse social.

♦ Atual denominação: "Juiz do Trabalho", nos termos do art. 111 da CF/1988.

Art. 851. Os tramites de instrução e julgamento da reclamação serão resumidos em ata, de que constará, na íntegra, a decisão.

(*) Art. 851, *caput*, com redação dada pelo Decreto-Lei nº 8.737/1946.

§ 1º. Nos processos de exclusiva alçada das Juntas♦, será dispensável, a juízo do presidente♦♦, o resumo dos depoimentos, devendo constar da ata a conclusão do Tribunal quanto à matéria de fato.

(*) § 1º acrescido pelo Decreto-Lei nº 8.737/1946.

♦ Atual denominação: "Varas do Trabalho", nos termos do art. 116 da CF/1988.

♦♦ Atual denominação: "Juiz do Trabalho", nos termos do art. 111 da CF/1988.

§ 2º. A ata será, pelo presidente ou juiz, junta ao processo, devidamente assinada, no prazo improrrogável de 48 (quarenta e oito) horas, contado da audiência de julgamento, e assinada pelos juízes classistas presentes à mesma audiência.

(*) § 2º, primitivo parágrafo único, renumerado e com redação dada pelo Decreto-Lei nº 8.737/1946.

Art. 852. Da decisão serão os litigantes notificados, pessoalmente, ou por seu representante, na própria audiência. No caso de revelia, a notificação far-se-á pela forma estabelecida no § 1º do art. 841.

Seção II-A
Do Procedimento Sumaríssimo

(*) Seção II-A acrescida pela Lei nº 9.957/2000.

Art. 852-A. Os dissídios individuais cujo valor não exceda a quarenta vezes o salário-mínimo vigente na data do ajuizamento da reclamação ficam submetidos ao procedimento sumaríssimo.

(*) Vide Lei nº 13.152/2015, que dispõe sobre a Política de Valorização do Salário-Mínimo e dos benefícios pagos pelo Regime Geral de Previdência Social (RGPS) para o período de 2016 a 2019.

Parágrafo único. Estão excluídas do procedimento sumaríssimo as demandas em que é parte a Administração Pública direta, autárquica e fundacional.

(*) Art. 852-A acrescido pela Lei nº 9.957/2000.

Art. 852-B. Nas reclamações enquadradas no procedimento sumaríssimo:

I – o pedido deverá ser certo ou determinado e indicará o valor correspondente;

II – não se fará citação por edital, incumbindo ao autor a correta indicação do nome e endereço do reclamado;

(*) O STF, na ADIn nº 2.139-7 e na ADIn nº 2.160-5 (*DOU* e *DJe* 22.5.2000), deu interpretação conforme a CF/1988 relativamente ao art. 625-D e ao art. 852-B, II, introduzido pelo art. 1º da Lei nº 9.958/2000, no sentido de afastar a obrigatoriedade da fase de conciliação prévia que disciplina.

III – a apreciação da reclamação deverá ocorrer no prazo máximo de quinze dias do seu ajuizamento, podendo constar de pauta especial, se necessário, de acordo com o movimento judiciário da Junta de Conciliação e Julgamento♦.

♦ Atual denominação: "Vara do Trabalho", nos termos do art. 116 da CF/1988.

§ 1º. O não atendimento, pelo reclamante, do disposto nos incisos I e II deste artigo importará no arquivamento da reclamação e condenação ao pagamento de custas sobre o valor da causa.

§ 2º. As partes e advogados comunicarão ao juízo as mudanças de endereço ocorridas no curso do processo, reputando-se eficazes as intimações enviadas ao local anteriormente indicado, na ausência de comunicação.

(*) Art. 852-B acrescido pela Lei nº 9.957/2000.

Art. 852-C. As demandas sujeitas a rito sumaríssimo serão instruídas e julgadas em audiência única, sob a direção de juiz presidente ou substituto, que poderá ser convocado para atuar simultaneamente com o titular.

(*) Art. 852-C acrescido pela Lei nº 9.957/2000.

Art. 852-D. O juiz dirigirá o processo com liberdade para determinar as provas a serem produzidas, considerado o ônus probatório de cada litigante, podendo limitar ou excluir as que considerar excessivas, impertinentes ou protelatórias, bem como para apreciá-las e dar especial valor às regras de experiência comum ou técnica.

(*) Art. 852-D acrescido pela Lei nº 9.957/2000.

Art. 852-E. Aberta a sessão, o juiz esclarecerá as partes presentes sobre as vantagens da conciliação e usará os meios adequados de persuasão para a solução conciliatória do litígio, em qualquer fase da audiência.

(*) Art. 852-E acrescido pela Lei nº 9.957/2000.

Art. 852-F. Na ata de audiência serão registrados resumidamente os atos essenciais, as afirmações fundamentais das partes e as informações úteis à solução da causa trazidas pela prova testemunhal.

(*) Art. 852-F acrescido pela Lei nº 9.957/2000.

Art. 852-G. Serão decididos, de plano, todos os incidentes e exceções que possam interferir no prosseguimento da audiência e do processo. As demais questões serão decididas na sentença.

(*) Art. 852-G acrescido pela Lei nº 9.957/2000.

Art. 852-H. Todas as provas serão produzidas na audiência de instrução e julgamento, ainda que não requeridas previamente.

§ 1º. Sobre os documentos apresentados por uma das partes manifestar-se-á imediatamente a parte contrária, sem interrupção da audiência, salvo absoluta impossibilidade, a critério do juiz.

§ 2º. As testemunhas, até o máximo de duas para cada parte, comparecerão à audiência de instrução e julgamento independentemente de intimação.

§ 3º. Só será deferida intimação de testemunha que, comprovadamente convidada, deixar de comparecer. Não comparecendo a testemunha intimada, o juiz poderá determinar sua imediata condução coercitiva.

§ 4º. Somente quando a prova do fato o exigir, ou for legalmente imposta, será deferida prova técnica, incumbindo ao juiz, desde logo, fixar o prazo, o objeto da perícia e nomear perito.

§ 5º. (Vetado).

§ 6º. As partes serão intimadas a manifestar-se sobre o laudo, no prazo comum de cinco dias.

§ 7º. Interrompida a audiência, o seu prosseguimento e a solução do processo dar-se-ão no prazo máximo de trinta dias, salvo motivo relevante justificado nos autos pelo juiz da causa.

(*) Art. 852-H acrescido pela Lei nº 9.957/2000.

Art. 852-I. A sentença mencionará os elementos de convicção do juízo, com resumo dos fatos relevantes ocorridos em audiência, dispensado o relatório.

§ 1º. O juízo adotará em cada caso a decisão que reputar mais justa e equânime, atendendo aos fins sociais da lei e as exigências do bem comum.

§ 2º. (Vetado).

§ 3º. As partes serão intimadas da sentença na própria audiência em que prolatada.

(*) Art. 852-I acrescido pela Lei nº 9.957/2000.

Seção III
Do Inquérito para Apuração de Falta Grave

Art. 853. Para a instauração do inquérito para apuração de falta grave contra empregado garantido com estabilidade, o empregador apresentará reclamação por escrito à Junta♦ ou Juízo de Direito, dentro de 30 (trinta) dias, contados da data da suspensão do empregado.

♦ Atual denominação: "Vara do Trabalho", nos termos do art. 116 da CF/1988.

Art. 854. O processo do inquérito perante a Junta♦ ou Juízo obedecerá às normas estabelecidas no presente Capítulo, observadas as disposições desta Seção.

♦ Atual denominação: "Vara do Trabalho", nos termos do art. 116 da CF/1988.

Art. 855. Se tiver havido prévio reconhecimento da estabilidade do empregado, o julgamento do inquérito pela Junta♦ ou Juízo não prejudicará a execução para pagamento dos salários devidos ao empregado, até a data da instauração do mesmo inquérito.

♦ Atual denominação: "Vara do Trabalho", nos termos do art. 116 da CF/1988.

Seção IV
Do Incidente de Desconsideração da Personalidade Jurídica

(*) Seção IV acrescida pela Lei nº 13.467/2017.

Art. 855-A. Aplica-se ao processo do trabalho o incidente de desconsideração da personalidade jurídica previsto nos arts. 133 a 137 da Lei nº 13.105, de 16 de março de 2015 – Código de Processo Civil.

(*) Lei nº 13.105, de 16 de março de 2015 (Código de Processo Civil): ***Art. 133.*** *O incidente de desconsideração da personalidade jurídica será instaurado a pedido da parte ou do Ministério Público, quando lhe couber intervir no processo. § 1º. O pedido de desconsideração da personalidade jurídica observará os pressupostos previstos em lei. § 2º. Aplica-se o disposto neste Capítulo à hipótese de desconsideração inversa da personalidade jurídica.* ***Art. 134.*** *O incidente de desconsideração é cabível em todas as fases do processo de conhecimento, no cumprimento de sentença e na execução fundada em título executivo extrajudicial. § 1º. A instauração do incidente será imediatamente comunicada ao distribuidor para as anotações devidas. § 2º. Dispensa-se a instauração do incidente se a desconsideração da personalidade jurídica for requerida na petição inicial, hipótese em que será citado o sócio ou a pessoa jurídica. § 3º. A instauração do incidente suspenderá o processo, salvo na hipótese do § 2º. § 4º. O requerimento deve demonstrar o preenchimento dos pressupostos legais específicos para desconsideração da personalidade jurídica.* ***Art. 135.*** *Instaurado o incidente, o sócio ou a pessoa jurídica será citado para manifestar-se e requerer as provas cabíveis no prazo de 15 (quinze) dias.* ***Art. 136.*** *Concluída a instrução, se necessária, o incidente será resolvido por decisão interlocutória. Parágrafo único. Se a decisão for proferida pelo relator, cabe agravo interno.* ***Art. 137.*** *Acolhido o pedido de desconsideração, a alienação ou a oneração de bens, havida em fraude de execução, será ineficaz em relação ao requerente.*

§ 1º. Da decisão interlocutória que acolher ou rejeitar o incidente:

I – na fase de cognição, não cabe recurso de imediato, na forma do § 1º do art. 893 desta Consolidação;

II – na fase de execução, cabe agravo de petição, independentemente de garantia do juízo;

III – cabe agravo interno se proferida pelo relator em incidente instaurado originariamente no tribunal.

§ 2º. A instauração do incidente suspenderá o processo, sem prejuízo de concessão da tutela de urgência de natureza cautelar de que trata o art. 301 da Lei nº 13.105, de 16 de março de 2015 (Código de Processo Civil).

(*) Art. 855-A acrescido pela Lei nº 13.467/2017.

(*) Lei nº 13.105, de 16 de março de 2015 (Código de Processo Civil): ***Art. 301.*** *A tutela de urgência de natureza cautelar pode ser efetivada mediante arresto, sequestro, arrolamento de bens, registro de protesto contra alienação de bem e qualquer outra medida idônea para asseguração do direito.*

Capítulo III-A
DO PROCESSO DE JURISDIÇÃO VOLUNTÁRIA PARA HOMOLOGAÇÃO DE ACORDO EXTRAJUDICIAL

(*) Capítulo III-A acrescido pela Lei nº 13.467/2017.

(*) V. art. 652, IV, "f", da CLT: competência da Vara do Trabalho.

Art. 855-B. O processo de homologação de acordo extrajudicial terá início por petição conjunta, sendo obrigatória a representação das partes por advogado.

§ 1º. As partes não poderão ser representadas por advogado comum.

§ 2º. Faculta-se ao trabalhador ser assistido pelo advogado do sindicato de sua categoria.

(*) Art. 855-B acrescido pela Lei nº 13.467/2017.

Art. 855-C. O disposto neste Capítulo não prejudica o prazo estabelecido no § 6º do art. 477 desta Consolidação e não afasta a aplicação da multa prevista no § 8º art. 477 desta Consolidação.

(*) Art. 855-C acrescido pela Lei nº 13.467/2017.

Art. 855-D. No prazo de quinze dias a contar da distribuição da petição, o juiz analisará o acordo, designará audiência se entender necessário e proferirá sentença.

(*) Art. 855-D acrescido pela Lei nº 13.467/2017.

Art. 855-E. A petição de homologação de acordo extrajudicial suspende o prazo prescricional da ação quanto aos direitos nela especificados.

Parágrafo único. O prazo prescricional voltará a fluir no dia útil seguinte ao do trânsito em julgado da decisão que negar a homologação do acordo.

(*) Art. 855-E acrescido pela Lei nº 13.467/2017.

Capítulo IV
DOS DISSÍDIOS COLETIVOS

(*) Vide Lei nº 4.725/1965, que estabelece normas para o processo dos dissídios coletivos.

(*) Vide Portaria MTB nº 3.122/1988, que dispõe sobre a composição dos conflitos individuais e coletivos de trabalho.

Seção I
Da Instauração da Instância

Art. 856. A instância será instaurada mediante representação escrita ao Presidente do Tribunal. Poderá ser também instaurada por iniciativa do presidente, ou, ainda, a requerimento da Procuradoria da Justiça do Trabalho, sempre que ocorrer suspensão do trabalho.

Art. 857. A representação para instaurar a instância em dissídio coletivo constitui prerrogativa das associações sindicais, excluídas as hipóteses aludidas no art. 856, quando ocorrer suspensão do trabalho.

(*) Art. 857, *caput*, com redação dada pelo Decreto-Lei nº 7.321/1945.

Parágrafo único. Quando não houver sindicato representativo da categoria econômica ou profissional, poderá a representação ser instaurada pelas federações correspondentes e, na falta destas, pelas confederações respectivas, no âmbito de sua representação.

(*) Parágrafo único com redação dada pela Lei nº 2.693/1955.

Art. 858. A representação será apresentada em tantas vias quantos forem os reclamados e deverá conter:

a) designação e qualificação dos reclamantes e dos reclamados e a natureza do estabelecimento ou do serviço;

b) os motivos do dissídio e as bases da conciliação.

Art. 859. A representação dos sindicatos para instauração da instância fica subordinada à aprovação de assembleia, da qual participem os associados interessados na solução do dissídio coletivo, em primeira convocação, por maioria de 2/3 (dois terços) dos mesmos, ou, em segunda convocação, por 2/3 (dois terços) dos presentes.

(*) Art. 859, *caput*, com redação dada pelo Decreto-Lei nº 7.321/1945.

Parágrafo único. (Revogado).

(*) Parágrafo único revogado pelo Decreto-Lei nº 7.321/1945.

Seção II
Da Conciliação e do Julgamento

Art. 860. Recebida e protocolada a representação, e estando na devida forma, o Presidente do Tribunal designará a audiência de conciliação, dentro do prazo de 10 (dez) dias, determinando a notificação dos dissidentes, com observância do disposto no art. 841.

Parágrafo único. Quando a instância for instaurada *ex officio*, a audiência deverá ser realizada dentro do prazo mais breve possível, após o reconhecimento do dissídio.

(*) V. art. 866 da CLT.

Art. 861. É facultado ao empregador fazer-se representar na audiência pelo gerente, ou por qualquer outro preposto que tenha conhecimento do dissídio, e por cujas declarações será sempre responsável.

Art. 862. Na audiência designada, comparecendo ambas as partes ou seus representantes, o Presidente do Tribunal as convidará para se pronunciarem sobre as bases da conciliação. Caso não sejam aceitas as bases propostas, o Presidente submeterá aos interessados a solução que lhe pareça capaz de resolver o dissídio.

(*) V. art. 866 da CLT.

Art. 863. Havendo acordo, o Presidente o submeterá à homologação do Tribunal na primeira sessão.

Art. 864. Não havendo acordo, ou não comparecendo ambas as partes ou uma delas, o presidente submeterá o processo a julgamento, depois de realizadas as diligências que entender necessárias e ouvida a Procuradoria.

(*) Art. 864 com redação dada pelo Decreto-Lei nº 8.737/1946.

Art. 865. Sempre que, no decorrer do dissídio, houver ameaça de perturbação da ordem, o presidente requisitará à autoridade competente as providências que se tornarem necessárias.

Art. 866. Quando o dissídio ocorrer fora da sede do Tribunal, poderá o presidente, se julgar conveniente, delegar à autoridade local as atribuições de que tratam os arts. 860 e 862. Nesse caso, não havendo conciliação, a autoridade delegada encaminhará o processo ao Tribunal, fazendo exposição circunstanciada dos fatos e indicando a solução que lhe parecer conveniente.

Art. 867. Da decisão do Tribunal serão notificadas as partes, ou seus representantes, em registrado postal, com franquia, fazendo-se, outrossim, a sua publicação no jornal oficial, para ciência dos demais interessados.

Parágrafo único. A sentença normativa vigorará:

a) a partir da data de sua publicação, quando ajuizado o dissídio após o prazo do art. 616, § 3º, ou, quando não existir acordo, convenção ou sentença normativa em vigor, da data do ajuizamento;

b) a partir do dia imediato ao termo final de vigência do acordo, convenção ou sentença normativa, quando ajuizado o dissídio no prazo do art. 616, § 3º.

(*) Parágrafo único acrescido pelo Decreto-Lei nº 424/1969.

Seção III
Da Extensão das Decisões

Art. 868. Em caso de dissídio coletivo que tenha por motivo novas condições de trabalho e no qual figure como parte apenas uma fração de empregados de uma empresa, poderá o Tribunal competente, na própria decisão, estender tais condições de trabalho, se julgar justo e conveniente, aos demais empregados da empresa que forem da mesma profissão dos dissidentes.

Parágrafo único. O Tribunal fixará a data em que a decisão deve entrar em execução, bem como o prazo de sua vigência, o qual não poderá ser superior a 4 (quatro) anos.

Art. 869. A decisão sobre novas condições de trabalho poderá também ser estendida a todos os empregados da mesma categoria profissional compreendida na jurisdição do Tribunal:

a) por solicitação de 1 (um) ou mais empregadores, ou de qualquer sindicato destes;

b) por solicitação de 1 (um) ou mais sindicatos de empregados;

c) *ex officio*, pelo Tribunal que houver proferido a decisão;

d) por solicitação da Procuradoria da Justiça do Trabalho.

Art. 870. Para que a decisão possa ser estendida, na forma do artigo anterior, torna-se preciso que 3/4 (três quartos) dos empregadores e 3/4 (três quartos) dos empregados, ou os respectivos sindicatos, concordem com a extensão da decisão.

§ 1º. O Tribunal competente marcará prazo, não inferior a 30 (trinta) nem superior a 60 (sessenta) dias, a fim de que se manifestem os interessados.

§ 2º. Ouvidos os interessados e a Procuradoria da Justiça do Trabalho, será o processo submetido ao julgamento do Tribunal.

Art. 871. Sempre que o Tribunal estender a decisão, marcará a data em que a extensão deva entrar em vigor.

Seção IV
Do Cumprimento das Decisões

Art. 872. Celebrado o acordo, ou transitada em julgado a decisão, seguir-se-á o seu cumprimento, sob as penas estabelecidas neste Título.

Parágrafo único. Quando os empregadores deixarem de satisfazer o pagamento de salários, na conformidade da decisão proferida, poderão os empregados ou seus sindicatos, independentes de outorga de poderes de seus associados, juntando certidão de tal decisão, apresentar reclamação à Junta♦ ou Juízo competente, observado o processo previsto no Capítulo II deste Título, sendo vedado, porém, questionar sobre a matéria de fato e de direito já apreciada na decisão.

(*) Parágrafo único com redação dada pela Lei nº 2.275/1954.

♦ Atual denominação: "Vara do Trabalho", nos termos do art. 116 da CF/1988.

(*) O Capítulo II deste Título trata "Do Processo em Geral" (arts. 770 a 836 da CLT).

Seção V
Da Revisão

Art. 873. Decorrido mais de 1 (um) ano de sua vigência, caberá revisão das decisões que fixarem condições de trabalho, quando se tiverem modificado as circunstâncias que as ditaram, de modo que tais condições se hajam tornado injustas ou inaplicáveis.

Art. 874. A revisão poderá ser promovida por iniciativa do Tribunal prolator, da Procuradoria da Justiça do Trabalho, das associações sindicais ou de empregador ou empregadores interessados no cumprimento da decisão.

Parágrafo único. Quando a revisão for promovida por iniciativa do Tribunal prolator ou da Procuradoria, as associações sindicais e o empregador ou empregadores interessados serão ouvidos no prazo de 30 (trinta) dias. Quando promovida por uma das partes interessadas, serão as outras ouvidas também por igual prazo.

Art. 875. A revisão será julgada pelo Tribunal que tiver proferido a decisão, depois de ouvida a Procuradoria da Justiça do Trabalho.

Capítulo V
DA EXECUÇÃO

(*) A Instrução Normativa TST nº 39/2016 dispõe: ***Art. 13.*** *Por aplicação supletiva do art. 784, I (art. 15 do CPC), o cheque e a nota promissória emitidos em reconhecimento de dívida inequivocamente de natureza trabalhista também são títulos extrajudiciais para efeito de execução perante a Justiça do Trabalho, na forma do art. 876 e segs. da CLT.*

Seção I
Das Disposições Preliminares

Art. 876. As decisões passadas em julgado ou das quais não tenha havido recurso com efeito suspensivo; os acordos, quando não cumpridos; os termos de ajuste de conduta firmados perante o Ministério Público do Trabalho e os termos de conciliação firmados perante as Comissões de Conciliação Prévia serão executada pela forma estabelecida neste Capítulo.

(*) Art. 876, *caput*, com redação dada pela Lei nº 9.958/2000.

(*) V. art. 897, § 1º, da CLT.

Parágrafo único. A Justiça do Trabalho executará, de ofício, as contribuições sociais previstas na alínea "a" do inciso I e no inciso II do *caput* do art. 195 da Constituição Federal, e seus acréscimos legais, relativas ao objeto da condenação constante das sentenças que proferir e dos acordos que homologar.

(*) Parágrafo único alterado pela Lei nº 10.035/2000 e pela Lei nº 11.457/2007, e com redação dada pela Lei nº 13.467/2017.

(*) Constituição Federal: ***Art. 195.*** *A seguridade social será financiada por toda a sociedade, de forma direta e indireta, nos termos da lei, mediante recursos provenientes dos orçamentos da União, dos Estados, do Distrito Federal e dos Municípios, e das seguintes contribuições sociais: I – do empregador, da empresa e da entidade a ela equiparada na forma da lei, incidentes sobre: a) a folha de salários e demais rendimentos do trabalho pagos ou creditados, a qualquer título, à pessoa física que lhe preste serviço, mesmo sem vínculo empregatício; (...) II – do trabalhador e dos demais segurados da previdência social, não incidindo contribuição sobre aposentadoria e pensão concedidas pelo regime geral de previdência social de que trata o art. 201; (...).*

Art. 877. É competente para a execução das decisões o Juiz ou Presidente do Tribunal que tiver conciliado ou julgado originariamente o dissídio.

Art. 877-A. É competente para a execução de título executivo extrajudicial o juiz que teria competência para o processo de conhecimento relativo à matéria.

(*) Art. 877-A acrescido pela Lei nº 9.958/2000.

Art. 878. A execução será promovida pelas partes, permitida a execução de ofício pelo juiz ou pelo Presidente do Tribunal apenas nos casos em que as partes não estiverem representadas por advogado.

(*) Art. 878, *caput*, com redação dada pela Lei nº 13.467/2017.

Parágrafo único. (Revogado).

(*) Parágrafo único revogado pela Lei nº 13.467/2017.

Art. 878-A. Faculta-se ao devedor o pagamento imediato da parte que entender devida à Previdência Social, sem prejuízo da cobrança de eventuais diferenças encontradas na execução *ex officio*.

(*) Art. 878-A acrescido pela Lei nº 10.035/2000.

Art. 879. Sendo ilíquida a sentença exequenda, ordenar-se-á, previamente, a sua liquidação, que poderá ser feita por cálculo, por arbitramento ou por artigos.

(*) Art. 879, *caput*, com redação dada pela Lei nº 2.244/1954.

§ 1º. Na liquidação, não se poderá modificar, ou inovar, a sentença liquidanda nem discutir matéria pertinente à causa principal.

(*) § 1º acrescido pela Lei nº 8.432/1992.

§ 1º-A. A liquidação abrangerá, também, o cálculo das contribuições previdenciárias devidas.

(*) § 1º-A acrescido pela Lei nº 10.035/2000.

§ 1º-B. As partes deverão ser previamente intimadas para a apresentação do cálculo de liquidação, inclusive da contribuição previdenciária incidente.

(*) § 1º-B acrescido pela Lei nº 10.035/2000.

§ 2º. Elaborada a conta e tornada líquida, o juízo deverá abrir às partes prazo comum de oito dias para impugnação fundamentada com a indicação dos itens e valores objeto da discordância, sob pena de preclusão.

(*) § 2º acrescido pela Lei nº 8.432/1992, e com redação dada pela Lei nº 13.467/2017.

§ 3º. Elaborada a conta pela parte ou pelos órgãos auxiliares da Justiça do Trabalho, o juiz procederá à intimação da União para manifestação, no prazo de 10 (dez) dias, sob pena de preclusão.

(*) § 3º acrescido pela Lei nº 10.035/2000, e com redação dada pela Lei nº 11.457/2007.

§ 4º. A atualização do crédito devido à Previdência Social observará os critérios estabelecidos na legislação previdenciária.

(*) § 4º acrescido pela Lei nº 10.035/2000.

§ 5º. O Ministro de Estado da Fazenda poderá, mediante ato fundamentado, dispensar a manifestação da União quando o valor total das verbas que integram o salário-de-contribuição, na forma do art. 28 da Lei nº 8.212, de 24 de julho de 1991, ocasionar perda de escala decorrente da atuação do órgão jurídico.

(*) § 5º acrescido pela Lei nº 11.457/2007.

(*) Lei nº 8.212, de 24 de julho de 1991 (atualizada até a MP nº 905/2019): ***Art. 28.*** *Entende-se por salário-de-contribuição: I – para o empregado e trabalhador avulso: a remuneração auferida em uma ou mais empresas, assim entendida a totalidade dos rendimentos pagos, devidos ou creditados a qualquer título, durante o mês, destinados a retribuir o trabalho, qualquer que seja a sua forma, inclusive as gorjetas, os ganhos habituais sob a forma de utilidades e os adiantamentos decorrentes de reajuste salarial, quer pelos serviços efetivamente prestados, quer pelo tempo à disposição do empregador ou tomador de serviços nos termos da lei ou do contrato ou, ainda, de convenção ou acordo coletivo de trabalho ou sentença normativa; II – para o empregado doméstico: a remuneração registrada na Carteira de Trabalho e Previdência Social, observadas as normas a serem estabelecidas em regulamento para comprovação do vínculo empregatício e do valor da remuneração; III – para o contribuinte individual: a remuneração auferida em uma ou mais empresas ou pelo exercício de sua atividade por conta própria, durante o mês, observado o limite máximo a que se refere o § 5º; IV – para o segurado facultativo: o valor por ele declarado, observado o limite máximo a que se refere o § 5º. § 1º. Quando a admissão, a dispensa, o afastamento ou a falta do empregado ocorrer no curso do mês, o salário-de-contribuição será proporcional ao número de dias de trabalho efetivo, na forma estabelecida em regulamento. § 2º. O salário-maternidade é considerado salário-de-contribuição. § 3º. O limite mínimo do salário-de-contribuição corresponde ao piso salarial, legal ou normativo, da categoria ou, inexistindo este, ao salário-mínimo, tomado no seu valor mensal, diário ou horário, conforme o ajustado e o tempo de trabalho efetivo durante o mês. § 4º. O limite mínimo do salário-de-contribuição do menor aprendiz corresponde à sua remuneração mínima definida em lei. § 5º. O limite máximo do salário-de-contribuição é de Cr$ 170.000,00 (cento e setenta mil cruzeiros), reajustado a partir da data da entrada em vigor desta Lei, na mesma* *época e com os mesmos índices que os do reajustamento dos benefícios de prestação continuada da Previdência Social. § 6º. No prazo de 180 (cento e oitenta) dias, a contar da data de publicação desta Lei, o Poder Executivo encaminhará ao Congresso Nacional projeto de lei estabelecendo a previdência complementar, pública e privada, em especial para os que possam contribuir acima do limite máximo estipulado no parágrafo anterior deste artigo.§ 7º. O décimo terceiro salário (gratificação natalina) integra o salário-de-contribuição, exceto para o cálculo de benefício, na forma estabelecida em regulamento. § 8º. Integram o salário-de-contribuição pelo seu valor total: a) (revogada); b) (vetada); c) (revogada). § 9º. Não integram o salário-de-contribuição para os fins desta Lei, exclusivamente: a) os benefícios da previdência social, nos termos e limites legais, exceto o salário-maternidade e o Seguro-Desemprego concedidos na forma da Lei nº 7.998, de 1990, e da Lei nº 10.779, de 2003; b) as ajudas de custo e o adicional mensal recebidos pelo aeronauta nos termos da Lei nº 5.929, de 30 de outubro de 1973; c) a parcela "in natura" recebida de acordo com os programas de alimentação aprovados pelo Ministério do Trabalho e da Previdência Social, nos termos da Lei nº 6.321, de 14 de abril de 1976; d) as importâncias recebidas a título de férias indenizadas e respectivo adicional constitucional, inclusive o valor correspondente à dobra da remuneração de férias de que trata o art. 137 da Consolidação das Leis do Trabalho – CLT; e) as importâncias: 1. previstas no inciso I do art. 10 do Ato das Disposições Constitucionais Transitórias; 2. relativas à indenização por tempo de serviço, anterior a 5 de outubro de 1988, do empregado não optante pelo Fundo de Garantia do Tempo de Serviço-FGTS; 3. recebidas a título da indenização de que trata o art. 479 da CLT; 4. recebidas a título da indenização de que trata o art. 14 da Lei nº 5.889, de 8 de junho de 1973; 5. recebidas a título de incentivo à demissão; 6. recebidas a título de abono de férias na forma dos arts. 143 e 144 da CLT; 7. recebidas a título de ganhos eventuais e os abonos expressamente desvinculados do salário; 8. recebidas a título de licença-prêmio indenizada; 9. recebidas a título da indenização de que trata o art. 9º da Lei nº 7.238, de 29 de outubro de 1984; f) a parcela recebida a título de vale-transporte, na forma da legislação própria; g) a ajuda de custo, em parcela única, recebida exclusivamente em decorrência de mudança de local de trabalho do empregado, na forma do art. 470 da CLT; h) as diárias para viagens; i) a importância recebida a título de bolsa de complementação educacional de estagiário, quando paga nos termos da Lei nº 6.494, de 7 de dezembro de 1977; j) a participação nos lucros ou resultados da empresa, quando paga ou creditada de acordo com lei específica; l) o abono do Programa de Integração Social-PIS e do Programa de Assistência ao Servidor Público-PASEP; m) os valores correspondentes a transporte, alimentação e habitação fornecidos pela empresa ao empregado contratado para trabalhar em localidade distante da de sua residência, em canteiro de obras ou local que, por força da atividade, exija deslocamento e estada, observadas as normas de proteção estabelecidas pelo Ministério do Trabalho; n) a importância paga ao empregado a título de complementação ao valor do auxílio-doença, desde que este direito seja extensivo à totalidade dos empregados da empresa; o) as parcelas destinadas à assistência ao trabalhador da agroindústria canavieira, de que trata o art. 36 da Lei nº 4.870, de 1º de dezembro de 1965; p) o valor das contribuições efetivamente pago pela pessoa jurídica relativo a programa de previdência complementar, aberto ou fechado, desde que disponível à totalidade de seus empregados e dirigentes, observados, no que couber, os arts. 9º e 468 da CLT; q) o valor relativo à assistência prestada por serviço médico ou odontológico, próprio da empresa ou por ela conveniado, inclusive o reembolso de despesas com medicamentos, óculos, aparelhos ortopédicos, despesas médico-hospitalares e outras similares; r) o valor correspondente a vestuários, equipamentos e outros acessórios fornecidos ao empregado e utilizados no local do trabalho para prestação dos respectivos serviços; s) o ressarcimento de despesas pelo uso de veículo do empregado e o reembolso creche pago em conformidade com a legislação trabalhista, observado o limite máximo de seis anos de idade, quando devidamente comprovadas as despesas realizadas; t) o valor relativo a plano educacional, ou bolsa de estudo, que vise à educação básica de empregados e seus dependentes e, desde que vinculada às atividades desenvolvidas pela empresa, à educação profissional e tecnológica de empregados, nos termos da Lei nº 9.394, de 20 de dezembro de 1996, e: 1. não seja utilizado em substituição de parcela salarial; e 2. o valor mensal do pla-*

no educacional ou bolsa de estudo, considerado individualmente, não ultrapasse 5% (cinco por cento) da remuneração do segurado a que se destina ou o valor correspondente a uma vez e meia o valor do limite mínimo mensal do salário-de-contribuição, o que for maior; u) a importância recebida a título de bolsa de aprendizagem garantida ao adolescente até quatorze anos de idade, de acordo com o disposto no art. 64 da Lei nº 8.069, de 13 de julho de 1990; v) os valores recebidos em decorrência da cessão de direitos autorais; x) o valor da multa prevista no § 8º do art. 477 da CLT; y) o valor correspondente ao vale-cultura; z) os prêmios e os abonos; aa) os valores recebidos a título de bolsa-atleta, em conformidade com a Lei nº 10.891, de 9 de julho de 2004. § 10. Considera-se salário-de-contribuição, para o segurado empregado e trabalhador avulso, na condição prevista no § 5º do art. 12, a remuneração efetivamente auferida na entidade sindical ou empresa de origem. § 11. Considera-se remuneração do contribuinte individual que trabalha como condutor autônomo de veículo rodoviário, como auxiliar de condutor autônomo de veículo rodoviário, em automóvel cedido em regime de colaboração, nos termos da Lei nº 6.094, de 30 de agosto de 1974, como operador de trator, máquina de terraplenagem, colheitadeira e assemelhados, o montante correspondente a 20% (vinte por cento) do valor bruto do frete, carreto, transporte de passageiros ou do serviço prestado, observado o limite máximo a que se refere o § 5º. § 12. Considera-se salário de contribuição a parcela mensal do Seguro-Desemprego, de que trata a Lei nº 7.998, de 1990, e a Lei nº 10.779, de 2003.

§ 6º. Tratando-se de cálculos de liquidação complexos, o juiz poderá nomear perito para a elaboração e fixará, depois da conclusão do trabalho, o valor dos respectivos honorários com observância, entre outros, dos critérios de razoabilidade e proporcionalidade.

(*) § 6º acrescido pela Lei nº 12.405/2011.

§ 7º. A atualização dos créditos decorrentes de condenação judicial será feita pela variação do IPCA-E, ou por índice que venha substituí-lo, calculado pelo IBGE, que deverá ser aplicado de forma uniforme por todo o prazo decorrido entre a condenação e o cumprimento da sentença.

(*) § 7º acrescido pela Lei nº 13.467/2017 e com redação dada pela MP nº 905/2019.

Seção II
Do Mandado e da Penhora

Art. 880. Requerida a execução, o juiz ou presidente do tribunal mandará expedir mandado de citação do executado, a fim de que cumpra a decisão ou o acordo no prazo, pelo modo e sob as cominações estabelecidas ou, quando se tratar de pagamento em dinheiro, inclusive de contribuições sociais devidas à União, para que o faça em 48 (quarenta e oito) horas ou garanta a execução, sob pena de penhora.

(*) Art. 880, *caput*, alterado pela Lei nº 10.035/2000 e com redação dada pela Lei nº 11.457/2007.

§ 1º. O mandado de citação deverá conter a decisão exequenda ou o termo de acordo não cumprido.

§ 2º. A citação será feita pelos oficiais de diligência.

§ 3º. Se o executado, procurado por 2 (duas) vezes no espaço de 48 (quarenta e oito) horas, não for encontrado, far-se-á citação por edital, publicado no jornal oficial ou, na falta deste, afixado na sede da Junta♦ ou Juízo, durante 5 (cinco) dias.

♦ Atual denominação: "Vara do Trabalho", nos termos do art. 116 da CF/1988.

Art. 881. No caso de pagamento da importância reclamada, será este feito perante o escrivão ou secretário, lavrando-se termo de quitação, em 2 (duas) vias, assinadas pelo exequente, pelo executado e pelo mesmo escrivão ou secretário, entregando-se a segunda via ao executado e juntando-se a outra ao processo.

Parágrafo único. Não estando presente o exequente, será depositada a importância, mediante guia, em estabelecimento oficial de crédito ou, em falta deste, em estabelecimento bancário idôneo.

(*) Parágrafo único com redação dada pela Lei nº 7.305/1985.

Art. 882. O executado que não pagar a importância reclamada poderá garantir a execução mediante depósito da quantia correspondente, atualizada e acrescida das despesas processuais, apresentação de seguro-garantia judicial ou nomeação de bens à penhora, observada a ordem preferencial estabelecida no art. 835 da Lei nº 13.105, de 16 de março de 2015 – Código de Processo Civil.

(*) Art. 882 alterado pela Lei nº 8.432/1992 e com redação dada pela Lei nº 13.467/2017.

(*) Lei nº 13.105, de 16 de março de 2015 (Código de Processo Civil): ***Art. 835.*** *A penhora observará, preferencialmente, a seguinte ordem: I – dinheiro, em espécie ou em depósito ou aplicação em instituição financeira; II – títulos da dívida pública da União, dos Estados e do Distrito Federal com cotação em mercado; III – títulos e valores mobiliários com cotação em mercado; IV – veículos de via terrestre; V – bens imóveis; VI – bens móveis em geral; VII – semoventes; VIII – navios e aeronaves; IX – ações e quotas de sociedades simples e empresárias; X – percentual do faturamento de empresa devedora; XI – pedras e metais preciosos; XII – direitos aquisitivos derivados de promessa de compra e venda e de alienação fiduciária em garantia; XIII – outros direitos. § 1º. É prioritária a penhora em dinheiro, podendo o juiz, nas demais hipóteses, alterar a ordem prevista no caput de acordo com as circunstâncias do caso concreto. § 2º. Para fins de substituição da penhora, equiparam-se a dinheiro a fiança bancária e o seguro garantia judicial, desde que em valor não inferior ao do débito constante da inicial, acrescido de trinta por cento. § 3º. Na execução de crédito com garantia real, a penhora recairá sobre a coisa dada em garantia, e, se a coisa pertencer a terceiro garantidor, este também será intimado da penhora.*

Art. 883. Não pagando o executado, nem garantindo a execução, seguir-se-á penhora dos bens, tantos quantos bastem ao pagamento da importância da condenação, acrescida de custas e juros de mora equivalentes aos aplicados à caderneta de poupança, sendo estes, em qualquer caso, devidos somente a partir da data em que for ajuizada a reclamação inicial.

(*) Art. 883 alterado pelo Decreto-Lei nº 8.737/1946, pela Lei nº 2.244/1954 e com redação dada pela MP nº 905/2019.

Art. 883-A. A decisão judicial transitada em julgado somente poderá ser levada a protesto, gerar inscrição do nome do executado em órgãos de proteção ao crédito ou no Banco Nacional de Devedores Trabalhistas (BNDT), nos termos da lei, depois de transcorrido o prazo de quarenta e cinco dias a contar da citação do executado, se não houver garantia do juízo.

(*) Art. 883-A acrescido pela Lei nº 13.467/2017.

Seção III
Dos Embargos à Execução e da sua Impugnação

Art. 884. Garantida a execução ou penhorados os bens, terá o executado 5 (cinco) dias para apresentar embargos, cabendo igual prazo ao exequente para impugnação.

(*) O art. 1º-B da Lei nº 9.494/1997, acrescido pela MP nº 2.180-35/2001, prescreve: ***Art. 1º-B.*** *O prazo a que se refere o caput dos arts. 730 do Código de Processo Civil, e 884 da Consolidação das Leis do Trabalho,* *aprovada pelo Decreto-Lei nº 5.452, de 1º de maio de 1943, passa a ser de trinta dias.*

§ 1º. A matéria de defesa será restrita às alegações de cumprimento da decisão ou do acordo, quitação ou prescrição da dívida.

§ 2º. Se na defesa tiverem sido arroladas testemunhas, poderá o Juiz ou o Presidente do Tribunal, caso julgue necessários seus depoimentos, marcar audiência para a produção das provas, a qual deverá realizar-se dentro de 5 (cinco) dias.

§ 3º. Somente nos embargos à penhora poderá o executado impugnar a sentença de liquidação, cabendo ao exequente igual direito e no mesmo prazo.

(*) § 3º acrescido pela Lei nº 2.244/1954.

§ 4º. Julgar-se-ão na mesma sentença os embargos e as impugnações à liquidação apresentadas pelos credores trabalhista e previdenciário.

(*) § 4º acrescido pela Lei nº 2.244/1954, e com redação dada pela Lei nº 10.035/2000.

§ 5º. Considera-se inexigível o título judicial fundado em lei ou ato normativo declarados inconstitucionais pelo Supremo Tribunal Federal ou em aplicação ou interpretação tidas por incompatíveis com a Constituição Federal.

(*) § 5º acrescido pela MP nº 2.180-35/2001•.

• MP nº 2.180-35/2001 em vigor ante a redação do art. 2º da EC nº 32/2001: ***Art. 2º.*** *As medidas provisórias editadas em data anterior à da publicação desta emenda continuam em vigor até que medida provisória ulterior as revogue explicitamente ou até deliberação definitiva do Congresso Nacional.*

§ 6º. A exigência da garantia ou penhora não se aplica às entidades filantrópicas e/ou àqueles que compõem ou compuseram a diretoria dessas instituições.

(*) § 6º acrescido pela Lei nº 13.467/2017.

Seção IV
Do Julgamento e dos Trâmites Finais da Execução

Art. 885. Não tendo sido arroladas testemunhas na defesa, o juiz ou presidente, conclusos os autos, proferirá sua decisão, dentro de 5 (cinco) dias, julgando subsistente ou insubsistente a penhora.

Art. 886. Se tiverem sido arroladas testemunhas, finda a sua inquirição em audiência, o escrivão ou secretário fará, dentro de 48 (quarenta e oito) horas, conclusos os autos ao juiz ou presidente, que proferirá sua decisão, na forma prevista no artigo anterior.

§ 1º. Proferida a decisão, serão da mesma notificadas as partes interessadas, em registrado postal, com franquia.

§ 2º. Julgada subsistente a penhora, o juiz, ou presidente, mandará proceder logo à avaliação dos bens penhorados.

Art. 887. A avaliação dos bens penhorados em virtude da execução de decisão condenatória, será feita por avaliador escolhido de comum acordo pelas partes, que perceberá as custas arbitradas pelo juiz, ou presidente do tribunal trabalhista, de conformidade com a tabela a ser expedida pelo Tribunal Superior do Trabalho.

§ 1º. Não acordando as partes quanto à designação de avaliador, dentro de cinco dias após o despacho que o determinou a avaliação, será o avaliador designado livremente pelo juiz ou presidente do tribunal.

§ 2º. Os servidores da Justiça do Trabalho não poderão ser escolhidos ou designados para servir de avaliador.

Art. 888. Concluída a avaliação, dentro de dez dias, contados da data da nomeação do avaliador, seguir-se-á a arrematação, que será anunciada por edital afixado na sede do juízo ou tribunal e publicado no jornal local, se houver, com a antecedência de vinte (20) dias.

(*) V. art. 721, § 3º, da CLT.

§ 1º. A arrematação far-se-á em dia, hora e lugar anunciados e os bens serão vendidos pelo maior lance, tendo o exequente preferência para a adjudicação.

§ 2º. O arrematante deverá garantir o lance com o sinal correspondente a 20% (vinte por cento) do seu valor.

§ 3º. Não havendo licitante, e não requerendo o exequente a adjudicação dos bens penhorados, poderão os mesmos ser vendidos por leiloeiro nomeado pelo Juiz ou Presidente.

§ 4º. Se o arrematante, ou seu fiador, não pagar dentro de 24 (vinte e quatro) horas o preço da arrematação, perderá, em benefício da execução, o sinal de que trata o § 2º deste artigo, voltando à praça os bens executados.

(*) Art. 888 com redação dada pela Lei nº 5.584/1970.

Art. 889. Aos trâmites e incidentes do processo da execução são aplicáveis, naquilo em que não contravierem ao presente Título, os preceitos que regem o processo dos executivos fiscais para a cobrança judicial da dívida ativa da Fazenda Pública Federal.

Art. 889-A. Os recolhimentos das importâncias devidas, referentes às contribuições sociais, serão efetuados nas agências locais da Caixa Econômica Federal ou do Banco do Brasil S.A., por intermédio de documento de arrecadação da Previdência Social, dele se fazendo constar o número do processo.

(*) Art. 889-A, *caput*, acrescido pela Lei nº 10.035/2000.

§ 1º. Concedido parcelamento pela Secretaria da Receita Federal do Brasil, o devedor juntará aos autos a comprovação do ajuste, ficando a execução da contribuição social correspondente suspensa até a quitação de todas as parcelas.

(*) § 1º acrescido pela Lei nº 10.035/2000, e com redação dada pela Lei nº 11.457/2007.

§ 2º. As Varas do Trabalho encaminharão mensalmente à Secretaria da Receita Federal do Brasil informações sobre os recolhimentos efetivados nos autos, salvo se outro prazo for estabelecido em regulamento.

(*) § 2º acrescido pela Lei nº 10.035/2000, e com redação dada pela Lei nº 11.457/2007.

Seção V
Da Execução por Prestações Sucessivas

Art. 890. A execução para pagamento de prestações sucessivas far-se-á com observância das normas constantes desta Seção, sem prejuízo das demais estabelecidas neste Capítulo.

Art. 891. Nas prestações sucessivas por tempo determinado, a execução pelo não pagamento de uma prestação compreenderá as que lhe sucederem.

Art. 892. Tratando-se de prestações sucessivas por tempo indeterminado, a execução compreenderá inicialmente as prestações devidas até a data do ingresso na execução.

Capítulo VI
DOS RECURSOS

Art. 893. Das decisões são admissíveis os seguintes recursos:

(*) Art. 893, *caput*, com redação dada pela Lei nº 861/1949.

I – embargos;

(*) Inciso I com redação dada pela Lei nº 861/1949.

II – recurso ordinário;

(*) Inciso II com redação dada pela Lei nº 861/1949.

III – recurso de revista;

(*) Inciso III com redação dada pela Lei nº 861/1949.

IV – agravo.

(*) Inciso IV com redação dada pela Lei nº 861/1949.

§ 1º. Os incidentes do processo são resolvidos pelo próprio Juízo ou Tribunal, admitindo-se a apreciação do merecimento das decisões interlocutórias somente em recursos da decisão definitiva.

(*) § 1º, primitivo parágrafo único, renumerado pelo Decreto-Lei nº 8.737/1946.

(*) V. art. 855-A, § 1º, I, da CLT.

§ 2º. A interposição de recurso para o Supremo Tribunal Federal não prejudicará a execução do julgado.

(*) § 2º acrescido pelo Decreto-Lei nº 8.737/1946.

Art. 894. No Tribunal Superior do Trabalho cabem embargos, no prazo de 8 (oito) dias:

(*) Art. 894, *caput*, alterado pelo Decreto-Lei nº 8.737/1946, pela Lei nº 2.244/1954, pelo Decreto-Lei nº 229/1967, pela Lei nº 5.442/1968 e com redação dada pela Lei nº 11.496/2007.

(*) V. art. 659, VI, da CLT.

I – de decisão não unânime de julgamento que:

(*) Inciso I acrescido pela Lei nº 11.496/2007.

a) conciliar, julgar ou homologar conciliação em dissídios coletivos que excedam a competência territorial dos Tribunais Regionais do Trabalho e estender ou rever as sentenças normativas do Tribunal Superior do Trabalho, nos casos previstos em lei; e

(*) Alínea "a" acrescida pela Lei nº 11.496/2007.

b) (vetado);

(*) Alínea "b" acrescida pela Lei nº 11.496/2007.

II – das decisões das Turmas que divergirem entre si ou das decisões proferidas pela Seção de Dissídios Individuais, ou contrárias a súmula ou orientação jurisprudencial do Tribunal Superior do Trabalho ou súmula vinculante do Supremo Tribunal Federal.

(*) Inciso II acrescido pela Lei nº 11.496/2007 e com redação dada pela Lei nº 13.015/2014.

(*) Vide Instrução Normativa TST nº 38/2015, que regulamenta o procedimento do Incidente de Julgamento dos Recursos de Revista e de Embargos repetitivos à SBDI-1 do TST.

Parágrafo único. (Revogado).

(*) Parágrafo único revogado pela Lei nº 11.496/2007.

§ 1º. (*Omissis*).

§ 2º. A divergência apta a ensejar os embargos deve ser atual, não se considerando tal a ultrapassada por súmula do Tribunal Superior do Trabalho ou do Supremo Tribunal Federal, ou superada por iterativa e notória jurisprudência do Tribunal Superior do Trabalho.

(*) § 2º acrescido pela Lei nº 13.015/2014.

§ 3º. O Ministro Relator denegará seguimento aos embargos:

I – se a decisão recorrida estiver em consonância com súmula da jurisprudência do Tribunal Superior do Trabalho ou do Supremo Tribunal Federal, ou com iterativa, notória e atual jurisprudência do Tribunal Superior do Trabalho, cumprindo-lhe indicá-la;

II – nas hipóteses de intempestividade, deserção, irregularidade de representação ou de ausência de qualquer outro pressuposto extrínseco de admissibilidade.

(*) § 3º acrescido pela Lei nº 13.015/2014.

§ 4º. Da decisão denegatória dos embargos caberá agravo, no prazo de 8 (oito) dias.

(*) § 4º acrescido pela Lei nº 13.015/2014.

Art. 895. Cabe recurso ordinário para a instância superior:

(*) Vide Lei nº 5.584/1970, que estabelece os princípios que devem ser observados nos processos perante a Justiça do Trabalho.

I – das decisões definitivas ou terminativas das Varas e Juízos, no prazo de 8 (oito) dias; e

(*) Inciso I acrescido pela Lei nº 11.925/2009.

II – das decisões definitivas ou terminativas dos Tribunais Regionais, em processos de sua competência originária, no prazo de 8 (oito) dias, quer nos dissídios individuais, quer nos dissídios coletivos.

(*) Inciso II acrescido pela Lei nº 11.925/2009.

§ 1º. Nas reclamações sujeitas ao procedimento sumaríssimo, o recurso ordinário:

(*) § 1º acrescido pela Lei nº 9.957/2000.

(*) Vide arts. 852-A a 852-I da CLT: procedimento sumaríssimo.

I – (vetado);

(*) Inciso I acrescido pela Lei nº 9.957/2000.

II – será imediatamente distribuído, uma vez recebido no Tribunal, devendo o relator liberá-lo no prazo máximo de dez dias, e a Secretaria do Tribunal ou Turma colocá-lo imediatamente em pauta para julgamento, sem revisor;

(*) Inciso II acrescido pela Lei nº 9.957/2000.

III – terá parecer oral do representante do Ministério Público presente à sessão de julgamento, se este entender necessário o parecer, com registro na certidão;

(*) Inciso III acrescido pela Lei nº 9.957/2000.

IV – terá acórdão consistente unicamente na certidão de julgamento, com a indicação suficiente do processo e parte dispositiva, e das razões de decidir do voto prevalente. Se a sentença for confirmada pelos próprios fundamentos, a certidão de julgamento, registrando tal circunstância, servirá de acórdão.

(*) Inciso IV acrescido pela Lei nº 9.957/2000.

§ 2º. Os Tribunais Regionais, divididos em Turmas, poderão designar Turma para o julgamento dos recursos ordinários interpostos das sentenças prolatadas nas demandas sujeitas ao procedimento sumaríssimo.

(*) § 2º acrescido pela Lei nº 9.957/2000.

Art. 896. Cabe Recurso de Revista para Turma do Tribunal Superior do Trabalho das decisões proferidas em grau de recurso ordinário, em dissídio individual, pelos Tribunais Regionais do Trabalho, quando:

(*) Art. 896, *caput*, alterado pelo Decreto-Lei nº 8.737/1946, pela Lei nº 861/1949, pela Lei nº 2.244/1954, pelo Decreto-Lei nº 229/1967, pela Lei nº 5.442/1968, pela Lei nº 7.701/1988 e com redação dada pela Lei nº 9.756/1998.

(*) Vide Instruções Normativas TST nº 23 e 40.

a) derem ao mesmo dispositivo de lei federal interpretação diversa da que lhe houver dado outro Tribunal Regional do Trabalho, no seu Pleno ou Turma, ou a Seção de Dissídios Individuais do Tribunal Superior do Trabalho, ou contrariarem súmula de jurisprudência uniforme dessa Corte ou súmula vinculante do Supremo Tribunal Federal;

(*) Alínea "a" alterada pela Lei nº 9.756/1998 e com redação dada pela Lei nº 13.015/2014.

b) derem ao mesmo dispositivo de lei estadual, Convenção Coletiva de Trabalho, Acordo Coletivo, sentença normativa ou regulamento empresarial de observância obrigatória em área territorial que exceda a jurisdição do Tribunal Regional prolator da decisão recorrida, interpretação divergente, na forma da alínea "a";

(*) Alínea "b" com redação dada pela Lei nº 9.756/1998.

c) proferidas com violação literal de disposição de lei federal ou afronta direta e literal à Constituição Federal.

(*) Alínea "c" com redação dada pela Lei nº 9.756/1998.

§ 1º. O recurso de revista, dotado de efeito apenas devolutivo, será interposto perante o Presidente do Tribunal Regional do Trabalho, que, por decisão fundamentada, poderá recebê-lo ou denegá-lo.

(*) § 1º alterado pela Lei nº 9.756/1998 e com redação dada pela Lei nº 13.015/2014.

§ 1º-A. Sob pena de não conhecimento, é ônus da parte:

(*) § 1º-A, *caput*, acrescido pela Lei nº 13.015/2014.

I – indicar o trecho da decisão recorrida que consubstancia o prequestionamento da controvérsia objeto do recurso de revista;

(*) Inciso I acrescido pela Lei nº 13.015/2014.

II – indicar, de forma explícita e fundamentada, contrariedade a dispositivo de lei, súmula ou orientação jurisprudencial do Tribunal Superior do Trabalho que conflite com a decisão regional;

(*) Inciso II acrescido pela Lei nº 13.015/2014.

III – expor as razões do pedido de reforma, impugnando todos os fundamentos jurídicos da decisão recorrida, inclusive mediante demonstração analítica de cada dispositivo de lei, da Constituição Federal, de súmula ou orientação jurisprudencial cuja contrariedade aponte;

(*) Inciso III acrescido pela Lei nº 13.015/2014.

IV – transcrever na peça recursal, no caso de suscitar preliminar de nulidade de julgado por negativa de prestação jurisdicional, o trecho dos embargos declaratórios em que foi pedido o pronunciamento do tribunal sobre questão veiculada no recurso ordinário e o trecho da decisão regional que rejeitou os embargos quanto ao pedido, para cotejo e verificação, de plano, da ocorrência da omissão.

(*) Inciso IV acrescido pela Lei nº 13.467/2017.

§ 2º. Das decisões proferidas pelos Tribunais Regionais do Trabalho ou por suas Turmas, em execução de sentença, inclusive em processo incidente de embargos de terceiro, não caberá Recurso de Revista, salvo na hipótese de ofensa direta e literal de norma da Constituição Federal.

(*) § 2º com redação dada pela Lei nº 9.756/1998.

§ 3º. (Revogado).

(*) § 3º alterado pela Lei nº 9.756/1998 e pela Lei nº 13.015/2014, e revogado pela Lei nº 13.467/2017.

§ 4º. (Revogado).

(*) § 4º alterado pela Lei nº 9.756/1998 e pela Lei nº 13.015/2014, e revogado pela Lei nº 13.467/2017.

§ 5º. (Revogado).

(*) § 5º alterado pela Lei nº 7.701/1988 e pela Lei nº 13.015/2014, e revogado pela Lei nº 13.467/2017.

§ 6º. (Revogado).

(*) § 6º acrescido pela Lei nº 9.957/2000, alterado pela Lei nº 13.015/2014 e revogado pela Lei nº 13.467/2017.

§ 7º. A divergência apta a ensejar o recurso de revista deve ser atual, não se considerando como tal a ultrapassada por súmula do Tribunal Superior do Trabalho ou do Supremo

Tribunal Federal, ou superada por iterativa e notória jurisprudência do Tribunal Superior do Trabalho.

(*) § 7º acrescido pela Lei nº 13.015/2014.

§ 8º. Quando o recurso fundar-se em dissenso de julgados, incumbe ao recorrente o ônus de produzir prova da divergência jurisprudencial, mediante certidão, cópia ou citação do repositório de jurisprudência, oficial ou credenciado, inclusive em mídia eletrônica, em que houver sido publicada a decisão divergente, ou ainda pela reprodução de julgado disponível na internet, com indicação da respectiva fonte, mencionando, em qualquer caso, as circunstâncias que identifiquem ou assemelhem os casos confrontados.

(*) § 8º acrescido pela Lei nº 13.015/2014.

§ 9º. Nas causas sujeitas ao procedimento sumaríssimo, somente será admitido recurso de revista por contrariedade a súmula de jurisprudência uniforme do Tribunal Superior do Trabalho ou a súmula vinculante do Supremo Tribunal Federal e por violação direta da Constituição Federal.

(*) § 9º acrescido pela Lei nº 13.015/2014.

§ 10. Cabe recurso de revista por violação a lei federal, por divergência jurisprudencial e por ofensa à Constituição Federal nas execuções fiscais e nas controvérsias da fase de execução que envolvam a Certidão Negativa de Débitos Trabalhistas (CNDT), criada pela Lei nº 12.440, de 7 de julho de 2011.

(*) § 10 acrescido pela Lei nº 13.015/2014.

§ 11. Quando o recurso tempestivo contiver defeito formal que não se repute grave, o Tribunal Superior do Trabalho poderá desconsiderar o vício ou mandar saná-lo, julgando o mérito.

(*) § 11 acrescido pela Lei nº 13.015/2014.

§ 12. Da decisão denegatória caberá agravo, no prazo de 8 (oito) dias.

(*) § 12 acrescido pela Lei nº 13.015/2014.

§ 13. Dada a relevância da matéria, por iniciativa de um dos membros da Seção Especializada em Dissídios Individuais do Tribunal Superior do Trabalho, aprovada pela maioria dos integrantes da Seção, o julgamento a que se refere o § 3º poderá ser afeto ao Tribunal Pleno.

(*) § 13 acrescido pela Lei nº 13.015/2014.

(*) Entendemos prejudicado este § 13 ante a revogação do § 3º pela Lei nº 13.467/2017.

§ 14. O relator do recurso de revista poderá denegar-lhe seguimento, em decisão monocrática, nas hipóteses de intempestividade, deserção, irregularidade de representação ou de ausência de qualquer outro pressuposto extrínseco ou intrínseco de admissibilidade.

(*) § 14 acrescido pela Lei nº 13.467/2017.

Art. 896-A. O Tribunal Superior do Trabalho, no recurso de revista, examinará previamente se a causa oferece transcendência com relação aos reflexos gerais de natureza econômica, política, social ou jurídica.

(*) Art. 896-A, *caput*, acrescido pela MP nº 2.226/2001•.

• MP nº 2.226/2001 em vigor ante a redação do art. 2º da EC nº 32/2001: ***Art. 2º.*** *As medidas provisórias editadas em data anterior à da publicação desta emenda continuam em vigor até que medida provisória ulterior as revogue explicitamente ou até deliberação definitiva do Congresso Nacional.*

§ 1º. São indicadores de transcendência, entre outros:

I – econômica, o elevado valor da causa;

II – política, o desrespeito da instância recorrida à jurisprudência sumulada do Tribunal Superior do Trabalho ou do Supremo Tribunal Federal;

III – social, a postulação, por reclamante-recorrente, de direito social constitucionalmente assegurado;

IV – jurídica, a existência de questão nova em torno da interpretação da legislação trabalhista.

(*) § 1º acrescido pela Lei nº 13.467/2017.

§ 2º. Poderá o relator, monocraticamente, denegar seguimento ao recurso de revista que não demonstrar transcendência, cabendo agravo desta decisão para o colegiado.

(*) § 2º acrescido pela Lei nº 13.467/2017.

§ 3º. Em relação ao recurso que o relator considerou não ter transcendência, o recorrente poderá realizar sustentação oral sobre a questão da transcendência, durante cinco minutos em sessão.

(*) § 3º acrescido pela Lei nº 13.467/2017.

§ 4º. Mantido o voto do relator quanto à não transcendência do recurso, será lavrado acórdão com fundamentação sucinta, que constituirá decisão irrecorrível no âmbito do tribunal.

(*) § 4º acrescido pela Lei nº 13.467/2017.

§ 5º. É irrecorrível a decisão monocrática do relator que, em agravo de instrumento em recurso de revista, considerar ausente a transcendência da matéria.

(*) § 5º acrescido pela Lei nº 13.467/2017.

§ 6º. O juízo de admissibilidade do recurso de revista exercido pela Presidência dos Tribunais Regionais do Trabalho limita-se à análise dos pressupostos intrínsecos e extrínsecos do apelo, não abrangendo o critério da transcendência das questões nele veiculadas.

(*) § 6º acrescido pela Lei nº 13.467/2017.

Art. 896-B. Aplicam-se ao recurso de revista, no que couber, as normas da Lei nº 5.869, de 11 de janeiro de 1973 (Código de Processo Civil), relativas ao julgamento dos recursos extraordinário e especial repetitivos.

(*) Art. 896-B acrescido pela Lei nº 13.015/2014.

(*) No CPC em vigor (Lei nº 13.105/2015), relaciona-se aos arts. 1.029 a 1.044.

(*) Vide Instrução Normativa TST nº 38.

Art. 896-C. Quando houver multiplicidade de recursos de revista fundados em idêntica questão de direito, a questão poderá ser afetada à Seção Especializada em Dissídios Individuais ou ao Tribunal Pleno, por decisão da maioria simples de seus membros, mediante requerimento de um dos Ministros que compõem a Seção Especializada, considerando a relevância da matéria ou a existência de entendimentos divergentes entre os Ministros dessa Seção ou das Turmas do Tribunal.

(*) Vide Instrução Normativa TST nº 38.

§ 1º. O Presidente da Turma ou da Seção Especializada, por indicação dos relatores, afetará um ou mais recursos representativos da controvérsia para julgamento pela Seção Especializada em Dissídios Individuais ou pelo Tribunal Pleno, sob o rito dos recursos repetitivos.

§ 2º. O Presidente da Turma ou da Seção Especializada que afetar processo para julgamento sob o rito dos recursos repetitivos deverá expedir comunicação aos demais Presidentes de Turma ou de Seção Especializada, que poderão afetar outros processos sobre a questão para julgamento conjunto, a fim de conferir ao órgão julgador visão global da questão.

§ 3º. O Presidente do Tribunal Superior do Trabalho oficiará os Presidentes dos Tribunais Regionais do Trabalho para que suspendam os recursos interpostos em casos idênticos aos afetados como recursos repetitivos, até o pronunciamento definitivo do Tribunal Superior do Trabalho.

§ 4º. Caberá ao Presidente do Tribunal de origem admitir um ou mais recursos representativos da controvérsia, os quais serão encaminhados ao Tribunal Superior do Trabalho, ficando suspensos os demais recursos de revista até o pronunciamento definitivo do Tribunal Superior do Trabalho.

§ 5º. O relator no Tribunal Superior do Trabalho poderá determinar a suspensão dos recursos de revista ou de embargos que tenham como objeto controvérsia idêntica à do recurso afetado como repetitivo.

§ 6º. O recurso repetitivo será distribuído a um dos Ministros membros da Seção Especializada ou do Tribunal Pleno e a um Ministro revisor.

§ 7º. O relator poderá solicitar, aos Tribunais Regionais do Trabalho, informações a respeito da controvérsia, a serem prestadas no prazo de 15 (quinze) dias.

(*) Vide § 9º deste artigo.

§ 8º. O relator poderá admitir manifestação de pessoa, órgão ou entidade com interesse na controvérsia, inclusive como assistente simples, na forma da Lei nº 5.869, de 11 de janeiro de 1973 (Código de Processo Civil).

(*) No CPC em vigor (Lei nº 13.105/2015), relaciona-se aos arts. 121 e 122.

§ 9º. Recebidas as informações e, se for o caso, após cumprido o disposto no § 7º deste artigo, terá vista o Ministério Público pelo prazo de 15 (quinze) dias.

§ 10. Transcorrido o prazo para o Ministério Público e remetida cópia do relatório aos demais Ministros, o processo será incluído em pauta na Seção Especializada ou no Tribunal Pleno, devendo ser julgado com preferência sobre os demais feitos.

§ 11. Publicado o acórdão do Tribunal Superior do Trabalho, os recursos de revista sobrestados na origem:

I – terão seguimento denegado na hipótese de o acórdão recorrido coincidir com a orientação a respeito da matéria no Tribunal Superior do Trabalho; ou

II – serão novamente examinados pelo Tribunal de origem na hipótese de o acórdão recorrido divergir da orientação do Tribunal Superior do Trabalho a respeito da matéria.

§ 12. Na hipótese prevista no inciso II do § 11 deste artigo, mantida a decisão divergente pelo Tribunal de origem, far-se-á o exame de admissibilidade do recurso de revista.

§ 13. Caso a questão afetada e julgada sob o rito dos recursos repetitivos também contenha questão constitucional, a decisão proferida pelo Tribunal Pleno não obstará o conhecimento de eventuais recursos extraordinários sobre a questão constitucional.

§ 14. Aos recursos extraordinários interpostos perante o Tribunal Superior do Trabalho será aplicado o procedimento previsto no art. 543-B da Lei nº 5.869, de 11 de janeiro de 1973 (Código de Processo Civil), cabendo ao Presidente do Tribunal Superior do Trabalho selecionar um ou mais recursos representativos da controvérsia e encaminhá-los ao Supremo Tribunal Federal, sobrestando os demais até o pronunciamento definitivo da Corte, na forma do § 1º do art. 543-B da Lei nº 5.869, de 11 de janeiro de 1973 (Código de Processo Civil).

(*) No CPC em vigor (Lei nº 13.105/2015), relaciona-se ao art. 1.036.

§ 15. O Presidente do Tribunal Superior do Trabalho poderá oficiar os Tribunais Regionais do Trabalho e os Presidentes das Turmas e da Seção Especializada do Tribunal para que suspendam os processos idênticos aos selecionados como recursos representativos da controvérsia e encaminhados ao Supremo Tribunal Federal, até o seu pronunciamento definitivo.

§ 16. A decisão firmada em recurso repetitivo não será aplicada aos casos em que se demonstrar que a situação de fato ou de direito é distinta das presentes no processo julgado sob o rito dos recursos repetitivos.

§ 17. Caberá revisão da decisão firmada em julgamento de recursos repetitivos quando se alterar a situação econômica, social ou jurídica, caso em que será respeitada a segurança jurídica das relações firmadas sob a égide da decisão anterior, podendo o Tribunal Superior do Trabalho modular os efeitos da decisão que a tenha alterado.

(*) Art. 896-C acrescido pela Lei nº 13.015/2014.

Art. 897. Cabe agravo, no prazo de 8 (oito) dias:

(*) Vide Instruções Normativas TST nº 16 e 17.

a) de petição, das decisões do Juiz ou Presidente, nas execuções;

(*) V. § 3º deste artigo.

b) de instrumento, dos despachos que denegarem a interposição de recursos.

(*) Art. 897, *caput*, com redação dada pela Lei nº 8.432/1992.

(*) V. § 4º deste artigo.

(*) A Resolução Administrativa nº 1.418/2010 regulamenta o processamento do Agravo de Instrumento interposto de despacho que negar seguimento a recurso de competência do Tribunal Superior do Trabalho: *CONSIDERANDO o Ato.SEJUD.GP nº 342/2010, que implantou e regulamentou o processo eletrônico no âmbito do Tribunal Superior do Trabalho, por força da Lei nº 11.419, de 19 de dezembro de 2006; CONSIDERANDO que, em razão dessa nova realidade normativa, já não há mais razão para o trâmite de processos físicos nesta Corte; CONSIDERANDO que a existência do processo judicial eletrônico deve substituir o processo físico e que a coexistência de ambos resulta em duplicidade antieconômica; CONSIDERANDO a digitalização de processos, pelos Tribunais Regionais, para a remessa ao Tribunal Superior do Trabalho, conforme previsto no Ato Conjunto TST.CSJT nº 10/2010; CONSIDERANDO que a remessa eletrônica de processos dos Tribunais Regionais para o Tribunal Superior do Trabalho não impede o prosseguimento dos procedimentos concernentes à execução na origem, RESOLVEU:* ***Art. 1º.*** *O agravo de instrumento interposto de despacho que negar seguimento a recurso para o Tribunal Superior do Trabalho deve ser processado nos autos do recurso denegado.* ***Art. 2º.*** *Após a juntada da petição de agravo de instrumento, o processo será concluso ao juiz prolator do despacho agravado, para sua reforma ou confirmação. § 1º. Mantido o despacho e não havendo outro recurso admitido, o agravo de instrumento será autuado no TRT. § 2º. Havendo agravo de instrumento e também recurso admitido, o processo será remetido ao TST com a classe processual anterior à interposição dos recursos, cabendo ao TST proceder à devida autuação do processo.* ***Art. 3º.*** *Nos processos em que haja agravo de instrumento e também recurso admitido, se provido o agravo, publicar-se-á certidão para efeito de intimação das partes, dela constando que o julgamento de ambos os recursos dar-se-á na primeira sessão ordinária subsequente à data da publicação, determinando-se ainda a reautuação do processo e a alteração dos registros. § 1º. Julgados os recursos, será lavrado um único acórdão, que consignará também os fundamentos do provimento do agravo de instrumento, fluindo a partir da data da publicação do acórdão o prazo para interposição de recursos. § 2º. Se não for conhecido ou provido o agravo de instrumento, será de imediato julgado o recurso, com lavratura de um único acórdão, que consignará os fundamentos de ambas as decisões.* ***Art. 4º.*** *Interposto apenas agravo de instrumento, se lhe for dado provimento, observar-se-á o procedimento descrito no art. 3º, § 1º.*

§ 1º. O agravo de petição só será recebido quando o agravante delimitar, justificadamente, as matérias e os valores impugnados, permitida a execução imediata da parte remanescente até o final, nos próprios autos ou por carta de sentença.

(*) § 1º com redação dada pela Lei nº 8.432/1992.

§ 2º. O agravo de instrumento interposto contra o despacho que não receber agravo de petição não suspende a execução da sentença.

(*) § 2º com redação dada pela Lei nº 8.432/1992.

§ 3º. Na hipótese da alínea "a" deste artigo, o agravo será julgado pelo próprio tribunal, presidido pela autoridade recorrida, salvo se se tratar de decisão de Juiz do Trabalho de 1ª Instância ou de Juiz de Direito, quando o julgamento competirá a uma das Turmas do Tribunal Regional a que estiver subordinado o prolator da sentença, observado o disposto no art. 679, a quem este remeterá as peças necessárias para o exame da matéria controvertida, em autos apartados, ou nos próprios autos, se tiver sido determinada a extração de carta de sentença.

(*) § 3º alterado pela Lei nº 8.432/1992 e com redação dada pela Lei nº 10.035/2000.

(*) V. § 8º deste artigo.

§ 4º. Na hipótese da alínea "b" deste artigo, o agravo será julgado pelo Tribunal que seria competente para conhecer o recurso cuja interposição foi denegada.

(*) § 4º acrescido pela Lei nº 8.432/1992.

§ 5º. Sob pena de não conhecimento, as partes promoverão a formação do instrumento do agravo de modo a possibilitar, caso provido, o imediato julgamento do recurso denegado, instruindo a petição de interposição:

(*) § 5º, *caput*, acrescido pela Lei nº 9.756/1998.

I – obrigatoriamente, com cópias da decisão agravada, da certidão da respectiva intimação, das procurações outorgadas aos advogados do agravante e do agravado, da petição inicial, da contestação, da decisão originária, do depósito recursal referente ao recurso que se pretende destrancar, da comprovação do recolhimento das custas e do depósito recursal a que se refere o § 7º do art. 899 desta Consolidação;

(*) Inciso I acrescido pela Lei nº 9.756/1998, e com redação dada pela Lei nº 12.275/2010.

(*) Vide Instrução Normativa TST nº 3.

II – facultativamente, com outras peças que o agravante reputar úteis ao deslinde da matéria de mérito controvertida.

(*) Inciso II acrescido pela Lei nº 9.756/1998.

§ 6º. O agravado será intimado para oferecer resposta ao agravo e ao recurso principal, instruindo-a com as peças que considerar necessárias ao julgamento de ambos os recursos.

(*) § 6º acrescido pela Lei nº 9.756/1998.

§ 7º. Provido o agravo, a Turma deliberará sobre o julgamento do recurso principal, observando-se, se for o caso, daí em diante, o procedimento relativo a esse recurso.

(*) § 7º acrescido pela Lei nº 9.756/1998.

§ 8º. Quando o agravo de petição versar apenas sobre as contribuições sociais, o juiz da execução determinará a extração de cópias das peças necessárias, que serão autuadas em apartado, conforme dispõe o § 3º, parte final, e remetidas à instância superior para apreciação, após contraminuta.

(*) § 8º acrescido pela Lei nº 10.035/2000.

Art. 897-A. Caberão embargos de declaração da sentença ou acórdão, no prazo de cinco dias, devendo seu julgamento ocorrer na primeira audiência ou sessão subsequente a sua apresentação, registrado na certidão, admitido efeito modificativo da decisão nos casos de omissão e contradição no julgado e manifesto equívoco no exame dos pressupostos extrínsecos do recurso.

(*) Art. 897-A, *caput*, acrescido pela Lei nº 9.957/2000.

(*) Vide art. 9º da Instrução Normativa TST nº 39.

§ 1º. Os erros materiais poderão ser corrigidos de ofício ou a requerimento de qualquer das partes.

(*) § 1º, primitivo parágrafo único, acrescido pela Lei nº 9.957/2000, renumerado e com redação dada pela Lei nº 13.015/2014.

§ 2º. Eventual efeito modificativo dos embargos de declaração somente poderá ocorrer em virtude da correção de vício na decisão embargada e desde que ouvida a parte contrária, no prazo de 5 (cinco) dias.

(*) § 2º acrescido pela Lei nº 13.015/2014.

§ 3º. Os embargos de declaração interrompem o prazo para interposição de outros recursos, por qualquer das partes, salvo quando intempestivos, irregular a representação da parte ou ausente a sua assinatura.

(*) § 3º acrescido pela Lei nº 13.015/2014.

Art. 898. Das decisões proferidas em dissídio coletivo que afete empresa de serviço público, ou, em qualquer caso, das proferidas em revisão, poderão recorrer, além dos interessados, o Presidente do Tribunal e a Procuradoria da Justiça do Trabalho.

Art. 899. Os recursos serão interpostos por simples petição e terão efeito meramente devolutivo, salvo as exceções previstas neste Título, permitida a execução provisória até a penhora.

(*) Art. 899, *caput*, com redação dada pela Lei nº 5.442/1968.

(*) Vide Lei nº 7.701/1988, que dispõe sobre a especialização de Turmas dos Tribunais do Trabalho em processos coletivos.

(*) Vide Instruções Normativas TST nº 3, 15 e 18, que dispõem sobre depósito recursal.

(*) Os valores dos Depósitos recursais são atualizados todo mês de julho de cada ano por Ato TST SEGJUD.

§ 1º. Sendo a condenação de valor até 10 (dez) vezes o salário-mínimo regional, nos dissídios individuais, só será admitido o recurso inclusive o extraordinário, mediante prévio depósito da respectiva importância. Transitada em julgado a decisão recorrida, ordenar-se-á o levantamento imediato da importância de depósito, em favor da parte vencedora, por simples despacho do juiz.

(*) § 1º com redação dada pela Lei nº 5.442/1968.

(*) O inciso III do art. 3° da Lei nº 8.177/1991 extinguiu o valor de referência. Os limites do depósito recursal a que se refere este dispositivo passaram a ser fixados por Ato Normativo do TST, tendo por reajuste a variação acumulada do INPC/IBGE. Vide Instrução Normativa TST nº 3/1993 e Ato TST SEGJUD n° 360/2017.

§ 2º. Tratando-se de condenação de valor indeterminado, o depósito corresponderá ao que for arbitrado, para efeito de custas, pela Junta♦ ou Juízo de Direito, até o limite de 10 (dez) vezes o salário-mínimo da região.

(*) § 2º com redação dada pela Lei nº 5.442/1968.

♦ Atual denominação: "Vara do Trabalho", nos termos do art. 116 da CF/1988.

§ 3º. (Revogado).

(*) § 3º alterado pela Lei nº 5.442/1968 e revogado pela Lei nº 7.033/1982.

§ 4º. O depósito recursal será feito em conta vinculada ao juízo e corrigido com os mesmos índices da poupança.

(*) § 4º alterado pela Lei nº 5.442/1968 e com redação dada pela Lei nº 13.467/2017.

§ 5º. (Revogado).

(*) § 5º alterado pela Lei nº 5.442/1968 e revogado pela Lei nº 13.467/2017.

§ 6º. Quando o valor da condenação, ou o arbitrado para fins de custas, exceder o limite de 10 (dez) vezes o salário-mínimo da região, o depósito para fins de recursos será limitado a este valor.

(*) § 6º acrescido pela Lei nº 5.442/1968.

§ 7º. No ato de interposição do agravo de instrumento, o depósito recursal corresponderá a 50% (cinquenta por cento) do valor do depósito do recurso ao qual se pretende destrancar.

(*) § 7º acrescido pela Lei nº 12.275/2010.

(*) V. § 8º deste artigo; e art. 897, § 5º, I, da CLT.

(*) Vide Instrução Normativa TST nº 3.

§ 8º. Quando o agravo de instrumento tem a finalidade de destrancar recurso de revista que se insurge contra decisão que contraria a jurisprudência uniforme do Tribunal Superior do Trabalho, consubstanciada nas suas súmulas ou em orientação jurisprudencial, não haverá obrigatoriedade de se efetuar o depósito referido no § 7º deste artigo.

(*) § 8º acrescido pela Lei nº 13.015/2014.

§ 9º. O valor do depósito recursal será reduzido pela metade para entidades sem fins lucrativos, empregadores domésticos, microempreendedores individuais, microempresas e empresas de pequeno porte.

(*) § 9º acrescido pela Lei nº 13.467/2017.

§ 10. São isentos do depósito recursal os beneficiários da justiça gratuita, as entidades filantrópicas e as empresas em recuperação judicial.

(*) § 10 acrescido pela Lei nº 13.467/2017.

§ 11. O depósito recursal poderá ser substituído por fiança bancária ou seguro garantia judicial.

(*) § 11 acrescido pela Lei nº 13.467/2017.

Art. 900. Interposto o recurso, será notificado o recorrido para oferecer as suas razões, em prazo igual ao que tiver tido o recorrente.

Art. 901. Sem prejuízo dos prazos previstos neste Capítulo, terão as partes vistas dos autos em cartório ou na secretaria.

Parágrafo único. Salvo quando estiver correndo prazo comum, aos procuradores das partes será permitido ter vista dos autos fora do cartório ou secretaria.

(*) Parágrafo único acrescido pela Lei nº 8.638/1993.

Art. 902. (Revogado).

(*) Art. 902 revogado pela Lei nº 7.033/1982.

Capítulo VII
DA APLICAÇÃO DAS PENALIDADES

Art. 903. As penalidades estabelecidas no título anterior serão aplicadas pelo juiz, ou tribunal que tiver de conhecer da desobediência, violação, recusa, falta, ou coação, *ex officio*, ou mediante, representação de qualquer interessado ou da Procuradoria da Justiça do Trabalho.

(*) Art. 903 com redação dada pelo Decreto-Lei nº 8.737/1946.

Art. 904. As sanções em que incorrerem as autoridades da Justiça do Trabalho serão aplicadas pela autoridade ou Tribunal imediatamente superior, conforme o caso, *ex officio*, ou mediante representação de qualquer interessado ou da Procuradoria.

(*) Art. 904, *caput*, com redação dada pelo Decreto-Lei nº 8.737/1946.

Parágrafo único. Tratando de membro do Tribunal Superior do Trabalho será competente para a imposição de execuções o Conselho Federal.

(*) Parágrafo único, primitivo § 1º, renumerado pelo Decreto-Lei nº 229/1967.

§ 2º. (Revogado).

(*) § 2º revogado pelo Decreto-Lei nº 229/1967.

Art. 905. Tomando conhecimento do fato imputado, o Juiz, ou Tribunal competente, mandará notificar o acusado, para apresentar, no prazo de 15 (quinze) dias, defesa por escrito.

§ 1º. É facultado ao acusado, dentro do prazo estabelecido neste artigo, requerer a produção de testemunhas, até ao máximo de 5 (cinco). Nesse caso, será marcada audiência para a inquirição.

§ 2º. Findo o prazo de defesa, o processo será imediatamente concluso para julgamento, que deverá ser proferido no prazo de 10 (dez) dias.

Art. 906. Da imposição das penalidades a que se refere este Capítulo, caberá recurso ordinário para o Tribunal Superior, no prazo de 10 (dez) dias, salvo se a imposição resultar de dissídio coletivo, caso em que o prazo será de 20 (vinte) dias.

Art. 907. Sempre que o infrator incorrer em pena criminal far-se-á remessa das peças necessárias à autoridade competente.

Art. 908. A cobrança das multas estabelecidas neste Título será feita mediante executivo fiscal, perante o Juiz competente para a cobrança de dívida ativa da Fazenda Pública Federal.

Parágrafo único. A cobrança das multas será promovida, no Distrito Federal e nos Estados em que funcionarem os Tribunais Regionais pela Procuradoria da Justiça do Trabalho, e, nos demais Estados, de acordo com o disposto no Decreto-Lei nº 960, de 17 de dezembro de 1938.

(*) Decreto-Lei nº 960, de 17 de dezembro de 1938: dispõe sobre a cobrança judicial da dívida ativa da Fazenda Pública, em todo o território nacional.

(*) Vide Lei nº 6.830/1980, que dispõe sobre a cobrança judicial da Dívida Ativa da Fazenda Pública.

Capítulo VIII
DISPOSIÇÕES FINAIS

Art. 909. A ordem dos processos no Tribunal Superior do Trabalho será regulada em seu regimento interno.

Art. 910. Para os efeitos deste Título, equiparam-se aos serviços públicos os de utilidade pública, bem como os que forem prestados em armazéns de gêneros alimentícios, açougues, padarias, leiterias, farmácias, hospitais, minas, empresas de transportes e comunicações, bancos e estabelecimentos que interessem à segurança nacional.

TÍTULO XI
DISPOSIÇÕES FINAIS E TRANSITÓRIAS

Art. 911. Esta Consolidação entrará em vigor em 10 de novembro de 1943.

(*) *Art. 911-A, vide MP nº 808/2017 (art. 1º), com vigência no período de 14.11.2017 a 23.4.2018. Os atos praticados durante o período de sua vigência foram por ela legitimados.*

Art. 912. Os dispositivos de caráter imperativo terão aplicação imediata às relações iniciadas, mas não consumadas, antes da vigência desta Consolidação.

Art. 913. O Ministro do Trabalho, Indústria e Comércio♦ expedirá instruções, quadros, tabelas e modelos que se tornarem necessários à execução desta Consolidação.

♦ Atual denominação: "Ministro da Economia", nos termos do Decreto nº 9.745/2019.

Parágrafo único. O Tribunal Superior do Trabalho adaptará o seu regimento interno e o dos Tribunais Regionais do Trabalho às normas contidas nesta Consolidação.

Art. 914. Continuarão em vigor os quadros, tabelas e modelos, aprovados em virtude de dispositivos não alterados pela presente Consolidação.

Art. 915. Não serão prejudicados os recursos interpostos com apoio em dispositivos alterados ou cujo prazo para interposição esteja em curso à data da vigência desta Consolidação.

Art. 916. Os prazos de prescrição fixados pela presente Consolidação começarão a correr da data da vigência desta, quando menores do que os previstos pela legislação anterior.

Art. 917. O Ministro do Trabalho, Indústria e Comércio♦ marcará prazo para adaptação dos atuais estabelecimentos às exigências contidas no capítulo "De Higiene e Segurança do Trabalho". Compete ainda àquela autoridade fixar os prazos dentro dos quais, em cada Estado, entrará em vigor a obrigatoriedade do uso da Carteira Profissional♦♦, para os atuais empregados.

♦ Atual denominação: "Ministro da Economia", nos termos do Decreto nº 9.745/2019.

♦♦ Atual denominação: "Carteira de Trabalho e Previdência Social", nos termos do Decreto-Lei nº 926/1969.

Parágrafo único. O Ministro do Trabalho, Indústria e Comércio♦ fixará, para cada Estado e quando julgar conveniente, o início da vigência de parte ou de todos os dispositivos contidos no Capítulo "Da Segurança e da Medicina do Trabalho".

(*) Parágrafo único com redação dada pela Lei nº 6.514/1977.

♦ Atual denominação: "Ministro da Economia", nos termos do Decreto nº 9.745/2019.

Art. 918. Enquanto não for expedida a Lei Orgânica da Previdência Social, competirá ao presidente do Tribunal Superior do Trabalho julgar os recursos interpostos com apoio no art. 1º, alínea "c", do Decreto-Lei nº 3.710, de 14 de outubro de 1941, cabendo recurso de suas decisões nos termos do disposto no art. 734, alínea "b", desta Consolidação.

(*) Art. 918, *caput*, corrigido pelo Decreto-Lei nº 6.353/1944.

(*) Decreto-Lei nº 3.710, de 14 de outubro de 1941, que altera a competência da Câmara de Previdência Social do Conselho Nacional do Trabalho e a de outros órgãos e autoridades do mesmo Conselho: ***Art. 1º.*** *A Câmara de Previdência Social do Conselho Nacional do Trabalho funcionará como orgão de recursos das decisões dos Institutos e Caixas de Aposentadoria e Pensões, cabendo-lhe, nessa qualidade, julgar, atendidos os prazos e as condições estabelecidos na legislação referente às mencionadas instituições: [...] c) os recursos, interpostos pelos empregados das mencionadas instituições, das decisões lesivas de direito previsto em lei e inerente ao respectivo cargo ou função; [...].*

(*) Vide Decreto-Lei nº 72/1966, que unificou os Institutos de Aposentadoria e Pensões e criou o Instituto Nacional de Previdência Social.

(*) Vide Lei nº 3.807/1960, que dispôs sobre a Lei Orgânica da Previdência Social, cujo regulamento foi aprovado pelo Decreto nº 3.048/1999.

Parágrafo único. Ao diretor do Departamento de Previdência Social incumbirá presidir as eleições para a constituição dos Conselhos Fiscais dos Institutos e Caixas de Aposentadoria e Pensões e julgar, com recurso para a instância superior, os recursos sobre matéria técnico-administrativa dessas instituições.

(*) Vide Lei nº 3.807/1960, que dispôs sobre a Lei Orgânica da Previdência Social.

Art. 919. Ao empregado bancário, admitido até a data da vigência da presente Lei, fica assegurado o direito à aquisição da estabilidade nos termos do art. 15 do Decreto nº 24.615, de 9 de julho de 1934.

(*) O Decreto nº 24.615, de 9 de julho de 1934, revogado pelo Decreto s/n de 10 de maio de 1991, criou o instituto de Aposentadoria e Pensões dos Bancários.

Art. 920. Enquanto não forem constituídas as confederações, ou, na falta destas, a representação de classes, econômicas ou profissionais, que derivar da indicação desses órgãos ou dos respectivos presidentes, será suprida por equivalente designação ou eleição realizada pelas correspondentes federações.

Art. 921. As empresas que não estiverem incluídas no enquadramento sindical em que trata o art. 577 poderão firmar contratos coletivos de trabalho com os sindicatos representativos da respectiva categoria profissional.

Art. 922. O disposto no art. 301 regerá somente as relações de empregos iniciadas depois da vigência desta Consolidação.

(*) Art. 922 acrescido pelo Decreto-Lei nº 6.353/1944.

ANEXO

Quadro a que se refere o art. 577 da Consolidação das Leis do Trabalho

CONFEDERAÇÃO NACIONAL DA INDÚSTRIA	CONFEDERAÇÃO NACIONAL DOS TRABALHADORES NA INDÚSTRIA
1º GRUPO **Indústria da alimentação**	**1º GRUPO** **Trabalhadores na indústria de alimentação**
Atividades ou categorias econômicas	**Categorias profissionais**
Indústria do trigo	Trabalhadores na indústria do trigo, milho e mandioca
Indústria do milho e da soja	
Indústria da mandioca	
Indústria do arroz	Trabalhadores na indústria do arroz
Indústria do açúcar	Trabalhadores na indústria do açúcar
Indústria do açúcar de engenho	
Indústria de torrefação e moagem do café	Trabalhadores na indústria de torrefação ou moagem de café
Indústria de refinação do sal	Trabalhadores na indústria da refinação do sal
Indústria de panificação e confeitaria	Trabalhadores na indústria de panificação e confeitaria
Indústria de produtos de cacau e balas	Trabalhadores na indústria de produtos de cacau e balas
Indústria do mate	Trabalhadores na indústria do mate
Indústria de laticínio e produtos derivados	Trabalhadores na indústria de laticínio e produtos derivados

Indústria de massas alimentícias e biscoitos	Trabalhadores na indústria de massas alimentícias e biscoitos
Indústria da cerveja de baixa fermentação	Trabalhadores na indústria de cerveja e bebidas em geral
Indústria da cerveja e de bebidas em geral	
Indústria do vinho	Trabalhadores na indústria do vinho
Indústria de águas minerais	Trabalhadores na indústria de águas minerais
Indústria de azeite e óleos alimentícios	Trabalhadores na indústria do azeite e óleos alimentícios
Indústria de doces e conservas alimentícias	Trabalhadores na indústria de docas e conservas alimentícias
Indústria de carnes e derivados	Trabalhadores na indústria de carnes e derivados
Indústria do frio	Trabalhadores na indústria do frio
Indústria do fumo	Trabalhadores na indústria do fumo
Indústria de imunização e tratamento de frutas	Trabalhadores na indústria de imunização e tratamento de frutas
2° GRUPO **Indústria do vestuário**	**2º GRUPO** **Trabalhadores nas indústrias do vestuário**
Atividades ou categorias econômicas	**Categorias profissionais**
Indústria de calçados	Trabalhadores na indústria do calçado
Indústria de camisas para homem e roupas brancas	Oficiais alfaiates, costureiras e trabalhadores na indústria de confecção de roupas
Indústria de alfaiataria e de confecção de roupas de homem	
Indústria de guarda-chuvas e bengalas	Trabalhadores na indústria de guarda-chuvas e bengalas
Indústria de luvas, bolsas e peles de resguardo	Trabalhadores na indústria de luvas, bolsas e peles de resguardo
Indústria de pentes, botões e similares	Trabalhadores na indústria de pentes, botões e similares
Indústria de chapéus	Trabalhadores na indústria de chapéus
Indústria de confecção de roupas e chapéus de senhora	Trabalhadores na indústria de confecção de roupas e chapéus de senhora

3° GRUPO Indústrias da construção e do mobiliário	3° GRUPO Trabalhadores nas indústrias da construção e do mobiliário
Atividades ou categorias econômicas	**Categorias profissionais**
Indústria da construção civil	Trabalhadores na indústria da construção civil (pedreiros, carpinteiros, pintores e estucadores, bombeiros hidráulicos e trabalhadores em geral, de estradas, pontes, portos e canais)
Indústria de olaria	Trabalhadores na indústria de olaria
Indústria do cimento, cal e gesso	Trabalhadores na indústria do cimento, cal e gesso
Indústria de ladrilhos hidráulicos e produtos de cimento	Trabalhadores na indústria de ladrilhos hidráulicos e produtos de cimento
Indústria de cerâmica para construção	Trabalhadores na indústria de cerâmica para construção
Indústria de mármores e granitos	Trabalhadores na indústria de mármores e granitos
———	Oficiais eletricistas
Indústria de pinturas, decorações, estuques e ornatos	———
Indústria de serrarias, carpintarias e tanoarias	Oficiais marceneiros e trabalhadores nas indústrias de serrarias e de móveis de madeira
Indústria da marcenaria (móveis de madeira)	
Indústria de móveis de junco e vime e de vassouras	Trabalhadores na indústria de móveis de junco e vime e de vassouras
Indústria de cortinados e estofos	———

4º GRUPO Indústrias urbanas	4º GRUPO Trabalhadores nas indústrias urbanas
Atividades ou categorias econômicas	**Categorias profissionais**
Indústria de purificação e distribuição de água	Trabalhadores na indústria de purificação e distribuição de água
Indústria de energia hidroelétrica	Trabalhadores na indústria de energia hidroelétrica
Indústria de energia termoelétrica	Trabalhadores na indústria de energia termoelétrica
Indústria de produção de gás	Trabalhadores na indústria de produção de gás
Serviços de esgotos	Trabalhadores em serviços de esgotos

5º GRUPO **Indústrias extrativas**	5º GRUPO **Trabalhadores nas indústrias extrativas**
Atividades ou categorias econômicas	**Categorias profissionais**
Indústria da extração do ouro e metais preciosos	Trabalhadores na indústria da extração de ouro e metais preciosos
Indústria da extração do ferro e metais básicos	Trabalhadores na indústria da extração do ferro e metais básicos
Indústria da extração do carvão	Trabalhadores na indústria da extração do carvão
Indústria da extração de diamantes e pedras preciosas	Trabalhadores na indústria da extração de diamantes e pedras preciosas
Indústria da extração de mármores, calcários e pedreiras	Trabalhadores na indústria da extração de mármores, calcários e pedreiras
Indústria da extração de areias e barreiras	Trabalhadores na indústria da extração de areias e barreiras
Indústria da extração do sal	Trabalhadores na indústria da extração do sal
Indústria da extração do petróleo	Trabalhadores na indústria do petróleo
Indústria da extração de madeiras	Trabalhadores na indústria da extração de madeiras
Indústria da extração de resinas	Trabalhadores na indústria da extração de resinas
Indústria da extração de lenha	Trabalhadores na indústria da extração de lenha
Indústria da extração de borracha	Trabalhadores na indústria da extração de borracha
Indústria da extração de fibras vegetais e do descaroçamento do algodão	Trabalhadores na indústria da extração de fibras vegetais e do descaroçamento do algodão
Indústria da extração de óleos vegetais e animais	Trabalhadores na indústria da extração de óleos vegetais e animais
6º GRUPO **Indústria de fiação e tecelagem**	**6º GRUPO** **Trabalhadores nas indústrias de fiação e tecelagem**
Atividades ou categorias econômicas	**Categorias profissionais**
Indústria da cordoalha e estopa	Mestres e contramestres na indústria de fiação e tecelagem

Indústria da malharia e meias	
Indústria de fiação e tecelagem em geral	Trabalhadores na indústria de fiação e tecelagem
Indústria de especialidades têxteis (passamanarias, rendas, tapetes)	
7º GRUPO **Indústria de artefatos de couro**	**7º GRUPO** **Trabalhadores nas indústrias de artefatos de couro**
Atividades ou categorias econômicas	**Categorias profissionais**
Indústria de curtimento de couros e de peles	Trabalhadores na indústria de curtimento de couros e peles
Indústria de malas e artigos de viagem	Trabalhadores na indústria de artefatos de couro
Indústria de correias em geral e arreios	
8º GRUPO **Indústria de artefatos de borracha**	**8º GRUPO** **Trabalhadores nas indústrias de artefatos de borracha**
Atividades ou categorias econômicas	**Categorias profissionais**
Indústria de artefatos de borracha	Trabalhadores na indústria de artefatos de borracha
9° GRUPO **Indústria de joalheria e lapidação de pedras preciosas**	**9º GRUPO** **Trabalhadores nas indústrias de joalheria e lapidação de pedras preciosas**
Atividades ou categorias econômicas	**Categorias profissionais**
Indústria de joalheria e ourivesaria	Oficiais joalheiros e ourives
Indústria de lapidação de pedras preciosas	Oficiais lapidários
10° GRUPO **Indústrias químicas e farmacêuticas**	**10° GRUPO** **Trabalhadores nas Indústrias químicas e farmacêuticas**
Atividades ou categorias econômicas	**Categorias profissionais**
Indústrias de produtos químicos para fins industriais	Trabalhadores na indústria de produtos químicos para fins industriais
Indústria de produtos farmacêuticos	Trabalhadores na indústria de produtos farmacêuticos
Indústria de preparação de óleos vegetais e animais	Trabalhadores na preparação de óleos vegetais e animais
Indústria de resinas sintéticas	Trabalhadores na indústria de resinas sintéticas

Indústria de perfumarias e artigos de toucador	Trabalhadores na indústria de perfumarias e artigos de toucador
Indústria de sabão e velas	Trabalhadores na indústria de sabão e velas
Indústria de fabricação do álcool	Trabalhadores na indústria de fabricação do álcool
Indústria de explosivos	Trabalhadores na indústria de explosivos
Indústria de tintas e vernizes	Trabalhadores na indústria de tintas e vernizes
Indústria de fósforos	Trabalhadores na indústria de fósforos
Indústria de adubos e colas	Trabalhadores na indústria de adubos e colas
Indústria de formicidas e inseticidas	Trabalhadores na indústria de formicidas e inseticidas
Indústria de lavanderia e tinturaria do vestuário	Trabalhadores na indústria de lavanderia e tinturaria do vestuário
Indústria de destilação e refinação de petróleo	Trabalhadores na indústria de destilação e refinação de petróleo
Indústria de material plástico	Trabalhadores na indústria de material plástico
11° GRUPO **Indústrias do papel, papelão e cortiça**	**11° GRUPO** **Trabalhadores nas Indústrias do papel, papelão e cortiça**
Atividades ou categorias econômicas	**Categorias profissionais**
Indústria do papel	Trabalhadores na indústria de papel, papelão e cortiça (*) Corrigido pelo Decreto-Lei nº 6.353/1944.
Indústria do papelão	
Indústria de cortiça	
Indústria de artefatos de papel, papelão e cortiça	Trabalhadores na indústria de artefatos de papel, papelão e cortiça
12° GRUPO **Indústrias gráficas**	**12° GRUPO** **Trabalhadores nas Indústrias gráficas**
Atividades ou categorias econômicas	**Categorias profissionais**
Indústria da tipografia	Oficiais gráficos
Indústria da gravura	
Indústria da encadernação	Oficiais encadernadores

13° GRUPO Indústrias de vidros, cristais, espelhos, cerâmica de louça e porcelana	13° GRUPO Trabalhadores nas Indústrias de vidros, cristais, espelhos, cerâmica de louça e porcelana
Atividades ou categorias econômicas	**Categorias profissionais**
Indústria de vidros e cristais planos	Trabalhadores na indústria de vidros, cristais e espelhos
Indústria de vidros e cristais ocos (frascos, garrafas, copos e similares)	
Indústria de espelhos de polimento (lapidação de vidro)	
Indústria de cerâmica da louça de pó de pedra, da porcelana e da louça de barro	Trabalhadores na indústria de cerâmica da louça de pó de pedra, da porcelana e da louça de barro

14° GRUPO Indústrias metalúrgicas, mecânica e de material elétrico	14° GRUPO Trabalhadores nas Indústrias metalúrgicas, mecânica e de material elétrico
Atividades ou categorias econômicas	**Categorias profissionais**
Indústria do ferro (siderurgia)	Trabalhadores metalúrgicos (siderurgia e fundição)
Indústria da fundição	
Indústria de artefatos de ferro e metais em geral	——
Indústria da serralheria	
Indústria da mecânica	Trabalhadores em oficinas mecânicas
Indústria de galvanoplastia e de niquelação	
Indústria de máquinas	
Indústria de cutelaria	
Indústria de balanças, pesos e medidas	
Indústria de funilaria	
Indústria de estamparia de metais	
Indústria de móveis de metal	
Indústria da construção e montagem de veículos	
Indústria de reparação de veículos e acessórios	
Indústria da construção naval	

Indústria de lâmpadas e aparelhos elétricos de iluminação	Trabalhadores na indústria do material elétrico
Indústria de condutores elétricos e de trefilação	
Indústria de aparelhos elétricos e similares	
Indústria de aparelhos de radiotransmissão	
15° GRUPO **Indústrias de instrumentos musicais e brinquedos**	**15° GRUPO** **Trabalhadores nas Indústrias de instrumentos musicais e brinquedos**
Atividades ou categorias econômicas	**Categorias profissionais**
Indústrias de instrumentos musicais	Trabalhadores na indústria de instrumentos musicais
Indústrias de brinquedos	Trabalhadores na indústria de brinquedos
CONFEDERAÇÃO NACIONAL DO COMÉRCIO	CONFEDERAÇÃO NACIONAL DOS TRABALHADORES NO COMÉRCIO
1° GRUPO **Comércio atacadista**	**1° GRUPO** **Empregados no comércio**
Atividades ou categorias econômicas	**Categorias profissionais**
Comércio atacadista de algodão e outras fibras vegetais	Empregados no comércio (prepostos do comércio em geral), empregados vendedores e viajantes do comércio
Comércio atacadista de café	
Comércio atacadista de carnes frescas e congeladas	
Comércio atacadista de carvão vegetal e lenha	
Comércio atacadista de gêneros alimentícios	
Comércio atacadista de tecidos, vestuário e armarinho	
Comércio atacadista de louças, tintas e ferragens	
Comércio atacadista de maquinismos em geral	
Comércio atacadista de material de construção	
Comércio atacadista de material elétrico	

Comércio atacadista de minérios e combustíveis minerais	Trabalhadores em empresas comerciais de minérios e combustíveis minerais
Comércio atacadista de produtos químicos para a indústria e lavoura	
Comércio atacadista de drogas e medicamentos	
Comércio atacadista de pedras preciosas	
Comércio atacadista de joias e relógios	
Comércio atacadista de papel e papelão	
2° GRUPO **Comércio varejista**	——
Atividades ou categorias econômicas	
Lojistas do comércio (estabelecimentos de tecidos de vestuário, adorno e acessórios, de objetos de arte, de louças finas, de ótica, de cirurgia, de papelaria e material de escritório, de livraria, de material fotográfico, de móveis e congêneres) (*) Corrigido pelo Decreto-Lei nº 6.353/1944.	——
Comércio varejista de carnes frescas	——
Comércio varejista de gêneros alimentícios	——
Comércio varejista de produtos farmacêuticos	Práticos de farmácia
Comércio varejista de maquinismos, ferragens e tintas (utensílios e ferramentas)	——
Comércio varejista de material elétrico	——
Comércio varejista de automóveis e acessórios	——
Comércio varejista de carvão vegetal e lenha	——
Comércio varejista de combustíveis minerais	——
Comércio de vendedores ambulantes (trabalhadores autônomos)	——
Comércio varejista dos feirantes	——

3° GRUPO Agentes autônomos do comércio	2° GRUPO Empregados de agentes autônomos de comércio
Atividades ou categorias econômicas	**Categorias profissionais**
Corretores de mercadorias	Empregados de agentes autônomos do comércio
Corretores de navios	
Corretores de imóveis	
Despachantes aduaneiros	
Despachantes de estrada de ferro	
Leiloeiros	
Representantes comerciais	
Comissários e consignatários	
4° GRUPO Comércio armazenador	**3° GRUPO Trabalhadores no comércio armazenador**
Atividades ou categorias econômicas	**Categorias profissionais**
Trapiches	Trabalhadores no comércio armazenador (Trapiches, armazéns gerais e entrepostos)
Armazéns gerais (de café, algodão e outros produtos)	Carregadores e ensacadores de café
	Carregadores e ensacadores de sal
Entreposto (de carnes, leite e outros produtos)	——
5° GRUPO Turismo e hospitalidade	**4° GRUPO Empregados em Turismo e hospitalidade**
Atividades ou categorias econômicas	**Categorias profissionais**
Empresa de turismo	Intérpretes e guias de turismo
Hotéis e similares (restaurantes, pensões, bares, cafés, leiterias e confeitarias)	Empregados no comércio hoteleiro e similares (inclusive porteiros e cabineiros de edifícios)
Hospitais, clínicas, casas de saúde	Enfermeiros e empregados em hospitais e casas de saúde, inclusive duchistas e massagistas
Casas de diversões	Empregados em casas de diversões
Salões de barbeiros e de cabeleireiros, institutos de beleza e similares	Oficiais, barbeiros, cabeleireiros e similares

Empresas de compra e venda e de locação de imóveis	———
Serviços de lustradores de calçados	Lustradores de calçados
CONFEDERAÇÃO NACIONAL DOS TRANSPORTES MARÍTIMOS, FLUVIAIS E AÉREOS	**CONFEDERAÇÃO NACIONAL DOS TRABALHADORES EM TRANSPORTES MARÍTIMOS, FLUVIAIS E AÉREOS**
1° GRUPO **Empresa de navegação marítima e fluvial**	**1° GRUPO** **Trabalhadores em transportes marítimos e fluviais**
Atividades ou categorias econômicas	**Categorias profissionais**
Empresa de navegação marítima	Oficiais de náutica da Marinha Mercante
	Oficiais de máquinas da Marinha Mercante
	Comissários da Marinha Mercante
	Motoristas e condutores da Marinha Mercante
	Conferentes de carga da Marinha Mercante
	Práticos, arrais e mestres de cabotagem em transportes marítimos
	Contramestres, marinheiros e moços em transportes marítimos
	Radiotelegrafistas da Marinha Mercante
	Taifeiros, culinários e panificadores marítimos
	Foguistas na Marinha Mercante (inclusive carvoeiros)
	Médicos da Marinha Mercante
	Enfermeiros da Marinha Mercante
	Empregados em escritórios das empresas de navegação marítima
	Mestres e encarregados de estaleiros das empresas de navegação marítima
	Operários navais (trabalhadores em estaleiros de navegação marítima e calafates navais)
	Carpinteiros navais

Empresa de navegação fluvial e lacustre Agências de navegação	Oficiais de náutica em transportes fluviais
	Oficiais de máquinas em transportes fluviais
	Comissários em transportes fluviais
	Motoristas e condutores em transportes fluviais
	Conferentes de carga em transportes fluviais
	Práticos, arrais e mestres de cabotagem em transportes fluviais
	Contramestres, marinheiros e moços em transportes fluviais
	Radiotelegrafistas em transportes fluviais
	Taifeiros, culinários e panificadores em transportes fluviais
	Foguistas em transportes fluviais (inclusive carvoeiros)
	Médicos em transportes fluviais
	Enfermeiros em transportes fluviais
	Empregados em escritórios das empresas de navegação fluvial
	Mestres e encarregados de estaleiros das empresas de navegação fluvial
	Operários fluviais (trabalhadores em estaleiros de navegação fluvial e calafates fluviais)
	Carpinteiros fluviais
	Enfermeiros da Marinho Mercante
2° GRUPO **Empresas aeroviárias**	**2° GRUPO** **Trabalhadores em transportes aéreos**
Atividades ou categorias econômicas	**Categorias profissionais**
Empresas aeroviárias	Aeronautas
	Aeroviários

3° GRUPO Empresários e administradores de portos	3° GRUPO Estivadores
Atividades ou categorias econômicas	**Categorias profissionais**
Empresários e administradores de portos	——
Carregadores e transportadores de bagagem dos portos (trabalhadores autônomos)	Estivadores Trabalhadores em estiva de minérios
4° GRUPO	**4° GRUPO Portuários**
——	***Categorias profissionais***
——	Trabalhadores nos serviços portuários Motoristas em guindastes dos portos Conferentes e consertadores de carga e descarga nos portos
CONFEDERAÇÃO NACIONAL DOS TRANSPORTES TERRESTRES	**CONFEDERAÇÃO NACIONAL DOS TRANSPORTES EM TRANSPORTES TERRESTRES**
1° GRUPO Empresas ferroviárias	**1° GRUPO Trabalhadores ferroviários**
Atividades ou categorias econômicas	**Categorias profissionais**
Empresas ferroviárias	Trabalhadores em empresas ferroviárias Carregadores e transportadores de bagagens em estações ferroviárias (trabalhadores autônomos)
2° GRUPO Empresas de transportes rodoviárias	**2° GRUPO Trabalhadores em transportes rodoviárias**
Atividades ou categorias econômicas	**Categorias profissionais**
Empresas de transportes de passageiros Empresas de veículos de carga Empresas de garagens	Empregados em escritórios de empresas de transportes rodoviárias
Carregadores e transportadores de volumes de bagagens em geral (trabalhadores autônomos)	Condutores de veículos rodoviários (inclusive ajudantes e carregadores, trocadores de ônibus, lavadores de automóveis)

3º GRUPO **Empresas de carris urbanos (inclusive cabos aéreos)**	**3º GRUPO** **Trabalhadores em empresas de carris urbanos (inclusive cabos aéreos)**
Atividades ou categorias econômicas	**Categorias profissionais**
CONFEDERAÇÃO NACIONAL DE COMUNICAÇÕES E PUBLICIDADE	**CONFEDERAÇÃO NACIONAL DOS TRABALHADORES EM COMUNICAÇÕES E PUBLICIDADE**
1º GRUPO **Empresas de comunicações**	**1º GRUPO** **Trabalhadores em empresas de comunicações**
Atividades ou categorias econômicas	**Categorias profissionais**
Empresas telegráficas terrestres Empresas telegráficas submarinas	Trabalhadores em empresas telegráficas
Empresas radiotelegráficas e radiotelefônicas	Trabalhadores em empresas radiotelegráficas Trabalhadores em empresas radiotelefônicas
Empresas telefônicas	Trabalhadores em empresas telefônicas
Empresas mensageiras	Trabalhadores em empresas mensageiras
2º GRUPO **Empresas de publicidade**	**2º GRUPO** **Trabalhadores em empresas de publicidade**
Atividades ou categorias econômicas	**Categorias profissionais**
Empresas de publicidade comercial (inclusive preparação de material para publicidade)	Agenciadores de publicidade e propagandistas
Empresa de radiodifusão	Trabalhadores em empresas de radiodifusão
3º GRUPO **Empresas jornalísticas**	**3º GRUPO** **Trabalhadores em empresas jornalísticas**
Atividades ou categorias econômicas	**Categorias profissionais**
Empresas proprietárias de jornais e revistas	Jornalistas profissionais (redatores, repórteres, revisores, fotógrafos etc.)
Distribuidores e vendedores de jornais e revistas (trabalhadores autônomos)	——

CONFEDERAÇÃO NACIONAL DAS EMPRESAS DE CRÉDITO	CONFEDERAÇÃO NACIONAL DOS TRABALHADORES NAS EMPRESAS DE CRÉDITO
1º GRUPO **Estabelecimentos bancários**	**1º GRUPO** **Empregados em estabelecimentos bancários**
Atividades ou categorias econômicas	**Categorias profissionais**
Bancos Casas bancárias	Empregados em estabelecimentos bancários
2º GRUPO **Empresas de seguros privados e capitalização**	**2º GRUPO** **Empregados em empresas de seguros privados e capitalização**
Atividades ou categorias econômicas	**Categorias profissionais**
Empresas de seguros Empresas de capitalização	Empregados de empresas de seguros privados e capitalização
3º GRUPO **Agentes autônomos de seguros privados e de crédito**	**3º GRUPO** **Empregados de agentes autônomos de seguros privados e de crédito**
Atividades ou categorias econômicas	**Categorias profissionais**
Corretores de seguros e de capitalização Corretores de fundos públicos e câmbio	Empregados de agentes autônomos de seguros e de crédito

CONFEDERAÇÃO NACIONAL DE EDUCAÇÃO E CULTURA	CONFEDERAÇÃO NACIONAL DOS TRABALHADORES EM ESTABELECIMENTOS DE EDUCAÇÃO E CULTURA
1º GRUPO **Estabelecimentos de ensino**	**1º GRUPO** **Trabalhadores em estabelecimentos de ensino**
Atividades ou categorias econômicas	**Categorias profissionais**
Universidades e faculdades superiores reconhecidas	Professores do ensino superior
Estabelecimentos de ensino de artes	Professores do ensino de arte
Estabelecimentos de ensino secundário e primário	Professores do ensino secundário e primário

Estabelecimentos de ensino técnico-profissional	Mestres e contramestres de ensino técnico-profissional
——	Auxiliares de administração escolar (empregados de estabelecimentos de ensino)
2º GRUPO **Empresa de difusão cultural e artística**	**2º GRUPO** **Trabalhadores em empresas de difusão cultural e artística**
Atividades ou categorias econômicas	**Categorias profissionais**
Empresas editoras de livros e publicações culturais	Empregados de empresas editoras de livros e publicações culturais
Empresas teatrais	Empregados de empresas teatrais e cinematográficas Cenógrafos e cenotécnicos Atores teatrais (inclusive corpos corais e bailados)
Biblioteca	Empregados de biblioteca
Empresas de gravação de discos	Empregados em empresas de gravação de discos
Empresas cinematográficas	Atores cinematográficos
Empresas exibidoras cinematográficas	Operadores cinematográficos
Museus e laboratórios de pesquisas (tecnológicas)	Empregados de museus e laboratórios de pesquisas (tecnologistas)
Empresas de orquestras	Músicos profissionais
Empresas de artes plásticas	Artistas plásticos profissionais
Empresas de arte fotográfica	Fotógrafos profissionais
3º GRUPO **Estabelecimentos de cultura física**	**3º GRUPO** **Trabalhadores em estabelecimentos de cultura física**
Atividades ou categorias econômicas	**Categorias profissionais**
Estabelecimentos de esportes terrestres Estabelecimentos de esportes aquáticos Estabelecimentos de esportes aéreos	Atletas profissionais Empregados de clubes esportivos

CONFEDERAÇÃO NACIONAL DAS PROFISSÕES LIBERAIS	
GRUPOS	
1º	Advogados
2º	Médicos
3º	Odontologistas
4º	Médicos veterinários
5º	Farmacêuticos
6º	Engenheiros (civis, de minas, mecânicos, eletricistas, industriais, arquitetos e agrônomos)
7º	Químicos (químicos industriais, químicos industriais agrícolas e engenheiros químicos)
8º	Parteiros
9º	Economistas
10º	Atuários
11º	Contabilistas
12º	Professores (privados)
13º	Escritores
14º	Autores teatrais
15º	Compositores artísticos, musicais e plásticos

ANEXOS

ANEXO I
NORMAS COMPLEMENTARES

LEIS E DECRETOS

LEI Nº 605, DE 5 DE JANEIRO DE 1949

Atualizada até a MP nº 905/2019.

Repouso semanal remunerado e o pagamento de salário nos dias feriados civis e religiosos.

O Presidente da República,

Faço saber que o Congresso Nacional decreta e eu sanciono a seguinte lei:

Art. 1º. Todo empregado tem direito a um descanso semanal remunerado de 24 (vinte e quatro) horas consecutivas.

(*) Art. 1º com redação dada pela MP nº 905/2019.

Art. 2º. Entre os empregados a que se refere esta lei, incluem-se os trabalhos rurais, salvo os que operem em qualquer regime de parceria, meação, ou forma semelhante de participação na produção.

Art. 3º. O regime desta lei será extensivo àqueles que, sob forma autônoma, trabalhem agrupados, por intermédio de Sindicato, Caixa Portuária, ou entidade congênere. A remuneração do repouso obrigatório, nesse caso, consistirá no acréscimo de um 1/6 (um sexto) calculado sobre os salários efetivamente percebidos pelo trabalhador e paga juntamente com os mesmos.

Art. 4º. É devido o repouso semanal remunerado, nos termos desta lei, aos trabalhadores das autarquias e de empresas industriais, ou sob administração da União, dos Estados e dos Municípios ou incorporadas nos seus patrimônios, que não estejam subordinados ao regime do funcionalismo público.

Art. 5º. Esta lei não se aplica às seguintes pessoas:

a) (revogada);

(*) Alínea "a" revogada pela Lei nº 11.324/2006.

b) aos funcionários públicos da União, dos Estados e dos Municípios e aos respectivos extranumerários em serviço nas próprias repartições;

c) aos servidores de autarquias paraestatais, desde que sujeitos a regime próprio de proteção ao trabalho que lhes assegure situação análoga à dos funcionários públicos.

Parágrafo único. São exigências técnicas, para os efeitos desta lei, as que, pelas condições peculiares às atividades da empresa, ou em razão do interesse público, tornem indispensável a continuidade do serviço.

Art. 6º. Não será devida a remuneração quando, sem motivo justificado, o empregado não tiver trabalhado durante toda a semana anterior, cumprindo integralmente o seu horário de trabalho.

§ 1º. São motivos justificados:

a) os previstos no artigo 473 e seu parágrafo único da Consolidação das Leis do Trabalho;

b) a ausência do empregado devidamente justificada, a critério da administração do estabelecimento;

c) a paralisação do serviço nos dias em que, por conveniência do empregador, não tenha havido trabalho;

d) a ausência do empregado, até três dias consecutivos, em virtude do seu casamento;

e) a falta ao serviço com fundamento na lei sobre acidente do trabalho;

f) a doença do empregado, devidamente comprovada.

§ 2º. A doença será comprovada mediante atestado de médico da instituição da previdência social a que estiver filiado o empregado, e, na falta deste e sucessivamente, de médico do Serviço Social do Comércio ou da Indústria; de médico da empresa ou por ela designado; de médico a serviço de representação federal, estadual ou municipal incumbido de assuntos de higiene ou de saúde pública; ou não existindo estes, na localidade em que trabalhar, de médico de sua escolha.

(*) § 2º com redação dada pela Lei nº 2.761/1956.

§ 3º. Nas empresas em que vigorar regime de trabalho reduzido, a frequência exigida corresponderá ao número de dias em que o empregado tiver de trabalhar.

Art. 7º. A remuneração do repouso semanal corresponderá:

a) para os que trabalham por dia, semana, quinzena ou mês, à de um dia de serviço, computadas as horas extraordinárias habitualmente prestadas;

(*) Alínea "a" com redação dada pela Lei nº 7.415/1985.

b) para os que trabalham por hora, à de sua jornada normal de trabalho, computadas as horas extraordinárias habitualmente prestadas;

(*) Alínea "b" com redação dada pela Lei nº 7.415/1985.

c) para os que trabalham por tarefa ou peça, o equivalente ao salário correspondente às tarefas ou peças feitas durante a semana, no horário normal de trabalho, dividido pelos dias de serviço efetivamente prestados ao empregador;

d) para o empregado em domicílio, o equivalente ao quociente da divisão por 6 (seis) da importância total da sua produção na semana.

§ 1º. Os empregados cujos salários não sofram descontos por motivo de feriados civis ou religiosos são considerados já remunerados nesses mesmos dias de repouso, conquanto tenham direito à remuneração dominical.

§ 2º. Consideram-se já remunerados os dias de repouso semanal do empregado mensalista ou quinzenalista cujo cálculo de salário mensal ou quinzenal, ou cujos descontos por falta sejam efetuados na base do número de dias do mês ou de 30 (trinta) e 15 (quinze) diárias, respectivamente.

Art. 8º. (Revogado).

(*) Art. 8º revogado pela MP nº 905/2019.

Art. 9º. (Revogado).

(*) Art. 9º revogado pela MP nº 905/2019.

Art. 10. (Revogado).

(*) Art. 10 revogado pela MP nº 905/2019.

Art. 11. (Revogado).

(*) Art. 11 revogado pela Lei nº 9.093/1995.

Art. 12. As infrações ao disposto nesta Lei serão punidas com a aplicação da multa administrativa prevista no inciso II do *caput* do art. 634-A da Consolidação das Leis do Trabalho, aprovada pelo Decreto-Lei nº 5.452, de 1943.

(*) Art. 12 alterado pela Lei nº 12.544/2011 e com redação dada pela MP nº 905/2019.

Art. 13. Serão originariamente competentes, para a imposição das multas de que trata a presente lei, os delegados regionais do Ministério do Trabalho♦ e, nos Estados, onde houver delegação de atribuições, a autoridade delegada.

♦ Atual denominação: "Ministério da Economia", nos termos da Lei nº 13.844/2019.

Art. 14. A fiscalização da execução da presente lei, o processo de autuação dos seus infratores, os recursos e a cobrança das multas reger-se-ão pelo disposto no Título VII da Consolidação das Leis do Trabalho.

Art. 15. A presente lei entrará em vigor na data de sua publicação.

Art. 16. Revogam-se as disposições em contrário.

Rio de Janeiro, 5 de janeiro de 1949; 128º da Independência e 61º da República.

Eurico Gaspar Dutra

DOU de 14.1.1949

DECRETO Nº 27.048, DE 12 DE AGOSTO DE 1949

Atualizado até o Decreto nº 9.513, de 27.9.2018.

Aprova o regulamento da Lei nº 605, de 5 de janeiro de 1949, que dispõe sobre o repouso semanal remunerado e o pagamento de salário nos dias feriados civis e religiosos.

O Presidente da República, usando da atribuição que lhe confere o art. 87, nº I, da Constituição, e nos termos do art. 10, parágrafo único, da Lei nº 605, de 5 de janeiro de 1949♦,

♦ O art. 10 da Lei nº 605/1949 foi revogado pela MP nº 905/2019.

Decreta:

Art. 1º. Fica aprovado o Regulamento que a este acompanha, assinado pelo Ministro de Estado dos Negócios do Trabalho, Indústria e Comércio, pelo qual reger-se-à a execução da Lei nº 605, de 5 de janeiro de 1949.

Art. 2º. Revogam-se as disposições em contrário.

Rio de Janeiro, 12 de agosto de 1949; 128º da Independência e 61º da República.

Eurico G. Dutra

DOU de 16.8.1949

REGULAMENTO A QUE SE REFERE O DECRETO Nº 27.048, DE 12 DE AGOSTO DE 1949

Art. 1º. Todo empregado tem direito a repouso remunerado, num dia de cada semana, perfeitamente aos domingos, nos feriados civis e nos religiosos, de acordo com a tradição local, salvo as exceções previstas neste Regulamento.

Art. 2º. As disposições do presente Regulamento são extensivas:

a) aos trabalhadores rurais, salvo os que trabalhem em regime de parceria agrícola, meação ou forma semelhante de participação na produção;

b) aos trabalhadores que, sob forma autônoma, trabalhem agrupados, por intermédio de sindicato, caixa portuária ou entidade congênere, tais como estivadores, conservadores, conferentes e assemelhados;

c) aos trabalhadores das entidades autárquicas, dos serviços industriais da União, dos Estados, dos Municípios e dos Territórios, e das empresas por estes administradas ou incorporadas, desde que não estejam sujeitos ao regime dos funcionários ou extranumerários ou não tenham regime próprio de proteção ao trabalho, que lhes assegure situação análoga à daqueles servidores públicos.

Art. 3º. O presente regulamento não se aplica:

a) aos empregados domésticos, assim considerados os que prestem serviço de natureza não econômica a pessoa ou a família, no âmbito residencial destas;

b) aos funcionários da União dos Estados, dos Municípios e dos Territórios, bem como aos respectivos extranumerários, em serviço nas próprias repartições.

Art. 4º. O repouso semanal remunerado será de vinte horas consecutivas.

Art. 5º. São feriados e como tais obrigam ao repouso remunerado em todo o território nacional, aqueles que a lei determinar.

Parágrafo único. Será também obrigatório o repouso remunerado nos dias feriados locais, até o máximo de sete, desde que declarados como tais por lei municipal, cabendo à autoridade regional competente em matéria de trabalho expedir os atos necessários à observância do repouso remunerado nesses dias.

Art. 6º. Executados os casos em que a execução dos serviços for imposta pelas exigências técnicas das empresas, é vedado o trabalho nos dias de repouso a que se refere o art. 1º, garantida, entretanto, a remuneração respectiva.

§ 1º. Constituem exigências técnicas, para os efeitos deste regulamento, aquelas que, em razão do interesse público, ou pelas condições pecualiares às atividades da empresa ou ao local onde as mesmas se exercitarem, tornem indispensável a continuidade do trabalho, em todos ou alguns dos respectivos serviços.

§ 2º. Nos serviços que exijam trabalho em domingo, com exceção dos elencos teatrais e congêneres, será estabelecida escala de revezamento, previamente organizada de quadro sujeito a fiscalização.

§ 3º. Nos serviços em que for permitido o trabalho nos feriados civis e religiosos, a remuneração dos empregados que trabalharem nesses dias será paga em dobro, salvo se a empresa determinar outro dia de folga.

Art. 7º. É concedida, em caráter permanente e de acordo com o disposto no § 1º do art. 6º, permissão para o trabalho nos dias de repouso a que se refere o art. 1º, nas atividades constantes da relação anexa ao presente regulamento.

§ 1º. Os pedidos de permissão para quaisquer outras atividades, que se enquadrem no § 1º do art. 6º, serão apresentados às autoridades regionais referidas no art. 16, que os encaminharão ao Ministro do Trabalho, Indústria e Comércio, devidamente informados.

§ 2º. A permissão dar-se-á por decreto ao Poder Executivo.

(*) Vide Decreto nº 83.842/1979.

Art. 8º. Fora dos casos previstos no artigo anterior admitir-se-á excepcionalmente, o trabalho em dia de repouso:

a) quando ocorrer motivo de força maior, cumprindo à empresa justificar a ocorrência perante a autoridade regional a que se refere o art. 15, no prazo de 10 dias;

b) quando, para atender à realização ou conclusão de serviços inadiáveis ou cuja inexecução possa acarretar prejuízo manifesto, a empresa obtiver da autoridade regional referida no art. 15 autorização prévia, com discriminação do período autorizado, o qual, de cada vez, não excederá de 60 dias, cabendo neste caso a remuneração em dobro, na forma e com a ressalva constante do artigo 6º, § 3º.

Art. 9º. Nos dias de repouso, em que for permitido o trabalho, é vedada às empresas a execução de serviços que não se enquadrem nos motivos determinantes da permissão.

Art. 10. A remuneração dos dias de repouso obrigatório, tanto o do repouso obrigatório, tanto o do repouso semanal como aqueles correspondentes aos feriados, integrará o salário para todos os efeitos legais e com ele deverá ser paga.

§ 1º. A remuneração do dia de repouso corresponderá, qualquer que seja a forma de pagamento do salário:

a) para os contratados por semana, dia ou hora, à de um dia normal de trabalho, não computadas as horas extraordinárias;

b) para os contratados por tarefa ou peça, ao equivalente ao salário correspondente às tarefas ou peças executadas durante a semana, no horário normal de trabalho, dividido pelo dias de serviço efetivamente prestados ao empregador;

c) para os trabalhadores rurais, que trabalham por tarefa predeterminada, ao quociente da divisão do salário convencionado pelo número de dias fixado para a respectiva execução.

§ 2º. A remuneração prevista na alínea *a* será devida aos empregados contratados por mês ou quinzena, cujo cálculo de salário mensal ou quinzenal, ou cujos descontos por faltas ao serviço sejam efetuados em base inferior a trinta (30) ou quinze (15) dias respectivamente.

Art. 11. Perderá a remuneração do dia de repouso o trabalhador que, sem motivo justificado ou em virtude de punição disciplinar, não tiver trabalhado durante toda a semana, cumprindo integralmente o seu horário de trabalho.

§ 1º. Nas empresas em que vigorar regime de trabalho reduzido, a frequência exigida corresponderá ao número de dias em que houver trabalho.

§ 2º. Não prejudicarão a frequência exigida as ausências decorrentes de férias.

§ 3º. Não serão acumuladas a remuneração do repouso semanal e a do feriado civil ou religioso que recaírem no mesmo dia.

§ 4º. Para os efeitos do pagamento da remuneração, entende-se como semana o período da segunda-feira a domingo, anterior à semana em que recair o dia de repouso definido no art. 1º.

Art. 12. Constituem motivos justificados:

a) os previstos no art. 473, e seu parágrafo, da Consolidação das Leis do Trabalho;

b) a ausência do empregado, justificada, a critério da administração do estabelecimento, mediante documento por esta fornecido;

c) a paralisação do serviço nos dias em que, por conveniência do empregador, não tenha havido trabalho;

d) a falta ao serviço, com fundamento na Lei de Acidentes do Trabalho;

e) a ausência do empregado, até três dias consecutivos, em virtude de seu casamento;

f) a doença do empregado devidamente comprovada, até 15 dias, caso em que a remuneração corresponderá a dois terços da fixada no art. 10.

§ 1º. A doença será comprovada mediante atestado passado por médico da empresa ou por ela designado e pago.

§ 2º. Não dispondo a empresa de médico da instituição de previdência a que esteja filiado o empregado, por médico do Serviço Social da Indústria ou do Serviço Social do Comércio, por médico de repartição federal, estadual ou municipal, incumbido de assunto de higiene ou saúde, ou, inexistindo na localidade médicos nas condições acima especificados, por médico do sindicato a que pertença o empregado ou por profissional da escolha deste.

§ 3º. As entradas no serviço, verificadas com atraso, em decorrência de acidentes de transportes, quando devidamente comprovados mediante atestado da empresa concessionária, não acarretarão, para o trabalhador, a aplicação do disposto no art. 11.

Art. 13. Para os efeitos da legislação do trabalho e das contribuições e benefícios da previdência social, passará a ser calculado na base de trinta dias ou duzentos e quarenta horas o mês que, anteriormente, o era na base de vinte e cinco dias ou duzentas horas.

Art. 14. As infrações ao disposto na Lei nº 605, de 5 de janeiro de 1949, ou neste Regulamento, serão punidas, segundo o caráter e a gravidade, com a multa de cem a cinco mil cruzeiros.

Art. 15. São originalmente competentes para a imposição das multas de que trata este Regulamento as autoridades regionais do trabalho: no Distrito Federal, o Diretor da Divisão de Fiscalização do Departamento Nacional do Trabalho; nos Estados, os Delegados Regionais do Trabalho; e, nos Estados onde houver delegação de atribuições, a autoridade delegada.

Art. 16. A fiscalização da execução do presente Regulamento, bem como o processo de atuação de seus infratores, reger-se-ão pelo disposto no Título VII da Consolidação das Leis do Trabalho.

Art. 17. O presente Regulamento entrará em vigor na data de sua publicação.

Rio de Janeiro, 12 de agosto de 1949.

Honório Monteiro

RELAÇÃO A QUE SE REFERE O ARTIGO 7º

I – Indústria

1) Laticínios (excluídos os serviços de escritório).
2) Frio industrial, fabricação e distribuição de gelo (excluídos os serviços de escritório).
3) Purificação e distribuição de água (usinas e filtros) (excluídos os serviços de escritório).
4) Produção e distribuição de energia elétrica (excluídos os serviços de escritório).
5) Produção e distribuição de gás (excluídos os serviços de escritório).
6) Serviços de esgotos (excluídos os serviços de escritório).
7) Confecção de coroas de flores naturais.
8) Pastelaria, confeitaria e panificação em geral.
9) Indústria do malte (excluídos os serviços de escritório).
10) Indústria do cobre electrolítico, de ferro (metalúrgica) e do vidro (excluídos os serviços de escritório).
11) Turmas de emergência nas empresas industriais, instaladoras e conservadoras de elevadores e cabos aéreos.
12) Trabalhos em cortumes (excluídos os serviços de escritório).
13) Alimentação de animais destinados à realização de pesquisas para preparo de soro e outros produtos farmacêuticos.
14) Siderurgia, fundição, forjaria, usinagem (fornos acesos permanentemente) – (exclusive pessoal de escritório)

    (*) Item 14 com redação dada pelo Decreto nº 60.591/1967.

15) Lubrificação e reparos do aparelhamento industrial (turma de emergência).

16) Indústria moajeira (excluídos os serviços de escritório).
17) Usinas de açúcar e de álcool (com exclusão de oficinas e escritórios).
18) Indústria do papel de imprensa (excluídos os serviços de escritórios).
19) Indústria de vidro (excluído o serviço de escritório).
20) Indústria de cimento em geral, excluídos os serviços de escritório.

(*) Item 20 acrescido pelo Decreto nº 29.553/1951.

(*) Vide Decreto do Conselho de Ministros nº 1.993/1963.

21) Indústria de acumuladores elétricos, porém unicamente nos setores referentes a carga de baterias, moinho e cabine elétrica, excluídos todos os demais serviços.

(*) Item 21 acrescido pelo Decreto nº 56.533/1965.

22) Indústria da cerveja, excluídos os serviços de escritório.

(*) Item 22 acrescido pelo Decreto nº 57.349/1965.

23) Indústria do refino do petróleo.

(*) Item 23 acrescido pelo Decreto nº 61.146/1967.

24) Indústria Petroquímica, excluídos os serviços de escritório.

(*) Item 24 acrescido pelo Decreto nº 94.709/1987.

25) Indústria de extração de óleos vegetais comestíveis, excluídos os serviços de escritórios.

(*) Item 25 acrescido pelo Decreto nº 97.052/1988.

26) Processamento de hortaliças, legumes e frutas.

(*) Item 26 acrescido pelo Decreto nº 9.513/2018.

II – Comércio

1) Varejistas de peixe.
2) Varejistas de carnes frescas e caça.
3) Venda de pão e biscoitos.
4) Varejistas de frutas e verduras.
5) Varejistas de aves e ovos.
6) Varejistas de produtos farmacêuticos (farmácias, inclusive manipulação de receituário).
7) Flores e coroas.
8) Barbearias (quando funcionando em recinto fechado ou fazendo parte do complexo do estabelecimento ou atividade, mediante acordo expresso com os empregados).
9) Entrepostos de combustíveis, lubrificantes e acessórios para automóveis (postos de gasolina).
10) Locadores de bicicletas e similares.
11) Hotéis e similares (restaurantes, pensões, bares, cafés, confeitarias, leiterias, sorveterias e bombonerias).
12) Hospitais, clínicas, casas de saúde e ambulatórios.
13) Casas de diversões (inclusive estabelecimentos esportivos em que o ingresso seja pago).
14) Limpeza e alimentação de animais em estabelecimentos de avicultura.
15) Feiras livres e mercados, comércio varejista de supermercados e de hipermercados, cuja atividade preponderante seja a venda de alimentos, inclusive os transportes a eles inerentes.

(*) Item 15 com redação dada pelo Decreto nº 9.127/2017.

16) Porteiros e cabineiros de edifícios residenciais.
17) Serviços de propaganda dominical.
18) Comércio de artigos regionais nas estâncias hidrominerais.

(*) Item 18 acrescido pelo Decreto nº 88.341/1983.

19) Comércio em portos, aeroportos, estradas, estações rodoviárias e ferroviárias.

(*) Item 19 acrescido pelo Decreto nº 91.100/1983 e com redação dada pelo Decreto nº 94.591/1987.

20) Comércio em hotéis.

(*) Item 20 acrescido pelo Decreto nº 94.591/1987.

21) Agências de turismo, locadoras de veículos e embarcações.

(*) Item 21 acrescido pelo Decreto nº 94.591/1987.

22) Comércio em postos de combustíveis.

(*) Item 22 acrescido pelo Decreto nº 94.591/1987.

23) Comércio em feiras e exposições.

(*) Item 23 acrescido pelo Decreto nº 94.591/1987.

III – Transportes

1) Serviços portuários.
2) Navegação (inclusive escritório, unicamente para atender a serviço de navios).
3) Trânsito marítimo de passageiros (exceto de escritório).
4) Serviço propriamente de transportes (excluídos os transportes de carga urbanos e os escritórios e oficinas, salvo as de emergência).
5) Serviço de transportes aéreos (excluídos os departamentos não ligados diretamente ao tráfego aéreo).
6) Transporte interestadual (rodoviário), inclusive limpeza e lubrificação dos veículos.
7) Transporte de passageiros por elevadores e cabos aéreos.

IV – Comunicações e publicidade

1) Empresa de comunicação telegráficas, radiotelegráficas e telefônicas (excluídos os serviços de escritório e oficinas, salvos as emergências).
2) Empresas de radiodifusão, televisão, de jornais e revistas (excluídos os escritórios).

(*) Item 2 com redação dada pelo Decreto nº 94.591/1987.

3) Distribuidores e vendedores de jornais e revistas (bancas e ambulantes).
4) Anúncios em bondes e outros veículos (turma de emergência).

V – Educação e cultura

1) Estabelecimentos de ensino (internatos, excluídos os seviços de escritório e magistério).
2) Empresas teatrais (excluídos os serviços de escritório).
3) Biblioteca (excluídos os serviços de escritório).
4) Museu (excluídos os serviços de escritório).
5) Empresas exibidoras cinematográficas (excluídos os serviços de escritório).
6) Empresa de orquestras.
7) Cultura física (excluídos os serviços de escritório).
8) Instituições de culto religioso.

VI – Serviços funerários

1) Estabelecimentos e entidades que executem serviços funerários.

VII – Agricultura e pecuária

1) Limpeza e alimentação de animais em propriedades agropecuárias.
2) Execução de serviços especificados nos itens anteriores desta relação.
3) Colheita, beneficiamento, lavagem e transporte de hortaliças, legumes e frutas.

(*) Item 3 acrescido pelo Decreto nº 7.421/2010.

LEI Nº 5.584, DE 26 DE JUNHO DE 1970

[*Excertos*]

Atualizada até a Lei nº 13.725, de 4.10.2018.

Dispõe sobre normas de Direito Processual do Trabalho, altera dispositivos da Consolidação das Leis do Tra-

balho, disciplina a concessão e prestação de assistência judiciária na Justiça do Trabalho, e dá outras providências.

O Presidente da República,

Faço saber que o Congresso Nacional decreta e eu sanciono a seguinte Lei:

Art. 1º. Nos processos perante a Justiça do Trabalho, observar-se-ão os princípios estabelecidos nesta lei.

Art. 2º. Nos dissídios individuais, proposta a conciliação, e não havendo acordo, o Presidente, da Junta ou o Juiz, antes de passar à instrução da causa, fixar-lhe-á o valor para a determinação da alçada, se este for indeterminado no pedido.

§ 1º. Em audiência, ao aduzir razões finais, poderá qualquer das partes, impugnar o valor fixado e, se o Juiz o mantiver, pedir revisão da decisão, no prazo de 48 (quarenta e oito) horas, ao Presidente do Tribunal Regional.

§ 2º. O pedido de revisão, que não terá efeito suspensivo deverá ser instruído com a petição inicial e a Ata da Audiência, em cópia autenticada pela Secretaria da Junta, e será julgado em 48 (quarenta e oito) horas, a partir do seu recebimento pelo Presidente do Tribunal Regional.

§ 3º. Quando o valor fixado para a causa, na forma deste artigo, não exceder de 2 (duas) vezes o salário-mínimo vigente na sede do Juízo, será dispensável o resumo dos depoimentos, devendo constar da Ata a conclusão da Junta quanto à matéria de fato.

§ 4º. Salvo se versarem sobre matéria constitucional, nenhum recurso caberá das sentenças proferidas nos dissídios da alçada a que se refere o parágrafo anterior, considerado, para esse fim, o valor do salário-mínimo à data do ajuizamento da ação.

(*) § 4º com redação dada pela Lei nº 7.402/1985.

Art. 3º. Os exames periciais serão realizados por perito único designado pelo Juiz, que fixará o prazo para entrega do laudo.

Parágrafo único. Permitir-se-á a cada parte a indicação de um assistente, cuja laudo terá que ser apresentado no mesmo prazo assinado para o perito, sob pena de ser desentranhado dos autos.

Art. 4º. Nos dissídios de alçada exclusiva das Juntas e naqueles em que os empregados ou empregadores reclamarem pessoalmente, o processo poderá ser impulsionado de ofício pelo Juiz.

Art. 5º. Para exarar parecer, terá o órgão do Ministério Público da União, junto à Justiça do Trabalho, o prazo de 8 (oito) dias, contados da data em que lhe for distribuído o processo.

Art. 6º. Será de 8 (oito) dias o prazo para interpor e contra-arrazoar qualquer recurso (CLT, art. 893).

Art. 7º. A comprovação do depósito da condenação (CLT, art. 899, §§ 1º a 5º) terá que ser feita dentro do prazo para a interposição do recurso, sob pena de ser este considerado deserto.

Art. 8º. Das decisões proferidas nos dissídios coletivos poderá a União interpor recurso, o qual será sempre recebido no efeito suspensivo quanto à parte que exceder o índice fixado pela política salarial do Governo.

Art. 9º. No Tribunal Superior do Trabalho, quando o pedido do recorrente contrariar súmula de jurisprudência uniforme deste Tribunal já compendiada, poderá o Relator negar prosseguimento ao recurso, indicando a correspondente súmula.

(*) Art. 9º com redação dada pela Lei nº 7.033/1982.

Art. 10. O artigo 477 da Consolidação das Leis do Trabalho, alterado pela Lei nº 5.562, de 12.12.68, e pelo Decreto-Lei nº 766, de 15.8.69, passa a vigorar com a seguinte redação:

(*) Alteração já efetuada no corpo da CLT.

....

Art. 11. O artigo 500 da Consolidação das Lei do Trabalho, revogado pela Lei nº 5.562, de 12.12.1968, passa a vigorar com a seguinte redação:

(*) Alteração já efetuada no corpo da CLT.

....

Art. 12. O artigo 888 da Consolidação das Leis do Trabalho passa a vigorar com a seguinte redação:

(*) Alteração já efetuada no corpo da CLT.

....

Art. 13. Em qualquer hipótese, a remição só será deferível ao executado se este oferecer preço igual ao valor da condenação.

Da Assistência Judiciária

Art. 14. Na Justiça do Trabalho, a assistência judiciária a que se refere a Lei nº 1.060, de 5 de fevereiro de 1950, será prestada pelo Sindicato da categoria profissional a que pertencer o trabalhador.

§ 1º. A assistência é devida a todo aquele que perceber salário igual ou inferior ao dobro do mínimo legal, ficando assegurado igual benefício ao trabalhador de maior salário, uma vez provado que sua situação econômica não lhe permite demandar, sem prejuízo do sustento próprio ou da família.

§ 2º. A situação econômica do trabalhador será comprovada em atestado fornecido pela autoridade local do Ministério do Trabalho e Previdência Social♦, mediante diligência sumária, que não poderá exceder de 48 (quarenta e oito) horas.

♦ Atual denominação: "Ministério da Economia", nos termos da Lei nº 13.844/2019.

§ 3º. Não havendo no local a autoridade referida no parágrafo anterior, o atestado deverá ser expedido pelo Delegado de Polícia da circunscrição onde resida o empregado.

Art. 15. Para auxiliar no patrocínio das causas, observados os arts. 50 e 72 da Lei nº 4.215, de 27 de abril de 1963, poderão ser designados pelas Diretorias dos Sindicatos Acadêmicos, de Direito, a partir da 4º Série, comprovadamente, matriculados em estabelecimento de ensino oficial ou sob fiscalização do Governo Federal.

Art. 16. (Revogado).

(*) Art. 16 revogado pela Lei nº 13.725/2018.

Art. 17. Quando, nas respectivas comarcas, não houver Juntas de Conciliação e Julgamento ou não existir Sindicato da categoria profissional do trabalhador, é atribuído aos Promotores Públicos ou Defensores Públicos o encargo de prestar assistência judiciária prevista nesta lei.

Parágrafo único. Na hipótese prevista neste artigo, a importância proveniente da condenação nas despesas processuais será recolhida ao Tesouro do respectivo Estado.

Art. 18. A assistência judiciária, nos termos da presente lei, será prestada ao trabalhador ainda que não seja associado do respectivo Sindicato.

Art. 19. Os diretores de Sindicatos que, sem comprovado motivo de ordem financeira, deixarem de dar cumprimento às disposições desta lei ficarão sujeitos à penalidade prevista no art. 553, alínea "a" da Consolidação das Leis do Trabalho.

Art. 20. Esta lei entra em vigor na data de sua publicação, revogadas as disposições em contrário.

Brasília, 26 de junho de 1970; 149º da Independência e 82º da República.

Emílio G. Médici

DOU de 29.6.1970

LEI Nº 6.019, DE 3 DE JANEIRO DE 1974

[Trabalho temporário]

Atualizada até a Lei nº 13.467, de 13.7.2017.

(*) Vide, nesta edição, Decreto regulamentador nº 10.060/2019.

Dispõe sobre o Trabalho Temporário nas Empresas Urbanas, e dá outras Providências.

O Presidente da República,

Faço saber que o Congresso Nacional decreta e eu sanciono a seguinte Lei:

Art. 1º. As relações de trabalho na empresa de trabalho temporário, na empresa de prestação de serviços e nas respectivas tomadoras de serviço e contratante regem-se por esta Lei.

(*) Art. 1º com redação dada pela Lei nº 13.429/2017.

Art. 2º. Trabalho temporário é aquele prestado por pessoa física contratada por uma empresa de trabalho temporário que a coloca à disposição de uma empresa tomadora de serviços, para atender à necessidade de substituição transitória de pessoal permanente ou à demanda complementar de serviços.

(*) Art. 2º, *caput*, com redação dada pela Lei nº 13.429/2017.

§ 1º. É proibida a contratação de trabalho temporário para a substituição de trabalhadores em greve, salvo nos casos previstos em lei.

(*) § 1º acrescido pela Lei nº 13.429/2017.

§ 2º. Considera-se complementar a demanda de serviços que seja oriunda de fatores imprevisíveis ou, quando decorrente de fatores previsíveis, tenha natureza intermitente, periódica ou sazonal.

(*) § 2º acrescido pela Lei nº 13.429/2017.

Art. 3º. É reconhecida a atividade da empresa de trabalho temporário que passa a integrar o plano básico do enquadramento sindical a que se refere o art. 577, da Consolidação das Leis do Trabalho.

Art. 4º. Empresa de trabalho temporário é a pessoa jurídica, devidamente registrada no Ministério do Trabalho♦, responsável pela colocação de trabalhadores à disposição de outras empresas temporariamente.

(*) Art. 4º com redação dada pela Lei nº 13.429/2017.

♦ Atual denominação: "Ministério da Economia", nos termos da Lei nº 13.844/2019.

Art. 4º-A. Considera-se prestação de serviços a terceiros a transferência feita pela contratante da execução de quaisquer de suas atividades, inclusive sua atividade principal, à pessoa jurídica de direito privado prestadora de serviços que possua capacidade econômica compatível com a sua execução.

(*) Art. 4º-A, *caput*, acrescido pela Lei nº 13.429/2017, com redação dada pela Lei nº 13.467/2017.

§ 1º. A empresa prestadora de serviços contrata, remunera e dirige o trabalho realizado por seus trabalhadores, ou subcontrata outras empresas para realização desses serviços.

(*) § 1º acrescido pela Lei nº 13.429/2017.

§ 2º. Não se configura vínculo empregatício entre os trabalhadores, ou sócios das empresas prestadoras de serviços, qualquer que seja o seu ramo, e a empresa contratante.

(*) § 2º acrescido pela Lei nº 13.429/2017.

Art. 4º-B. São requisitos para o funcionamento da empresa de prestação de serviços a terceiros:

I – prova de inscrição no Cadastro Nacional da Pessoa Jurídica (CNPJ);

II – registro na Junta Comercial;

III – capital social compatível com o número de empregados, observando-se os seguintes parâmetros:

a) empresas com até dez empregados – capital mínimo de R$ 10.000,00 (dez mil reais);

b) empresas com mais de dez e até vinte empregados – capital mínimo de R$ 25.000,00 (vinte e cinco mil reais);

c) empresas com mais de vinte e até cinquenta empregados – capital mínimo de R$ 45.000,00 (quarenta e cinco mil reais);

d) empresas com mais de cinquenta e até cem empregados – capital mínimo de R$ 100.000,00 (cem mil reais); e

e) empresas com mais de cem empregados – capital mínimo de R$ 250.000,00 (duzentos e cinquenta mil reais).

(*) Art. 4º-B acrescido pela Lei nº 13.429/2017.

Art. 4º-C. São asseguradas aos empregados da empresa prestadora de serviços a que se refere o art. 4º-A desta Lei, quando e enquanto os serviços, que podem ser de qualquer uma das atividades da contratante, forem executados nas dependências da tomadora, as mesmas condições:

I – relativas a:

a) alimentação garantida aos empregados da contratante, quando oferecida em refeitórios;

b) direito de utilizar os serviços de transporte;

c) atendimento médico ou ambulatorial existente nas dependências da contratante ou local por ela designado;

d) treinamento adequado, fornecido pela contratada, quando a atividade o exigir.

II – sanitárias, de medidas de proteção à saúde e de segurança no trabalho e de instalações adequadas à prestação do serviço.

§ 1º. Contratante e contratada poderão estabelecer, se assim entenderem, que os empregados da contratada farão jus a salário equivalente ao pago aos empregados da contratante, além de outros direitos não previstos neste artigo.

§ 2º. Nos contratos que impliquem mobilização de empregados da contratada em número igual ou superior a 20% (vinte por cento) dos empregados da contratante, esta poderá disponibilizar aos empregados da contratada os serviços de alimentação e atendimento ambulatorial em outros locais apropriados e com igual padrão de atendimento, com vistas a manter o pleno funcionamento dos serviços existentes.

(*) Art. 4º-C acrescido pela Lei nº 13.467/2017.

Art. 5º. Empresa tomadora de serviços é a pessoa jurídica ou entidade a ela equiparada que celebra contrato de prestação de trabalho temporário com a empresa definida no art. 4º desta Lei.

(*) Art. 5º com redação dada pela Lei nº 13.429/2017.

Art. 5º-A. Contratante é a pessoa física ou jurídica que celebra contrato com empresa de prestação de serviços relacionados a quaisquer de suas atividades, inclusive sua atividade principal.

(*) Art. 5º-A, *caput*, acrescido pela Lei nº 13.429/2017, e com redação dada pela Lei nº 13.467/2017.

§ 1º. É vedada à contratante a utilização dos trabalhadores em atividades distintas daquelas que foram objeto do contrato com a empresa prestadora de serviços.

(*) § 1º acrescido pela Lei nº 13.429/2017.

§ 2º. Os serviços contratados poderão ser executados nas instalações físicas da empresa contratante ou em outro local, de comum acordo entre as partes.

(*) § 2º acrescido pela Lei nº 13.429/2017.

§ 3º. É responsabilidade da contratante garantir as condições de segurança, higiene e salubridade dos trabalhadores, quando o trabalho for realizado em suas dependências ou local previamente convencionado em contrato.

(*) § 3º acrescido pela Lei nº 13.429/2017.

§ 4º. A contratante poderá estender ao trabalhador da empresa de prestação de serviços o mesmo atendimento médico, ambulatorial e de refeição destinado aos seus empregados, existente nas dependências da contratante, ou local por ela designado.

(*) § 4º acrescido pela Lei nº 13.429/2017.

§ 5º. A empresa contratante é subsidiariamente responsável pelas obrigações trabalhistas referentes ao período em que ocorrer a prestação de serviços, e o recolhimento das contribuições previdenciárias observará o disposto no art. 31 da Lei nº 8.212, de 24 de julho de 1991.

(*) § 5º acrescido pela Lei nº 13.429/2017.

Art. 5º-B. O contrato de prestação de serviços conterá:

I – qualificação das partes;

II – especificação do serviço a ser prestado;

III – prazo para realização do serviço, quando for o caso;

IV – valor.

(*) Art. 5º-B acrescido pela Lei nº 13.429/2017.

Art. 5º-C. Não pode figurar como contratada, nos termos do art. 4º-A desta Lei, a pessoa jurídica cujos titulares ou sócios tenham, nos últimos dezoito meses, prestado serviços à contratante na qualidade de empregado ou trabalhador sem vínculo empregatício, exceto se os referidos titulares ou sócios forem aposentados.

(*) Art. 5º-C acrescido pela Lei nº 13.467/2017.

Art. 5º-D. O empregado que for demitido não poderá prestar serviços para esta mesma empresa na qualidade de empregado de empresa prestadora de serviços antes do decurso de prazo de dezoito meses, contados a partir da demissão do empregado.

(*) Art. 5º-D acrescido pela Lei nº 13.467/2017.

Art. 6º. São requisitos para funcionamento e registro da empresa de trabalho temporário no Ministério do Trabalho♦:

(*) Art. 6º, *caput*, com redação dada pela Lei nº 13.429/2017.

♦ Atual denominação: "Ministério da Economia", nos termos da Lei nº 13.844/2019.

a) (revogada);

(*) Alínea "a" revogada pela Lei nº 13.429/2017.

b) (revogada);

(*) Alínea "b" revogada pela Lei nº 13.429/2017.

c) (revogada):

(*) Alínea "c" revogada pela Lei nº 13.429/2017.

d) (revogada);

(*) Alínea "d" revogada pela Lei nº 13.429/2017.

e) (revogada);

(*) Alínea "e" revogada pela Lei nº 13.429/2017.

f) (revogada).

(*) Alínea "f" revogada pela Lei nº 13.429/2017.

I – prova de inscrição no Cadastro Nacional da Pessoa Jurídica (CNPJ), do Ministério da Fazenda;

(*) Inciso I acrescido pela Lei nº 13.429/2017.

II – prova do competente registro na Junta Comercial da localidade em que tenha sede;

(*) Inciso II acrescido pela Lei nº 13.429/2017.

III – prova de possuir capital social de, no mínimo, R$ 100.000,00 (cem mil reais).

(*) Inciso III acrescido pela Lei nº 13.429/2017.

Parágrafo único. (Revogado).

(*) Parágrafo único revogado pela Lei nº 13.429/2017.

Art. 7º. A empresa de trabalho temporário que estiver funcionando na data da vigência desta Lei terá o prazo de noventa dias para o atendimento das exigências contidas no artigo anterior.

Parágrafo único. A empresa infratora do presente artigo poderá ter o seu funcionamento suspenso, por ato do Diretor Geral do Departamento Nacional de Mão de Obra, cabendo recurso ao Ministro de Estado, no prazo de dez dias, a contar da publicação do ato no Diário Oficial da União.

Art. 8º. A empresa de trabalho temporário é obrigada a fornecer ao Departamento Nacional de Mão de Obra, quando solicitada, os elementos de informação julgados necessários ao estudo do mercado de trabalho.

Art. 9º. O contrato celebrado pela empresa de trabalho temporário e a tomadora de serviços será por escrito, ficará à disposição da autoridade fiscalizadora no estabelecimento da tomadora de serviços e conterá:

(*) Art. 9º, *caput*, com redação dada pela Lei nº 13.429/2017.

I – qualificação das partes;

(*) Inciso I acrescido pela Lei nº 13.429/2017.

II – motivo justificador da demanda de trabalho temporário;

(*) Inciso II acrescido pela Lei nº 13.429/2017.

III – prazo da prestação de serviços;

(*) Inciso III acrescido pela Lei nº 13.429/2017.

IV – valor da prestação de serviços;

(*) Inciso IV acrescido pela Lei nº 13.429/2017.

V – disposições sobre a segurança e a saúde do trabalhador, independentemente do local de realização do trabalho.

(*) Inciso V acrescido pela Lei nº 13.429/2017.

§ 1º. É responsabilidade da empresa contratante garantir as condições de segurança, higiene e salubridade dos trabalhadores, quando o trabalho for realizado em suas dependências ou em local por ela designado.

(*) § 1º acrescido pela Lei nº 13.429/2017.

§ 2º. A contratante estenderá ao trabalhador da empresa de trabalho temporário o mesmo atendimento médico, ambulatorial e de refeição destinado aos seus empregados, existente nas dependências da contratante, ou local por ela designado.

(*) § 2º acrescido pela Lei nº 13.429/2017.

§ 3º. O contrato de trabalho temporário pode versar sobre o desenvolvimento de atividades-meio e atividades-fim a serem executadas na empresa tomadora de serviços.

(*) § 3º acrescido pela Lei nº 13.429/2017.

Art. 10. Qualquer que seja o ramo da empresa tomadora de serviços, não existe vínculo de emprego entre ela e os trabalhadores contratados pelas empresas de trabalho temporário.

(*) Art. 10, *caput*, com redação dada pela Lei nº 13.429/2017.

§ 1º. O contrato de trabalho temporário, com relação ao mesmo empregador, não poderá exceder ao prazo de cento e oitenta dias, consecutivos ou não.

(*) § 1º acrescido pela Lei nº 13.429/2017.

§ 2º. O contrato poderá ser prorrogado por até noventa dias, consecutivos ou não, além do prazo estabelecido no § 1º deste artigo, quando comprovada a manutenção das condições que o ensejaram.

(*) § 2º acrescido pela Lei nº 13.429/2017.

§ 3º. (Vetado).

(*) § 3º acrescido pela Lei nº 13.429/2017.

§ 4º. Não se aplica ao trabalhador temporário, contratado pela tomadora de serviços, o contrato de experiência previsto no parágrafo único do art. 445 da Consolidação das Leis do Trabalho (CLT), aprovada pelo Decreto-Lei nº 5.452, de 1º de maio de 1943.

(*) § 4º acrescido pela Lei nº 13.429/2017.

§ 5º. O trabalhador temporário que cumprir o período estipulado nos §§ 1º e 2º deste artigo somente poderá ser colocado à disposição da mesma tomadora de serviços em novo contrato temporário, após noventa dias do término do contrato anterior.

(*) § 5º acrescido pela Lei nº 13.429/2017.

§ 6º. A contratação anterior ao prazo previsto no § 5º deste artigo caracteriza vínculo empregatício com a tomadora.

(*) § 6º acrescido pela Lei nº 13.429/2017.

§ 7º. A contratante é subsidiariamente responsável pelas obrigações trabalhistas referentes ao período em que ocorrer o trabalho temporário, e o recolhimento das contribuições previdenciárias observará o disposto no art. 31 da Lei nº 8.212, de 24 de julho de 1991.

(*) § 7º acrescido pela Lei nº 13.429/2017.

Art. 11. O contrato de trabalho celebrado entre empresa de trabalho temporário e cada um dos assalariados colocados à disposição de uma empresa tomadora ou cliente será, obrigatoriamente, escrito e dele deverão constar, expressamente, os direitos conferidos aos trabalhadores por esta Lei.

Parágrafo único. Será nula de pleno direito qualquer cláusula de reserva, proibindo a contratação do trabalhador pela empresa tomadora ou cliente ao fim do prazo em que tenha sido colocado à sua disposição pela empresa de trabalho temporário.

Art. 12. Ficam assegurados ao trabalhador temporário os seguintes direitos:

a) remuneração equivalente à percebida pelos empregados de mesma categoria da empresa tomadora ou cliente calculados à base horária, garantida, em qualquer hipótese, a percepção do salário-mínimo regional;

b) jornada de oito horas, remuneradas as horas extraordinárias não excedentes de duas, com acréscimo de 20% (vinte por cento);

c) férias proporcionais, nos termos do art. 25 da Lei nº 5.107, de 13 de setembro de 1966;

d) repouso semanal remunerado;

e) adicional por trabalho noturno;

f) indenização por dispensa sem justa causa ou término normal do contrato, correspondente a 1/12 (um doze avos) do pagamento recebido;

g) seguro contra acidente do trabalho;

h) proteção previdenciária nos termos do disposto na Lei Orgânica da Previdência Social, com as alterações introduzidas pela Lei nº 5.890, de 8 de junho de 1973 (art. 5º, item III, letra "c" do Decreto nº 72.771, de 6 de setembro de 1973).

§ 1º. Registrar-se-á na Carteira de Trabalho e Previdência Social do trabalhador sua condição de temporário.

§ 2º. A empresa tomadora ou cliente é obrigada a comunicar à empresa de trabalho temporário a ocorrência de todo acidente cuja vítima seja um assalariado posto à sua disposição, considerando-se local de trabalho, para efeito da legislação específica, tanto aquele onde se efetua a prestação do trabalho, quanto a sede da empresa de trabalho temporário.

Art. 13. Constituem justa causa para rescisão do contrato do trabalhador temporário os atos e circunstâncias mencionados nos arts. 482 e 483, da Consolidação das Leis do Trabalho, ocorrentes entre o trabalhador e a empresa de trabalho temporário ou entre aquele e a empresa cliente onde estiver prestando serviço.

Art. 14. As empresas de trabalho temporário são obrigadas a fornecer às empresas tomadoras ou clientes, a seu pedido, comprovante da regularidade de sua situação com o Instituto Nacional de Previdência Social.

Art. 15. A Fiscalização do Trabalho poderá exigir da empresa tomadora ou cliente a apresentação do contrato firmado com a empresa de trabalho temporário, e, desta última o contrato firmado com o trabalhador, bem como a comprovação do respectivo recolhimento das contribuições previdenciárias.

Art. 16. No caso de falência da empresa de trabalho temporário, a empresa tomadora ou cliente é solidariamente responsável pelo recolhimento das contribuições previdenciárias, no tocante ao tempo em que o trabalhador esteve sob suas ordens, assim como em referência ao mesmo período, pela remuneração e indenização previstas nesta Lei.

Art. 17. É defeso às empresas de prestação de serviço temporário a contratação de estrangeiros com visto provisório de permanência no País.

Art. 18. É vedado à empresa do trabalho temporário cobrar do trabalhador qualquer importância, mesmo a título de mediação, podendo apenas efetuar os descontos previstos em Lei.

Parágrafo único. A infração deste artigo importa no cancelamento do registro para funcionamento da empresa de trabalho temporário, sem prejuízo das sanções administrativas e penais cabíveis.

Art. 19. Competirá à Justiça do Trabalho dirimir os litígios entre as empresas de serviço temporário e seus trabalhadores.

Art. 19-A. O descumprimento do disposto nesta Lei sujeita a empresa infratora ao pagamento de multa.

Parágrafo único. A fiscalização, a autuação e o processo de imposição das multas reger-se-ão pelo Título VII da Consolidação das Leis do Trabalho (CLT), aprovada pelo Decreto-Lei nº 5.452, de 1º de maio de 1943.

(*) Art. 19-A acrescido pela Lei nº 13.429/2017.

Art. 19-B. O disposto nesta Lei não se aplica às empresas de vigilância e transporte de valores, permanecendo as respectivas relações de trabalho reguladas por legislação especial, e subsidiariamente pela Consolidação das Leis do Trabalho (CLT), aprovada pelo Decreto-Lei nº 5.452, de 1º de maio de 1943.

(*) Art. 19-B acrescido pela Lei nº 13.429/2017.

Art. 19-C. Os contratos em vigência, se as partes assim acordarem, poderão ser adequados aos termos desta Lei.

(*) Art. 19-C acrescido pela Lei nº 13.429/2017.

Art. 20. Esta Lei entrará em vigor sessenta dias após sua publicação, revogadas as disposições em contrário.

Brasília, 3 de janeiro de 1974; 153º da Independência e 86º da República.

Emílio G. Médici

DOU de 4.1.1974

DECRETO Nº 10.060, DE 14 DE OUTUBRO DE 2019

Regulamenta a Lei nº 6.019, de 3 de janeiro de 1974, que dispõe sobre o trabalho temporário.

O Presidente da República,

No uso da atribuição que lhe confere o art. 84, *caput*, inciso IV, da Constituição, e tendo em vista o disposto na Lei nº 6.019, de 3 de janeiro de 1974,

Decreta:

Art. 1º. Este Decreto regulamenta o trabalho temporário de que trata a Lei nº 6.019, de 3 de janeiro de 1974.

Capítulo I
DO TRABALHO TEMPORÁRIO

Art. 2º. Para fins do disposto neste Decreto, considera-se trabalho temporário aquele prestado por pessoa física contratada por uma empresa de trabalho temporário que a coloca à disposição de uma empresa tomadora de serviços ou cliente, para atender à necessidade de substituição transitória de pessoal permanente ou à demanda complementar de serviços.

Parágrafo único. O trabalho temporário não se confunde com a prestação de serviços a terceiros, de que trata o art. 4º-A da Lei nº 6.019, de 1974.

Art. 3º. Para fins do disposto neste Decreto, considera-se:

I – empresa de trabalho temporário – pessoa jurídica, devidamente registrada no Ministério da Economia, responsável pela colocação de trabalhadores temporários à disposição de outras empresas, tomadoras de serviços ou clientes, que deles necessite, temporariamente;

II – empresa tomadora de serviços ou cliente – pessoa jurídica ou entidade a ela equiparada que, em decorrência de necessidade de substituição transitória de pessoal permanente ou de demanda complementar de serviços, celebre contrato de prestação de serviços de colocação de trabalhadores temporários com empresa de trabalho temporário;

III – trabalhador temporário – pessoa física contratada por empresa de trabalho temporário, colocada à disposição de uma empresa tomadora de serviços ou cliente, destinada a atender a necessidade de substituição transitória de pessoal permanente ou a demanda complementar de serviços;

IV – demanda complementar de serviços – demanda oriunda de fatores imprevisíveis ou, quando decorrente de fatores previsíveis, que tenha natureza intermitente, periódica ou sazonal;

V – substituição transitória de pessoal permanente – substituição de trabalhador permanente da empresa tomadora de serviços ou cliente afastado por motivo de suspensão ou interrupção do contrato de trabalho, tais como férias, licenças e outros afastamentos previstos em lei;

VI – contrato individual de trabalho temporário – contrato de trabalho individual escrito, celebrado entre o trabalhador e a empresa de trabalho temporário; e

VII – contrato de prestação de serviços de colocação à disposição de trabalhador temporário – contrato escrito, celebrado entre a empresa de trabalho temporário e a empresa tomadora de serviços ou cliente, para a prestação de serviços de colocação de trabalhadores temporários a que se refere o art. 9º da Lei nº 6.019, de 1974.

Parágrafo único. Não se considera demanda complementar de serviços:

I – as demandas contínuas ou permanentes; ou

II – as demandas decorrentes da abertura de filiais.

Capítulo II
DA EMPRESA DE TRABALHO TEMPORÁRIO

Art. 4º. A empresa de trabalho temporário tem por finalidade a colocação de trabalhadores temporários à disposição de empresa tomadora de serviços ou cliente que deles necessite temporariamente.

Art. 5º. Observadas as normas complementares editadas pelo Ministério da Economia, o pedido de registro da empresa de trabalho temporário no referido Ministério será instruído com os seguintes documentos:

I – prova de constituição da pessoa jurídica e registro na Junta Comercial da localidade em que a empresa tenha sede;

II – prova de inscrição no Cadastro Nacional da Pessoa Jurídica; e

III – capital social compatível com o quantitativo de empregados, observados os seguintes parâmetros:

a) empresas com até dez empregados – capital mínimo de R$ 10.000,00 (dez mil reais);

b) empresas com mais de dez e com até vinte empregados – capital mínimo de R$ 25.000,00 (vinte e cinco mil reais);

c) empresas com mais de vinte e com até cinquenta empregados – capital mínimo de R$ 45.000,00 (quarenta e cinco mil reais);

d) empresas com mais de cinquenta e com até cem empregados – capital mínimo de R$ 100.000,00 (cem mil reais); e

e) empresas com mais de cem empregados – capital mínimo de R$ 250.000,00 (duzentos e cinquenta mil reais).

Art. 6º. Sempre que solicitado pelo Ministério da Economia, a empresa de trabalho temporário deverá fornecer-lhe as informações consideradas necessárias para subsidiar a análise do mercado de trabalho.

Parágrafo único. O fornecimento das informações a que se refere o *caput* poderá ser substituído pelo uso do Sistema de Escrituração Digital das Obrigações Fiscais, Previdenciárias e Trabalhistas – eSocial, observado o regulamento editado pela Secretaria Especial de Previdência e Trabalho do Ministério da Economia.

Art. 7º. O cadastramento dos trabalhadores temporários será feito junto ao Ministério da Economia.

Art. 8º. Compete à empresa de trabalho temporário remunerar e assistir os trabalhadores temporários quanto aos seus direitos, a que se referem os art. 20 ao art. 23.

Art. 9º. A empresa de trabalho temporário fica obrigada a anotar, nas anotações gerais da Carteira de Trabalho e Previdência Social do trabalhador temporário, ou em meio eletrônico que a substitua, a sua condição de temporário, conforme regulamentado em ato do Ministro de Estado da Economia.

Art. 10. A empresa de trabalho temporário fica obrigada a apresentar ao agente da fiscalização, quando solicitado, o contrato celebrado com o trabalhador temporário, a comprovação do recolhimento das contribuições previdenciárias e os demais documentos comprobatórios do cumprimento das obrigações estabelecidas neste Decreto.

Art. 11. A empresa de trabalho temporário fica obrigada a discriminar, separadamente, em nota fiscal os valores pagos a título de obrigações trabalhistas e fiscais e a taxa de agenciamento de colocação à disposição dos trabalhadores temporários.

Art. 12. É vedado à empresa de trabalho temporário:

I – contratar estrangeiro portador de visto provisório de permanência no País; e

II – ter ou utilizar, em seus serviços, trabalhador temporário, exceto quando:

a) o trabalhador seja contratado com outra empresa de trabalho temporário; e

b) seja comprovada a necessidade de substituição transitória de pessoal permanente ou demanda complementar de serviços.

Art. 13. É vedado à empresa de trabalho temporário cobrar do trabalhador qualquer importância, mesmo a título de mediação de mão de obra, a qual poderá apenas efetuar os descontos previstos em lei.

Parágrafo único. A infração ao disposto neste artigo importa o cancelamento do registro para funcionamento da empresa de trabalho temporário, sem prejuízo das sanções administrativas e penais cabíveis.

Capítulo III
DA EMPRESA TOMADORA DE SERVIÇOS OU CLIENTE

Art. 14. A empresa tomadora de serviços ou cliente manterá, no seu estabelecimento, e apresentará ao agente da fiscalização, quando solicitado, o contrato de prestação de serviços de colocação à disposição de trabalhadores temporários celebrado com a empresa de trabalho temporário.

Art. 15. É responsabilidade da empresa tomadora de serviços ou cliente garantir as condições de segurança, higiene e salubridade dos trabalhadores quando o trabalho for realizado em suas dependências ou em local por ela designado.

Art. 16. A empresa tomadora de serviços ou cliente estenderá ao trabalhador temporário colocado à sua disposição o mesmo atendimento médico, ambulatorial e de refeição destinado aos seus empregados existente nas suas dependências ou no local por ela designado.

Art. 17. Independentemente do ramo da empresa tomadora de serviços ou cliente, não existe vínculo empregatício entre esta e os trabalhadores contratados pelas empresas de trabalho temporário.

Art. 18. A empresa tomadora de serviços ou cliente exercerá o poder técnico, disciplinar e diretivo sobre os trabalhadores temporários colocados à sua disposição.

Art. 19. O contrato de trabalho temporário poderá dispor sobre o desenvolvimento de atividades-meio e atividades-fim a serem executadas na empresa tomadora de serviços ou cliente.

Capítulo IV
DO TRABALHADOR TEMPORÁRIO

Art. 20. Ao trabalhador temporário são assegurados os seguintes direitos:

I – remuneração equivalente àquela percebida pelos empregados da mesma categoria da empresa tomadora de serviços ou cliente, calculada à base horária, garantido, em qualquer hipótese, o salário-mínimo regional;

II – pagamento de férias proporcionais, calculado na base de um doze avos do último salário percebido, por mês trabalhado, nas seguintes hipóteses:

a) dispensa sem justa causa,

b) pedido de demissão; ou

c) término normal do contrato individual de trabalho temporário;

III – Fundo de Garantia do Tempo de Serviço, na forma prevista em lei;

IV – benefícios e serviços da Previdência Social;

V – seguro de acidente do trabalho; e

VI – anotação da sua condição de trabalhador temporário em sua Carteira de Trabalho e Previdência Social, em anotações gerais, conforme regulamentado em ato do Ministro de Estado da Economia.

Parágrafo único. Para fins do disposto no inciso II do *caput*, será considerada como mês completo a fração igual ou superior a quinze dias úteis.

Art. 21. A jornada de trabalho para os trabalhadores temporários será de, no máximo, oito horas diárias.

§ 1º. A jornada de trabalho poderá ter duração superior a oito horas na hipótese de a empresa tomadora de serviços ou cliente utilizar jornada de trabalho específica.

§ 2º. As horas que excederem à jornada normal de trabalho serão remuneradas com acréscimo de, no mínimo, cinquenta por cento.

Art. 22. Será assegurado ao trabalhador temporário o acréscimo de, no mínimo, vinte por cento de sua remuneração quando trabalhar no período noturno.

Art. 23. Será assegurado ao trabalhador temporário o descanso semanal remunerado nos termos do disposto na Lei nº 605, de 5 de janeiro de 1949.

Art. 24. Não se aplica ao trabalhador temporário o contrato de experiência previsto no parágrafo único do art. 445 do Decreto-Lei nº 5.452, de 1º de maio de 1943 – Consolidação das Leis do Trabalho.

Art. 25. Não se aplica ao trabalhador temporário a indenização prevista no art. 479 do Decreto-Lei nº 5.452, de 1943 – Consolidação das Leis do Trabalho.

Capítulo V
DO CONTRATO INDIVIDUAL DE TRABALHO TEMPORÁRIO

Art. 26. A empresa de trabalho temporário celebrará contrato individual de trabalho temporário escrito com o trabalhador colocado à disposição da empresa tomadora ou cliente, do qual constarão expressamente:

I – os direitos conferidos ao trabalhador temporário decorrentes da sua condição; e

II – a indicação da empresa tomadora de serviços ou cliente.

Art. 27. O prazo de duração do contrato previsto no art. 25 não poderá ser superior a cento e oitenta dias corridos, independentemente de a prestação de serviço ocorrer em dias consecutivos ou não.

Parágrafo único. Comprovada a manutenção das condições que ensejaram a contratação temporária, o contrato poderá ser prorrogado apenas uma vez, por até noventa dias corridos, independentemente de a prestação de trabalho ocorrer em dias consecutivos ou não.

Art. 28. O trabalhador temporário que cumprir os períodos estipulados no art. 27 somente poderá ser colocado à disposição da mesma empresa tomadora de serviços ou cliente em novo contrato temporário após o período de noventa dias, contado do término do contrato anterior.

Parágrafo único. A contratação anterior ao prazo previsto no *caput* caracterizará vínculo empregatício entre o trabalhador e a empresa tomadora de serviços ou cliente.

Art. 29. É nula de pleno direito qualquer cláusula proibitiva da contratação do trabalhador pela empresa tomadora de serviço ou cliente.

Art. 30. Constituem justa causa para rescisão do contrato do trabalhador temporário os atos e as circunstâncias de que tratam os art. 482 e art. 483 do Decreto-Lei nº 5.452, de 1943 – Consolidação das Leis do Trabalho, que ocorram entre o trabalhador e a empresa de trabalho temporário ou entre o trabalhador e a empresa tomadora de serviços ou cliente.

Art. 31. O contrato individual de trabalho temporário não se confunde com o contrato por prazo determinado previsto no art. 443 do Decreto-Lei nº 5.452, de 1943 – Consolidação das Leis do Trabalho, e na Lei nº 9.601, de 21 de janeiro de 1998.

Capítulo VI
DO CONTRATO DE PRESTAÇÃO DE SERVIÇOS DE COLOCAÇÃO DE TRABALHADORES TEMPORÁRIOS À DISPOSIÇÃO

Art. 32. Para a prestação de serviços de colocação de trabalhadores temporários à disposição de outras empresas, é obrigatória a celebração de contrato escrito entre a empresa de trabalho temporário e a empresa tomadora de serviços ou cliente, do qual constarão expressamente:

I – a qualificação das partes;

II – a justificativa da demanda de trabalho temporário;

III – o prazo estabelecido para a prestação de serviços;

IV – o valor estabelecido para a prestação de serviços; e

V – as disposições sobre a segurança e a saúde do trabalhador, independentemente do local em que seja prestado o serviço.

§ 1º. O valor da prestação de serviços a que se refere o inciso IV do *caput* consiste na taxa de agenciamento da prestação de serviço de colocação à disposição de trabalhadores temporários.

§ 2º. A justificativa da demanda de trabalho temporário a que se refere o inciso II do *caput* consiste na descrição do fato ensejador da contratação de trabalho temporário.

Art. 33. A descrição da justificativa da demanda de trabalho temporário e a quantidade necessária de trabalhadores serão demonstradas pela empresa de trabalho temporário ou pela empresa tomadora de serviços ou cliente, observado o disposto nos art. 26 e art. 27 e nas normas editadas pelo Ministério da Economia.

Capítulo VII
DISPOSIÇÕES FINAIS

Art. 34. Compete à Justiça do Trabalho dirimir os litígios que envolvam a relação de trabalho entre empresa de trabalho temporário, empresa tomadora de serviços ou cliente e trabalhador temporário.

Art. 35. A empresa tomadora de serviços ou cliente responderá subsidiariamente pelas obrigações trabalhistas referentes ao período em que for realizado o trabalho temporário.

Parágrafo único. Na hipótese de falência da empresa de trabalho temporário, a empresa tomadora de serviços ou cliente responderá solidariamente pelas verbas relativas ao período para o qual o trabalhador tenha sido contratado.

Art. 36. A empresa tomadora de serviços ou cliente fica obrigada a comunicar à empresa de trabalho temporário a ocorrência de acidente cuja vítima seja um trabalhador temporário colocado à sua disposição, nos termos do disposto no § 2º do art. 12 da Lei nº 6.019, de 1974.

Art. 37. Fica revogado o Decreto nº 73.841, de 13 de março de 1974.

Art. 38. Este Decreto entra em vigor na data de sua publicação.

Brasília, 14 de outubro de 2019; 198º da Independência e 131º da República.

Jair Messias Bolsonaro

DOU de 15.10.2019.

MEDIDAS PROVISÓRIAS

MEDIDA PROVISÓRIA Nº 808, DE 14 DE NOVEMBRO DE 2017

Altera a Consolidação das Leis do Trabalho – CLT, aprovada pelo Decreto-Lei nº 5.452, de 1º de maio de 1943.

EXPOSIÇÃO DE MOTIVOS

EM nº 00023/2017 MTb

Brasília, 9 de Novembro de 2017

Excelentíssimo Senhor Presidente da República,

1. Submetemos à elevada consideração de Vossa Excelência a proposta de Medida Provisória que altera a Consolidação das Leis do Trabalho – CLT, aprovada pelo Decreto-Lei nº 5.452, de 1º de maio de 1943.

2. A presente Medida Provisória tem como ponto de partida e referencial normativo os recentes trabalhos de atualização e modernização da legislação trabalhista. Como é de conhecimento, o Projeto de Lei nº 6.787, de 2016, proposto por Vossa Excelência, tramitou no Congresso Nacional e foi aprovado pelo Plenário da Câmara dos Deputados em 26 de abril de 2017, contando com expressiva votação de 296 Deputados pela aprovação do Projeto. A proposta seguiu para apreciação pelo Senado Federal por meio do PLC nº 38, de 2017, o qual também contou com expressiva votação pela aprovação de 50 Srs. Senadores, vindo então à sanção presidencial. O texto, sancionado em 13 de Julho de 2017, foi incorporado ao ordenamento jurídico brasileiro como Lei nº 13.467, de 2017.

3. Cabe salientar que, com o objetivo de promover amplo debate sobre a matéria, a Comissão Especial criada com a finalidade de proferir parecer ao Projeto de Lei nº 6.787, de 2016 realizou extenso diálogo com representantes de vasta gama de setores do Governo Federal, da Justiça Trabalhista, do Ministério Público do Trabalho, bem como também com entidades representantes dos trabalhadores e dos empregadores, especialistas e demais interessados no assunto por meio de audiências públicas, seminários, mesas redondas, reuniões de trabalho e reuniões técnicas realizados em diversos estados da Federação.

4. É notório que as discussões da Comissão Especial contaram com participação expressiva dos Deputados na construção conjunta da proposta de modernização da legislação trabalhista brasileira.

5. No Senado Federal, o PLC nº 38, de 2017, foi distribuído inicialmente para apreciação pelas Comissões de Assuntos Econômicos e de Assuntos sociais. Na Comissão de Assuntos Econômicos foram realizadas audiências públicas com ampla discussão, havendo aprovação integral do projeto pelo colegiado após apresentação de parecer favorável proferido pelo relator. A Comissão de Assuntos Sociais pronunciou-se pela rejeição do projeto, contando com votos em separado pela aprovação do parecer. Em seguida foi apresentado requerimento ao plenário do Senado Federal, que aprovou a oitiva da Comissão de Constituição, Justiça e Cidadania quanto à matéria, posteriormente às discussões realizadas nas outras comissões.

6. A Comissão de Constituição, Justiça e Cidadania, por sua vez, analisou o PLC não apenas quanto à constitucionalidade, mas também quanto ao mérito do tema, sendo aprovado na comissão e remetido para apreciação pelo Plenário do Senado Federal que, finalmente, deliberou pela aprovação do projeto.

7. Em suma, senhor Presidente, o Projeto de Lei de iniciativa do Poder Executivo enviado ao Congresso Nacional foi objeto de discussão e aprimoramento pelo Parlamento resultando em lei que tem como objetivos primordiais a atualização e modernização da legislação trabalhista brasileira, adequando-a à dinâmica social e à realidade das relações estabelecidas entre trabalhadores e empregadores, com a manutenção de todos os direitos constitucionais conferidos aos trabalhadores, sem prejuízo de primar por um ambiente de maior liberdade contratual, com segurança jurídica e menor interferência do Estado nessas relações.

8. A lei aprovada visa também promover a pacificação das relações de trabalho, a partir do fortalecimento das negociações coletivas e de soluções extrajudiciais na composição de conflitos, prestigiando o respeito à autonomia coletiva da vontade. Por fim, também se buscou a formalização das relações de trabalho no Brasil, que hoje conta com aproximadamente 45% da sua força de trabalho em caráter informal, alheia aos direitos conferidos pela Carta Magna e pela CLT. Com efeito, é claro o escopo do novo marco legal de criar as condições para promoção e geração de novos empregos formais por meio da regulamentação de novas modalidades de contratação que permitirão adequar as necessidades de trabalhadores e empregadores à atual dinâmica das novas profissões e atividades econômicas.

9. Disto isto, a presente proposta de Medida Provisória tem por objetivo o aprimoramento de dispositivos pontuais, relacionados a aspectos discutidos durante a tramitação do PLC nº 38, de 2017, no Senado Federal. Se, por um lado, tais aspectos refletem o profundo processo de diálogo e análise realizado pelo Senado Federal, por outro, esta Casa Legislativa observou a desnecessidade de alteração do projeto no momento de sua tramitação, o que implicaria atrasos desnecessários à eficácia deste importante diploma legal. É neste sentido que, como consequência da atuação do Senado Federal, e sem maiores atrasos, aguardamos a entrada em eficácia da Lei nº 13.467, de 2017, em data de 11 de novembro de 2017.

10. Feitas estas observações sobre o processo legislativo que ultimou a aprovação da Lei nº 13.467, de 2017, e observados os motivos que nos levam à propositura desta Medida Provisória, cumpre-me destacar os pontos que a presente proposta de Medida Provisória pretende aperfeiçoar:

Jornada 12 x 36

10.1. Por meio da alteração do *caput* do art. 59-A do Decreto-Lei nº 5.452, de 1943, além da inclusão no dispositivo dos §§ 1º e 2º, fica estabelecido que a jornada de doze horas de trabalho seguidas por trinta e seis horas ininterruptas de descanso poderá ser estipulada por meio de convenção coletiva ou acordo coletivo de trabalho, conforme jurisprudência do Tribunal Superior do Trabalho – TST, sendo que, no caso de entidades atuantes no setor de saúde, essa jornada poderá ser pactuada por meio de acordo individual escrito.

Bens inerentes à pessoa física

10.2. A proposta também altera o *caput* do art. 223-C do Decreto-Lei nº 5.452, de 1943, ao melhor enumerar aqueles bens inerentes à pessoa física que são juridicamente tutelados. Pelo texto proposto, a etnia, a idade, a nacionalidade, a honra, a imagem, a intimidade, a liberdade de ação, a autoestima, o gênero, a orientação sexual, a saúde, o lazer e a integridade física passam a ser os bens juridicamente tutelados, inerentes à pessoa natural.

Dano extrapatrimonial

10.3. No que se refere ao dano extrapatrimonial, a fixação de limites para as indenizações por danos morais com base em critérios objetivos tem por objetivo evitar que haja decisões judiciais díspares para situações semelhantes, ao mesmo tempo em que busca estabelecer uma gradação de valores a partir da classificação da ofensa por sua gravidade. Para tanto, são realizadas alterações nos §§ 1º e 3º, além de inclusões dos §§ 4º e 5º ao art. 223-G do Decreto-Lei nº 5.452, de 1943, apresentando dosimetria para a fixação da reparação a ser paga aos ofendidos em casos de dano moral ou existencial, estabelecendo o limite máximo dos benefícios do Regime Geral de Previdência Social – RGPS como parâmetro de reparação. São apresentados limites máximos a depender do grau de gravidade da ofensa variando de ofensa de natureza leve a gravíssima. Os cenários apresentados visam possibilitar que o juízo arbitre a reparação que melhor se adequar ao caso concreto, além de reservar a possibilidade de o Juízo dobrar o valor da indenização nos casos em que haja reincidência de qualquer das partes.

10.4. Por fim, o texto estipula que a reincidência ocorrerá se idêntica ofensa ocorrer em até 2 (dois) anos do trânsito em julgado da condenação. Ficam afastados os limites propostos no caso de extrapatrimoniais decorrentes de morte.

Empregadas gestantes/lactantes e ambiente insalubre

10.5. A Medida Provisória proposta promove alterações na redação do *caput* e do § 2º, além de incluir os §§ 3º e 4º ao art. 394-A do Decreto-Lei nº 5.452, de 1943, buscando garantir o afastamento da mulher gestante de atividades insalubres em grau máximo como forma de preservar a sua saúde e a do nascituro, ao mesmo tempo em que se permite que, nos casos de atividades insalubres em grau médio e mínimo possam ser exercidos pela mulher, quando esta, voluntariamente, apresentar atestado de saúde emitido por médico de sua confiança que autorize sua permanência no exercício das atividades.

10.6. Já no que tange ao exercício de atividades insalubres por mulheres lactantes, propõe-se que a mulher seja afastada da atividade insalubre em qualquer grau, caso apresente atestado de saúde emitido por médico de sua confiança que recomende o seu afastamento durante o período de lactação.

10.7. Este dispositivo tem o cuidado de não promover situações de discriminação da mulher em locais com atividades insalubres, o que pode afetar a sua empregabilidade, principalmente quando se tratar de mulher em idade reprodutiva. É de grande importância atingir ambos objetivos, quais sejam a garantia da saúde da mulher e a sua empregabilidade, notadamente em atividades ligadas à área de saúde.

Trabalhador autônomo e cláusula de exclusividade

10.8. Com a inclusão dos §§ 1º ao 6º ao art. 442-B do Decreto-Lei nº 5.452, de 1943, pretende-se conferir maior clareza à contratação do trabalhador autônomo, inclusive para aquelas atividades e profissões reguladas por leis específicas, vedando cláusula de exclusividade em contratos dessa natureza, sob pena de reconhecimento de vínculo empregatício, caso cumpridos os requisitos previstos no art. 3º da CLT.

10.9. As modificações visam salvaguardar a atividade dos autônomos, especialmente aqueles que, por uma questão prática, prestam serviços a apenas um tomador. Caso permaneçam a descoberto, atividades como a de venda direta de produtos serão postas em risco, haja vista a insegurança jurídica promovida por diferentes decisões judiciais de reconhecimento de vínculo empregatício. Ao mesmo tempo, o texto proposto assevera que, preenchidos os requisitos previstos no art. 3º da CLT, notadamente a subordinação jurídica, será reconhecido o vínculo empregatício.

Contrato de trabalho intermitente

10.10. Para melhor definir os elementos que caracterizam o regime de contratação de trabalho intermitente, propõe-se alterar o art. 452-A e incluir os arts. 452-B a 452-H ao Decreto-Lei nº 5.452, de 1943, para não restar dúvida quanto às diferenças desta forma de contração das demais já previstas na legislação, como o contrato por prazo indeterminado, o contrato com jornada parcial e o contrato temporário.

10.11. O art. 452-A estabelece que o contrato de trabalho intermitente deverá ser celebrado por escrito e registrado em carteira de trabalho, ainda que previsto em acordo ou convenção coletiva, e estabelece também integrantes básicos deste contrato de trabalho, como identificação, valor da hora ou do dia de trabalho, que não poderá ser inferior ao valor horário ou diário do salário-mínimo, as parcelas integrantes do pagamento imediato (remuneração, férias proporcionais com acréscimo de um terço, décimo terceiro salário proporcional, repouso semanal remunerado e adicionais legais), dentre outros dispositivos.

10.12. De grande importância, e de modo a esclarecer quaisquer dúvida sobre os direitos do trabalhador em contrato intermitente, o § 13 estabelece que o auxílio-doença será devido ao segurado da Previdência Social, empregado com contrato de trabalho intermitente, a partir da data do início da incapacidade, não se aplicando o disposto no § 3º do art. 60 da Lei nº 8.213, de 24 de Julho de 1991. Já o §14 estabelece que o salário-maternidade da contratada para prestação de trabalho intermitente será pago diretamente pela Previdência Social, aplicando-se o disposto no § 3º do art. 72 da Lei nº 8.213, de 24 de Julho de 1991. Trata-se de provisões indispensáveis para a correta estipulação dos direitos do trabalhador intermitente, que não estiveram disciplinados na Lei nº 13.467, de 2017.

10.13. O art. 452-B convenciona que é facultado às partes convencionar no instrumento contratual os locais de prestação de serviços, os turnos para os quais o empregado será convocado para prestar serviços, as formas e instrumentos de convocação e de resposta para a prestação de serviços e o formato de reparação recíproca em caso de cancelamento de serviços previamente agendados.

10.14. Observe que, ao alterar o texto original da Lei nº 13.467, de 2017, o novo texto propõe-se também a eliminar a multa de 50% (cinquenta por cento), prevista para os casos de descumprimento contratual.

10.15. Em seguida, o art. 452-C caracteriza o significado de inatividade para o contrato intermitente e disciplina que durante o período de inatividade, o empregado poderá prestar serviços de qualquer natureza a outros empregadores, utilizando contrato de trabalho intermitente ou outra modalidade de contrato de trabalho, inclusive àqueles que exerçam a mesma atividade econômica. Ainda, para evitar que o contrato intermitente seja confundido com outros tipos de contrato, no intermitente o período de inatividade não será considerado tempo à disposição do empregador e não será remunerado, restando descaracterizado o contrato como intermitente caso haja remuneração por tempo à disposição no período de inatividade.

10.16. Importante inovação aposta pela presente Medida Provisória, nos termos do art. 452-D, será considerado rescindido de pleno direito o contrato de trabalho intermitente caso decorrido 1 (um) ano sem qualquer convocação do empregado pelo empregador, contado a partir da celebração do contrato, da última convocação ou do último dia de prestação de serviços, o que for mais recente. A medida é indispensável para que os contratos não permaneçam indefinidamente abertos, sem dar ensejo ao pagamento de verbas rescisórias aos trabalhadores.

10.17. Além disto, pelo art. 452-E, todas as rescisões do contrato intermitente, ressalvados nos casos previstos no art. 482 e 483 da CLT, se darão pelos termos do distrato, ou demissão negociada, no qual o trabalhador recebe por metade o aviso-prévio e a indenização do Fundo de Garantia do Tempo de Serviço – FGTS, mas acessa 80% do seu saldo na conta vinculada do mesmo Fundo. Tal provisão visa beneficiar o trabalhador, na medida em que o empregador poderia optar por não encerrar o contrato de trabalho até o prazo de 1 (um) ano, importando atraso desnecessário no pagamento de verbas rescisórias ao trabalhador. Ao estabelecer as mesmas condições financeiras para qualquer momento, empregado e empregador poderão decidir o momento de rescisão, sem prejuízos desproporcionais para uma parte ou outra.

10.18. De igual importância para o trabalhador e o mercado de trabalho de maneira geral, o art. 452-G estabelece mecanismo de quarentena de 18 meses entre a demissão e contratação do mesmo trabalhador em regime de contrato intermitente. O dispositivo permanecerá válido pelo prazo de 3 (três) anos, de forma a impedir quaisquer riscos de oscilações bruscas nas formas de contratação.

10.19. Por fim, o art. 452-H estipula que no contrato de trabalho intermitente, o empregador efetuará o recolhimento das contribuições previdenciárias próprias e do trabalhador, e o depósito do FGTS, na forma da lei, com base nos valores pagos no período mensal e fornecerá ao empregado comprovante do cumprimento dessas obrigações, observado o disposto no art. 911-A, também introduzido na CLT por esta Medida Provisória e abordado posteriormente nesta Exposição de Motivos.

Verbas remuneratórias

10.20. Por meio da alteração dos §§ 1º e 2º e da inclusão dos §§ 12 e 13 ao art. 457 do Decreto-Lei nº 5.452, de 1943, a presente medida tem como objetivo definir de forma clara as importâncias pagas ao trabalhador que, por sua natureza, não integram a remuneração do empregado. Assim, integram o salário a importância fixa estipulada, as gratificações legais e de função e as comissões pagas pelo empregador. Já as importâncias, ainda que habituais, pagas a título de ajuda de custo, limitada a 50% da remuneração mensal, auxílio-alimentação, vedado seu pagamento em dinheiro, diárias para viagem e prêmios, não integram a remuneração do empregado, não se incorporam ao contrato de trabalho e não constituem base de incidência de encargo trabalhista e previdenciário. O novo texto traz importante contribuição à Lei nº 13.467, de 2017, ao eliminar o conceito de "abono" e limitar as "ajudas de custo" a 50% da remuneração mensal. O objetivo é manter o incentivo à remuneração por produtividade, mas evitar possíveis excessos por parte das empresas.

10.21. O § 4º do proposto art. 457 busca corrigir alteração inadequada, não intencional, promovida pela Lei nº 13.467, de 2017, no que diz respeito às gorjetas, que não constituem receita própria dos empregadores, destinando-se aos trabalhadores, e serão distribuídas segundo critérios de custeio e de rateio definidos em convenção ou acordo coletivo de trabalho.

10.22. O § 12 esclarece que se consideram prêmios as liberalidades concedidas pelo empregador, até duas vezes ao ano, em forma de bens, serviços ou valor em dinheiro, a empregado, grupo de empregados, ou terceiros vinculados à sua atividade econômica, em razão de desempenho superior ao ordinariamente esperado no exercício de suas atividades. Uma vez mais, o objetivo aqui é manter o incentivo à remuneração por produtividade, mas evitar possíveis excessos por parte das empresas, limitando o pagamento de prêmios a duas vezes ao ano.

10.23. Já o § 13º do mesmo artigo procura trazer clareza quanto à incidência dos encargos tributários em todas as parcelas previstas no art. 457, com exceção daquelas isentas por lei específica, conforme as normas tributárias.

Comissão de representantes dos empregados e salvaguardas sindicais

10.24. Com a inclusão do art. 510-E no Decreto-Lei nº 5.452, de 1943, a proposta visa explicitar o disposto nos incisos III e VI do art. 8º da Constituição Federal no que se refere à atuação do sindicato na defesa dos direitos e interesses coletivos ou individuais da categoria, inclusive em questões judiciais ou administrativas e da sua participação obrigatória nas negociações coletivas de trabalho.

Garantia da participação dos sindicatos nas negociações coletivas

10.25. Também é proposta a alteração do *caput* e do inciso XII do art. 611-A do Decreto-Lei nº 5.452, de 1943, que dispõe sobre a prevalência da convenção coletiva e do acordo coletivo de trabalho sobre a lei quanto a um rol de aspectos a serem pactuados entre empregados e empregadores, observando o disposto nos incisos III e VI do art. 8º da Constituição Federal. Dispõe também sobre a possibilidade de acordo ou convenção coletiva dispor sobre o enquadramento do grau de insalubridade e da prorrogação de jornada nesses ambientes desde que respeitadas, na sua integralidade, as normas de saúde, higiene e segurança do trabalho, previstas em leis ou em normas regulamentadoras deste Ministério do Trabalho – MTb.

Contribuições previdenciárias

10.26. A presente Medida Provisória inclui o art. 911-A ao Decreto-Lei nº 5.452, de 1943, que passa a dispor sobre o recolhimento das contribuições previdenciárias e o depósito do FGTS pelo empregador, com base nos valores pagos no período mensal. O § 1º dispõe sobre a exigência, para os segurados empregados cuja remuneração mensal, em função do tipo de contrato ou da quantidade de horas trabalhadas no mês, for inferior ao salário-mínimo, de recolherem por conta própria ao RGPS, com base na diferença entre a remuneração recebida e o valor do salário-mínimo mensal, aplicando-se a mesma alíquota aplicada à contribuição do trabalhador retida pelo empregador. O § 2º prevê que, não sendo feito o recolhimento previsto no § 1º, os valores inferiores ao salario-mínimo mensal não serão considerados para fins de aquisição e manutenção da qualidade de segurado do RGPS, bem como para o cumprimento dos períodos de carência para concessão dos benefícios.

10.27. A inclusão deste dispositivo visa disciplinar o recolhimento das contribuições previdenciárias para aqueles empregados que, em função da jornada reduzida ou da modalidade de contratação, como se dá com os trabalhadores contratados sob o regime de trabalho parcial ou intermitente, venham a receber, de uma ou mais empresas, remuneração mensal inferior ao valor do salário-mínimo. Assim, fica garantida a possibilidade desses segurados contribuírem sobre a diferença entre o valor recebido de uma ou mais empresas e o valor do salário-mínimo, com base na mesma alíquota utilizada para sua contribuição enquanto empregado, permitindo que a competência seja considerada para fins previdenciários. Igualmente, garante-se o adequado equilíbrio do custeio da Previdência Social.

11. As mudanças propostas acima, Senhor Presidente, vem ao encontro das discussões ocorridas no Congresso Nacional e visam dar clareza, objetividade e segurança jurídica a diversos aspectos propostos pela modernização da legislação trabalhista por meio da Lei nº 13.467, de 2017.

12. A urgência e a relevância do conjunto das medidas apresentadas se fundamentam a partir da necessidade de conferir segurança jurídica e dar clareza a dispositivos da modernização da legislação trabalhista, aprovados pelo Congresso Nacional e introduzidos no ordenamento jurídico pátrio pela Lei nº 13.467, de 2017.

13. A iminente entrada em eficácia da referida Lei, em 11 de novembro de 2017, requer imediata ação dos poderes Executivo e Legislativo, razões que reforçam os preceitos de urgência e relevância desta Medida Provisória.

14. Essas, Senhor Presidente, são as razões que justificam a elaboração da proposta de Medida Provisória que ora submeto à elevada apreciação de Vossa Excelência.

Respeitosamente,

RONALDO NOGUEIRA DE OLIVEIRA

O Presidente da República, no uso da atribuição que lhe confere o art. 62 da Constituição, adota a seguinte Medida Provisória, com força de lei:

Art. 1º A. Consolidação das Leis do Trabalho – CLT, aprovada pelo Decreto-Lei nº 5.452, de 1º de maio de 1943, passa a vigorar com as seguintes alterações:

"**Art. 59-A.** Em exceção ao disposto no art. 59 e em leis específicas, é facultado às partes, por meio de convenção coletiva ou acordo coletivo de trabalho, estabelecer horário de trabalho de doze horas seguidas por trinta e seis horas ininterruptas de descanso, observados ou indenizados os intervalos para repouso e alimentação.

§ 1º. A remuneração mensal pactuada pelo horário previsto no *caput* abrange os pagamentos devidos pelo descanso semanal remunerado e pelo descanso em feriados e serão considerados compensados os feriados e as prorrogações de trabalho noturno, quando houver, de que tratam o art. 70 e o § 5º do art. 73.

§ 2º. É facultado às entidades atuantes no setor de saúde estabelecer, por meio de acordo individual escrito, convenção coletiva ou acordo coletivo de trabalho, horário de trabalho de doze horas seguidas por trinta e seis horas ininterruptas de descanso, observados ou indenizados os intervalos para repouso e alimentação." (NR)

"**Art. 223-C.** A etnia, a idade, a nacionalidade, a honra, a imagem, a intimidade, a liberdade de ação, a autoestima, o gênero, a orientação sexual, a saúde, o lazer e a integridade física são os bens juridicamente tutelados inerentes à pessoa natural." (NR)

"**Art. 223-G.** (...)

§ 1º. Ao julgar procedente o pedido, o juízo fixará a reparação a ser paga, a cada um dos ofendidos, em um dos seguintes parâmetros, vedada a acumulação:

I – para ofensa de natureza leve – até três vezes o valor do limite máximo dos benefícios do Regime Geral de Previdência Social;

II – para ofensa de natureza média – até cinco vezes o valor do limite máximo dos benefícios do Regime Geral de Previdência Social;

III – para ofensa de natureza grave – até vinte vezes o valor do limite máximo dos benefícios do Regime Geral de Previdência Social; ou

IV – para ofensa de natureza gravíssima – até cinquenta vezes o valor do limite máximo dos benefícios do Regime Geral de Previdência Social.

....

§ 3º. Na reincidência de quaisquer das partes, o juízo poderá elevar ao dobro o valor da indenização.

§ 4º. Para fins do disposto no § 3º, a reincidência ocorrerá se ofensa idêntica ocorrer no prazo de até dois anos, contado do trânsito em julgado da decisão condenatória.

§ 5º. Os parâmetros estabelecidos no § 1º não se aplicam aos danos extrapatrimoniais decorrentes de morte." (NR)

"**Art. 394-A.** A empregada gestante será afastada, enquanto durar a gestação, de quaisquer atividades, operações ou locais insalubres e exercerá suas atividades em local salubre, excluído, nesse caso, o pagamento de adicional de insalubridade.

....

§ 2º. O exercício de atividades e operações insalubres em grau médio ou mínimo, pela gestante, somente será permitido quando ela, voluntariamente, apresentar atestado de saúde, emitido por médico de sua confiança, do sistema privado ou público de saúde, que autorize a sua permanência no exercício de suas atividades.

§ 3º. A empregada lactante será afastada de atividades e operações consideradas insalubres em qualquer grau quando apresentar atestado de saúde emitido por médico de sua confiança, do sistema privado ou público de saúde, que recomende o afastamento durante a lactação." (NR)

"**Art. 442-B.** A contratação do autônomo, cumpridas por este todas as formalidades legais, de forma contínua ou não, afasta a qualidade de empregado prevista no art. 3º desta Consolidação.

§ 1º. É vedada a celebração de cláusula de exclusividade no contrato previsto no *caput*.

§ 2º. Não caracteriza a qualidade de empregado prevista no art. 3º o fato de o autônomo prestar serviços a apenas um tomador de serviços.

§ 3º. O autônomo poderá prestar serviços de qualquer natureza a outros tomadores de serviços que exerçam ou não a mesma atividade econômica, sob qualquer modalidade de contrato de trabalho, inclusive como autônomo.

§ 4º. Fica garantida ao autônomo a possibilidade de recusa de realizar atividade demandada pelo contratante, garantida a aplicação de cláusula de penalidade prevista em contrato.

§ 5º. Motoristas, representantes comerciais, corretores de imóveis, parceiros, e trabalhadores de outras categorias profissionais reguladas por leis específicas relacionadas a atividades compatíveis com o contrato autônomo, desde que cumpridos os requisitos do *caput*, não possuirão a qualidade de empregado prevista no art. 3º.

§ 6º. Presente a subordinação jurídica, será reconhecido o vínculo empregatício.

§ 7º. O disposto no *caput* se aplica ao autônomo, ainda que exerça atividade relacionada ao negócio da empresa contratante." (NR)

"**Art. 452-A.** O contrato de trabalho intermitente será celebrado por escrito e registrado na CTPS, ainda que previsto acordo coletivo de trabalho ou convenção coletiva, e conterá:

I – identificação, assinatura e domicílio ou sede das partes;

II – valor da hora ou do dia de trabalho, que não poderá ser inferior ao valor horário ou diário do salário-mínimo, assegurada a remuneração do trabalho noturno superior à do diurno e observado o disposto no § 12; e

III – o local e o prazo para o pagamento da remuneração.

....

§ 2º. Recebida a convocação, o empregado terá o prazo de vinte e quatro horas para responder ao chamado, presumida, no silêncio, a recusa.

....

§ 6º. Na data acordada para o pagamento, observado o disposto no § 11, o empregado receberá, de imediato, as seguintes parcelas:

....

§ 10. O empregado, mediante prévio acordo com o empregador, poderá usufruir suas férias em até três períodos, nos termos dos § 1º e § 2º do art. 134.

§ 11. Na hipótese de o período de convocação exceder um mês, o pagamento das parcelas a que se refere o § 6º não poderá ser estipulado por período superior a um mês, contado a partir do primeiro dia do período de prestação de serviço.

§ 12. O valor previsto no inciso II do *caput* não será inferior àquele devido aos demais empregados do estabelecimento que exerçam a mesma função.

§ 13. Para os fins do disposto neste artigo, o auxílio-doença será devido ao segurado da Previdência Social a partir da data do início da incapacidade, vedada a aplicação do disposto no § 3º do art. 60 da Lei nº 8.213, de 1991.

§ 14. O salário-maternidade será pago diretamente pela Previdência Social, nos termos do disposto no § 3º do art. 72 da Lei nº 8.213, de 1991.

§ 15. Constatada a prestação dos serviços pelo empregado, estarão satisfeitos os prazos previstos nos § 1º e § 2º." (NR)

"**Art. 452-B.** É facultado às partes convencionar por meio do contrato de trabalho intermitente:

I – locais de prestação de serviços;

II – turnos para os quais o empregado será convocado para prestar serviços;

III – formas e instrumentos de convocação e de resposta para a prestação de serviços;

IV – formato de reparação recíproca na hipótese de cancelamento de serviços previamente agendados nos termos dos § 1º e § 2º do art. 452-A." (NR)

"**Art. 452-C.** Para fins do disposto no § 3º do art. 443, considera-se período de inatividade o intervalo temporal distinto daquele para o qual o empregado intermitente haja sido convocado e tenha prestado serviços nos termos do § 1º do art. 452-A.

§ 1º. Durante o período de inatividade, o empregado poderá prestar serviços de qualquer natureza a outros tomadores de serviço, que exerçam ou não a mesma atividade econômica, utilizando contrato de trabalho intermitente ou outra modalidade de contrato de trabalho.

§ 2º. No contrato de trabalho intermitente, o período de inatividade não será considerado tempo à disposição do empregador e não será remunerado, hipótese em que restará descaracterizado o contrato de trabalho intermitente caso haja remuneração por tempo à disposição no período de inatividade." (NR)

"**Art. 452-D.** Decorrido o prazo de um ano sem qualquer convocação do empregado pelo empregador, contado a partir da data da celebração do contrato, da última convocação ou do último dia de prestação de serviços, o que for mais recente, será considerado rescindido de pleno direito o contrato de trabalho intermitente." (NR)

"**Art. 452-E.** Ressalvadas as hipóteses a que se referem os art. 482 e art. 483, na hipótese de extinção do contrato de trabalho intermitente serão devidas as seguintes verbas rescisórias:

I – pela metade:

a) o aviso-prévio indenizado, calculado conforme o art. 452-F; e

b) a indenização sobre o saldo do Fundo de Garantia do Tempo de Serviço – FGTS, prevista no § 1º do art. 18 da Lei nº 8.036, de 11 de maio de 1990; e

II – na integralidade, as demais verbas trabalhistas.

§ 1º. A extinção de contrato de trabalho intermitente permite a movimentação da conta vinculada do trabalhador no FGTS na forma do inciso I-A do art. 20 da Lei nº 8.036, de 1990, limitada a até oitenta por cento do valor dos depósitos.

§ 2º. A extinção do contrato de trabalho intermitente a que se refere este artigo não autoriza o ingresso no Programa de Seguro--Desemprego." (NR)

"**Art. 452-F.** As verbas rescisórias e o aviso-prévio serão calculados com base na média dos valores recebidos pelo empregado no curso do contrato de trabalho intermitente.

§ 1º. No cálculo da média a que se refere o *caput*, serão considerados apenas os meses durante os quais o empregado tenha recebido parcelas remuneratórias no intervalo dos últimos doze meses ou o período de vigência do contrato de trabalho intermitente, se este for inferior.

§ 2º. O aviso-prévio será necessariamente indenizado, nos termos dos § 1º e § 2º do art. 487." (NR)

"**Art. 452-G.** Até 31 de dezembro de 2020, o empregado registrado por meio de contrato de trabalho por prazo indeterminado demitido não poderá prestar serviços para o mesmo empregador por meio de contrato de trabalho intermitente pelo prazo de dezoito meses, contado da data da demissão do empregado." (NR)

"**Art. 452-H.** No contrato de trabalho intermitente, o empregador efetuará o recolhimento das contribuições previdenciárias próprias e do empregado e o depósito do FGTS com base nos valores pagos no período mensal e fornecerá ao empregado comprovante do cumprimento dessas obrigações, observado o disposto no art. 911-A." (NR)

"**Art. 457.** (...)

§ 1º. Integram o salário a importância fixa estipulada, as gratificações legais e de função e as comissões pagas pelo empregador.

§ 2º. As importâncias, ainda que habituais, pagas a título de ajuda de custo, limitadas a cinquenta por cento da remuneração mensal, o auxílio-alimentação, vedado o seu pagamento em dinheiro, as diárias para viagem e os prêmios não integram a remuneração do empregado, não se incorporam ao contrato de trabalho e não constituem base de incidência de encargo trabalhista e previdenciário.

....

§ 12. A gorjeta a que se refere o § 3º não constitui receita própria dos empregadores, destina-se aos trabalhadores e será distribuída segundo os critérios de custeio e de rateio definidos em convenção coletiva ou acordo coletivo de trabalho.

§ 13. Se inexistir previsão em convenção coletiva ou acordo coletivo de trabalho, os critérios de rateio e distribuição da gorjeta e os percentuais de retenção previstos nos § 14 e § 15 serão definidos em assembleia geral dos trabalhadores, na forma estabelecida no art. 612.

§ 14. As empresas que cobrarem a gorjeta de que trata o § 3º deverão:

I – quando inscritas em regime de tributação federal diferenciado, lançá-la na respectiva nota de consumo, facultada a retenção de até vinte por cento da arrecadação correspondente, mediante previsão em convenção coletiva ou acordo coletivo de trabalho, para custear os encargos sociais, previdenciários e trabalhistas derivados da sua integração à remuneração dos empregados, hipótese em que o valor remanescente deverá ser revertido integralmente em favor do trabalhador;

II – quando não inscritas em regime de tributação federal diferenciado, lançá-la na respectiva nota de consumo, facultada a retenção de até trinta e três por cento da arrecadação correspondente, mediante previsão em convenção coletiva ou acordo coletivo de trabalho, para custear os encargos sociais, previdenciários e trabalhistas derivados da sua integração à remuneração dos empregados, hipótese em que o valor remanescente deverá ser revertido integralmente em favor do trabalhador; e

III – anotar na CTPS e no contracheque de seus empregados o salário contratual fixo e o percentual percebido a título de gorjeta.

§ 15. A gorjeta, quando entregue pelo consumidor diretamente ao empregado, terá seus critérios definidos em convenção coletiva ou acordo coletivo de trabalho, facultada a retenção nos parâmetros estabelecidos no § 14.

§ 16. As empresas anotarão na CTPS de seus empregados o salário fixo e a média dos valores das gorjetas referente aos últimos doze meses.

§ 17. Cessada pela empresa a cobrança da gorjeta de que trata o § 3º, desde que cobrada por mais de doze meses, essa se incorporará ao salário do empregado, a qual terá como base a média dos últimos doze meses, sem prejuízo do estabelecido em convenção coletiva ou acordo coletivo de trabalho.

§ 18. Para empresas com mais de sessenta empregados, será constituída comissão de empregados, mediante previsão em convenção coletiva ou acordo coletivo de trabalho, para acompanhamento e fiscalização da regularidade da cobrança e distribuição da gorjeta de que trata o § 3º, cujos representantes serão eleitos em assembleia geral convocada para esse fim pelo sindicato laboral e gozarão de garantia de emprego vinculada ao desempenho das funções para que foram eleitos, e, para as demais empresas, será constituída comissão intersindical para o referido fim.

§ 19. Comprovado o descumprimento ao disposto nos § 12, § 14, § 15 e § 17, o empregador pagará ao trabalhador prejudicado, a título de multa, o valor correspondente a um trinta avos da média da gorjeta por dia de atraso, limitada ao piso da categoria, assegurados, em qualquer hipótese, o princípio do contraditório e da ampla defesa.

§ 20. A limitação prevista no § 19 será triplicada na hipótese de reincidência do empregador.

§ 21. Considera-se reincidente o empregador que, durante o período de doze meses, descumprir o disposto nos § 12, § 14, § 15 e § 17 por período superior a sessenta dias.

§ 22. Consideram-se prêmios as liberalidades concedidas pelo empregador, até duas vezes ao ano, em forma de bens, serviços ou valor em dinheiro, a empregado, grupo de empregados ou terceiros vinculados à sua atividade econômica em razão de desempenho superior ao ordinariamente esperado no exercício de suas atividades.

§ 23. Incidem o imposto sobre a renda e quaisquer outros encargos tributários sobre as parcelas referidas neste artigo, exceto aquelas expressamente isentas em lei específica." (NR)

"**Art. 510-E.** A comissão de representantes dos empregados não substituirá a função do sindicato de defender os direitos e os interesses coletivos ou individuais da categoria, inclusive em questões judiciais ou administrativas, hipótese em que será obrigatória a participação dos sindicatos em negociações coletivas de trabalho, nos termos dos incisos III e VI do *caput* do art. 8º da Constituição." (NR)

"**Art. 611-A.** A convenção coletiva e o acordo coletivo de trabalho, observados os incisos III e VI do *caput* do art. 8º da Constituição, têm prevalência sobre a lei quando, entre outros, dispuserem sobre:

....

XII – enquadramento do grau de insalubridade e prorrogação de jornada em locais insalubres, incluída a possibilidade de contratação de perícia, afastada a licença prévia das autoridades competentes do Ministério do Trabalho, desde que respeitadas, na integralidade, as normas de saúde, higiene e segurança do trabalho previstas em lei ou em normas regulamentadoras do Ministério do Trabalho;

....

§ 5º. Os sindicatos subscritores de convenção coletiva ou de acordo coletivo de trabalho participarão, como litisconsortes necessários, em ação coletiva que tenha como objeto a anulação de cláusulas desses instrumentos, vedada a apreciação por ação individual." (NR)

"**Art. 911-A.** O empregador efetuará o recolhimento das contribuições previdenciárias próprias e do trabalhador e o depósito do FGTS com base nos valores pagos no período mensal e fornecerá ao empregado comprovante do cumprimento dessas obrigações.

§ 1º. Os segurados enquadrados como empregados que, no somatório de remunerações auferidas de um ou mais empregadores no período de um mês, independentemente do tipo de contrato de trabalho, receberem remuneração inferior ao salário-mínimo mensal, poderão recolher ao Regime Geral de Previdência Social a diferença entre a remuneração recebida e o valor do salário-mínimo mensal, em que incidirá a mesma alíquota aplicada à contribuição do trabalhador retida pelo empregador.

§ 2º. Na hipótese de não ser feito o recolhimento complementar previsto no § 1º, o mês em que a remuneração total recebida pelo segurado de um ou mais empregadores for menor que o salário-mínimo mensal não será considerado para fins de aquisição e manutenção de qualidade de segurado do Regime Geral de Previdência Social nem para cumprimento dos períodos de carência para concessão dos benefícios previdenciários." (NR)

Art. 2º. O disposto na Lei nº 13.467, de 13 de julho de 2017, se aplica, na integralidade, aos contratos de trabalho vigentes.

Art. 3º. Ficam revogados os seguintes dispositivos da Consolidação das Leis do Trabalho – CLT, aprovada pelo Decreto-Lei nº 5.452, de 1º de maio de 1943:

I – os incisos I, II e III do *caput* do art. 394-A;

II – os § 4º, § 5º e § 8º do art. 452-A; e

III – o inciso XIII do *caput* do art. 611-A.

Art. 4º. Esta Medida Provisória entra em vigor na data de sua publicação.

Brasília, 14 de novembro de 2017; 196º da Independência e 129º da República.

Michel Temer

DOU de 14.11.2017

MEDIDA PROVISÓRIA Nº 905, DE 11 DE NOVEMBRO DE 2019

Institui o Contrato de Trabalho Verde e Amarelo, altera a legislação trabalhista, e dá outras providências.

O Presidente da República, no uso da atribuição que lhe confere o art. 62 da Constituição, adota a seguinte Medida Provisória, com força de lei:

Capítulo I
DO CONTRATO DE TRABALHO VERDE E AMARELO

Beneficiários do Contrato Verde e Amarelo

Art. 1º. Fica instituído o Contrato de Trabalho Verde e Amarelo, modalidade de contratação destinada à criação de novos postos de trabalho para as pessoas entre dezoito e vinte e nove anos de idade, para fins de registro do primeiro emprego em Carteira de Trabalho e Previdência Social.

Parágrafo único. Para fins da caracterização como primeiro emprego, não serão considerados os seguintes vínculos laborais:

I – menor aprendiz;

II – contrato de experiência;

III – trabalho intermitente; e

IV – trabalho avulso.

Art. 2º. A contratação de trabalhadores na modalidade Contrato de Trabalho Verde e Amarelo será realizada exclusivamente para novos postos de trabalho e terá como referência a média do total de empregados registrados na folha de pagamentos entre 1º de janeiro e 31 de outubro de 2019.

§ 1º. A contratação total de trabalhadores na modalidade Contrato de Trabalho Verde e Amarelo fica limitada a vinte por cento do total de empregados da empresa, levando-se em consideração a folha de pagamentos do mês corrente de apuração.

§ 2º. As empresas com até dez empregados, inclusive aquelas constituídas após 1º de janeiro de 2020, ficam autorizadas a contratar dois empregados na modalidade Contrato de Trabalho Verde e Amarelo e, na hipótese de o quantitativo de dez empregados ser superado, será aplicado o disposto no § 1º.

§ 3º. Para verificação do quantitativo máximo de contratações de que trata o § 1º, deverá ser computado como unidade a fração igual ou superior a cinco décimos e desprezada a fração inferior a esse valor.

§ 4º. O trabalhador contratado por outras formas de contrato de trabalho, uma vez dispensado, não poderá ser recontratado pelo mesmo empregador, na modalidade Contrato de Trabalho Verde e Amarelo, pelo prazo de cento e oitenta dias, contado da data de dispensa, ressalvado o disposto no parágrafo único do art. 1º.

§ 5º. Fica assegurado às empresas que, em outubro de 2019, apurarem quantitativo de empregados inferior em, no mínimo, trinta por cento em relação ao total de empregados registrados em outubro de 2018, o direito de contratar na modalidade Contrato de Trabalho Verde e Amarelo, observado o limite previsto no § 1º e independentemente do disposto no *caput*.

Art. 3º. Poderão ser contratados na modalidade Contrato de Trabalho Verde e Amarelo, os trabalhadores com salário-base mensal de até um salário-mínimo e meio nacional.

Parágrafo único. É garantida a manutenção do contrato na modalidade Contrato de Trabalho Verde e Amarelo quando houver aumento salarial, após doze meses de contratação, limitada a isenção das parcelas especificadas no art. 9º ao teto fixado no *caput* deste artigo.

Manutenção dos direitos dos empregados

Art. 4º. Os direitos previstos na Constituição são garantidos aos trabalhadores contratados na modalidade Contrato de Trabalho Verde e Amarelo.

Parágrafo único. Os trabalhadores a que se refere o *caput* gozarão dos direitos previstos no Decreto-Lei nº 5.452, de 1º de maio de 1943 – Consolidação das Leis do Trabalho, e nas convenções e nos acordos coletivos da categoria a que pertença naquilo que não for contrário ao disposto nesta Medida Provisória.

Prazo de contratação

Art. 5º. O Contrato de Trabalho Verde e Amarelo será celebrado por prazo determinado, por até vinte e quatro meses, a critério do empregador.

§ 1º. O Contrato de Trabalho Verde e Amarelo poderá ser utilizado para qualquer tipo de atividade, transitória ou permanente, e para substituição transitória de pessoal permanente.

§ 2º. O disposto no art. 451 da Consolidação das Leis do Trabalho, aprovada pelo Decreto-Lei nº 5.452, de 1943, não se aplica ao Contrato de Trabalho Verde e Amarelo.

§ 3º. O Contrato de Trabalho Verde e Amarelo será convertido automaticamente em contrato por prazo indeterminado quando ultrapassado o prazo estipulado no *caput*, passando a incidir as regras do contrato por prazo indeterminado previsto no Decreto-Lei nº 5.452, de 1943 – Consolidação das Leis do Trabalho, a partir da data da conversão, e ficando afastadas as disposições previstas nesta Medida Provisória.

Pagamentos antecipados ao empregado

Art. 6º. Ao final de cada mês, ou de outro período de trabalho, caso acordado entre as partes, desde que inferior a um mês, o empregado receberá o pagamento imediato das seguintes parcelas:

I – remuneração;

II – décimo terceiro salário proporcional; e

III – férias proporcionais com acréscimo de um terço.

§ 1º. A indenização sobre o saldo do Fundo de Garantia do Tempo de Serviço – FGTS, prevista no art. 18 da Lei nº 8.036, de 11 de maio de 1990, poderá ser paga, por acordo entre empregado e empregador, de forma antecipada, mensalmente, ou em outro período de trabalho acordado entre as partes, desde que inferior a um mês, juntamente com as parcelas a que se refere o *caput*.

§ 2º. A indenização de que trata o § 1º será paga sempre por metade, sendo o seu pagamento irrevogável, independentemente do motivo de demissão do empregado, mesmo que por justa causa, nos termos do disposto no art. 482 da Consolidação das Leis do Trabalho, aprovada pelo Decreto-Lei nº 5.452, de 1943.

Art. 7º. No Contrato de Trabalho Verde e Amarelo, a alíquota mensal relativa à contribuição devida para o FGTS de que trata o art. 15 da Lei nº 8.036, de 1990, será de dois por cento, independentemente do valor da remuneração.

Jornada de trabalho

Art. 8º. A duração da jornada diária de trabalho no âmbito do Contrato de Trabalho Verde e Amarelo poderá ser acrescida de horas extras, em número não excedente de duas, desde que estabelecido por acordo individual, convenção coletiva ou acordo coletivo de trabalho.

§ 1º. A remuneração da hora extra será, no mínimo, cinquenta por cento superior à remuneração da hora normal.

§ 2º. É permitida a adoção de regime de compensação de jornada por meio de acordo individual, tácito ou escrito, para a compensação no mesmo mês.

§ 3º. O banco de horas poderá ser pactuado por acordo individual escrito, desde que a compensação ocorra no período máximo de seis meses.

§ 4º. Na hipótese de rescisão do Contrato de Trabalho Verde e Amarelo sem que tenha havido a compensação integral da jornada extraordinária, o trabalhador terá direito ao pagamento das horas extras não compensadas, calculadas sobre o valor da remuneração a que faça jus na data da rescisão.

Benefícios econômicos e de capacitação instituídos pelo Contrato de Trabalho Verde e Amarelo

Art. 9º. Ficam as empresas isentas das seguintes parcelas incidentes sobre a folha de pagamentos dos contratados na modalidade Contrato de Trabalho Verde e Amarelo:

I – contribuição previdenciária prevista no inciso I do *caput* do art. 22 da Lei nº 8.212, de 24 de julho de 1991;

II – salário-educação previsto no inciso I do *caput* do art. 3º do Decreto nº 87.043, de 22 de março de 1982; e

III – contribuição social destinada ao:

a) Serviço Social da Indústria – Sesi, de que trata o art. 3º do Decreto-Lei nº 9.403, de 25 de junho de 1946;

b) Serviço Social do Comércio – Sesc, de que trata o art. 3º do Decreto-Lei nº 9.853, de 13 de setembro de 1946;

c) Serviço Social do Transporte – Sest, de que trata o art. 7º da Lei nº 8.706, de 14 de setembro de 1993;

d) Serviço Nacional de Aprendizagem Industrial – Senai, de que trata o art. 4º do Decreto-Lei nº 4.048, de 22 de janeiro de 1942;

e) Serviço Nacional de Aprendizagem Comercial – Senac, de que trata o art. 4º do Decreto-Lei nº 8.621, de 10 de janeiro de 1946;

f) Serviço Nacional de Aprendizagem do Transporte – Senat, de que trata o art. 7º da Lei nº 8.706, de 1993;

g) Serviço Brasileiro de Apoio às Micro e Pequenas Empresas – Sebrae, de que trata o § 3º do art. 8º da Lei nº 8.029, de 12 de abril de 1990;

h) Instituto Nacional de Colonização e Reforma Agrária – Incra, de que trata o art. 1º do Decreto-Lei nº 1.146, de 31 de dezembro de 1970;

i) Serviço Nacional de Aprendizagem Rural – Senar, de que trata o art. 3º da Lei nº 8.315, de 23 de dezembro de 1991; e

j) Serviço Nacional de Aprendizagem do Cooperativismo – Sescoop, de que trata o art. 10 da Medida Provisória nº 2.168-40, de 24 de agosto de 2001.

Rescisão contratual

Art. 10. Na hipótese de extinção do Contrato de Trabalho Verde e Amarelo, serão devidos os seguintes haveres rescisórios, calculados com base na média mensal dos valores recebidos pelo empregado no curso do respectivo contrato de trabalho:

I – a indenização sobre o saldo do FGTS, prevista no § 1º do art. 18 da Lei nº 8.036, de 1990, caso não tenha sido acordada a sua antecipação, nos termos do disposto nos § 1º e § 2º do art. 6º; e

II – as demais verbas trabalhistas que lhe forem devidas.

Art. 11. Não se aplica ao Contrato de Trabalho Verde e Amarelo a indenização prevista no art. 479 da Consolidação das Leis do Trabalho, aprovada pelo Decreto-Lei nº 5.452, de 1943, hipótese em que se aplica a cláusula assecuratória do direito recíproco de rescisão prevista no art. 481 da referida Consolidação.

Art. 12. Os contratados na modalidade de Contrato de Trabalho Verde e Amarelo poderão ingressar no Programa Seguro-Desemprego, desde que preenchidos os requisitos legais e respeitadas as condicionantes previstas no art. 3º da Lei nº 7.998, de 11 de janeiro de 1990.

Prioridade em ações de qualificação profissional

Art. 13. Os trabalhadores contratados na modalidade Contrato de Trabalho Verde e Amarelo receberão prioritariamente ações de qualificação profissional, conforme disposto em ato do Ministério da Economia.

Quitação de obrigações para reduzir litígios

Art. 14. Para fins do disposto nesta Medida Provisória, é facultado ao empregador comprovar, perante a Justiça do Trabalho, acordo extrajudicial de reconhecimento de cumprimento das suas obrigações trabalhistas para com o trabalhador, nos termos do disposto no art. 855-B da Consolidação das Leis do Trabalho, aprovada pelo Decreto-Lei nº 5.452, de 1943.

Seguro por exposição a perigo previsto em lei

Art. 15. O empregador poderá contratar, nos termos do disposto em ato do Poder Executivo federal, e mediante acordo individual escrito com o trabalhador, seguro privado de acidentes pessoais para empregados que vierem a sofrer o infortúnio, no exercício de suas atividades, em face da exposição ao perigo previsto em lei.

§ 1º. O seguro a que se refere o *caput* terá cobertura para as seguintes hipóteses:

I – morte acidental;

II – danos corporais;

III – danos estéticos; e

IV – danos morais.

§ 2º. A contratação de que trata o *caput* não excluirá a indenização a que o empregador está obrigado quando incorrer em dolo ou culpa.

§ 3º. Caso o empregador opte pela contratação do seguro de que trata o *caput*, permanecerá obrigado ao pagamento de adicional de periculosidade de cinco por cento sobre o salário-base do trabalhador.

§ 4º. O adicional de periculosidade somente será devido quando houver exposição permanente do trabalhador, caracterizada pelo efetivo trabalho em condição de periculosidade por, no mínimo, cinquenta por cento de sua jornada normal de trabalho.

Prazo para contratação pela modalidade de Contrato de Trabalho Verde e Amarelo

Art. 16. Fica permitida a contratação de trabalhadores pela modalidade de Contrato de Trabalho Verde e Amarelo no período de 1º de janeiro de 2020 a 31 de dezembro de 2022.

§ 1º. Fica assegurado o prazo de contratação de até vinte e quatro meses, nos termos do disposto no art. 5º, ainda que o termo final do contrato seja posterior a 31 de dezembro de 2022.

§ 2º. Havendo infração aos limites estabelecidos no art. 2º, o contrato de trabalho na modalidade Contrato de Trabalho Verde e Amarelo será transformado automaticamente em contrato de trabalho por prazo indeterminado.

§ 3º. As infrações ao disposto neste Capítulo serão punidas com a multa prevista no inciso II do *caput* do art. 634-A da Consolidação das Leis do Trabalho, aprovada pelo Decreto-Lei nº 5.452, de 1943.

Art. 17. É vedada a contratação, sob a modalidade de que trata esta Medida Provisória, de trabalhadores submetidos a legislação especial.

Art. 18. Compete ao Ministério da Economia coordenar, executar, monitorar, avaliar e editar normas complementares relativas ao Contrato de Trabalho Verde e Amarelo.

Capítulo II
DO PROGRAMA DE HABILITAÇÃO E REABILITAÇÃO FÍSICA E PROFISSIONAL, PREVENÇÃO E REDUÇÃO DE ACIDENTES DE TRABALHO

Art. 19. Fica instituído o Programa de Habilitação e Reabilitação Física e Profissional, Prevenção e Redução de Acidentes de Trabalho.

Parágrafo único. O Programa de Habilitação e Reabilitação Física e Profissional, Prevenção e Redução de Acidentes de Trabalho tem por finalidade financiar o serviço de habilitação e reabilitação profissional prestado pelo Instituto Nacional do Seguro Social – INSS e programas e projetos de prevenção e redução de acidentes de trabalho.

Ações do Programa

Art. 20. O Programa de Habilitação e Reabilitação Física e Profissional, Prevenção e Redução de Acidentes de Trabalho englobará as seguintes ações:

I – serviços de habilitação e reabilitação física e profissional prestados pelo INSS;

II – aquisição de recursos materiais e serviços destinados ao cumprimento de programa de reabilitação física e profissional elaborado pelo INSS;

III – programas e projetos elaborados pelo Ministério da Economia destinados à prevenção e à redução de acidentes de trabalho; e

IV – desenvolvimento e manutenção de sistemas, aquisição de recursos materiais e serviços destinados ao cumprimento de programas e projetos destinados à redução de acidentes de trabalho.

Receitas vinculadas ao Programa

Art. 21. Sem prejuízo de outros recursos orçamentários a ele destinados, são receitas vinculadas ao Programa de Habilitação e Reabilitação Física e Profissional, Prevenção e Redução de Acidentes de Trabalho o produto da arrecadação de:

I – valores relativos a multas ou penalidades aplicadas em ações civis públicas trabalhistas decorrentes de descumprimento de acordo judicial ou termo de ajustamento de conduta firmado perante a União ou o Ministério Público do Trabalho, ou ainda termo de compromisso firmado perante o Ministério da Economia, observado o disposto no art. 627-A da Consolidação das Leis do Trabalho, aprovada pelo Decreto-Lei nº 5.452, de 1943;

II – valores relativos aos danos morais coletivos decorrentes de acordos judiciais ou de termo de ajustamento de conduta firmado pela União ou pelo Ministério Público do Trabalho; e

III – valores devidos por empresas que descumprirem a reserva de cargos destinada a pessoas com deficiência, inclusive referentes à aplicação de multas.

§ 1º. Os valores de que tratam os incisos I e II do *caput* serão obrigatoriamente revertidos ao Programa de Habilitação e Reabilitação Física e Profissional, Prevenção e Redução de Acidentes de Trabalho.

§ 2º. Os recursos arrecadados na forma prevista neste artigo serão depositados na Conta Única do Tesouro Nacional.

§ 3º. A vinculação de valores de que trata este artigo vigorará pelo prazo de cinco anos, contado da data da realização do depósito na Conta Única do Tesouro Nacional.

Conselho do Programa de Habilitação e Reabilitação Física e Profissional, Prevenção e Redução de Acidentes de Trabalho

Art. 22. Fica instituído o Conselho do Programa de Habilitação e Reabilitação Física e Profissional, Prevenção e Redução de Acidentes de Trabalho, com sede na cidade de Brasília, Distrito Federal.

§ 1º. O Conselho do Programa de Habilitação e Reabilitação Física e Profissional, Prevenção e Redução de Acidentes de Trabalho é composto por membros dos seguintes órgãos e entidades:

I – três do Ministério da Economia, dentre os quais dois da Secretaria Especial de Previdência e Trabalho;

II – um do Ministério da Cidadania;

III – um do Ministério da Mulher, da Família e dos Direitos Humanos;

IV – um do Ministério Público do Trabalho;

V – um da Ordem dos Advogados do Brasil;

VI – um do Conselho Nacional das Pessoas com Deficiência; e

VII – dois da sociedade civil.

§ 2º. Cada membro do Conselho do Programa de Habilitação e Reabilitação Física e Profissional, Prevenção e Redução de Acidentes de Trabalho terá um suplente, que o substituirá em suas ausências e seus impedimentos.

§ 3º. Os membros a que se referem os incisos I ao III do § 1º serão indicados pelos órgãos que representam.

§ 4º. O membro a que se refere o inciso IV do § 1º será indicado pelo Procurador-Geral do Trabalho.

§ 5º. O membro a que se refere o inciso V do § 1º será indicado pelo Conselho Federal da Ordem dos Advogados do Brasil.

§ 6º. Os membros a que se refere o inciso VII do § 1º serão indicados pelo Ministro de Estado da Economia a partir de listas elaboradas por organizações representativas do setor.

§ 7º. Os membros do Conselho do Programa de Habilitação e Reabilitação Física e Profissional, Prevenção e Redução de Acidentes de Trabalho serão designados pelo Ministro de Estado da Economia para mandato de dois anos, admitida uma recondução.

§ 8º. A participação no Conselho do Programa de Habilitação e Reabilitação Física e Profissional, Prevenção e Redução de Acidentes de Trabalho será considerada prestação de serviço público relevante, não remunerada.

§ 9º. O Conselho do Programa de Habilitação e Reabilitação Física e Profissional, Prevenção e Redução de Acidentes de Trabalho será presidido por um dos representantes do Ministério da Economia.

§ 10. Ato do Poder Executivo federal disporá sobre as normas de funcionamento e organização do Conselho do Programa de Habilitação e Reabilitação Física e Profissional, Prevenção e Redução de Acidentes de Trabalho.

Art. 23. Compete ao Conselho do Programa de Habilitação e Reabilitação Física e Profissional, Prevenção e Redução de Acidentes de Trabalho:

I – estabelecer diretrizes para aplicação dos recursos e implementação do Programa;

II – promover a realização de eventos educativos ou científicos em articulação com:

a) órgãos e entidades da administração pública; e

b) entidades privadas; e

III – elaborar o seu regimento interno no prazo de sessenta dias, contado da data de sua instalação.

Parágrafo único. O Conselho do Programa de Habilitação e Reabilitação Física e Profissional, Prevenção e Redução de Acidentes de Trabalho, por meio de acordo de cooperação celebrado com o Ministério Público do Trabalho e a Justiça do Trabalho, será informado sobre as condenações judiciais e os termos de ajustamento de conduta que resultem em valores a serem implicados no Programa e sobre a existência de depósito judicial, de sua natureza, e do trânsito em julgado da decisão.

Extinção de contribuição social

Art. 24. Fica extinta a contribuição social a que se refere o art. 1º da Lei Complementar nº 110, de 29 de junho de 2001.

Capítulo III
DO ESTÍMULO AO MICROCRÉDITO

Art. 25. A Lei nº 13.636, de 20 de março de 2018, passa a vigorar com as seguintes alterações:

"**Art. 1º.** Fica instituído, no âmbito do Ministério da Economia, o Programa Nacional de Microcrédito Produtivo Orientado – PNMPO, com objetivo de apoiar e financiar atividades produtivas de empreendedores, principalmente por meio da disponibilização de recursos para o microcrédito produtivo orientado.

....

§ 2º. A renda ou a receita bruta anual para enquadramento dos beneficiários do PNMPO, definidos no § 1º, fica limitada ao valor máximo de receita bruta estabelecido para a microempresa, nos termos do disposto na Lei Complementar nº 123, de 14 de dezembro de 2006.

§ 3º. Para os efeitos do disposto nesta Lei, considera-se microcrédito produtivo orientado o crédito concedido para financiamento das atividades produtivas, cuja metodologia será estabelecida em ato do Conselho Monetário Nacional, admitida a possibilidade de relacionamento direto com os empreendedores ou o uso de tecnologias digitais e eletrônicas que possam substituir o contato presencial, para fins de orientação e obtenção de crédito." (NR)

"**Art. 3º.** ....

XII – instituição financeira que realiza, nos termos da regulamentação do Conselho Monetário Nacional, operações exclusivamente por meio de sítio eletrônico ou de aplicativo; e

XIII – pessoas jurídicas especializadas no apoio, no fomento ou na orientação às atividades produtivas mencionadas no art. 1º.

....

§ 2º. As instituições financeiras públicas federais que se enquadrem nas disposições do *caput* poderão atuar no PNMPO por intermédio de sociedade da qual participem direta ou indiretamente, ou por meio de convênio ou contrato com quaisquer das instituições referidas nos incisos V ao XIII do *caput*, desde que tais entidades tenham por objeto prestar serviços necessários à contratação e ao acompanhamento de operações de microcrédito produtivo orientado e desde que esses serviços não representem atividades privativas de instituições financeiras.

§ 3º. As organizações da sociedade civil de interesse público, os agentes de crédito constituídos como pessoas jurídicas e as pessoas jurídicas especializadas de que tratam os incisos X, XI e XIII do *caput* deverão observar as diretrizes estabelecidas pelo Ministério da Economia para realizar operações no âmbito do PNMPO, nos termos estabelecidos no inciso II do *caput* do art. 6º.

§ 4º. As entidades a que se referem os incisos V ao XIII do *caput* poderão prestar os seguintes serviços, sob responsabilidade das demais entidades referidas no *caput*:

...." (NR)

"**Art. 6º.** Ao Ministério da Economia compete:

....

II – estabelecer as diretrizes para a participação das entidades de que tratam os incisos X, XI e XIII do *caput* do art. 3º, entre as quais a exigência de inscrição dos agentes de crédito citados no inciso XI como contribuintes individuais do Regime Geral de Previdência Social, nos termos do disposto nas alíneas "g" e "h" do inciso V do *caput* do art. 11 da Lei nº 8.213, de 24 de julho de 1991.

...." (NR)

"**Art. 7º.** ....

§ 1º. Ato do Poder Executivo federal disporá sobre a composição do Conselho Consultivo do PNMPO e do Fórum Nacional de Microcrédito, cujo apoio técnico e administrativo será provido pela Subsecretaria de Emprego da Secretaria Especial de Produtividade, Emprego e Competitividade do Ministério da Economia.

...." (NR)

Art. 26. A Lei nº 10.735, de 11 de setembro de 2003, passa a vigorar com as seguintes alterações:

"**Art. 2º.** ....

Parágrafo único. O Conselho Monetário Nacional poderá, com base em critérios de proporcionalidade e de eficiência, isentar parte das instituições referidas no art. 1º do cumprimento do direcionamento dos depósitos à vista de que trata esta Lei, com o objetivo de assegurar o funcionamento regular das instituições desobrigadas e a aplicação efetiva dos recursos em operações de crédito de que trata esta Lei." (NR)

"**Art. 3º.** ....

Parágrafo único. Alternativamente ao disposto no *caput*, o Conselho Monetário Nacional poderá estabelecer custo financeiro às instituições referidas no art. 1º que apresentarem insuficiência na aplicação de recursos, nos termos previstos nesta Lei." (NR)

Capítulo IV
DO INSTITUTO NACIONAL DO SEGURO SOCIAL

Art. 27. A Lei nº 13.846, de 18 de junho de 2019, passa a vigorar com as seguintes alterações:

"**Art. 1º.** ....

§ 2º. Integrará o Programa Especial, observado o disposto no § 1º do art. 2º, a análise de processos administrativos de requerimento inicial e de revisão de benefícios administrados pelo INSS com prazo legal para conclusão expirado e que represente acréscimo real à capacidade operacional regular de conclusão de requerimentos, individualmente considerada, conforme estabelecido em ato do Presidente do INSS.

...." (NR)

Capítulo V
DAS ALTERAÇÕES NA CONSOLIDAÇÃO DAS LEIS DO TRABALHO

Art. 28. A Consolidação das Leis do Trabalho, aprovada pelo Decreto-Lei nº 5.452, de 1943, passa a vigorar com as seguintes alterações:

Armazenamento em meio eletrônico

"**Art. 12-A.** Fica autorizado o armazenamento, em meio eletrônico, óptico ou equivalente, de quaisquer documentos relativos a deveres e obrigações trabalhistas, incluídos aqueles relativos a normas regulamentadoras de saúde e segurança no trabalho, compostos por dados ou por imagens, nos termos do disposto na Lei nº 12.682, de 9 de julho de 2012." (NR)

Anotações na Carteira de Trabalho e Previdência Social

"**Art. 29.** ....

§ 3º. A falta de cumprimento pelo empregador do disposto neste artigo acarretará a lavratura do auto de infração pelo Auditor Fiscal do Trabalho, que deverá, de ofício, lançar as anotações no sistema eletrônico competente, na forma a ser regulamentada pela Secretaria Especial de Previdência e Trabalho do Ministério da Economia.

....

§ 5º. O descumprimento do disposto no § 4º submeterá o empregador ao pagamento da multa a que se refere o inciso II do *caput* do art. 634-A.

...." (NR)

"**Art. 39.** ....

§ 1º. Na hipótese de ser reconhecida a existência da relação de emprego, o Juiz do Trabalho comunicará a autoridade competente para que proceda ao lançamento das anotações e adote as providências necessárias para a aplicação da multa cabível, conforme previsto no § 3º do art. 29.

....

§ 3º. O Ministério da Economia poderá desenvolver sistema eletrônico por meio do qual a Justiça do Trabalho fará o lançamento das anotações de que trata o § 1º".

"**Art. 47.** Fica sujeito à aplicação da multa prevista no inciso II do *caput* do art. 634-A, acrescida de igual valor em cada reincidência, o empregador que mantiver empregado não registrado nos termos do disposto no art. 41.

§ 2º. A infração de que trata o *caput* constitui exceção ao critério da dupla visita orientadora." (NR)

"**Art. 47-A.** Fica sujeito à aplicação da multa prevista no inciso II do *caput* do art. 634-A o empregador que não informar os dados a que se refere o parágrafo único do art. 41." (NR)

"**Art. 47-B.** Sendo identificada pelo Auditor Fiscal do Trabalho a existência de empregado não registrado, presumir-se-á configurada a relação de emprego pelo prazo mínimo de três meses em relação à data de constatação da irregularidade, exceto quando houver elementos suficientes para determinar a data de início das atividades." (NR)

Falsificação de carteira de trabalho

"**Art. 51.** Será aplicada a multa prevista no inciso I do *caput* do art. 634-A àquele que, comerciante ou não, vender ou expuser à venda qualquer tipo de carteira de trabalho igual ou semelhante ao tipo oficialmente adotado." (NR)

"**Art. 52.** O extravio ou a inutilização da Carteira de Trabalho e Previdência Social por culpa da empresa a sujeitará à aplicação da multa prevista no inciso II do *caput* do art. 634-A." (NR)

"**Art. 55.** Será aplicada a multa prevista no inciso II do *caput* do art. 634-A à empresa que infringir o disposto no art. 13." (NR)

Trabalho aos domingos

"**Art. 67.** É assegurado a todo empregado um repouso semanal remunerado de vinte e quatro horas consecutivas, preferencialmente aos domingos.

...." (NR)

"**Art. 68.** Fica autorizado o trabalho aos domingos e aos feriados.

§ 1º. O repouso semanal remunerado deverá coincidir com o domingo, no mínimo, uma vez no período máximo de quatro semanas para os setores de comércio e serviços e, no mínimo, uma vez no período máximo de sete semanas para o setor industrial.

§ 2º. Para os estabelecimentos de comércio, será observada a legislação local." (NR)

"**Art. 70.** O trabalho aos domingos e aos feriados será remunerado em dobro, exceto se o empregador determinar outro dia de folga compensatória.

Parágrafo único. A folga compensatória para o trabalho aos domingos corresponderá ao repouso semanal remunerado." (NR)

"**Art. 75.** Os infratores dos dispositivos deste Capítulo incorrerão na multa prevista no inciso II *caput* do art. 634-A." (NR)

"**Art. 120.** Aquele que infringir qualquer dispositivo concernente ao salário-mínimo será passível ao pagamento da multa prevista no inciso II *caput* do art. 634-A." (NR)

"**Art. 153.** As infrações ao disposto neste Capítulo serão punidas com a aplicação da multa prevista no inciso II do *caput* do art. 634-A." (NR)

"**Art. 156.** Compete especialmente à autoridade regional em matéria de inspeção do trabalho, nos limites de sua jurisdição:

...." (NR)

Embargo ou interdição

"**Art. 161.** Conforme regulamento da Secretaria Especial de Previdência e Trabalho do Ministério da Economia, a autoridade máxima regional em matéria de inspeção do trabalho, à vista do relatório técnico de Auditor Fiscal do Trabalho que demonstre grave e iminente risco para o trabalhador, poderá interditar atividade, estabelecimento, setor de serviço, máquina ou equipamento, ou embargar obra, indicando na decisão, tomada com a brevidade que a ocorrência exigir, as providências que deverão ser adotadas para prevenção de acidentes e doenças graves do trabalho.

§ 1º. As autoridades federais, estaduais, distritais e municipais prestarão apoio imediato às medidas determinadas pela autoridade máxima regional em matéria de inspeção do trabalho.

§ 2º. Da decisão da autoridade máxima regional em matéria de inspeção do trabalho caberá recurso no prazo de dez dias, contado da data de ciência da decisão.

§ 3º. O recurso de que trata o § 2º será dirigido à Secretaria de Trabalho da Secretaria Especial de Previdência e Trabalho do Ministério da Economia, que terá prazo para análise de cinco dias úteis, contado da data do protocolo, podendo ser concedido efeito suspensivo.

§ 4º. ....

§ 5º. A autoridade máxima regional em matéria de inspeção do trabalho, independentemente de interposição de recurso, após relatório técnico do serviço competente, poderá levantar a interdição ou o embargo.

...." (NR)

Redistribuição de aprovações burocráticas emitidas pelo extinto Ministério do Trabalho

"**Art. 167.** O equipamento de proteção individual só poderá ser posto à venda ou utilizado com a indicação de certificado de conformidade emitido no âmbito do Sistema Nacional de Metrologia, Normalização e Qualidade Industrial – Sinmetro ou de laudos de ensaio emitidos por laboratórios acreditados pelo Instituto Nacional de Metrologia, Qualidade e Tecnologia – Inmetro, conforme o disposto em ato da Secretaria Especial de Previdência e Trabalho do Ministério da Economia." (NR)

"**Art. 188.** As caldeiras e os vasos de pressão serão periodicamente submetidos a inspeções de segurança, por engenheiro ou empresa especializada, em conformidade com as instruções normativas que, para esse fim, forem expedidas pelo Ministério da Economia.

...." (NR)

Atualização do valor das multas

"**Art. 201.** As infrações ao disposto neste Capítulo serão punidas com a aplicação da multa prevista no inciso I do *caput* do art. 634-A

...." (NR)

Trabalho aos sábados em bancos

"**Art. 224.** A duração normal do trabalho dos empregados em bancos, em casas bancárias e na Caixa Econômica Federal, para aqueles que operam exclusivamente no caixa, será de até seis horas diárias, perfazendo um total de trinta horas de trabalho por semana, podendo ser pactuada jornada superior, a qualquer tempo, nos termos do disposto no art. 58 desta Consolidação, mediante acordo individual escrito, convenção coletiva ou acordo coletivo de trabalho, hipóteses em que não se aplicará o disposto no § 2º.

....

§ 3º. Para os demais empregados em bancos, em casas bancárias e na Caixa Econômica Federal, a jornada somente será considerada extraordinária após a oitava hora trabalhada.

§ 4º. Na hipótese de decisão judicial que afaste o enquadramento de empregado na exceção prevista no § 2º, o valor devido relativo a horas extras e reflexos será integralmente deduzido ou compensado no valor da gratificação de função e reflexos pagos ao empregado." (NR)

Simplificação da legislação trabalhista em setores específicos

"**Art. 304.** ....

Parágrafo único. Para atender a motivos de força maior, poderá o empregado prestar serviços por mais tempo do que aquele permitido nesta Seção." (NR)

"**Art. 347.** Aqueles que exercerem a profissão de químico sem ter preenchido as condições previstas no art. 325 incorrerão na multa prevista no inciso II do *caput* do art. 634-A." (NR)

"**Art. 351.** Os infratores dos dispositivos deste Capítulo incorrerão na multa prevista no inciso II do *caput* do art. 634-A." (NR)

"**Art. 401.** Pela infração de qualquer dispositivo deste Capítulo, será imposta ao empregador a multa prevista no inciso I do *caput* do art. 634-A." (NR)

"**Art. 434.** Os infratores das disposições deste Capítulo ficam sujeitos à multa prevista no inciso II do *caput* do art. 634-A." (NR)

Alimentação

"**Art. 457.** ....

§ 5º. O fornecimento de alimentação, seja *in natura* ou seja por meio de documentos de legitimação, tais como tíquetes, vales, cupons, cheques, cartões eletrônicos destinados à aquisição de refeições ou de gêneros alimentícios, não possui natureza salarial e nem é tributável para efeito da contribuição previdenciária e dos demais tributos incidentes sobre a folha de salários e tampouco integra a base de cálculo do imposto sobre a renda da pessoa física." (NR)

"**Art. 458.** Além do pagamento em dinheiro, compreende-se no salário, para todos os efeitos legais, a habitação, o vestuário ou outras prestações *in natura* que a empresa, por força do contrato ou do costume, fornecer habitualmente ao empregado, e, em nenhuma hipótese, será permitido o pagamento com bebidas alcoólicas ou drogas nocivas.

...." (NR)

Gorjetas

"**Art. 457-A.** A gorjeta não constitui receita própria dos empregadores, mas destina-se aos trabalhadores e será distribuída segundo critérios de custeio e de rateio definidos em convenção ou acordo coletivo de trabalho.

§ 1º. Na hipótese de não existir previsão em convenção ou acordo coletivo de trabalho, os critérios de rateio e de distribuição da gorjeta e os percentuais de retenção previstos nos § 2º e § 3º serão definidos em assembleia geral dos trabalhadores, na forma prevista no art. 612.

§ 2º. As empresas que cobrarem a gorjeta deverão inserir o seu valor correspondente em nota fiscal, além de:

I – para as empresas inscritas em regime de tributação federal diferenciado, lançá-la na respectiva nota de consumo, facultada a retenção de até vinte por cento da arrecadação correspondente, para custear os encargos sociais, previdenciários e trabalhistas derivados da sua integração à remuneração dos empregados, a título de ressarcimento do valor de tributos pagos sobre o valor da gorjeta, cujo valor remanescente deverá ser revertido integralmente em favor do trabalhador;

II – para as empresas não inscritas em regime de tributação federal diferenciado, lançá-la na respectiva nota de consumo, facultada a retenção de até trinta e três por cento da arrecadação correspondente para custear os encargos sociais, previdenciários e trabalhistas, derivados da sua integração à remuneração dos empregados, a título de ressarcimento do valor de tributos pagos sobre o valor da gorjeta, cujo valor remanescente deverá ser revertido integralmente em favor do trabalhador; e

III – anotar na Carteira de Trabalho e Previdência Social e no contracheque de seus empregados o salário contratual fixo e o percentual percebido a título de gorjeta.

§ 3º. A gorjeta, quando entregue pelo consumidor diretamente ao empregado, terá os seus critérios definidos em convenção ou acordo coletivo de trabalho, facultada a retenção nos parâmetros estabelecidos no § 2º.

§ 4º. As empresas deverão anotar na Carteira de Trabalho e Previdência Social de seus empregados o salário fixo e a média dos valores das gorjetas referentes aos últimos doze meses.

§ 5º. Cessada pela empresa a cobrança da gorjeta de que trata este artigo, desde que cobrada por mais de doze meses, esta se incorporará ao salário do empregado, tendo como base a média dos últimos doze meses, exceto se estabelecido de forma diversa em convenção ou acordo coletivo de trabalho.

§ 6º. Comprovado o descumprimento do disposto nos § 1º, § 3º, § 4º e § 6º, o empregador pagará ao empregado prejudicado, a título de pagamento de multa, o valor correspondente a um trinta avos da média da gorjeta recebida pelo empregado por dia de atraso, limitada ao piso da categoria, assegurados em qualquer hipótese os princípios do contraditório e da ampla defesa." (NR)

"**Art. 477.** ....

§ 8º. Sem prejuízo da aplicação da multa prevista no inciso II do *caput* do art. 634-A, a inobservância ao disposto no § 6º sujeitará o infrator ao pagamento da multa em favor do empregado, em valor equivalente ao seu salário, exceto quando, comprovadamente, o empregado der causa à mora.

...." (NR)

"**Art. 510.** Às empresas que infringirem o disposto neste Título será aplicada a multa prevista no inciso I do *caput* do art. 634-A." (NR)

"**Art. 543.** ....

§ 6º. A empresa que, por qualquer modo, procurar impedir que o empregado se associe a sindicato, organize associação profissional ou sindical ou exerça os direitos inerentes à condição de sindicalizado ficará sujeita ao pagamento da multa prevista no inciso I do *caput* do art. 634-A, sem prejuízo da reparação a que o empregado tiver direito." (NR)

"**Art. 545.** ....

Parágrafo único. O recolhimento à entidade sindical beneficiária do importe descontado deverá ser realizado até o décimo dia subsequente ao do desconto, sob pena de juros de mora no valor de dez por cento sobre o montante retido, sem prejuízo da aplicação da multa prevista no inciso I do *caput* do art. 634-A e das cominações penais relativas à apropriação indébita." (NR)

"**Art. 553.** As infrações ao disposto neste Capítulo serão punidas, segundo o seu caráter e a sua gravidade, com as seguintes penalidades:

a) aplicação da multa prevista no inciso I do *caput* do art. 634-A;

....

f) aplicação da multa prevista no inciso I do *caput* do art. 634-A, aplicável ao associado que deixar de cumprir, sem causa justificada, o disposto no parágrafo único do art. 529.

...." (NR)

"**Art. 598.** Sem prejuízo da ação criminal e das penalidades previstas no art. 553, as infrações ao disposto neste Título serão punidas com a aplicação da multa prevista no inciso I do *caput* do art. 634-A." (NR)

"TÍTULO VII
DAS PENALIDADES E DO PROCESSO ADMINISTRATIVO

Capítulo I
DA FISCALIZAÇÃO, DA AUTUAÇÃO E DA IMPOSIÇÃO DE MULTAS

Art. 626. Incumbe às autoridades competentes da Secretaria Especial de Previdência e Trabalho do Ministério da Economia a fiscalização do cumprimento das normas de proteção ao trabalho.

Parágrafo único. Compete exclusivamente aos Auditores Fiscais do Trabalho a fiscalização a que se refere este artigo, na forma estabelecida nas instruções normativas editadas pela Secretaria Especial de Previdência e Trabalho do Ministério da Economia." (NR)

"**Art. 627.** A fim de promover a instrução dos responsáveis no cumprimento das leis de proteção do trabalho, a fiscalização observará o critério de dupla visita nas seguintes hipóteses:

I – quando ocorrer promulgação ou edição de novas leis, regulamentos ou instruções normativas, durante o prazo de cento e oitenta dias, contado da data de vigência das novas disposições normativas;

II – quando se tratar de primeira inspeção em estabelecimentos ou locais de trabalho recentemente inaugurados, no prazo de cento e oitenta dias, contado da data de seu efetivo funcionamento;

III – quando se tratar de microempresa, empresa de pequeno porte e estabelecimento ou local de trabalho com até vinte trabalhadores;

IV – quando se tratar de infrações a preceitos legais ou a regulamentações sobre segurança e saúde do trabalhador de gradação leve, conforme regulamento editado pela Secretaria Especial de Previdência e Trabalho do Ministério da Economia; e

V – quando se tratar de visitas técnicas de instrução previamente agendadas com a Secretaria Especial de Previdência e Trabalho do Ministério da Economia.

§ 1º. O critério da dupla visita deverá ser aferido para cada item expressamente notificado por Auditor Fiscal do Trabalho em inspeção anterior, presencial ou remota, hipótese em que deverá haver, no mínimo, noventa dias entre as inspeções para que seja possível a emissão de auto de infração.

§ 2º. O benefício da dupla visita não será aplicado para as infrações de falta de registro de empregado em Carteira de Trabalho e Previdência Social, atraso no pagamento de salário ou de FGTS, reincidência, fraude, resistência ou embaraço à fiscalização, nem nas hipóteses em que restar configurado acidente do trabalho fatal, trabalho em condições análogas às de escravo ou trabalho infantil.

§ 3º. No caso de microempresa ou empresa de pequeno porte, o critério de dupla visita atenderá ao disposto no § 1º do art. 55 da Lei Complementar nº 123, de 14 de dezembro de 2006.

§ 4º. A inobservância ao critério de dupla visita implicará nulidade do auto de infração lavrado, independentemente da natureza principal ou acessória da obrigação." (NR)

"**Art. 627-A.** Poderá ser instaurado procedimento especial para a ação fiscal, com o objetivo de fornecer orientações sobre o cumprimento das leis de proteção ao trabalho e sobre a prevenção e o saneamento de infrações à legislação por meio de termo de compromisso, com eficácia de título executivo extrajudicial, na forma a ser disciplinada pelo Ministério da Economia.

§ 1º. Os termos de ajustamento de conduta e os termos de compromisso em matéria trabalhista terão prazo máximo de dois anos, renovável por igual período desde que fundamentado por relatório técnico, e deverão ter suas penalidades atreladas aos valores das infrações contidas nesta Consolidação e em legislação esparsa trabalhista, hipótese em que caberá, em caso de descumprimento, a elevação das penalidades que forem infringidas três vezes.

§ 2º. A empresa, em nenhuma hipótese, poderá ser obrigada a firmar dois acordos extrajudiciais, seja termo de compromisso, seja termo de ajustamento de conduta, seja outro instrumento equivalente, com base na mesma infração à legislação trabalhista." (NR)

"**Art. 627-B.** O planejamento das ações de inspeção do trabalho deverá contemplar a elaboração de projetos especiais de fiscalização setorial para a prevenção de acidentes de trabalho, doenças ocupacionais e irregularidades trabalhistas a partir da análise dos dados de acidentalidade e adoecimento ocupacionais e do mercado de trabalho, conforme estabelecido em ato da Secretaria

Especial de Previdência e Trabalho do Ministério da Economia.

§ 1º. Caso detectados irregularidades reiteradas ou elevados níveis de acidentalidade ou adoecimentos ocupacionais em determinado setor econômico ou região geográfica, o planejamento da inspeção do trabalho deverá incluir ações coletivas de prevenção e saneamento das irregularidades, com a possibilidade de participação de outros órgãos públicos e entidades representativas de empregadores e de trabalhadores.

§ 2º. Não caberá lavratura de auto de infração no âmbito das ações coletivas de prevenção previstas neste artigo." (NR)

"**Art. 628.** Salvo quanto ao disposto nos art. 627, art. 627-A e art. 627-B, toda verificação em que o Auditor-Fiscal do Trabalho concluir pela existência de violação de preceito legal deve corresponder, sob pena de responsabilidade administrativa, a lavratura de auto de infração.

§ 3º. Comprovada má-fé do agente da inspeção, ele responderá por falta grave no cumprimento do dever e ficará passível, desde logo, à aplicação da pena de suspensão de até trinta dias, hipótese em que será instaurado, obrigatoriamente, inquérito administrativo em caso de reincidência.

...." (NR)

"**Art. 628-A.** Fica instituído o Domicílio Eletrônico Trabalhista, regulamentado pela Secretaria Especial de Previdência e Trabalho do Ministério da Economia, destinado a:

I – cientificar o empregador de quaisquer atos administrativos, ações fiscais, intimações e avisos em geral; e

II – receber, por parte do empregador, documentação eletrônica exigida no curso das ações fiscais ou apresentação de defesa e recurso no âmbito de processos administrativos.

§ 1º. As comunicações eletrônicas realizadas pelo Domicílio Eletrônico Trabalhista dispensam a sua publicação no Diário Oficial da União e o envio por via postal e são consideradas pessoais para todos os efeitos legais.

§ 2º. A ciência por meio do sistema de comunicação eletrônica, com utilização de certificação digital ou de código de acesso, possuirá os requisitos de validade.

§ 3º. A utilização do sistema de comunicação eletrônica previsto no *caput* é obrigatória para todos os empregadores, conforme estabelecido em ato da Secretaria Especial de Previdência e Trabalho do Ministério da Economia, garantidos prazos diferenciados para as microempresas e as empresas de pequeno porte.

§ 4º. O empregador deverá consultar o sistema de comunicação eletrônica no prazo de até dez dias, contado da data de notificação por correio eletrônico cadastrado.

§ 5º. Encerrado o prazo a que se refere o § 4º, considera-se automaticamente que a comunicação eletrônica foi realizada.

§ 6º. A comunicação eletrônica a que se refere o *caput*, em relação ao empregador doméstico, ocorrerá por meio da utilização de sistema eletrônico na forma prevista pelo art. 32 da Lei Complementar nº 150, de 1º de junho de 2015.

§ 7º. A comunicação eletrônica a que se refere o *caput* não afasta a possibilidade de utilização de outros meios legais de comunicação com o empregador a serem utilizados a critério da autoridade competente." (NR)

"**Art. 629.** O auto de infração será lavrado no curso da ação fiscal, sendo uma via entregue ao infrator, preferencialmente, em meio eletrônico, pessoalmente, mediante recibo, ou, excepcionalmente, por via postal.

§ 1º. O auto de infração não terá o seu valor probante condicionado à assinatura do infrator ou de testemunhas.

§ 2º. Lavrado o auto de infração, não poderá ele ser inutilizado, nem sustado o curso do respectivo processo, devendo o Auditor Fiscal do Trabalho apresentá-lo à autoridade competente, mesmo se incidir em erro.

§ 3º. O prazo para apresentação de defesa será de trinta dias, inclusive para a União, os Estados, o Distrito Federal, os Municípios e as suas autarquias e fundações de direito público, contado da data de recebimento do auto de infração.

§ 4º. O auto de infração será registrado em meio eletrônico pelo órgão fiscalizador, de modo a assegurar o controle de seu processamento." (NR)

"**Art. 630.** Nenhum Auditor Fiscal do Trabalho poderá exercer as atribuições do seu cargo sem exibir a carteira de identidade fiscal, fornecida pela autoridade competente.

....

§ 3º. Os Auditores Fiscais do Trabalho terão livre acesso a todas dependências dos estabelecimentos sujeitos à legislação trabalhista, hipótese em que as empresas, por meio de seus dirigentes ou prepostos, ficarão obrigadas a prestar-lhes os esclarecimentos necessários ao desempenho de suas atribuições legais e a exibirem, quando exigidos, quaisquer documentos que digam respeito ao fiel cumprimento das normas de proteção ao trabalho.

§ 4º. Os documentos sujeitos à inspeção poderão ser apresentados nos locais de trabalho ou, alternativamente, em meio eletrônico ou, ainda, em meio físico, em dia e hora previamente estabelecidos pelo Auditor Fiscal do Trabalho.

§ 4º-A. As ações de inspeção, exceto se houver disposição legal em contrário, que necessitem de atestados, certidões ou outros documentos comprobatórios do cumprimento de obrigações trabalhistas que constem em base de dados oficial da administração pública federal deverão obtê-los diretamente nas bases geridas pela entidade responsável e não poderão exigi-los do empregador ou do empregado.

....

§ 8º. As autoridades policiais, quando solicitadas, deverão prestar aos Auditores Fiscais do Trabalho a assistência de que necessitarem para o fiel cumprimento de suas atribuições legais." (NR)

"**Art. 631.** Qualquer cidadão, entidade ou agente público poderá comunicar à autoridade trabalhista as infrações que verificar, devendo esta proceder às apurações necessárias.

...." (NR)

"**Art. 632.** O autuado poderá apresentar documentos e requerer a produção das provas que lhe parecerem necessárias à elucidação do processo, nos prazos destinados à defesa e ao recurso e caberá à autoridade competente julgar a pertinência e a necessidade de tais provas.

Parágrafo único. Fica dispensado o reconhecimento de firma e a autenticação de cópia dos documentos expedidos no País e destinados a compor prova junto a órgãos e entidades do Poder Executivo federal, exceto se existir dúvida fundamentada quanto à sua autenticidade." (NR)

"**Art. 634.** A imposição de aplicação de multas compete à autoridade regional em matéria de inspeção do trabalho, na forma prevista neste Título e conforme estabelecido em ato da Secretaria Especial de Previdência e Trabalho do Ministério da Economia.

§ 1º. A análise de defesa administrativa observará o requisito de desterritorialização sempre que os meios técnicos permitirem, hipótese em que será vedada a análise de defesa cujo auto de infração tenha sido lavrado naquela mesma unidade federativa.

§ 2º. Será adotado sistema de distribuição aleatória de processos para análise, decisão e imposição de multas, a ser instituído na forma prevista no ato Secretaria Especial de Previdência e Trabalho do Ministério da Economia a que se refere o *caput*." (NR)

"**Art. 634-A.** A aplicação das multas administrativas por infrações à legislação de proteção ao trabalho observará os seguintes critérios:

I – para as infrações sujeitas a multa de natureza variável, observado o porte econômico do infrator, serão aplicados os seguintes valores:

a) de R$ 1.000,00 (mil reais) a R$ 10.000,00 (dez mil reais), para as infrações de natureza leve;

b) de R$ 2.000,00 (dois mil reais) a R$ 20.000,00 (vinte mil reais), para as infrações de natureza média;

c) de R$ 5.000,00 (cinco mil reais) a R$ 50.000,00 (cinquenta mil reais), para as infrações de natureza grave; e

d) de R$ 10.000,00 (dez mil reais) a R$ 100.000,00 (cem mil reais), para as infrações de natureza gravíssima; e

II – para as infrações sujeitas a multa de natureza *per capita*, observados o porte econômico do infrator e o número de empregados em situação irregular, serão aplicados os seguintes valores:

a) de R$ 1.000,00 (mil reais) a R$ 2.000,00 (dois mil reais), para as infrações de natureza leve;

b) de R$ 2.000,00 (dois mil reais) a R$ 4.000,00 (quatro mil reais), para as infrações de natureza média;

c) de R$ 3.000,00 (três mil reais) a R$ 8.000,00 (oito mil reais), para as infrações de natureza grave; e

d) de R$ 4.000,00 (quatro mil reais) a R$ 10.000,00 (dez mil reais), para as infrações de natureza gravíssima.

§ 1º. Para as empresas individuais, as microempresas, as empresas de pequeno porte, as empresas com até vinte trabalhadores e os empregadores domésticos, os valores das multas aplicadas serão reduzidos pela metade.

§ 2º. A classificação das multas e o enquadramento por porte econômico do infrator e a natureza da infração serão definidos em ato do Poder Executivo federal.

§ 3º. Os valores serão atualizados anualmente em 1º de fevereiro de cada ano pela variação do Índice Nacional de Preços ao Consumidor Amplo Especial – IPCA-E, ou por índice que venha substituí-lo, calculado pelo Instituto Brasileiro de Geografia e Estatística – IBGE.

§ 4º. Permanecerão inalterados os valores das multas até que seja publicado o regulamento de que trata o § 2º." (NR)

"**Art. 634-B.** São consideradas circunstâncias agravantes para fins de aplicação das multas administrativas por infração à legislação trabalhista, conforme disposto em ato do Poder Executivo federal:

I – reincidência;

II – resistência ou embaraço à fiscalização;

III – trabalho em condições análogas à de escravo; ou

IV – acidente de trabalho fatal.

§ 1º. Ressalvadas as disposições específicas estabelecidas em lei, a configuração de quaisquer das circunstâncias agravantes acarretará a aplicação em dobro das penalidades decorrentes da mesma ação fiscal, exceto na hipótese prevista no inciso I do *caput*, na qual será agravada somente a infração reincidida.

§ 2º. Será considerado reincidente o infrator que for autuado em razão do descumprimento do mesmo dispositivo legal no prazo de até dois anos, contado da data da decisão definitiva de imposição da multa." (NR)

"**Art. 634-C.** Sobre os valores das multas aplicadas não recolhidos no prazo legal incidirão juros e multa de mora nas formas previstas no art. 13 da Lei nº 9.065, de 20 de junho de 1995, e no art. 84 da Lei nº 8.981, de 20 de janeiro de 1995." (NR)

"**Art. 635.** Caberá recurso, em segunda instância administrativa, de toda decisão que impuser a aplicação de multa por infração das leis e das disposições reguladoras do trabalho, para a unidade competente para o julgamento de recursos da Secretaria de Trabalho da Secretaria Especial de Previdência e Trabalho do Ministério da Economia.

§ 1º. As decisões serão sempre fundamentadas e atenderão aos princípios da impessoalidade, da ampla defesa e do contraditório.

§ 2º. A decisão de recursos em segunda e última instância administrativa poderá valer-se de conselho recursal paritário, tripartite, integrante da estrutura da Secretaria de Trabalho da Secretaria Especial de Previdência e Trabalho do Ministério da Economia, composto por representantes dos trabalhadores, dos empregadores e dos Auditores Fiscais do Trabalho, designados pelo Secretário Especial de Previdência e Trabalho do Ministério da Economia, na forma e nos prazos estabelecidos em regulamento." (NR)

"**Art. 636.** O prazo para interposição de recurso é de trinta dias, contado da data de recebimento da notificação, inclusive para a União, os Estados, o Distrito Federal, os Municípios e as suas autarquias e fundações de direito público.

§ 1º. O recurso de que trata este Capítulo terá efeito devolutivo e suspensivo e será apresentado perante a autoridade que houver imposto a aplicação da multa, a quem competirá o juízo dos requisitos formais de admissibilidade e o encaminhamento à autoridade de instância superior.

§ 2º. A notificação somente será realizada por meio de edital, publicada em Diário Oficial, quando o infrator estiver em lugar incerto e não sabido.

§ 3º. A notificação de que trata este artigo estabelecerá igualmente o prazo de trinta dias, contado da data de seu recebimento ou publicação, para que o infrator recolha o valor da multa, sob pena de cobrança executiva.

§ 4º. O valor da multa será reduzido em trinta por cento se o infrator, renunciando ao direito de interposição de recurso, recolhê-la à Conta Única do Tesouro Nacional, no prazo de trinta dias, contado da data de recebimento da notificação postal ou eletrônica ou da publicação do edital.

§ 5º. O valor da multa será reduzido em cinquenta por cento se o infrator, sendo microempresa, empresa de pequeno porte e estabelecimento ou local de trabalho com até vinte trabalhadores renunciando ao direito de interposição de recurso, recolhê-la ao Tesouro Nacional dentro do prazo de trinta dias, contado da data do recebimento da notificação postal, eletrônica, ou da publicação do edital.

§ 6º. A guia para recolhimento do valor da multa será expedida e conferida eletronicamente para fins de concessão do desconto, verificação do valor pago e arquivamento do processo.

...." (NR)

"**Art. 637-A.** Instituído o conselho na forma prevista no § 2º do art. 635, caberá pedido de uniformização de jurisprudência no prazo de quinze dias, contado da data de ciência do acórdão ao interessado, de decisão que der à lei interpretação divergente daquela que lhe tenha dado outra câmara, turma ou órgão similar." (NR)

"**Art. 638.** São definitivas as decisões de:

I – primeira instância, esgotado o prazo para recurso voluntário sem que este tenha sido interposto; e

II – segunda instância, ressalvada a hipótese prevista no art. 637-A." (NR)

"**Art. 641.** Na hipótese de o infrator não comparecer ou não depositar a importância da multa ou da penalidade, o processo será encaminhado para o órgão responsável pela inscrição em dívida ativa da União e cobrança executiva." (NR)

"**Art. 642.** A cobrança judicial das multas impostas pelas autoridades regionais em matéria de inspeção do trabalho obedecerá ao disposto na legislação aplicável à cobrança da dívida ativa da União.

...." (NR)

"**Art. 722.** ....

a) multa prevista no inciso I do *caput* do art. 634-A;

...." (NR)

"**Art. 729.** Ao empregador que deixar de cumprir decisão transitada em julgado sobre a readmissão ou a reintegração de empregado, além do pagamento dos salários devido ao referido empregado, será aplicada multa de natureza leve, prevista no inciso II do *caput* do art. 634-A." (NR)

"**Art. 730.** Àqueles que se recusarem a depor como testemunhas, sem motivo justificado, será aplicada a multa prevista no inciso II do *caput* do art. 634-A." (NR)

"**Art. 733.** As infrações ao disposto neste Título para as quais não haja penalidade cominada serão punidas com a aplicação da multa prevista no inciso I do *caput* do art. 634-A." (NR)

"**Art. 879.** ....

§ 7º. A atualização dos créditos decorrentes de condenação judicial será feita pela variação do IPCA-E, ou por índice que venha substituí-lo, calculado pelo IBGE, que deverá ser aplicado de forma uniforme por todo o prazo decorrido entre a condenação e o cumprimento da sentença." (NR)

"**Art. 883.** Não pagando o executado, nem garantindo a execução, seguir-se-á penhora dos bens, tantos quantos bastem ao pagamento da importância da condenação, acrescida de custas e juros de mora equivalentes aos aplicados à caderneta de poupança, sendo estes, em qualquer caso, devidos somente a partir da data em que for ajuizada a reclamação inicial." (NR)

Descanso semanal

Art. 29. A Lei nº 605, de 5 de janeiro de 1949, passa a vigorar com as seguintes alterações:

"**Art. 1º.** Todo empregado tem direito a um descanso semanal remunerado de vinte e quatro horas consecutivas." (NR)

Harmonização de multas trabalhistas constantes de legislações esparsas

"**Art. 12.** As infrações ao disposto nesta Lei serão punidas com a aplicação da multa administrativa prevista no inciso II do *caput* do art. 634-A da Consolidação das Leis do Trabalho, aprovada pelo Decreto-Lei nº 5.452, de 1943." (NR)

Art. 30. A Lei nº 7.855, de 24 de outubro de 1989, passa a vigorar com as seguintes alterações:

"**Art. 3º.** Acarretarão a aplicação da multa prevista no inciso II do *caput* do art. 634-A da Consolidação das Leis do Trabalho, aprovada pelo Decreto-Lei nº 5.452, de 1943, as infrações ao disposto:

...." (NR)

"**Art. 4º.** O salário pago fora dos prazos previstos em lei, acordos ou convenções coletivas e sentenças normativas sujeitará o infrator à aplicação da multa prevista no inciso II do *caput* do art. 634-A da Consolidação das Leis do Trabalho, aprovada pelo Decreto-Lei nº 5.452, de 1943, exceto por motivo de força maior, observado o disposto no art. 501 da referida Consolidação." (NR)

Art. 31. A Lei nº 4.923, de 23 de dezembro de 1965, passa a vigorar com as seguintes alterações:

"**Art. 10.** A ausência da comunicação a que se refere o § 1º do art. 1º desta Lei, no prazo estabelecido, acarretará a aplicação automática da multa prevista no inciso II do *caput* do art. 634-A da Consolidação das Leis do Trabalho, aprovada pelo Decreto-Lei nº 5.452, de 1º de maio de 1943." (NR)

Art. 32. A Lei nº 9.601, de 21 de janeiro de 1998, passa a vigorar com as seguintes alterações:

"**Art. 7º.** O descumprimento do disposto nos art. 3º e art. 4º desta Lei pelo empregador acarretará a aplicação da multa prevista no inciso II do *caput* do art. 634-A da Consolidação das Leis do Trabalho, aprovada pelo Decreto-Lei nº 5.452, de 1º de maio de 1943, por trabalhador contratado nos moldes do art. 1º desta Lei, que se constituirá receita adicional do Fundo de Amparo ao Trabalhador – FAT, de que trata a Lei nº 7.998, de 11 de janeiro de 1990." (NR)

Art. 33. A Lei nº 5.889, de 8 de junho de 1973, passa a vigorar com as seguintes alterações:

"**Art. 18.** As infrações aos dispositivos desta Lei acarretarão a aplicação da multa prevista no inciso II do *caput* do art. 634-A da Consolidação das Leis do Trabalho, aprovada pelo Decreto-Lei nº 5.452, de 1º de maio de 1943, exceto na hipótese do art. 13 desta Lei, em que será aplicada a multa prevista no inciso I do *caput* do art. 634-A da referida Consolidação.

....

§ 3º. A fiscalização do Ministério da Economia exigirá dos empregadores rurais ou produtores equiparados a comprovação do recolhimento da Contribuição Sindical Rural das categorias econômica e profissional, observada a exigência da autorização prévia e expressa de que trata o art. 579 da Consolidação das Leis do Trabalho, aprovada pelo Decreto-Lei nº 5.452, de 1943." (NR)

Art. 34. A Lei nº 12.023, de 27 de agosto de 2009, passa a vigorar com as seguintes alterações:

"**Art. 10.** A inobservância dos deveres estipulados nos art. 5º e art. 6º sujeita os respectivos infratores à aplicação da multa prevista no inciso II do *caput* do art. 634-A da Consolidação das Leis do Trabalho, aprovada pelo Decreto-Lei nº 5.452, de 1º de maio de 1943.

...." (NR)

Art. 35. A Lei nº 6.615, de 16 de dezembro de 1978, passa a vigorar com as seguintes alterações:

"**Art. 27.** As infrações ao disposto nesta Lei acarretarão a aplicação da multa prevista no inciso II do *caput* do art. 634-A da Consolidação das Leis do Trabalho, aprovada pelo Decreto-Lei nº 5.452, de 1º de maio de 1943." (NR)

Art. 36. A Lei nº 6.533, de 24 de maio de 1978, passa a vigorar com as seguintes alterações:

"**Art. 33.** As infrações ao disposto nesta Lei acarretarão a aplicação da multa prevista no inciso II do *caput* do art. 634-A da Consolidação das Leis do Trabalho, aprovada pelo Decreto-Lei nº 5.452, de 1º de maio de 1943." (NR)

Art. 37. A Lei nº 3.857, de 22 de dezembro de 1960, passa a vigorar com as seguintes alterações:

"**Art. 56.** A infração aos dispositivos desta Lei acarreta a aplicação da multa prevista no inciso I do *caput* do art. 634-A da Consolidação das Leis do Trabalho, aprovada pelo Decreto-Lei nº 5.452, de 1º de maio de 1943." (NR)

Art. 38. O Decreto-Lei nº 972, de 17 de outubro de 1969, passa a vigorar com as seguintes alterações:

"**Art. 13.** A fiscalização do cumprimento das disposições deste Decreto-Lei será feita na forma prevista nos art. 626 e seguintes da Consolidação das Leis do Trabalho, aprovada pelo Decreto-Lei nº 5.452, de 1º de maio de 1943, e as infrações às disposições acarretarão a aplicação da multa prevista no inciso I do *caput* do art. 634-A da referida Consolidação.

...." (NR)

Art. 39. A Lei nº 4.680, de 18 de junho de 1965, passa a vigorar com as seguintes alterações:

"**Art. 16.** As infrações ao disposto nesta Lei acarretarão a aplicação da multa prevista no inciso I do *caput* do art. 634-A da Consolidação das Leis do Trabalho, aprovada pelo Decreto-Lei nº 5.452, de 1º de maio de 1943." (NR)

Art. 40. A Lei nº 6.224, de 14 de julho de 1975, passa a vigorar com as seguintes alterações:

"**Art. 4º.** As infrações às disposições desta Lei acarretarão a aplicação da multa prevista no inciso I do *caput* do art. 634-A da Consolidação das Leis do Trabalho, aprovada pelo Decreto-Lei nº 5.452, de 1º de maio de 1943." (NR)

Art. 41. O Decreto-Lei nº 806, de 4 de setembro de 1969, passa a vigorar com as seguintes alterações:

"**Art. 10.** As infrações às disposições deste Decreto-Lei acarretarão a aplicação da multa prevista no inciso I do *caput* do art. 634-A da Consolidação das Leis do Trabalho, aprovada pelo Decreto-Lei nº 5.452, de 1º de maio de 1943.

...." (NR)

Art. 42. A Lei nº 12.690, de 19 de julho de 2012, passa a vigorar com as seguintes alterações:

"**Art. 17.** ....

§ 1º. A Cooperativa de Trabalho que intermediar mão de obra subordinada e os contratantes de seus serviços estarão sujeitos à multa prevista no inciso II do *caput* do art. 634-A da Consolidação das Leis do Trabalho, aprovada pelo Decreto-Lei nº 5.452, de 1º de maio de 1943, a ser revertida em favor do Fundo de Amparo ao Trabalhador – FAT.

...." (NR)

Art. 43. A Lei nº 7.998, de 1990, passa a vigorar com as seguintes alterações:

"**Art. 4-B.** Sobre os valores pagos ao beneficiário do seguro-desemprego será descontada a respectiva contribuição previdenciária e o período será computado para efeito de concessão de benefícios previdenciários." (NR)

"**Art. 9º-A.** O abono será pago por meio de instituições financeiras, mediante:

...." (NR)

"**Art. 15.** Os pagamentos dos benefícios do Programa Seguro-Desemprego e do abono salarial serão realizados por meio de instituições financeiras, conforme regulamento editado pela Secretaria Especial de Previdência e Trabalho do Ministério da Economia.

...." (NR)

"**Art. 25.** As infrações às disposições desta Lei pelo empregador acarretam a aplicação da multa prevista no inciso I do *caput* do art. 634-A da Consolidação das Leis do Trabalho, aprovada pelo Decreto-Lei nº 5.452, de 1º de maio de 1943." (NR)

Art. 44. A Lei nº 9.719, de 27 de novembro de 1998, passa a vigorar com as seguintes alterações:

"**Art. 10.** As infrações às disposições desta Lei acarretam a aplicação da multa prevista:

I – no inciso I do *caput* do art. 634-A da Consolidação das Leis do Trabalho, aprovada pelo Decreto-Lei nº 5.452, de 1º de maio de 1943, na hipótese de infração ao disposto no *caput* do art. 7º e no art. 9º; e

III – no inciso II do *caput* do art. 634-A da Consolidação das Leis do Trabalho, aprovada pelo Decreto-Lei nº 5.452, de 1943, na hipótese de infração ao disposto no parágrafo único do art. 7º e nos demais artigos.

Parágrafo único. As multas de que tratam este artigo serão aplicadas sem prejuízo das penalidades previstas na legislação previdenciária." (NR)

Art. 45. A Lei nº 13.475, de 28 de agosto de 2017, passa a vigorar com as seguintes alterações:

"**Art. 77.** Sem prejuízo do disposto no Capítulo III do Título IX da Lei nº 7.565, de 19 de dezembro de 1986 – Código Brasileiro de Aeronáutica, as infrações às disposições desta Lei acarreta a aplicação da multa prevista no inciso I do *caput* do art. 634-A da Consolidação das Leis do Trabalho, aprovada pelo Decreto-Lei nº 5.452, de 1º de maio de 1943.

...." (NR)

Art. 46. A Lei nº 8.036, de 1990, passa a vigorar com as seguintes alterações:

"**Art. 23.** ....

§ 2º. A inobservância ao disposto no § 1º sujeitará o infrator às seguintes multas:

a) nos casos dos incisos II e III do § 1º, o pagamento da multa prevista no inciso I do *caput* do art. 634-A da Consolidação das Leis do Trabalho, aprovada pelo Decreto-Lei nº 5.452, de 1º de maio de 1943;

b) nos casos dos incisos I, IV e V do § 1º, o pagamento de multa no valor de 50% (cinquenta por cento) do valor do crédito lançado; e

c) no caso do inciso VI do § 1º, o pagamento de multa no valor de R$ 100,00 (cem reais) a R$ 300,00 (trezentos reais) por trabalhador prejudicado.

....

§ 4º. Sobre os valores das multas não recolhidas no prazo legal incidirão juros e multa de mora nas formas previstas no art. 13 da Lei nº 9.065, de 20 de junho de 1995, e no art. 84, da Lei nº 8.981, de 20 de janeiro de 1995.

....

§ 8º. As penas previstas no § 2º serão reduzidas pela metade, quando o infrator for empregador doméstico, microempresa ou empresa de pequeno porte.

§ 9º. Não serão objeto de sanção as infrações previstas nos incisos I, IV, V e VI do §1º, na hipótese de o empregador ou responsável, anteriormente ao início do procedimento administrativo ou da medida de fiscalização:

I – proceder ao recolhimento integral dos débitos, com os acréscimos legais;

II – formalizar termo de parcelamento junto à Secretaria do Trabalho da Secretaria Especial de Previdência e Trabalho do Ministério da Economia, no exercício da competência prevista no inciso IV do *caput* do art. 23-B desta Lei; ou

III – apresentar as informações de que trata o art. 17-A desta Lei, via sistema de escrituração digital, ainda que fora do prazo legal.

§ 10. Na hipótese prevista nos incisos I e II do § 2º, será aplicada a multa pela metade, mediante quitação do débito ou do parcelamento deferido na forma do inciso V do *caput* do art. 23-B, no curso de qualquer procedimento administrativo ou medida de fiscalização relacionada com a infração.

§ 11. Os valores expressos em moeda corrente na alínea "c" do § 2º serão reajustados anualmente, em 1º de fevereiro, de acordo com Índice Nacional de Preços ao Consumidor – INPC, acumulado no ano imediatamente anterior ou de acordo com outro índice que vier a substituí-lo.

§ 12. Os sujeitos passivos de que trata o § 8º que incorrerem nas condutas expressas no § 3º, perderão o direito à regra atenuante prevista, sem prejuízo da aplicação das agravantes.

§ 13. Na hipótese de constatação de celebração de contratos de trabalho sem a devida formalização ou que incorram na hipótese prevista no art. 9º da Consolidação das Leis do Trabalho, aprovada pelo Decreto-Lei nº 5.452, de 1943, a autoridade fiscal competente efetuará o lançamento dos créditos de FGTS e da Contribuição Social instituída pela Lei Complementar nº 110, de 29 de junho de 2001, decorrentes dos fatos geradores apurados." (NR)

Juros em débitos trabalhistas

Art. 47. A Lei nº 8.177, de 1º de março de 1991, passa a vigorar com as seguintes alterações:

"**Art. 39.** Os débitos trabalhistas de qualquer natureza, quando não satisfeitos pelo empregador ou pelo empregado, nos termos previstos em lei, convenção ou acordo coletivo, sentença normativa ou cláusula contratual, sofrerão juros de mora equivalentes ao índice aplicado à caderneta de poupança, no período compreendido entre o mês subsequente ao vencimento da obrigação e o seu efetivo pagamento.

§ 1º. Aos débitos trabalhistas constantes de condenação pela Justiça do Trabalho ou decorrentes dos acordos celebrados em ação trabalhista não pagos nas condições homologadas ou constantes do termo de conciliação serão acrescidos de juros de mora equivalentes ao índice aplicado à caderneta de poupança, a partir da data do ajuizamento da reclamatória e aplicados *pro rata die*, ainda que não explicitados na sentença ou no termo de conciliação.

...." (NR)

Participação nos lucros e prêmios

Art. 48. A Lei nº 10.101, de 19 de dezembro de 2000, passa a vigorar com as seguintes alterações:

"**Art. 2º.** ....

I – comissão paritária escolhida pelas partes;

....

§ 3º-A. A não equiparação de que trata o inciso II do § 3º não é aplicável às hipóteses em que tenham sido utilizados índices de produtividade ou qualidade ou programas de metas, resultados e prazos.

....

§ 5º. As partes podem:

I – adotar os procedimentos de negociação estabelecidos nos incisos I e II do *caput* e no § 10 simultaneamente; e

II – estabelecer múltiplos programas de participação nos lucros ou nos resultados, observada a periodicidade estabelecida pelo § 1º do art. 3º.

§ 6º. Na fixação dos direitos substantivos e das regras adjetivas, inclusive no que se refere à fixação dos valores e à utilização exclusiva de metas individuais, a autonomia da vontade das partes contratantes será respeitada e prevalecerá em face do interesse de terceiros.

§ 7º. Consideram-se previamente estabelecidas as regras fixadas em instrumento assinado:

I – anteriormente ao pagamento da antecipação, quando prevista; e

II – com antecedência de, no mínimo, noventa dias da data do pagamento da parcela única ou da parcela final, caso haja pagamento de antecipação.

§ 8º. A inobservância à periodicidade estabelecida no § 2º do art. 3º macula exclusivamente os pagamentos feitos em desacordo com a norma, assim entendidos:

I – os pagamentos excedentes ao segundo, feitos a um mesmo empregado, dentro do mesmo ano civil; e

II – os pagamentos efetuados a um mesmo empregado, em periodicidade inferior a um trimestre civil do pagamento anterior.

§ 9º. Na hipótese do inciso II do § 8º, mantêm-se a higidez dos demais pagamentos.

§ 10. A participação nos lucros ou nos resultados de que trata esta Lei poderá ser fixada diretamente com o empregado de que trata o parágrafo único do art. 444 da Consolidação das Leis do Trabalho, aprovada pelo Decreto-Lei nº 5.452, de 1º de maio de 1943." (NR)

"**Art. 5º-A.** São válidos os prêmios de que tratam os § 2º e § 4º do art. 457 da Consolidação das Leis do Trabalho, aprovada pelo Decreto-Lei nº 5.452, de 1943, e a alínea "z" do § 9º do art. 28 desta Lei, independentemente da forma de seu pagamento e do meio utilizado para a sua fixação, inclusive por ato unilateral do empregador, ajuste deste com o empregado ou grupo de empregados, bem como por norma coletiva, inclusive quando pagos por fundações e associações, desde que sejam observados os seguintes requisitos:

I – sejam pagos, exclusivamente, a empregados, de forma individual ou coletiva;

II – decorram de desempenho superior ao ordinariamente esperado, avaliado discricionariamente pelo empregador, desde que o desempenho ordinário tenha sido previamente definido;

III – o pagamento de qualquer antecipação ou distribuição de valores seja limitado a quatro vezes no mesmo ano civil e, no máximo, de um no mesmo trimestre civil;

IV – as regras para a percepção do prêmio devem ser estabelecidas previamente ao pagamento; e

V – as regras que disciplinam o pagamento do prêmio devem permanecer arquivadas por qualquer meio, pelo prazo de seis anos, contado da data de pagamento." (NR)

Capítulo VI
DA PREVIDÊNCIA SOCIAL

Art. 49. A Lei nº 8.212, de 1991, passa a vigorar com as seguintes alterações:

"**Art. 12.** ....

§ 16. O beneficiário do Seguro-Desemprego concedido nos termos do disposto na Lei nº 7.998, de 11 de janeiro de 1990, e na Lei nº 10.779, de 25 de novembro de 2003, é segurado obrigatório da previdência social durante os meses de percepção do benefício." (NR)

"**Art. 28.** ....

§ 9º. ....

a) os benefícios da previdência social, nos termos e limites legais, exceto o salário-maternidade e o Seguro-Desemprego concedidos na forma da Lei nº 7.998, de 1990, e da Lei nº 10.779, de 2003;

....

§ 12. Considera-se salário de contribuição a parcela mensal do Seguro-Desemprego, de que trata a Lei nº 7.998, de 1990, e a Lei nº 10.779, de 2003." (NR)

"**Art. 30.** ....

XIV – a Secretaria Especial de Previdência e Trabalho do Ministério da Economia fica obrigada a reter as contribuições dos beneficiários do Seguro-Desemprego de que trata a Lei nº 7.998, de 1990, e a Lei nº 10.779, de 2003, e recolhê-las ao Fundo do Regime Geral de Previdência Social.

...." (NR)

Art. 50. A Lei nº 8.213, de 24 de julho de 1991, passa a vigorar com as seguintes alterações:

"**Art. 11.** ....

§ 14. O beneficiário do Seguro-Desemprego concedido nos termos do disposto na Lei nº 7.998, de 11 de janeiro de 1990, e da Lei nº 10.779, de 25 de novembro de 2003, é segurado obrigatório da previdência social, durante os meses de percepção do benefício." (NR)

"**Art. 15.** ....

II – até doze meses após a cessação das contribuições, o segurado que deixar de exercer atividade remunerada abrangida pela Previdência Social, que estiver suspenso ou licenciado sem remuneração ou que deixar de receber o benefício do Seguro-Desemprego;

...." (NR)

"**Art. 86.** O auxílio-acidente será concedido, como indenização, ao segurado quando, após a consolidação das lesões decorrentes de acidente, resultarem sequelas que impliquem redução da capacidade para o trabalho que habitualmente exercia, conforme situações discriminadas no regulamento.

§ 1º. O auxílio-acidente mensal corresponderá a 50% (cinquenta por cento) do benefício de aposentadoria por invalidez a que o segurado teria direito e será devido somente enquanto persistirem as condições de que trata o *caput*.

§ 1º-A. Na hipótese de manutenção das condições que ensejaram o reconhecimento do auxílio-acidente, o auxílio será devido até a véspera do início de qualquer aposentadoria ou até a data do óbito do segurado.

....

§ 6º. As sequelas a que se refere o *caput* serão especificadas em lista elaborada e atualizada a cada três anos pela Secretaria Especial de Previdência e Trabalho do Ministério da Economia, de acordo com critérios técnicos e científicos." (NR)

Capítulo VII
DISPOSIÇÕES FINAIS

Art. 51. Ficam revogados:

I – os seguintes dispositivos da Consolidação das Leis do Trabalho, aprovada pelo Decreto-Lei nº 5.452, de 1943:

a) o § 1º do art. 47;

b) o parágrafo único do art. 68;

c) o parágrafo único do art. 75;

d) o parágrafo único do art. 153;

e) o inciso III do *caput* do art. 155;

f) o art. 159;

g) o art. 160;

h) o § 3º do art. 188;

i) o § 2º do art. 227;

j) o art. 313;

k) o art. 319;

l) o art. 326;

m) o art. 327;

n) o parágrafo único do art. 328;

o) o art. 329;

p) o art. 330;

q) o art. 333;

r) o art. 345;

s) a alínea "c" do *caput* do art. 346;

t) o parágrafo único do art. 351;

u) o art. 360;

v) o art. 361;

w) o art. 385;

x) o art. 386;

y) os § 1º e § 2º do art. 401;

z) o art. 435;

aa) o art. 438;

ab) o art. 557;

ac) o parágrafo único do art. 598;

ad) as alíneas "a" e "b" do *caput* do art. 627;

ae) os § 1º e § 2º do art. 628;

af) o parágrafo único do art. 635;

ag) o art. 639;

ah) o art. 640;

ai) o art. 726;

aj) o art. 727; e

ak) os § 1º e § 2º do art. 729;

II – os art. 8º ao art. 10 da Lei nº 605, de 1949;

III – a Lei nº 4.594, de 29 de dezembro de 1964;

IV – os seguintes dispositivos do Decreto-Lei nº 73, de 21 de novembro de 1966:

a) a alínea "e" do *caput* do art. 8º;

b) o inciso XII do *caput* do art. 32;

c) o inciso VIII do *caput* do art. 34;

d) os art. 122 ao art. 125;

e) o art. 127; e

f) o art. 128;

V – os art. 8º ao art. 10 da Lei nº 4.680, de 1965;

VI – os seguintes dispositivos do Decreto-Lei nº 806, de 1969:

a) os art. 2º ao art. 4º; e

b) o § 2º do art. 10;

VII – os seguintes dispositivos do Decreto-Lei nº 972, de 1969:

a) o art. 4º;

b) o art. 5º;

c) o art. 8º; e

d) os art. 10 ao art. 12;

VIII – a Lei nº 6.242, de 23 de setembro de 1975;

IX – o art. 4º da Lei nº 6.546, de 4 de julho de 1978;

X – os seguintes dispositivos da Lei nº 6.615, de 1978:

a) os art. 6º ao art. 8º;

b) o art. 10;

c) o art. 21;

d) o parágrafo único do art. 27;

e) o art. 29; e

f) o art. 31;

XI – o art. 57 da Lei nº 3.857, de 1960;

XII – a Lei nº 4.178, de 11 de dezembro de 1962;

XIII – os seguintes dispositivos da Lei nº 4.739, de 15 de julho de 1965:

a) os § 1º e § 2º do art. 2º;

b) o art. 3º; e

c) o art. 4º;

XIV – o parágrafo único do art. 10 da Lei nº 4.923, de 1965;

XV – o art. 6º da Lei nº 6.888, de 10 de dezembro de 1980;

XVI – o art. 6º da Lei nº 7.377, de 30 de setembro de 1985;

XVII – o inciso IV do *caput* do art. 3º da Lei nº 7.855, de 1989;

XVIII – o § 1º do art. 9º-A da Lei nº 7.998, de 1990;

XIX – os seguintes dispositivos da Lei nº 8.213, de 1991:

a) a alínea “b” do inciso III do *caput* do art. 18;

b) a alínea “d” do inciso IV do *caput* do art. 21; e

c) o art. 91;

XX – o inciso II do *caput* do art. 10 da Lei nº 9.719, de 1998;

XXI – os art. 6º ao art. 6º-B da Lei nº 10.101, de 2000;

XXII – o art. 20-A da Lei nº 10.855, de 1º de abril de 2004;

XXIII – o inciso II do *caput* do art. 2º da Lei nº 12.037, de 1º de outubro de 2009; e

XIV – os seguintes dispositivos da Lei nº 13.636, de 2018:

a) o § 4º do art. 1º, e

b) os incisos I ao XV do § 1º do art. 7º.

Art. 52. Ressalvado o disposto no Capítulo I, as disposições desta Medida Provisória aplicam-se, integralmente, aos contratos de trabalho vigentes.

Art. 53. Esta Medida Provisória entra em vigor:

I – noventa dias após a data de sua publicação, quanto às alterações promovidas pelo art. 28 nos art. 161, art. 634 e art. 634-A da Consolidação das Leis do Trabalho, aprovada pelo Decreto-Lei nº 5.452, de 1943;

II – no primeiro dia do quarto mês subsequente ao da publicação desta Medida Provisória, quanto à inclusão do art. 4º-B na Lei nº 7.998, de 1990, promovida pelo art. 43; e

III – na data de sua publicação, quanto aos demais dispositivos.

§ 1º. Esta Medida Provisória produzirá efeitos:

I – quanto ao disposto no art. 9º, no art. 12, no art. 19, no art. 20, no art. 21, no art. 25, no art. 26, no art. 28 na parte em que altera o art. 457 e o art. 457-A da Consolidação das Leis do Trabalho, aprovada pelo Decreto-Lei nº 5.452, de 1943, no art. 48 na parte em que altera o art. 2º da Lei nº 10.101, de 2000, somente quando atestado, por ato do Ministro de Estado da Economia, a compatibilidade com as metas de resultados fiscais previstas no anexo próprio da Lei de Diretrizes Orçamentárias e o atendimento ao disposto na Lei Complementar nº 101, de 4 de maio de 2000, e aos dispositivos da Lei de Diretrizes Orçamentárias relacionados com a matéria;

II – quanto ao art. 24, em 1º de janeiro de 2020; e

III – quanto aos demais dispositivos, nas datas estabelecidas no *caput*.

§ 2º. As disposições desta Medida Provisória que vinculem receita, concedam, ampliem ou renovem benefícios de natureza tributária deverão respeitar o prazo de, no máximo, cinco anos de vigência, contado da data de entrada em vigor desta Medida Provisória.

Brasília, 11 de novembro de 2019; 198º da Independência e 131º da República.

Jair Messias Bolsonaro

DOU de 12.11.2019

Republicado em 12.11.2019 – Edição Extra.

ANEXO II
INSTRUÇÕES NORMATIVAS DO TRIBUNAL SUPERIOR DO TRABALHO*

INSTRUÇÃO NORMATIVA Nº 3*

[arts. 897, § 5º, I; e 899, § 7º]

[Atualizada até a Resolução Administrativa nº 2.048/2018]

(*) Republicação da Instrução Normativa nº 3, com as alterações introduzidas pela Resolução nº 190/2013.

Interpreta o art. 8º da Lei nº 8.542, de 23/12/92 (DOU de 24/12/1992), que trata do depósito para recurso nas ações na Justiça do Trabalho e a Lei nº 12.275, de 29 de junho de 2010, que altera a redação do inciso I do § 5º do art. 897 e acresce o § 7º ao art. 899, ambos da Consolidação das Leis do Trabalho – CLT, aprovada pelo Decreto-Lei nº 5.452, de 1º de maio de 1943.

I – Os depósitos de que trata o art. 40, e seus parágrafos, da Lei nº 8.177/1991, com a redação dada pelo art. 8º da Lei nº 8.542/1992, e o depósito de que tratam o § 5º, I, do art. 897 e o § 7º do art. 899, ambos da CLT, com a redação dada pela Lei nº 12.275, de 29/6/2010, não têm natureza jurídica de taxa de recurso, mas de garantia do juízo recursal, que pressupõe decisão condenatória ou executória de obrigação de pagamento em pecúnia, com valor líquido ou arbitrado.

II – No processo de conhecimento dos dissídios individuais o valor do depósito é limitado a R$ 5.889,50 (cinco mil, oitocentos e oitenta e nove reais e cinquenta centavos), ou novo valor corrigido, para o recurso ordinário, e a R$ 11.779,02 (onze mil, setecentos e setenta e nove reais e dois centavos), ou novo valor corrigido, para cada um dos recursos subsequentes, isto é, de revista, de embargos (ditos impropriamente infringentes) e extraordinário, para o Supremo Tribunal Federal, observando-se o seguinte:

a) para o recurso de agravo de instrumento, o valor do "depósito recursal corresponderá a 50% (cinquenta por cento) do valor do depósito do recurso ao qual se pretende destrancar";

b) depositado o valor total da condenação, nenhum depósito será exigido nos recursos das decisões posteriores, salvo se o valor da condenação vier a ser ampliado;

c) se o valor constante do primeiro depósito, efetuado no limite legal, é inferior ao da condenação, será devida complementação de depósito em recurso posterior, observado o valor nominal remanescente da condenação e/ou os limites legais para cada novo recurso;

d) havendo acréscimo ou redução da condenação em grau recursal,

(*) Disponíveis em: http://www.tst.jus.br/web/guest/instrucoes-normativas. Acesso em: 24.11.2019. (Total de 41 Instruções Normativas publicadas.)

o juízo prolator da decisão arbitrará novo valor à condenação, quer para a exigibilidade de depósito ou complementação do já depositado, para o caso de recurso subsequente, quer para liberação do valor excedente decorrente da redução da condenação;

e) nos dissídios individuais singulares o depósito será efetivado pelo recorrente em conta vinculada ao juízo, por meio de guia de depósito judicial;

(*) Alínea "e" com redação dada pela Resolução Administrativa nº 2.048/2018.

f) nas reclamações trabalhistas plúrimas e nas em que houver substituição processual, será arbitrado o valor total da condenação, para o atendimento da exigência legal do depósito recursal, em conformidade com as alíneas anteriores;

(*) Alínea "f" com redação dada pela Resolução Administrativa nº 2.048/2018.

g) a expedição de Mandado de Citação Penhora e Avaliação em fase definitiva ou provisória de execução deverá levar em conta a dedução dos valores já depositados nos autos, em especial o depósito recursal;

h) com o trânsito em julgado da decisão que absolveu o demandado da condenação, ser-lhe-á autorizado o levantamento do valor depositado e seus acréscimos.

i) destinando-se o agravo de instrumento a destrancar recurso de revista que se insurge contra decisão que contraria a jurisprudência uniforme do Tribunal Superior do Trabalho, consubstanciada em súmulas ou em orientação jurisprudencial, não haverá obrigatoriedade de se efetuar o depósito recursal;

(*) Alínea "i" acrescida pela Resolução Administrativa nº 2.048/2018.

j) o valor do depósito recursal será reduzido pela metade para entidades sem fins lucrativos, empregadores domésticos, microempreendedores individuais, microempresas e empresas de pequeno porte;

(*) Alínea "j" acrescida pela Resolução Administrativa nº 2.048/2018.

k) são isentos do depósito recursal os beneficiários da justiça gratuita, as entidades filantrópicas e as empresas em recuperação judicial.

(*) Alínea "k" acrescida pela Resolução Administrativa nº 2.048/2018.

II-A – Ato Conjunto da Presidência do Tribunal Superior do Trabalho e da Corregedoria-Geral da Justiça do Trabalho definirá os requisitos para a admissibilidade do seguro garantia judicial e da fiança bancária em substituição ao depósito recursal.

(*) Inciso II-A acrescido pela Resolução Administrativa nº 2.048/2018.

III – Julgada procedente ação rescisória e imposta condenação em pecúnia, será exigido apenas um depósito recursal, com valor máximo equivalente ao do depósito em recurso de revista, dispensado novo depósito para os recursos subsequentes, salvo o depósito do agravo de instrumento, previsto no § 7° do art. 899 da CLT, observando-se o seguinte:

(*) Inciso III com redação dada pela Resolução Administrativa nº 2.048/2018.

a) o depósito será efetivado pela parte recorrente vencida, em conta vinculada ao juízo da causa, mediante guia de depósito judicial;

(*) Alínea "a" com redação dada pela Resolução Administrativa nº 2.048/2018.

b) com o trânsito em julgado da decisão, se condenatória, o valor depositado e seus acréscimos serão considerados na execução; se absolutória, será liberado o levantamento do valor do depositado e seus acréscimos.

IV – A exigência de depósito no processo de execução observará o seguinte:

a) a inserção da vírgula entre as expressões "...aos embargos" e "à execução..." é atribuída a erro de redação, devendo ser considerada a locução "embargos à execução";

b) dada a natureza jurídica dos embargos à execução, não será exigido depósito para a sua oposição quando estiver suficientemente garantida a execução por depósito recursal já existente nos autos, efetivado no processo de conhecimento, que permaneceu vinculado à execução, e/ou pela nomeação ou apreensão judicial de bens do devedor, observada a ordem preferencial estabelecida em lei;

c) garantida integralmente a execução nos embargos, só haverá exigência de depósito em qualquer recurso subsequente do devedor se tiver havido elevação do valor do débito, hipótese em que o depósito recursal corresponderá ao valor do acréscimo, sem qualquer limite;

d) o depósito previsto no item anterior será efetivado pelo executado recorrente, mediante guia de depósito judicial, em conta vinculada ao juízo da execução;

(*) Alínea "d" com redação dada pela Resolução Administrativa nº 2.048/2018.

e) com o trânsito em julgado da decisão que liquidar a sentença condenatória, serão liberados em favor do exequente os valores disponíveis, no limite da quantia exequenda, prosseguindo, se for o caso, a execução por crédito remanescente, e autorizando-se o levantamento, pelo executado, dos valores que acaso sobejarem.

V – Nos termos do § 3º do art. 40 da Lei nº 8.177/1991, não é exigido depósito para recurso ordinário interposto em dissídio coletivo, uma vez que a regra aludida atribui apenas valor ao recurso, com efeitos limitados, portanto, ao cálculo das custas processuais.

(*) Inciso V com redação dada pela Resolução Administrativa nº 2.048/2018.

VI – Os valores alusivos aos limites de depósito recursal serão reajustados anualmente pela variação acumulada do INPC do IBGE dos doze meses imediatamente anteriores, e serão calculados e publicados no Diário Eletrônico da Justiça do Trabalho por ato do Presidente do Tribunal Superior do Trabalho, tornando-se obrigatória a sua observância a partir do quinto dia seguinte ao da publicação.

VII – Toda decisão condenatória ilíquida deverá conter o arbitramento do valor da condenação. O acréscimo de condenação em grau recursal, quando ilíquido, deverá ser arbitrado também para fins de depósito.

VIII – O depósito recursal, realizado em estabelecimento bancário oficial em conta vinculada ao juízo, mediante guia de depósito judicial, e corrigido com os mesmos índices da poupança (art. 899, § 4°, da CLT), será da responsabilidade da parte quanto à exatidão dos valores depositados e deverá ser comprovado, nos autos, pelo recorrente, no prazo do recurso a que se refere, independentemente da sua antecipada interposição, observado o limite do valor vigente na data da efetivação do depósito, bem como o contido no item VI. No caso de agravo de instrumento, o depósito recursal deverá ser comprovado no ato de interposição do recurso, nos termos do art. 899, § 7º, da CLT, com a redação da Lei nº 12.275/2010.

(*) Inciso VIII com redação dada pela Resolução Administrativa nº 2.048/2018.

IX – é exigido depósito recursal para o recurso adesivo, observados os mesmos critérios e procedimentos do recurso principal previsto nesta Instrução Normativa.

X – Não é exigido depósito recursal, em qualquer fase do processo ou grau de jurisdição, dos entes de direito público externo e das pessoas de direito público contempladas no Decreto-Lei nº 779, de 21.8.69, bem assim da massa falida e da herança jacente.

XI – Não se exigirá a efetivação de depósito em qualquer fase ou grau recursal do processo, fora das hipóteses previstas nesta Instrução Normativa.

XII – Havendo acordo para extinção do processo, as partes disporão sobre o valor depositado. Na ausência de expressa estipulação dos interessados, o valor disponível será liberado em favor da parte depositante.

XIII – Em caso de recolhimento insuficiente do depósito recursal, somente haverá deserção do recurso se, concedido o prazo de 5 (cinco) dias previsto no § 2º do art. 1.007 do CPC de 2015, o recorrente não complementar e comprovar o valor devido.

(*) Inciso XIII acrescido pela Resolução Administrativa nº 2.048/2018.

XIV – Em caso de equívoco no preenchimento da guia de recolhimento do depósito recursal, o relator deverá conceder o prazo de 5 (cinco) dias previsto no § 7º do art. 1.007 do CPC de 2015 para o recorrente sanar o vício, sob pena de deserção.

(*) Inciso XIV acrescido pela Resolução Administrativa nº 2.048/2018.

INSTRUÇÃO NORMATIVA Nº 16*

[art. 897]

(*) Republicada em razão de erro material.

Uniformiza a interpretação da Lei nº 9.756, de 17 de dezembro de 1998, com relação a agravo de instrumento.

I – O Agravo de Instrumento se rege, na Justiça do Trabalho, pelo art. 897, alínea "b", §§ 2º, 4º, 5º, 6º e 7º, da Consolidação das Leis do Trabalho, pelos demais dispositivos do direito processual do trabalho e, no que omisso, pelo direito processual comum, desde que compatível com as normas e princípios daquele, na forma desta Instrução.

a) Não se aplicam aos agravos de instrumento opostos antes de 18 de dezembro de 1998, data da publicação da Lei nº 9.756, as disposições desse diploma legal, salvo aquelas relativas ao cancelamento da possibilidade de concessão de efeito suspensivo à revista.

II – Limitado o seu cabimento, no processo do trabalho, aos despachos que denegarem a interposição de recurso (art. 897, alínea "b", da CLT), o agravo de instrumento será dirigido à autoridade judiciária prolatora do despacho agravado, no prazo de oito dias de sua intimação, e processado em autos apartados.

§ 1º. (revogado).

§ 2º. (revogado).

III – O agravo não será conhecido se o instrumento não contiver as peças necessárias para o julgamento do recurso denegado, incluindo a cópia do respectivo arrazoado e da comprovação de satisfação de todos os pressupostos extrínsecos do recurso principal.

IV – O agravo de instrumento, protocolizado e autuado, será concluso ao juiz prolator do despacho agravado, para reforma ou confirmação da decisão impugnada, observada a competência estabelecida nos arts. 659, inciso VI, e 682, inciso IX, da CLT.

V – Será certificada nos autos principais a interposição do agravo de instrumento e a decisão que determina o seu processamento ou a decisão que reconsidera o despacho agravado.

VI – Mantida a decisão agravada, será intimado o agravado a apresentar contrarrazões relativas ao agravo e, simultaneamente, ao recurso principal, juntando as peças que entender necessárias para o julgamento de ambos, encaminhando-se, após, os autos do agravo ao Juízo competente.

VII – Provido o agravo, o órgão julgador deliberará quanto ao julgamento do recurso destrancado, observando-se, daí em diante, o procedimento relativo a tal recurso, com designação de relator e de revisor, se for o caso.

VIII – Da certidão de julgamento do agravo provido constará o resultado da deliberação relativa à apreciação do recurso destrancado.

IX – As peças trasladadas conterão informações que identifiquem o processo do qual foram extraídas, autenticadas uma a uma, no anverso ou verso. Tais peças poderão ser declaradas autênticas pelo próprio advogado, sob sua responsabilidade pessoal. Não será válida a cópia de despacho ou decisão que não contenha a assinatura do juiz prolator, nem as certidões subscritas por serventuário sem as informações acima exigidas. (NR)

X – Cumpre às partes providenciar a correta formação do instrumento, não comportando a omissão em conversão em diligência para suprir a ausência de peças, ainda que essenciais.

XI – O agravo de instrumento não requer preparo.

XII – A tramitação e o julgamento de agravo de instrumento no Juízo competente obedecerão à disciplina legal e ao constante dos respectivos Regimentos Internos.

XIII – O agravo de instrumento de despacho denegatório de recurso extraordinário obedecerá à disciplina especial, na forma de Resolução da Suprema Corte.

XIV – Fica revogada a Instrução Normativa nº 06.

Valério Augusto Freitas do Carmo – Diretor-Geral de Coordenação Judiciária

INSTRUÇÃO NORMATIVA Nº 17*

[art. 897]

(*) Republicada em cumprimento ao disposto no art. 2º da Resolução nº 184/2012.

Uniformiza a interpretação da Lei nº 9.756, de 17 de dezembro de 1998, com relação ao recurso de revista.

I – Aplica-se ao processo do trabalho o disposto no parágrafo único do art. 120 do Código de Processo Civil, segundo a redação dada pela Lei nº 9.756/98, relativo ao conflito de competência, nos seguintes termos:

Havendo jurisprudência dominante no Tribunal sobre a questão suscitada, o relator poderá decidir, de plano, o conflito de competência, cabendo agravo, no prazo de oito dias, contado da intimação às partes, para o órgão recursal competente.

II – Aplica-se ao processo do trabalho o parágrafo único acrescido ao art. 481 do Código de Processo Civil, conforme redação dada pela Lei nº 9.756/98, no que tange à declaração de inconstitucionalidade, nos seguintes termos:

Os órgãos fracionários dos Tribunais não submeterão ao plenário, ou ao órgão especial, a arguição de inconstitucionalidade, quando já houver pronunciamento destes, ou do plenário do Supremo Tribunal Federal, sobre a questão.

III – Aplica-se ao Processo do Trabalho o artigo 557, *caput* e §§ 1º-A, 1º e 2º do Código de Processo Civil, segundo a redação dada pela Lei nº 9.756/98, adequando-se o prazo do agravo ao prazo de oito dias.

IV – Os beneficiários da justiça gratuita estão dispensados do recolhimento antecipado da multa prevista no § 2º do art. 557 do CPC.

V – As demais disposições oriundas de alteração do processo civil, resultantes da Lei nº 9.756/98, consideram-se inaplicáveis ao processo do trabalho, especialmente o disposto no art. 511, *caput*, e seu § 2º.

Sala de Sessões, 17 de dezembro de 1999.

Luzia de Andrade Costa Freitas – Diretora-Geral de Coordenação Judiciária

INSTRUÇÃO NORMATIVA Nº 18

[art. 899]

Considera-se válida para comprovação do depósito recursal na Justiça do Trabalho a guia respectiva em que conste pelo menos o nome do Recorrente e do Recorrido; o número do processo; a designação do juízo por onde tramitou o feito e a explicitação do valor depositado, desde que autenticada pelo Banco recebedor.

Revogam-se as disposições em contrário.

Sala de Sessões, 17 de dezembro de 1999.

Luzia de Andrade Costa Freitas – Diretora-Geral de Coordenação Judiciária

INSTRUÇÃO NORMATIVA Nº 20*

[art. 789 ss]

[Atualizada até a Resolução Administrativa nº 2.048/2018]

Dispõe sobre os procedimentos para o recolhimento de custas e emolumentos devidos à União no âmbito da Justiça do Trabalho.

O Tribunal Superior do Trabalho, em sua composição Plena, Considerando o disposto na Lei nº 10.537, de 27 de agosto de 2002, que alterou os arts. 789 e 790 da Consolidação das Leis do Trabalho – CLT, sobre custas e emolumentos na Justiça do Trabalho,

Resolveu:

expedir as seguintes instruções:

I – O pagamento das custas e dos emolumentos no âmbito da Justiça do Trabalho deverá ser realizado, exclusivamente, mediante Guia de Recolhimento da União – GRU Judicial, em 4 (quatro) vias, sendo ônus da parte interessada realizar seu correto preenchimento, observando-se as seguintes instruções:

a) o preenchimento da GRU Judicial será online, no sítio da Secretaria do Tesouro Nacional na internet;

b) o pagamento da GRU – Judicial poderá ser efetivado em dinheiro, na Caixa Econômica Federal e no Banco do Brasil S/A, ou em cheque, apenas no Banco do Brasil S/A.

c) o campo inicial da GRU Judicial, denominado Unidade Gestora (UG), será preenchido com o código correspondente ao Tribunal Superior do Trabalho ou ao Tribunal Regional do Trabalho onde se encontra o processo. Os códigos constam do Anexo I;

d) o campo denominado Gestão será preenchido, sempre, com a seguinte numeração: 00001 – Tesouro Nacional.

II – As 4 (quatro) vias serão assim distribuídas: uma ficará retida no banco arrecadador; a segunda deverá ser anexada ao processo mediante petição do interessado; a terceira será entregue pelo interessado na secretaria do órgão judicante; a quarta ficará na posse de quem providenciou o recolhimento.

III – É ônus da parte zelar pela exatidão do recolhimento das custas e/ou dos emolumentos, bem como requerer a juntada aos autos dos respectivos comprovantes.

IV – (Revogado).

V – O recolhimento das custas e emolumentos será realizado nos seguintes códigos:

a) 18740-2 – STN – CUSTAS JUDICIAIS (CAIXA/BB);

b) 18770-4 – STN – EMOLUMENTOS (CAIXA/BB).

Para esses códigos de arrecadação, os pagamentos não estão submetidos à restrição de valores inferiores a R$ 10,00 (dez reais), de conformidade com a nota SRF/Corat/Codac/Dirar/nº 174, de 14 de outubro de 2002.

VI – As secretarias das Varas do Trabalho e dos Tribunais Regionais do Trabalho informarão, mensalmente, aos setores encarregados pela elaboração da estatística do órgão, os valores de arrecadação de custas e emolumentos, baseando-se nas GRUs Judiciais que deverão manter arquivadas.

VII – (Revogado).

VIII – O comprovante de pagamento efetuado por meio de transferência eletrônica de fundos deverá ser apresentado pela parte em duas vias: a primeira será anexada ao processo, a segunda ficará arquivada na secretaria.

VIII-A – O requerimento de restituição dos valores indevidamente recolhidos, por meio de GRU judicial, de forma total ou parcial, a título de custas processuais e/ou emolumentos, deverá ser formalizado pelo interessado na Unidade Judiciária em que tramita o processo, acompanhado dos documentos comprobatórios das alegações, juntamente com o número do CNPJ ou CPF e dos respectivos dados bancários.

IX – Nos dissídios coletivos, as partes vencidas responderão solidariamente pelo pagamento das custas.

X – Não serão fixadas, no processo de conhecimento, custas inferiores a R$ 10,64 (dez reais e sessenta e quatro centavos), ainda que o resultado do cálculo seja inferior a este valor.

XI – As custas serão satisfeitas pelo vencido, após o trânsito em julgado da decisão. Em caso de recurso, a parte deverá recolher as custas e comprovar o seu pagamento no prazo recursal.

XII – O preparo de recurso da competência do Supremo Tribunal Federal será feito no prazo e na forma do disposto no Regimento Interno daquela Corte e segundo a sua "Tabela de Custas".

XIII – No processo de execução, as custas não serão exigidas por ocasião do recurso, devendo ser suportadas pelo executado ao final.

XIV – a tabela de custas da Justiça do Trabalho, referente ao processo de execução, vigorará com os seguintes valores:

a) AUTOS DE ARREMATAÇÃO, DE ADJUDICAÇÃO E DE REMIÇÃO: 5% (cinco por cento) sobre o respectivo valor, até o máximo de R$ 1.915,38 (um mil, novecentos e quinze reais e trinta e oito centavos);

b) ATOS DOS OFICIAIS DE JUSTIÇA, POR DILIGÊNCIA CERTIFICADA:

b1) em zona urbana: R$ 11,06 (onze reais e seis centavos);

b2) em zona rural: R$ 22,13 (vinte e dois reais e treze centavos);

c) AGRAVO DE INSTRUMENTO: R$ 44,26 (quarenta e quatro reais e vinte e seis centavos);

d) AGRAVO DE PETIÇÃO: R$ 44,26 (quarenta e quatro reais e vinte e seis centavos);

e) EMBARGOS À EXECUÇÃO, EMBARGOS DE TERCEIRO E EMBARGOS À ARREMATAÇÃO: R$ 44,26 (quarenta e quatro reais e vinte e seis centavos);

f) RECURSO DE REVISTA: R$ 55,35 (cinquenta e cinco reais e trinta e cinco centavos);

g) IMPUGNAÇÃO À SENTENÇA DE LIQUIDAÇÃO: R$ 55,35 (cinquenta e cinco reais e trinta e cinco centavos);

h) DESPESA DE ARMAZENAGEM EM DEPÓSITO JUDICIAL: por dia: 0,1% (um décimo por cento) do valor da avaliação;

i) CÁLCULOS DE LIQUIDAÇÃO REALIZADOS PELO CONTADOR DO JUÍZO:

Sobre o valor liquidado: 0,5% (cinco décimos por cento) até o limite de R$ 638,46 (seiscentos e trinta e oito reais e quarenta e seis centavos).

XV – A tabela de emolumentos da Justiça do Trabalho vigorará com os seguintes valores:

a) AUTENTICAÇÃO DE TRASLADO DE PEÇAS MEDIANTE CÓPIA REPROGRÁFICA APRESENTADA PELAS PARTES: por folha: R$ 0,55 (cinquenta e cinco centavos de real);

b) FOTOCÓPIA DE PEÇAS: por folha: R$ 0,28 (vinte e oito centavos de real);

c) AUTENTICAÇÃO DE PEÇAS: por folha: R$ 0,55 (cinquenta e cinco centavos de real);

d) CARTAS DE SENTENÇA, DE ADJUDICAÇÃO, DE REMIÇÃO E DE ARREMATAÇÃO: por folha: R$ 0,55 (cinquenta e cinco centavos de real);

e) CERTIDÕES: por folha: R$ 5,53 (cinco reais e cinquenta e três centavos de real)

XVI – Os emolumentos serão suportados pelo requerente.

XVII – Os órgãos da Justiça do Trabalho não estão obrigados a manter serviços de reprografia para atendimento ao público externo, tampouco autenticar fotocópias apresentadas pelas partes.

XVIII – As requisições de traslados serão atendidas sem o comprometimento das atividades normais das secretarias.

XIX – Em caso de recolhimento insuficiente das custas, somente haverá deserção do recurso se, concedido o prazo de 5 (cinco) dias previsto no § 2º do art. 1.007 do CPC de 2015, o recorrente não complementar e comprovar o valor devido.

(*) Inciso XIX acrescido pela Resolução Administrativa nº 2.048/2018.

XX – Em caso de equívoco no preenchimento da guia de custas, o relator deverá conceder o prazo de 5 (cinco) dias previsto no § 7º do art. 1.007 do CPC de 2015 para o recorrente sanar o vício, sob pena de deserção.

(*) Inciso XX acrescido pela Resolução Administrativa nº 2.048/2018.

Sala de Sessões, 07 de novembro de 2002.

Valério Augusto Freitas do Carmo – Diretor-Geral de Coordenação Judiciária

INSTRUÇÃO NORMATIVA Nº 23

[art. 896]

Dispõe sobre petições de recurso de revista.

Considerando a necessidade de racionalizar o funcionamento da Corte, para fazer frente à crescente demanda recursal, e de otimizar a utilização dos recursos da informática, visando à celeridade da prestação jurisdicional, anseio do jurisdicionado;

Considerando a natureza extraordinária do recurso de revista e a exigência legal de observância de seus pressupostos de admissibilidade;

Considerando que a elaboração do recurso de maneira adequada atende aos interesses do próprio recorrente, principalmente na viabilização da prestação jurisdicional;

Considerando que o advogado desempenha papel essencial à administração da Justiça, colaborando como partícipe direto no esforço de aperfeiçoamento da atividade jurisdicional, merecendo assim atenção especial na definição dos parâmetros técnicos que racionalizam e objetivam seu trabalho;

Considerando que facilita o exame do recurso a circunstância de o recorrente indicar as folhas em que se encontra a prova da observância dos pressupostos extrínsecos do recurso;

Considerando que, embora a indicação dessas folhas não seja requisito legal para conhecimento do recurso, é recomendável que o recorrente o faça;

Resolve,

quanto às petições de recurso de revista:

I – Recomendar sejam destacados os tópicos do recurso e, ao demonstrar o preenchimento dos seus pressupostos extrínsecos, sejam indicadas as folhas dos autos em que se encontram:

a) a procuração e, no caso de elevado número de procuradores, a posição em que se encontra(m) o(s) nome(s) do(s) subscritor(es) do recurso;

b) a ata de audiência em que o causídico atuou, no caso de mandato tácito;

c) o depósito recursal e as custas, caso já satisfeitos na instância ordinária;

d) os documentos que comprovam a tempestividade do recurso (indicando o início e o termo do prazo, com referência aos documentos que o demonstram).

II – Explicitar que é ônus processual da parte demonstrar o preenchimento dos pressupostos intrínsecos do recurso de revista, indicando:

a) qual o trecho da decisão recorrida que consubstancia o prequestionamento da controvérsia trazida no recurso;

b) qual o dispositivo de lei, súmula, orientação jurisprudencial do TST ou ementa (com todos os dados que permitam identificá-la) que atrita com a decisão regional.

III – Reiterar que, para comprovação da divergência justificadora do recurso, é necessário que o recorrente:

a) junte certidão ou cópia autenticada do acórdão paradigma ou cite a fonte oficial ou repositório em que foi publicado;

b) transcreva, nas razões recursais, as ementas e/ou trechos dos acórdãos trazidos à configuração do dissídio, demonstrando os conflitos de teses que justifiquem o conhecimento do recurso, ainda que os acórdãos já se encontrem nos autos ou venham a ser juntados com o recurso.

IV – Aplica-se às contrarrazões o disposto nesta Instrução, no que couber.

Sala de Sessões, 05 de agosto de 2003.

Valério Augusto Freitas do Carmo – Diretor-Geral de Coordenação Judiciária

INSTRUÇÃO NORMATIVA Nº 27

[art. 763 ss]

Dispõe sobre normas procedimentais aplicáveis ao processo do trabalho em decorrência da ampliação da competência da Justiça do Trabalho pela Emenda Constitucional nº 45/2004.

Art. 1º. As ações ajuizadas na Justiça do Trabalho tramitarão pelo rito ordinário ou sumaríssimo, conforme previsto na Consolidação das Leis do Trabalho, excepcionando-se, apenas, as que, por disciplina legal expressa, estejam sujeitas a rito especial, tais como o Mandado de Segurança, *Habeas Corpus*, *Habeas Data*, Ação Rescisória, Ação Cautelar e Ação de Consignação em Pagamento.

Art. 2º. A sistemática recursal a ser observada é a prevista na Consolidação das Leis do Trabalho, inclusive no tocante à nomenclatura, à alçada, aos prazos e às competências.

Parágrafo único. O depósito recursal a que se refere o art. 899 da CLT é sempre exigível como requisito extrínseco do recurso, quando houver condenação em pecúnia.

Art. 3º. Aplicam-se quanto às custas as disposições da Consolidação das Leis do Trabalho.

§ 1º. As custas serão pagas pelo vencido, após o trânsito em julgado da decisão.

§ 2º. Na hipótese de interposição de recurso, as custas deverão ser pagas e comprovado seu recolhimento no prazo recursal (artigos 789, 789-A, 790 e 790-A da CLT).

§ 3º. Salvo nas lides decorrentes da relação de emprego, é aplicável o princípio da sucumbência recíproca, relativamente às custas.

Art. 4º. Aos emolumentos aplicam-se as regras previstas na Consolidação das Leis do Trabalho, conforme previsão dos artigos 789-B e 790 da CLT.

Parágrafo único. Os entes públicos mencionados no art. 790-A da CLT são isentos do pagamento de emolumentos.

(*) Parágrafo único acrescido pela Resolução n° 133/2005.

Art. 5º. Exceto nas lides decorrentes da relação de emprego, os honorários advocatícios são devidos pela mera sucumbência.

Art. 6º. Os honorários periciais serão suportados pela parte sucumbente na pretensão objeto da perícia, salvo se beneficiária da justiça gratuita.

Parágrafo único. Faculta-se ao juiz, em relação à perícia, exigir depósito prévio dos honorários, ressalvadas as lides decorrentes da relação de emprego.

Art. 7º. Esta Resolução entrará em vigor na data da sua publicação.

Sala de Sessões, 16 de fevereiro de 2005.

Valério Augusto Freitas do Carmo – Diretor-Geral de Coordenação Judiciária

INSTRUÇÃO NORMATIVA Nº 31

[art. 836]

[Atualizada até a Resolução Administrativa nº 2.048/2018]

Regulamenta a forma de realização de depósito prévio em ação rescisória de que trata o art. 836 da CLT, com redação dada pela Lei nº11.492, de 22 de junho de 2007.

Art. 1º. O depósito prévio em ação rescisória de que trata o art. 836 da CLT, com redação dada pela Lei n° 11.495, de 22 de junho de 2007, deverá ser realizado em conta vinculada ao juízo, observando-se as seguintes peculiaridades quanto ao preenchimento da guia de depósito judicial:

(*) Art. 1º, *caput*, com redação dada pela Resolução Administrativa nº 2.048/2018.

I – nos campos relativos à identificação do processo deverão ser informados os dados do processo em que foi proferida a decisão rescindenda;

II – o campo “Tipo de Depósito” deverá ser preenchido com o número 1 (primeiro depósito), ainda que outros depósitos judiciais tenham sido efetuados no processo originário;

III – o campo “Motivo do Depósito” deverá ser preenchido com o número 4 (Outros).

Art. 2º. O valor da causa da ação rescisória que visa desconstituir decisão da fase de conhecimento corresponderá:

I – no caso de improcedência, ao valor dado à causa do processo originário ou aquele que for fixado pelo Juiz;

II – no caso de procedência, total ou parcial, ao respectivo valor arbitrado à condenação.

Art. 3º. O valor da causa da ação rescisória que visa desconstituir decisão da fase de execução corresponderá ao valor apurado em liquidação de sentença.

Art. 4º. O valor da causa da ação rescisória, quer objetive desconstituir decisão da fase de conhecimento ou decisão da fase de execução, será reajustado pela variação cumulada do INPC do IBGE até a data do seu ajuizamento.

Art. 5º. O valor depositado será revertido em favor do réu, a título de multa, caso o pedido deduzido na ação rescisória seja julgado, por unanimidade de votos, improcedente ou inadmissível.

(*) Art. 5º com redação dada pela Resolução nº 154/2009.

Art. 6º. O depósito prévio não será exigido da massa falida e quando o autor perceber salário igual ou inferior ao dobro do mínimo legal, ou declarar, sob as penas da lei, que não está em condições de pagar as custas do processo sem prejuízo do sustento próprio ou de sua família.

Art. 7º. Esta Instrução Normativa entra em vigor na data de sua publicação.

Sala de Sessões, 27 de setembro de 2007.

Ana Lúcia Rego Queiroz – Secretário do Tribunal Pleno

INSTRUÇÃO NORMATIVA Nº 38

[arts. 896-B e 896-C]

Art. 1º. As normas do Código de Processo Civil relativas ao julgamento dos recursos extraordinário e especial repetitivos aplicam-se, no que couber, ao recurso de revista e ao recurso de embargos repetitivos (CLT, artigos 894, II e 896 da CLT).

Art. 2º. Havendo multiplicidade de recursos de revista ou de embargos para a Subseção de Dissídios Individuais I (SbDI-1) fundados em idêntica questão de direito, a questão poderá ser afetada a essa Subseção ou ao Tribunal Pleno, por decisão da maioria simples de seus membros, mediante requerimento de um dos Ministros que a compõem, considerando a relevância da matéria ou a existência de entendimentos divergentes entre os Ministros dessa Subseção ou das Turmas do Tribunal.

§ 1º. O requerimento fundamentado de um dos Ministros da Subseção de Dissídios Individuais I de afetação da questão a ser julgada em incidente de recursos repetitivos deverá indicar um ou mais recursos de revista ou de embargos representativos da controvérsia e ser formulado por escrito diretamente ao Presidente da SbDI-1 ou, oralmente, em questão preliminar suscitada quando do julgamento de processo incluído na pauta de julgamentos da Subseção.

§ 2º. De forma concorrente, quando a Turma do Tribunal Superior do Trabalho entender necessária a adoção do procedimento de julgamento de recursos de revista repetitivos, seu Presidente deverá submeter ao Presidente da Subseção de Dissídios Individuais I a proposta de afetação do recurso de revista, para os efeitos dos artigos 896-B e 896-C da CLT.

§ 3º. O Presidente da Subseção submeterá a proposta de afetação ao colegiado, se formulada por escrito, no prazo máximo de 30 dias de seu recebimento, ou de imediato, se suscitada em questão preliminar, quando do julgamento de determinado processo pela SbDI-1, após o que:

I – acolhida a proposta, por maioria simples, o colegiado também decidirá se a questão será analisada pela própria SbDI-1 ou pelo Tribunal Pleno;

II – acolhida a proposta, a desistência da ação ou do recurso não impede a análise da questão objeto de julgamento de recursos repetitivos;

III – na hipótese do inciso I, o processo será distribuído a um relator e a um revisor do órgão jurisdicional correspondente, para sua tramitação nos termos do artigo 896-C da CLT;

IV – rejeitada a proposta, se for o caso, os autos serão devolvidos ao órgão julgador respectivo, para que o julgamento do recurso prossiga regularmente.

§ 4º. Não será admitida sustentação oral versando, de forma específica, sobre a proposta de afetação.

§ 5º. A critério do Presidente da Subseção, as propostas de afetação formuladas por escrito por um dos Ministros da Subseção de Dissídios Individuais I ou pelo Presidente de Turma do Tribunal Superior do Trabalho poderão ser apreciadas pela SbDI-1 por meio eletrônico, nos termos e para os efeitos do § 3º, I, deste artigo, do que serão as partes cientificadas pelo Diário da Justiça.

§ 6º. Caso surja alguma divergência entre os integrantes do colegiado durante o julgamento eletrônico, este ficará imediatamente suspenso, devendo a proposta de afetação ser apreciada em sessão presencial.

Art. 3º. O Presidente da Subseção de Dissídios Individuais I que afetar processo para julgamento sob o rito dos recursos repetitivos deverá expedir comunicação aos demais Presidentes de Turma, que poderão afetar outros processos sobre a questão para julgamento conjunto, a fim de conferir ao órgão julgador visão global da questão.

Art. 4º. Somente poderão ser afetados recursos representativos da controvérsia que sejam admissíveis e que, a critério do relator do incidente de julgamento dos recursos repetitivos, contenham abrangente argumentação e discussão a respeito da questão a ser decidida.

Parágrafo único. O relator desse incidente não fica vinculado às propostas de afetação de que trata o artigo anterior, podendo recusá-las por desatenderem aos requisitos previstos no *caput* deste artigo e, ainda, selecionar outros recursos representativos da controvérsia

Art. 5º. Selecionados os recursos, o relator, na Subseção Especializada em Dissídios Individuais ou no Tribunal Pleno, constatada a presença do pressuposto do *caput* do art. 896-C da CLT, proferirá decisão de afetação, sempre fundamentada, na qual:

I – identificará com precisão a questão a ser submetida a julgamento;

II – poderá determinar a suspensão dos recursos de revista ou de embargos de que trata o § 5º do artigo 896-C da CLT;

III – poderá solicitar aos Tribunais Regionais do Trabalho informações a respeito da controvérsia, a serem prestadas no prazo de 15 (quinze) dias, e requisitar aos Presidentes ou Vice-Presidentes dos Tribunais Regionais do Trabalho a remessa de até dois recursos de revista representativos da controvérsia;

IV – concederá o prazo de 15 (quinze) dias para a manifestação escrita das pessoas, órgãos ou entidades interessados na controvérsia, que poderão ser admitidos como *amici curiae*.

V – informará aos demais Ministros sobre a decisão de afetação;

VI – poderá conceder vista ao Ministério Público e às partes, nos termos e para os efeitos do § 9º do artigo 896-C da CLT.

Art. 6º. O Presidente do Tribunal Superior do Trabalho oficiará os Presidentes dos Tribunais Regionais do Trabalho, com cópia da decisão de afetação, para que suspendam os recursos de revista interpostos em casos idênticos aos afetados como recursos repetitivos e ainda não encaminhados a este Tribunal, bem como os recursos ordinários interpostos contra as sentenças proferidas em casos idênticos aos afetados como recursos repetitivos, até o pronunciamento definitivo do Tribunal Superior do Trabalho.

Art. 7º. Caberá ainda ao Presidente do Tribunal de origem, caso receba a requisição de que trata o inciso III do artigo 5º desta Instrução Normativa, admitir até dois recursos representativos da controvérsia, os quais serão encaminhados ao Tribunal Superior do Trabalho.

Art. 8º. Se, após receber os recursos de revista selecionados pelo Presidente ou Vice-Presidente do Tribunal Regional do Trabalho, não se proceder à sua afetação, o relator, no Tribunal Superior do Trabalho, comunicará o fato ao Presidente ou Vice-Presidente que os houver enviado, para que seja revogada a decisão de suspensão referida no artigo 896-C, § 4º, da CLT.

Art. 9º. As partes deverão ser intimadas da decisão de suspensão de seu processo, a ser proferida pelo respectivo relator.

§ 1º. A parte poderá requerer o prosseguimento de seu processo se demonstrar a intempestividade do recurso nele interposto ou a existência de distinção entre a questão de direito a ser decidida no seu processo e aquela a ser julgada sob o rito dos recursos repetitivos.

§ 2º. O requerimento a que se refere o § 1º será dirigido:

I – ao juiz, se o processo sobrestado estiver em primeiro grau;

II – ao relator, se o processo sobrestado estiver no tribunal de origem;

III – ao relator do acórdão recorrido, se for sobrestado recurso de revista no tribunal de origem;

IV – ao relator, no Tribunal Superior do Trabalho, do recurso de revista ou de embargos cujo processamento houver sido sobrestado.

§ 3º. A outra parte deverá ser ouvida sobre o requerimento, no prazo de cinco dias.

§ 4º. Reconhecida a distinção no caso:

I – dos incisos I, II e IV do § 2º, o próprio juiz ou relator dará prosseguimento ao processo;

II – do inciso III do § 2º, o relator comunicará a decisão ao presidente ou ao vice-presidente que houver determinado o sobrestamento, para que este dê normal prosseguimento ao processo.

§ 5º. A decisão que resolver o requerimento a que se refere o § 1º é irrecorrível de imediato, nos termos do artigo 893, § 1º, da CLT.

Art. 10. Para instruir o procedimento, pode o relator fixar data para, em audiência pública, ouvir depoimentos de pessoas com experiência e conhecimento na matéria, sempre que entender necessário o esclarecimento de questões ou circunstâncias de fato subjacentes à controvérsia objeto do incidente de recursos repetitivos.

§ 1º. O relator poderá também admitir, tanto na audiência pública quanto no curso do procedimento, a manifestação, como *amici curiae*, de pessoas, órgãos ou entidades com interesse na controvérsia, considerando a relevância da matéria e assegurando o contraditório e a isonomia de tratamento.

§ 2º. A manifestação de que trata o § 1º somente será admitida até a inclusão do processo em pauta.

Art. 11. Os recursos afetados deverão ser julgados no prazo de um ano e terão preferência sobre os demais feitos.

§ 1º. Na hipótese de não ocorrer o julgamento no prazo de um ano a contar da publicação da decisão de que trata o artigo 5º desta Instrução Normativa, cessam automaticamente, em todo o território nacional, a afetação e a suspensão dos processos, que retomarão seu curso normal

§ 2º. Ocorrendo a hipótese do § 1º, é permitida, nos termos e para os efeitos do artigo 2º desta Instrução Normativa e do artigo 896-C da CLT, a formulação de outra proposta de afetação de processos representativos da controvérsia para instauração e julgamento de recursos repetitivos para ser apreciada e decidida pela SbDI-1 deste Tribunal.

Art. 12. O conteúdo do acórdão paradigma abrangerá a análise de todos os fundamentos da tese jurídica discutida, favoráveis ou contrários.

Parágrafo único. É vedado ao órgão colegiado decidir, para os fins do artigo 896-C da CLT, questão não delimitada na decisão de afetação.

Art. 13. Decidido o recurso representativo da controvérsia, os órgãos jurisdicionais respectivos declararão prejudicados os demais recursos versando sobre idêntica controvérsia ou os decidirão, aplicando a tese firmada.

Parágrafo único. Quando os recursos requisitados do Tribunal Regional do Trabalho contiverem outras questões além daquela que é objeto da afetação, caberá ao órgão jurisdicional competente, em acórdão específico para cada processo, decidir esta em primeiro lugar e depois as demais.

Art. 14. Publicado o acórdão paradigma:

I – o Presidente ou Vice-Presidente do Tribunal de origem negará seguimento aos recursos de revista sobrestados na origem, se o acórdão recorrido coincidir com a orientação do Tribunal Superior do Trabalho;

II – o órgão que proferiu o acórdão recorrido, na origem, reexaminará o processo de competência originária ou o recurso anteriormente julgado, na hipótese de o acórdão recorrido contrariar a orientação do Tribunal Superior do Trabalho;

III – os processos porventura suspensos em primeiro e segundo graus de jurisdição retomarão o curso para julgamento e aplicação da tese firmada pelo Tribunal Superior do Trabalho.

Art. 15. Para fundamentar a decisão de manutenção do entendimento, o órgão que proferiu o acórdão recorrido deverá demonstrar a existência de distinção, por se tratar de caso particularizado por hipótese fática distinta ou questão jurídica não examinada, a impor solução diversa.

§ 1º. Na hipótese de que trata o *caput* deste artigo, o recurso de revista será submetido a novo exame de sua admissibilidade pelo Presidente ou Vice-Presidente do Tribunal Regional, retomando o processo o seu curso normal.

§ 2º. Realizado o juízo de retratação, com alteração do acórdão divergente, o Tribunal de origem, se for o caso, decidirá as demais questões ainda não decididas, cujo enfrentamento se tornou necessário em decorrência da alteração.

§ 3º. Quando for alterado o acórdão divergente na forma do § 1º e o recurso anteriormente interposto versar sobre outras questões, o Presidente ou Vice-Presidente do Tribunal Regional, independentemente de ratificação do recurso, procederá a novo juízo de admissibilidade, retomando o processo o seu curso normal.

Art. 16. A parte poderá desistir da ação em curso no primeiro grau de jurisdição, antes de proferida a sentença, se a questão nela discutida for idêntica à resolvida pelo recurso representativo da controvérsia.

§ 1º. Se a desistência ocorrer antes de oferecida a defesa, a parte, se for o caso, ficará dispensada do pagamento de custas e de honorários de advogado.

§ 2º. A desistência apresentada nos termos do *caput* deste artigo independe de consentimento do reclamado, ainda que apresentada contestação.

Art. 17. Caberá revisão da decisão firmada em julgamento de recursos repetitivos quando se alterar a situação econômica, social ou jurídica, caso em que será respeitada a segurança jurídica das relações firmadas sob a égide da decisão anterior, podendo o Tribunal Superior do Trabalho modular os efeitos da decisão que a tenha alterado.

Art. 18. Caso a questão afetada e julgada sob o rito dos recursos repetitivos também contenha questão constitucional, a decisão proferida pelo Tribunal Pleno não obstará o conhecimento de eventuais recursos extraordinários sobre a questão constitucional.

Art. 19. Aos recursos extraordinários interpostos perante o Tribunal Superior do Trabalho será aplicado o procedimento previsto no Código de Processo Civil para o julgamento dos recursos extraordinários repetitivos, cabendo ao Presidente do Tribunal Superior do Trabalho selecionar um ou mais recursos representativos da controvérsia e encaminhá-los ao Supremo Tribunal Federal, sobrestando os demais até o pronunciamento definitivo da Corte, na forma ali prevista.

Art. 20. Quando o julgamento dos embargos à SbDI-1 envolver relevante questão de direito, com grande repercussão social, sem repetição em múltiplos processos mas a respeito da qual seja conveniente a prevenção ou a composição de divergência entre as turmas ou os demais órgãos fracionários do Tribunal Superior do Trabalho, poderá a SbDI-1, por iniciativa de um de seus membros e após a aprovação da maioria de seus integrantes, afetar o seu julgamento ao Tribunal Pleno.

Parágrafo único. Aplica-se a este incidente, no que couber, o que esta Instrução Normativa dispõe sobre o incidente de julgamento de recursos repetitivos.

Art. 21. O Tribunal Superior do Trabalho deverá manter e dar publicidade às questões de direito objeto dos recursos repetitivos já julgados, pendentes de julgamento ou já reputadas sem relevância, bem como daquelas objeto das decisões proferidas por sua composição plenária, nos termos do § 13 do artigo 896 da CLT e do artigo 20 desta Instrução Normativa.

Parágrafo único. As decisões, organizadas por questão jurídica julgada, serão divulgadas, preferencialmente, na rede mundial de computadores e constarão do Banco Nacional de Jurisprudência Uniformizadora – BANJUR, instituído pelo artigo 7º da Instrução Normativa nº 37/2015, aprovada pela Resolução nº 195, de 02.03.2015, do Tribunal Superior do Trabalho.

Art. 22. Após a publicação da presente Instrução Normativa, ficam expressamente revogados os artigos 7º a 22 do Ato nº 491/SEGJUD. GP, de 23 de setembro de 2014.

Ministro Antonio José de Barros Levenhagen – Presidente do Tribunal Superior do Trabalho

INSTRUÇÃO NORMATIVA Nº 39

[arts. 769 a 899]

[Atualizada até a Resolução nº 221, de 21.6.2018]

Dispõe sobre as normas do Código de Processo Civil de 2015 aplicáveis e inaplicáveis ao Processo do Trabalho, de forma não exaustiva.

Art. 1º. Aplica-se o Código de Processo Civil, subsidiária e supletivamente, ao Processo do Trabalho, em caso de omissão e desde que haja compatibilidade com as normas e princípios do Direito Processual do Trabalho, na forma dos arts. 769 e 889 da CLT e do art. 15 da Lei nº 13.105, de 17.03.2015.

§ 1º. Observar-se-á, em todo caso, o princípio da irrecorribilidade em separado das decisões interlocutórias, de conformidade com o art. 893, § 1º da CLT e Súmula nº 214 do TST.

§ 2º. O prazo para interpor e contra-arrazoar todos os recursos trabalhistas, inclusive agravo interno e agravo regimental, é de oito dias (art. 6º da Lei nº 5.584/70 e art. 893 da CLT), exceto embargos de declaração (CLT, art. 897-A).

Art. 2º. Sem prejuízo de outros, não se aplicam ao Processo do Trabalho, em razão de inexistência de omissão ou por incompatibilidade, os seguintes preceitos do Código de Processo Civil:

I – art. 63 (modificação da competência territorial e eleição de foro);

II – art. 190 e parágrafo único (negociação processual);

III – art. 219 (contagem de prazos em dias úteis);

IV – art. 334 (audiência de conciliação ou de mediação);

V – art. 335 (prazo para contestação);

VI – art. 362, III (adiamento da audiência em razão de atraso injustificado superior a 30 minutos);

VII – art. 373, §§ 3º e 4º (distribuição diversa do ônus da prova por convenção das partes);

VIII – (revogado);

(*) Revogado pela Resolução nº 221/2018.

IX – art. 942 e parágrafos (prosseguimento de julgamento não unânime de apelação);

X – art. 944 (notas taquigráficas para substituir acórdão);

XI – art. 1.010, § 3º (desnecessidade de o juízo *a quo* exercer controle de admissibilidade na apelação);

XII – arts. 1.043 e 1.044 (embargos de divergência);

XIII – art. 1.070 (prazo para interposição de agravo).

Art. 3º. Sem prejuízo de outros, aplicam-se ao Processo do Trabalho, em face de omissão e compatibilidade, os preceitos do Código de Processo Civil que regulam os seguintes temas:

I – art. 76, §§ 1º e 2º (saneamento de incapacidade processual ou de irregularidade de representação);

II – art. 138 e parágrafos (*amicus curiae*);

III – art. 139, exceto a parte final do inciso V (poderes, deveres e responsabilidades do juiz);

IV – art. 292, V (valor pretendido na ação indenizatória, inclusive a fundada em dano moral);

V – art. 292, § 3º (correção de ofício do valor da causa);

VI – arts. 294 a 311 (tutela provisória);

VII – art. 373, §§ 1º e 2º (distribuição dinâmica do ônus da prova);

VIII – art. 485, § 7º (juízo de retratação no recurso ordinário);

IX – art. 489 (fundamentação da sentença);

X – art. 496 e parágrafos (remessa necessária);

XI – arts. 497 a 501 (tutela específica);

XII – arts. 536 a 538 (cumprimento de sentença que reconheça a exigibilidade de obrigação de fazer, de não fazer ou de entregar coisa);

XIII – arts. 789 a 796 (responsabilidade patrimonial);

XIV – art. 805 e parágrafo único (obrigação de o executado indicar outros meios mais eficazes e menos onerosos para promover a execução);

XV – art. 833, incisos e parágrafos (bens impenhoráveis);

XVI – art. 835, incisos e §§ 1º e 2º (ordem preferencial de penhora);

XVII – art. 836, §§ 1º e 2º (procedimento quando não encontrados bens penhoráveis);

XVIII – art. 841, §§ 1º e 2º (intimação da penhora);

XIX – art. 854 e parágrafos (BacenJUD);

XX – art. 895 (pagamento parcelado do lanço);

XXI – art. 916 e parágrafos (parcelamento do crédito exequendo);

XXII – art. 918 e parágrafo único (rejeição liminar dos embargos à execução);

XXIII – arts. 926 a 928 (jurisprudência dos tribunais);

XXIV – art. 940 (vista regimental);

XXV – art. 947 e parágrafos (incidente de assunção de competência);

XXVI – arts. 966 a 975 (ação rescisória);

XXVII – arts. 988 a 993 (reclamação);

XXVIII – arts. 1.013 a 1.014 (efeito devolutivo do recurso ordinário – força maior);

XXIX – art. 1.021 (salvo quanto ao prazo do agravo interno).

Art. 4º. Aplicam-se ao Processo do Trabalho as normas do CPC que regulam o princípio do contraditório, em especial os artigos 9º e 10, no que vedam a decisão surpresa.

§ 1º. Entende-se por "decisão surpresa" a que, no julgamento final do mérito da causa, em qualquer grau de jurisdição, aplicar fundamento jurídico ou embasar-se em fato não submetido à audiência prévia de uma ou de ambas as partes.

§ 2º. Não se considera "decisão surpresa" a que, à luz do ordenamento jurídico nacional e dos princípios que informam o Direito Processual do Trabalho, as partes tinham obrigação de prever, concernente às condições da ação, aos pressupostos de admissibilidade de recurso e aos pressupostos processuais, salvo disposição legal expressa em contrário.

Art. 5º. Aplicam-se ao Processo do Trabalho as normas do art. 356, §§ 1º a 4º, do CPC que regem o julgamento antecipado parcial do mérito, cabendo recurso ordinário de imediato da sentença.

Art. 6º. (Revogado).

(*) Revogado pela Resolução nº 221/2018.

Art. 7º. Aplicam-se ao Processo do Trabalho as normas do art. 332 do CPC, com as necessárias adaptações à legislação processual trabalhista, cumprindo ao juiz do trabalho julgar liminarmente improcedente o pedido que contrariar:

I – enunciado de súmula do Supremo Tribunal Federal ou do Tribunal Superior do Trabalho (CPC, art. 927, inciso V);

II – acórdão proferido pelo Supremo Tribunal Federal ou pelo Tribunal Superior do Trabalho em julgamento de recursos repetitivos (CLT, art. 896-B; CPC, art. 1.046, § 4º);

III – entendimento firmado em incidente de resolução de demandas repetitivas ou de assunção de competência;

IV – enunciado de súmula de Tribunal Regional do Trabalho sobre direito local, convenção coletiva de trabalho, acordo coletivo de trabalho, sentença normativa ou regulamento empresarial de observância obrigatória em área territorial que não exceda à jurisdição do respectivo Tribunal (CLT, art. 896, "b", a *contrario sensu*).

Parágrafo único. O juiz também poderá julgar liminarmente improcedente o pedido se verificar, desde logo, a ocorrência de decadência.

Art. 8º. Aplicam-se ao Processo do Trabalho as normas dos arts. 976 a 986 do CPC que regem o incidente de resolução de demandas repetitivas (IRDR).

§ 1º. Admitido o incidente, o relator suspenderá o julgamento dos processos pendentes, individuais ou coletivos, que tramitam na Região, no tocante ao tema objeto de IRDR, sem prejuízo da instrução integral das causas e do julgamento dos eventuais pedidos distintos e cumulativos igualmente deduzidos em tais processos, inclusive, se for o caso, do julgamento antecipado parcial do mérito.

§ 2º. Do julgamento do mérito do incidente caberá recurso de revista para o Tribunal Superior do Trabalho, dotado de efeito meramente devolutivo, nos termos dos arts. 896 e 899 da CLT.

§ 3º. Apreciado o mérito do recurso, a tese jurídica adotada pelo

Tribunal Superior do Trabalho será aplicada no território nacional a todos os processos, individuais ou coletivos, que versem sobre idêntica questão de direito.

Art. 9º. O cabimento dos embargos de declaração no Processo do Trabalho, para impugnar qualquer decisão judicial, rege-se pelo art. 897-A da CLT e, supletivamente, pelo Código de Processo Civil (arts. 1.022 a 1.025; §§ 2º, 3º e 4º do art. 1.026), excetuada a garantia de prazo em dobro para litisconsortes (§ 1º do art. 1.023).

Parágrafo único. A omissão para fins do prequestionamento ficto a que alude o art. 1.025 do CPC dá-se no caso de o Tribunal Regional do Trabalho, mesmo instado mediante embargos de declaração, recusar-se a emitir tese sobre questão jurídica pertinente, na forma da Súmula nº 297, item III, do Tribunal Superior do Trabalho.

Art. 10. Aplicam-se ao Processo do Trabalho as normas do parágrafo único do art. 932 do CPC, §§ 1º a 4º do art. 938 e §§ 2º e 7º do art. 1.007.

Parágrafo único. (Revogado).

(*) Parágrafo único revogado pela Resolução nº 218/2017.

Art. 11. Não se aplica ao Processo do Trabalho a norma do art. 459 do CPC no que permite a inquirição direta das testemunhas pela parte (CLT, art. 820).

Art. 12. Aplica-se ao Processo do Trabalho o parágrafo único do art. 1.034 do CPC. Assim, admitido o recurso de revista por um fundamento, devolve-se ao Tribunal Superior do Trabalho o conhecimento dos demais fundamentos para a solução apenas do capítulo impugnado.

Art. 13. Por aplicação supletiva do art. 784, I (art. 15 do CPC), o cheque e a nota promissória emitidos em reconhecimento de dívida inequivocamente de natureza trabalhista também são títulos extrajudiciais para efeito de execução perante a Justiça do Trabalho, na forma do art. 876 e segs. da CLT.

Art. 14. Não se aplica ao Processo do Trabalho o art. 165 do CPC, salvo nos conflitos coletivos de natureza econômica (Constituição Federal, art. 114, §§ 1º e 2º).

Art. 15. O atendimento à exigência legal de fundamentação das decisões judiciais (CPC, art. 489, § 1º) no Processo do Trabalho observará o seguinte:

I – por força dos arts. 332 e 927 do CPC, adaptados ao Processo do Trabalho, para efeito dos incisos V e VI do § 1º do art. 489 considera-se "precedente" apenas:

a) acórdão proferido pelo Supremo Tribunal Federal ou pelo Tribunal Superior do Trabalho em julgamento de recursos repetitivos (CLT, art. 896-B; CPC, art. 1.046, § 4º);

b) entendimento firmado em incidente de resolução de demandas repetitivas ou de assunção de competência;

c) decisão do Supremo Tribunal Federal em controle concentrado de constitucionalidade;

d) tese jurídica prevalecente em Tribunal Regional do Trabalho e não conflitante com súmula ou orientação jurisprudencial do Tribunal Superior do Trabalho (CLT, art. 896, § 6º);

e) decisão do plenário, do órgão especial ou de seção especializada competente para uniformizar a jurisprudência do tribunal a que o juiz estiver vinculado ou do Tribunal Superior do Trabalho.

II – para os fins do art. 489, § 1º, incisos V e VI do CPC, considerar-se-ão unicamente os precedentes referidos no item anterior, súmulas do Supremo Tribunal Federal, orientação jurisprudencial e súmula do Tribunal Superior do Trabalho, súmula de Tribunal Regional do Trabalho não conflitante com súmula ou orientação jurisprudencial do TST, que contenham explícita referência aos fundamentos determinantes da decisão (*ratio decidendi*).

III – não ofende o art. 489, § 1º, inciso IV do CPC a decisão que deixar de apreciar questões cujo exame haja ficado prejudicado em razão da análise anterior de questão subordinante.

IV – o art. 489, § 1º, IV, do CPC não obriga o juiz ou o Tribunal a enfrentar os fundamentos jurídicos invocados pela parte, quando já tenham sido examinados na formação dos precedentes obrigatórios ou nos fundamentos determinantes de enunciado de súmula.

V – decisão que aplica a tese jurídica firmada em precedente, nos termos do item I, não precisa enfrentar os fundamentos já analisados na decisão paradigma, sendo suficiente, para fins de atendimento das exigências constantes no art. 489, § 1º, do CPC, a correlação fática e jurídica entre o caso concreto e aquele apreciado no incidente de solução concentrada.

VI – é ônus da parte, para os fins do disposto no art. 489, § 1º, V e VI, do CPC, identificar os fundamentos determinantes ou demonstrar a existência de distinção no caso em julgamento ou a superação do entendimento, sempre que invocar precedente ou enunciado de súmula.

Art. 16. Para efeito de aplicação do § 5º do art. 272 do CPC, não é causa de nulidade processual a intimação realizada na pessoa de advogado regularmente habilitado nos autos, ainda que conste pedido expresso para que as comunicações dos atos processuais sejam feitas em nome de outro advogado, se o profissional indicado não se encontra previamente cadastrado no Sistema de Processo Judicial Eletrônico, impedindo a serventia judicial de atender ao requerimento de envio da intimação direcionada. A decretação de nulidade não pode ser acolhida em favor da parte que lhe deu causa (CPC, art. 276).

Art. 17. Sem prejuízo da inclusão do devedor no Banco Nacional de Devedores Trabalhistas (CLT, art. 642-A), aplicam-se à execução trabalhista as normas dos artigos 495, 517 e 782, §§ 3º, 4º e 5º do CPC, que tratam respectivamente da hipoteca judiciária, do protesto de decisão judicial e da inclusão do nome do executado em cadastros de inadimplentes.

Art. 18. Esta Instrução Normativa entrará em vigor na data da sua publicação.

Ministro Ives Gandra da Silva Martins Filho – Presidente do Tribunal Superior do Trabalho

(*) Anexo I – *Breve Exposição de Motivos* disponível em: https://juslaboris.tst.jus.br/handle/20.500.12178/81692. Acesso em: 15 jan. 2020.

INSTRUÇÃO NORMATIVA Nº 40

[art. 896]

Dispõe sobre o cabimento de agravo de instrumento em caso de admissibilidade parcial de recurso de revista no Tribunal Regional do Trabalho e dá outras providências.

Art. 1º. Admitido apenas parcialmente o recurso de revista, constitui ônus da parte impugnar, mediante agravo de instrumento, o capítulo denegatório da decisão, sob pena de preclusão.

§ 1º. Se houver omissão no juízo de admissibilidade do recurso de revista quanto a um ou mais temas, é ônus da parte interpor embargos de declaração para o órgão prolator da decisão embargada supri-la (CPC, art. 1.024, § 2º), sob pena de preclusão.

§ 2º. Incorre em nulidade a decisão regional que se abstiver de exercer controle de admissibilidade sobre qualquer tema objeto de recurso de revista, não obstante interpostos embargos de declaração (CF/88, art. 93, inciso IX e § 1º do art. 489 do CPC de 2015).

§ 3º. No caso do parágrafo anterior, sem prejuízo da nulidade, a recusa do Presidente do Tribunal Regional do Trabalho a emitir juízo de admissibilidade sobre qualquer tema equivale à decisão denegatória. É ônus da parte, assim, após a intimação da decisão dos embargos de declaração, impugná-la mediante agravo de instrumento (CLT, art. 896, § 12), sob pena de preclusão.

§ 4º. Faculta-se ao Ministro Relator, por decisão irrecorrível (CLT, art. 896, § 5º, por analogia), determinar a restituição do agravo de instrumento ao Presidente do Tribunal Regional do Trabalho de origem para que complemente o juízo de admissibilidade, desde que interpostos embargos de declaração.

(*) Art. 1º com vigência a partir de 15 de abril de 2016, conforme art. 3º desta Resolução.

Art. 2º. Após a vigência do Código de Processo Civil de 2015, subsiste o Incidente de Uniformização de Jurisprudência da CLT (art. 896, §§ 3º, 4º, 5º e 6º), observado o procedimento previsto no regimento interno do Tribunal Regional do Trabalho.

Art. 3º. A presente instrução normativa vigerá a partir de sua publicação, exceto o art. 1º, que vigorará a partir de 15 de abril de 2016.

Ministro Ives Gandra da Silva Martins Filho – Presidente do Tribunal Superior do Trabalho

INSTRUÇÃO NORMATIVA Nº 41

[arts. 763 a 910]

Dispõe sobre a aplicação das normas processuais da Consolidação das Leis do Trabalho alteradas pela Lei nº 13.467, de 13 de julho de 2017.

Art. 1º. A aplicação das normas processuais previstas na Consolidação das Leis do Trabalho, alteradas pela Lei nº 13.467, de 13 de julho de 2017, com eficácia a partir de 11 de novembro de 2017, é imediata, sem atingir, no entanto, situações pretéritas iniciadas ou consolidadas sob a égide da lei revogada.

Art. 2º. O fluxo da prescrição intercorrente conta-se a partir do descumprimento da determinação judicial a que alude o § 1º do art.11-A da CLT, desde que feita após 11 de novembro de 2017 (Lei nº 13.467/2017).

Art. 3º. A obrigação de formar o litisconsórcio necessário a que se refere o art. 611-A, § 5º, da CLT dar-se-á nos processos iniciados a partir de 11 de novembro de 2017 (Lei nº 13.467/2017).

Art. 4º. O art. 789, *caput*, da CLT aplica-se nas decisões que fixem custas, proferidas a partir da entrada em vigor da Lei nº 13.467/2017.

Art. 5º. O art. 790-B, *caput* e §§ 1º a 4º, da CLT, não se aplica aos processos iniciados antes de 11 de novembro de 2017 (Lei nº 13.467/2017).

Art. 6º. Na Justiça do Trabalho, a condenação em honorários advocatícios sucumbenciais, prevista no art. 791-A, e parágrafos, da CLT, será aplicável apenas às ações propostas após 11 de novembro de 2017 (Lei nº 13.467/2017). Nas ações propostas anteriormente, subsistem as diretrizes do art. 14 da Lei nº 5.584/1970 e das Súmulas nºs 219 e 329 do TST.

Art. 7º. Os arts. 793-A, 793-B e 793-C, § 1º, da CLT têm aplicação autônoma e imediata.

Art. 8º. A condenação de que trata o art. 793-C, *caput*, da CLT, aplica-se apenas às ações ajuizadas a partir de 11 de novembro de 2017 (Lei nº 13.467/2017).

Art. 9º. O art. 793-C, §§ 2º e 3º, da CLT tem aplicação apenas nas ações ajuizadas a partir de 11 de novembro de 2017 (Lei nº 13.467/2017).

Art. 10. O disposto no *caput* do art. 793-D será aplicável às ações ajuizadas a partir de 11 de novembro de 2017 (Lei nº 13.467/2017).

Parágrafo único. Após a colheita da prova oral, a aplicação de multa à testemunha dar-se-á na sentença e será precedida de instauração do incidente mediante o qual o juiz indicará o ponto ou os pontos controvertidos no depoimento, assegurados o contraditório, a defesa, com os meios a ela inerentes, além de possibilitar a retratação.

Art. 11. A exceção de incompetência territorial, disciplinada no art. 800 da CLT, é imediatamente aplicável aos processos trabalhistas em curso, desde que o recebimento da notificação seja posterior a 11 de novembro de 2017 (Lei nº 13.467/2017).

Art. 12. Os arts. 840 e 844, §§ 2º, 3º e 5º, da CLT, com as redações dadas pela Lei nº 13.467, de 13 de julho de 2017, não retroagirão, aplicando-se, exclusivamente, às ações ajuizadas a partir de 11 de novembro de 2017.

§ 1º Aplica-se o disposto no art. 843, § 3º, da CLT somente às audiências trabalhistas realizadas após 11 de novembro de 2017.

§ 2º. Para fim do que dispõe o art. 840, §§ 1º e 2º, da CLT, o valor da causa será estimado, observando-se, no que couber, o disposto nos arts. 291 a 293 do Código de Processo Civil.

§ 3º. Nos termos do art. 843, § 3º, e do art. 844, § 5º, da CLT, não se admite a cumulação das condições de advogado e preposto.

Art. 13. A partir da vigência da Lei nº 13.467/2017, a iniciativa do juiz na execução de que trata o art. 878 da CLT e no incidente de desconsideração da personalidade jurídica a que alude o art. 855-A da CLT ficará limitada aos casos em que as partes não estiverem representadas por advogado.

Art. 14. A regra inscrita no art. 879, § 2º, da CLT, quanto ao dever de o juiz conceder prazo comum de oito dias para impugnação fundamentada da conta de liquidação, não se aplica à liquidação de julgado iniciada antes de 11 de novembro de 2017.

Art. 15. O prazo previsto no art. 883-A da CLT, para as medidas de execução indireta nele especificadas, aplica-se somente às execuções iniciadas a partir de 11 de novembro de 2017.

Art. 16. O art. 884, § 6º, da CLT aplica-se às entidades filantrópicas e seus diretores, em processos com execuções iniciadas após 11 de novembro de 2017.

Art. 17. O incidente de desconsideração da personalidade jurídica, regulado pelo CPC (artigos 133 a 137), aplica-se ao processo do trabalho, com as inovações trazidas pela Lei nº 13.467/2017.

Art. 18. O dever de os Tribunais Regionais do Trabalho uniformizarem a sua jurisprudência faz incidir, subsidiariamente ao processo do trabalho, o art. 926 do CPC, por meio do qual os Tribunais deverão manter sua jurisprudência íntegra, estável e coerente.

§ 1º. Os incidentes de uniformização de jurisprudência suscitados ou iniciados antes da vigência da Lei nº 13.467/2017, no âmbito dos Tribunais Regionais do Trabalho ou por iniciativa de decisão do Tribunal Superior do Trabalho, deverão observar e serão concluídos sob a égide da legislação vigente ao tempo da interposição do recurso, segundo o disposto nos respectivos Regimentos Internos.

§ 2º. Aos recursos de revista e de agravo de instrumento no âmbito do Tribunal Superior do Trabalho, conclusos aos relatores e ainda não julgados até a edição da Lei nº 13.467/17, não se aplicam as disposições contidas nos §§ 3º a 6º do artigo 896 da Consolidação das Leis do Trabalho.

§ 3º. As teses jurídicas prevalecentes e os enunciados de Súmulas decorrentes do julgamento dos incidentes de uniformização de jurisprudência suscitados ou iniciados anteriormente à edição da Lei nº 13.467/2017, no âmbito dos Tribunais Regionais do Trabalho, conservam sua natureza vinculante à luz dos arts. 926, §§ 1º e 2º, e 927, III e V, do CPC.

Art. 19. O exame da transcendência seguirá a regra estabelecida no art. 246 do Regimento Interno do Tribunal Superior do Trabalho, incidindo apenas sobre os acórdãos proferidos pelos Tribunais Regionais do Trabalho publicados a partir de 11 de novembro de 2017, excluídas as decisões em embargos de declaração.

Art. 20. As disposições contidas nos §§ 4º, 9º, 10 e 11 do artigo 899 da CLT, com a redação dada pela Lei nº 13.467/2017, serão observadas para os recursos interpostos contra as decisões proferidas a partir de 11 de novembro de 2017.

Art. 21. Esta Instrução Normativa entrará em vigor na data da sua publicação. Ficam revogados os art. 2º, VIII, e 6º da Instrução Normativa nº 39/2016 do TST.

João Batista Brito Pereira – Ministro Presidente do Tribunal Superior do Trabalho

ÍNDICE REMISSIVO

Este livro foi impresso pela Gráfica Eskenazi para a Edipro
em fonte Arial sobre papel Offset 70 g/m².